기록물 관리법의 이론과 실제

김형국 지음

책머리에

    이 책은 기록물관리법 해설서이다. 기록물관리법은 공공기관의 설명책임을 보증하고, 시민의 권리를 보호하며, 기록문화 유산의 보존을 위해 필요한 기록물관리에 대한 사회적 규범이다.

    기록물관리법은 공공기관, 기록물관리 전문가, 기록학 전공자뿐만 아니라 시민들과도 밀접한 법률이지만, 기록물관리법을 해석하는데 도움을 받을 수 있는 정보는 많지 않다. 그래서 이 책을 기획했는데, 기록물관리 전문가나 전공자뿐만 아니라 기록물관리에 관심이 있는 누구나 기록물관리법을 읽고 이해할 수 있도록 쉽게 쓰려고 하였다.

    본문은 3부로 구성하였다. 제1부는 우리나라 기록물관리 법령의 연대기적 검토이다. 정부 수립 이후 현재까지 기록물관리 법령이 사회와 어떻게 대응하며 변화해 왔는지를 살펴보았다. 우리 사회가 기록물관리를 어떻게 인식했는지, 기록물관리 제도가 사회적 규범으로 자리 잡는 과정을 정리하였다. 현재의 기록물관리법을 이해하기 위한 배경이다.

    제2부와 제3부는 「공공기록물 관리에 관한 법률」과 「대통령기록물 관리에 관한 법률」의 해설이다. 해설 순서는 법령의 목차를 따랐는데, 기록물관리의 흐름을 반영하고 가독성을 높이기 위해 일부 순서를 조정하거나, 중복되는 조문의 해설은 통합하였다. 법령의 해설은 조문별로 입법 취지와 규범의 내용을 충실하게 정리하려고 하였다. 또한 조문별로 참조해야 하는 정보, 해석이나 적용 과정에서 발생한 쟁점은 필자의 의견과 함께 각주로 정리했다.

    기록물관리법이 제정된 지 벌써 26년이 다 되어간다. 그동안 기록물관리법은 우리 사회의 기록물관리 인식을 변화시켰고, 공공기관의 설명책임 강화와 시민들의 권리 보호에 기여했다. 그러나 기록물관리 제도는 기록물의 사회적 가치와 기록물관리 지평의 확장을 위해 시민사회의 요구를 수용하여 지속적인 보완이 필요하다. 이 책의 발간이 현행 기록물관리 제도를 점검하고 새로운 법령과 제도 개선을 모색하는 계기가 되면 좋겠다.

2025년 1월
김형국

제1부

기록물관리 법령의 연대기적 검토

✣ 제1부 ✣
기록물관리 법령의 연대기적 검토

기록물관리 제도는 민주주의의 발전과 함께였다. 기록물관리는 근대 이전까지만 해도 권력자의 전유물이었다. 지배계급만이 수천 년 동안 아카이브를 소유할 수 있었고, 기록물관리로 민중을 통제하고 사회질서를 유지하며 자신들의 권력을 정당화하였다.

시민을 위한 기록물관리는 프랑스 혁명에서 시작되었다. 프랑스 혁명 지도부는 국민의 정체성을 형성하고, 시민의 권리를 보호하기 위해 국가 아카이브를 설립한다. 아카이브는 지배자와 엘리트에게 제공되는 법적 행정적 서비스보다는 공공의 이익을 보호하는 수단으로 상징화되었다.[1] 아카이브는 국민국가 형성 과정에서 중요한 역할을 하였고, 현대 민주 시민사회의 핵심적인 제도로 자리 잡게 되었다. 이후 세계 여러 나라들은 앞다투어 아카이브 제도를 민주 사회 운영을 위한 사회규범으로 채택한다.

우리나라는 1999년에 「공공기관의기록물관리에관한법률」이 제정되기 전까지 '시민을 위한 기록물관리'가 존재하지 않았다. 기록물관리는 행정관리만 강조하였는데, 행정업무를 신속하고 정확하게 수행하기 위한 문서처리의 능률화, 간소화에 초점을 두었다.[2]

우리 사회의 기록물관리 인식은 시민사회의 역량이 확대되면서 변화되기 시

---

1) Jimerson, Randall C. Archives Power; Memory, Accountability, and Social Justice. Chicago :Society of American Archivists. 2009. 65~69.

2) 문서관리 규정의 목적이 기술된 1963년부터 1999년까지 다소 표현의 차이는 있지만 '공문서의 작성과 처리 및 통제, 그 보관과 보존에 관한 사항을 규정하여 문서처리의 신속, 정확과 통일을 기하여 행정의 능률을 높임'이었다. 현대 기록물관리 제도의 목적인 정부의 설명책임, 시민의 정보 접근권 보장, 기록문화 유산의 보존은 관심의 대상이 아니었다(「정부공문서규정」[1963], [1984], 「공문서보관·보존규정」[1963], 「사무관리규정」[1991], 제1조 목적).

작하였다. 1987년 6월 항쟁 이후 우리 사회에 다양한 시민단체들이 만들어지면서 시민 운동의 기반을 마련하였다.

1990년대 시민 운동은 1980년대 사회운동과 달리 시민의 삶 관련 다양한 사회적 문제에 대한 대안을 제시하고, 정책이라는 제도화된 도구로 문제를 해결하고자 했다.[3] 시민사회는 정부 정책과 업무수행 과정에 대한 투명성과 책임성을 요구하면서 기록물관리의 필요성을 인식한다.[4]

정부기록보존소(현재의 국가기록원)는 1981년부터 기록물관리법 제정을 추진하였으나, 사회적 인식의 부족으로 실현할 수 없었다. 그러다가 1997년 5월 행정쇄신위원회가 행정의 투명성 제고를 위해 기록물관리법 제정을 대통령에게 건의하면서 다시 논의가 시작되었고, 1997년말 대통령 선거 직후 북풍 공작, 외환 위기 등 정치, 사회적 주요 사안과 관련된 문서 폐기 의혹이 제기되면서 기록물관리법의 필요성이 사회적 공감을 얻었다.

1997년부터 본격적으로 시작된 기록물관리 법령 제정 움직임은 결실을 본다. 1998년 8월 정부(안) 확정, 같은 해 12월 국회 의결, 1999년 1월 대통령 재가를 거쳐 「공공기관의기록물관리에관한법률」(1999. 1. 29. 법률 제5709호)[5]이 공포되었다. 아래에서는 기록물관리 제도가 어떻게 사회규범으로 자리 잡게 되었는지 살펴보고, 「공공기록물법」의 제도화 배경을 이해하기 위해 우리나라 현대 기록물관리 법령의 변천을 정리하였다.

---

3) 홍일표, 한국 시민 운동과 '촛불 시민'- '현상유지적 병존' 아닌 '상호진화적 공존'의 길로 나아가야, 민주화운동기념사업회, 2017.

4) 대표적으로 참여연대는 공공 권력을 감시하기 위해 정부 정책과 시행 상황을 점검에 필요한 자료 수집을 위해 1998년부터 정보공개 운동을 전개하였다. 그 과정에서 공공기관의 기록물관리가 제대로 수행되지 않아 필요한 정보를 얻지 못하는 상황이 빈번히 발생하였다. 이후 참여연대의 정보공개센터는 국가기록관리 개혁운동도 함께 추진하였다.

5) 법령의 인용은 다음과 같이 표기한다. 「법령명」(개정 또는 제정일자, 법령번호)

제1장 1948년 ~1970년대
: 정부처무규정, 정부공문서규정, 공문서보관·보존규정

■ 정부처무규정, 공문서규정

　정부 수립 이후 최초의 기록물관리 규정은 「정부처무규정」(1949. 7. 15. 대통령 훈령 제1호)과 「공문서규정」(1950. 3. 6. 대통령 훈령 제3호)이다. 「정부처무규정」은 사무 및 문서처리, 인쇄물 및 도서의 취급, 복무, 회계사무, 청사 관리 등 정부 업무처리 전반을 다루고 있다. 문서관리[6]는 제3장 문서처리 제5절 편찬 및 보존에 담겨 있는데, 완결 문서의 편찬 방식, 보존기간의 구분, 보존 장소와 방식, 폐기 절차 등이 제시되어 있다.[7]

　당시 문서관리 규정은 간단하였다. 주무과(문서 생산부서)는 완결된 문서의 보존기간을 4종(영구, 10년, 3년, 1년)으로 구분하여 편찬하고, 편찬한 다음 연도에 총무과(서고가 충분하지 않으면 내각사무처[8])로 옮겨 보존하며, 보존기간이 지나면 총무과장이 주무국장과 협의하여 폐기하도록 하였다. 폐기는 소각을 원칙으로 하고, 폐기 문서는 기록 대장에 폐기 연월일을 적고, 폐기 문서에서 분리한 건명 목록은 종류별로 보존하도록 하였다. 또한 보존문서는 매년 1회 기록 대장과 대조하며, 방충 소독하도록 하였다.

---

6) 「공공기관의기록물관리에관한법률」이 제정되기 전까지 우리 사회에서는 '기록물, 기록물관리'라는 개념이 없었다. 당시에는 '공문서', '문서관리'라는 용어를 사용하였다. 행정기관이 공무상 작성 또는 접수한 문서만을 관리했기 때문이다. 따라서 제1부에서는 당시 규정이나 제도를 설명할 때는 당시 사용한 용어인 '문서관리'를 그대로 쓴다.

7) 「정부처무규정」 제67조부터 제77조까지.

8) 내각의 인사, 행정관리, 상훈 등을 담당했던 중앙행정기관으로, 1963년 총무처로 개편되면서 폐지되었다. 이후 총무처는 행정관리의 주무 부처로 문서관리 제도를 주관하였다.

한편, 「공문서규정」에는 공문서의 종류와 작성 방법, 시행 방식 등이 규정되어 있다. 공문서의 종류는 법령문, 일반공문으로 구분하였고, 문서의 발송 명의는 관서 또는 관서의 장으로 하며, 발행문서는 청인 또는 직인을 찍도록 하였다.

이 시기 문서관리 규정은 사무관리에 필요한 편의적인 수준에 그쳤으며, 문서 서식과 시행 방식, 문서의 편찬과 보관 방법 등이 「조선총독부처무규정」, 「조선총독부문서취급세칙」과 내용상 차이가 없었다.[9]

■ 정부공문서규정, 공문서보관·보존규정

새로운 기록물관리 제도는 1960년대 초에 마련되었다. 1961년 5·16 군사정변으로 권력을 장악한 군사정부는 '국가재건'이라는 구호로 국민으로부터 정권의 정당성을 확보하고자 하였다. 그 과정에서 국가행정조직의 대대적인 개편과 업무수행 방식의 개선을 추진하는데, 이때 등장한 것이 '합리적이고 능률적인 행정관리'라는 담론이다.

군사정부는 미국식 사무관리기법을 도입하여 공문서 생산과 처리, 보존 방식을 개선하고자 하였다.[10] 그 결과로 「정부공문서규정」(1961. 9. 13. 각령 제137호)이 제정되었다. 제정의 목적은 '공문서 작성 방법의 개선, 서식의 간소화와 표준화로 행정기관 사이의 원활한 의사소통, 행정업무의 효율성을 제고와 행정비용 절감'이었다. 이 규정의 주요 내용은 공문서의 정의와 종류, 결재, 서식, 기안과 발송, 접수와 처리, 공문서 보관 처리 등이다. 문서관리는 매우 소략한데 보존문

9) 이승일, 『기록의 역사』, 혜안, 2011. 21~26쪽. 이 책의 제1부 제1장과 제2장은 이승일의 앞의 책에서 많은 부분을 참조하여 정리하였다.

10) 「정부공문서규정」은 「미국 육군문서작성 참고철」과 「육군 공문서규정」에 근거하여 제정되었다 (이상조, 『사무관리론』, 동아서적, 1962. 223쪽).

서 정리 사업과 함께 문서관리 제도의 개선이 추진되고 있었기 때문이다.[11]

문서관리 제도의 개선은 '보존문서 정리 사업'과 함께 추진하였다. 내각사무처는 보존문서 정리 사업을 통해서 각 행정기관에 누적된 보존문서를 정리하고, 보존문서의 활용성을 높이기 위한 보존 방법과 관리 방안을 마련하려고 하였다.[12]

보존문서 정리 사업은 내각사무처 주관으로 1962년 1월 22일부터 4월 7일까지 진행하였다. 문서 정리를 위한 '평가 기준'은 기관의 행정 위계, 결재자를 고려했고, 법령에 준하는 예규, 사적 연구자료 또는 행정 참고 자료 중 특히 중요한 자료는 영구보존으로 분류하도록 하였다.[13] 분류는 일반행정, 인사행정, 재무행정, 예규, 기타 특수행정으로 구분하였다.

보존문서 정리 사업은 중앙행정기관 21개 기관, 제주도를 제외한 10개 도의 1,791천여 권을 정리하였다. 정리된 기록물의 보존기간을 보면 영구 26.7%, 10년 43.2%, 5년 19.4%, 1년 10.7%이었다.[14] 정리된 문서는 생산 부서에서 편찬하고, 기관별 문서취급 주무과에서 보존문서 기록 대장에 기록하고 일괄 보존하도록 하였다.

---

11) 「정부공문서규정」의 문서관리 조문은 편찬, 보존기간, 공문서의 인계가 전부였다. 종결된 문서는 주무과에서 매년 3월과 9월말 총무과 또는 내각사무처로 인계하도록 하였다. "문서편찬의 방법은 별도의 문서편찬 규정이 제정될 때까지 문서의 종결일자에 의하여 역년으로 편찬한다."(제57조)는 조문으로 보아 임시로 사용되는 규정임을 알 수 있다.

12) 총무처 의정국 의사과, 「보존문서정리계획(제3회)」, 『국회참의원회의속기록철』, 1962. 당시 실무자들은 문서 정리를 보존문서의 규격화, 신속한 검색과 활용도를 높이는 사업으로 이해하고 있었다(홍병규, 보존문서 정리의 실태, 교통부, 1962. 14쪽).

13) 평가 기준으로 역사적 가치를 고려하였다고 하나, 보존문서 정리 사업에 기록물의 역사적 가치를 평가할 수 있는 전문가들은 참여하지 않았다. 이와 관련하여 미국의 사례는 시사하는 바가 크다. 미국은 1934년 국가 아카이브를 설립하고 연방 기록의 상태를 조사하고 보존기록을 이관받았다. 이 과정에 역사학자와 학생들이 참여하여 역사 기록물 조사 사업을 수행하였다(한국기록관리학회 엮음, 『기록관리의 세계』, 한울아카데미, 2024. 63~64쪽).

14) 총무처 의정국 의사과, 「보존문서 정리에 따르는 폐기 문서 처리완결 방안(제33회)」, 『국무회의록』, 1962. 이승일, 앞의 책. 62쪽.

내각사무처는 1962년 5월부터 6월 말까지 보존문서 정리 사업의 후속 조치로 문서 십진분류법 제정을 추진한다. 행정기관의 문서를 십진분류 원칙에 따라 기능별로 분류하여 문서분류, 보관 및 보존 체제를 확립하는 것이 목적이었다.[15] 1962년 11월 최종 확정된 분류표는 정부 전체 기능을 20개로 구분하고 하위 계층을 6차까지 분류하였다.[16] 공문서 분류표의 대기능은 총기, 인사, 경제기획, 국토건설, 조달, 원자력, 외무, 법무, 국방, 문교, 농림, 재무, 상공, 보건 사회, 교통, 체신, 공보, 원호, 전매, 공안이었다. 정부 전체 기능을 20개로 구분한 기능분류이다.

보존문서 정리 사업의 경험은 「정부공문서보관·보존규정」(1963. 12. 16. 각령 제1759호)과 「공문서보존기간종별책정기준에관한건」(1964. 4. 22. 총리령 제44호)으로 제도화되었다. 이때 만들어진 문서관리 규정은 「공공기관의기록물관리에관한법률」이 제정되기 전까지 문서관리 제도의 기본 뼈대였다.

「공문서보관·보존규정」은 「정부공문서규정」(1962. 11. 7. 각령 제1033호)에서 문서관리 규정을 분리하여 별도로 제정되었다. 이 규정은 "정부공문서규정에 의하여 처리된 문서의 편철 및 보관·보존의 방법과 절차를 정하여 문서처리의 신속과 정확을 기함을 목적"으로 하였다. 주요 내용은 다음과 같다.

첫째, 문서주관과와 문서주무과를 두어서 문서관리의 역할을 분담하였다. 문서주무과는 문서의 생산과 처리를 담당하고, 문서주관과는 기관내 문서수발사무와 처리완결 문서의 집중 보관과 보존을 담당하였다.

둘째, 보존기간은 영구, 10년, 5년, 3년 1년, 6개월 등 6종으로 구분하였고, 보존기간의 기산일(이하 '생산 후'로 표기)은 처리완결 다음 해 1월 1일부터 기산한다.

셋째, 처리 완결된 문서는 기능별 10진분류방법에 따라 분류하도록 하였고,

문서는 매 안건마다 그 발생, 경과와 완결에 관계되는 것을 일괄하여 발생순으로 1건으로 합철하도록 하였다.[17] 그리고 보관철은 분류 기준에 따라 기능별, 보존 기간별로 설정하도록 하였는데, 문서량에 따라 상위기능과 합철하거나 보존 기간별로 구분하도록 하였다.[18]

넷째, 보존문서는 문서주관과에서 정리하여 보관하고, 중앙행정기관의 영구 보존문서는 별도 기관으로 인계하여 집중관리하도록 하였다. 보존문서는 연도별, 분류번호별, 보존 기간별로 보존하고, 보존문서 기록대장에 보존 기간별로 현황을 기록하여 비치하도록 하였다. 관리담당자는 연 1회 이상 보존 상태를 확인하고 소독하도록 하였다.

이처럼 「공문서보관·보존규정」은 문서의 생산부터 보존과 폐기 등 전 과정을 별도의 법령으로 처음 제도화하였다는 점이 의미가 있다. 특히 중앙행정기관의 영구 보존문서철은 별도 기관[19]으로 이관하여 집중하여 보존하는 제도가 도입되었다는 점이 주목된다.[20]

그러나 이 규정에서도 '설명책임, 기록문화 유산의 관리나 시민의 접근권

---

17) 당시 규정에서는 '1건 철'이라고 표현하고 있는데, 지금의 사안별 편철과 같은 의미이다. 사안별로 업무의 시작부터 종결까지 하나의 문서철로 편철하는 것을 말한다.

18) 1건 철을 보존할 때 다시 편철하도록 한 규정이다. 이 규정의 문제는 사안별로 편철한 문서를 다시 해철하여 상위기능과 합치거나 보존 기간별로 구분하여 문서의 원 질서가 해체되는 결과를 초래한다. 그래서 「공공기관의기록물관리에관한법률」시행(2000년) 이전 문서철의 제목은 '○ ○○관계철'이 많다.

19) 「공문서보관·보존규정」 제23조 제2항에 따라 중앙행정기관의 영구 보존문서철은 별도 기관에 보존하도록 하였고, 1969년에는 이를 개정(대통령령 제3923호)하여 영구 보존문서와 준영구 보존문서를 문서 보존 주관처로 이관하여 보존하도록 하였다. 문서 보존 주관처는 1969년에 설립된 정부기록보존소를 말한다(『정부기록보존소직제』, 1969. 8. 23. 대통령령 제4029호).

20) 종전에는 기록물을 생산기관별로 중앙행정기관별로 자체 관리하였는데, 이 규정이 만들어지면서 별도 기관에서 보존기록물을 관리하는 제도가 처음 만들어졌다. 그러나 이 제도는 보존기관의 인프라 미구축, 기록물관리 전문인력의 부재로 오랫동안 유명무실하였다.

보장'이라는 현대 기록물관리 기본원칙은 찾아볼 수 없다. 오로지 행정관리를 위한 문서의 신속한 처리만이 목적이었고, 문서관리자가 매 분기 말 기록물철의 보존기간을 단축하거나, 즉시 폐기할 수 있는 행정 편의적인 조문도 포함되어 있다.[21]

「공문서보존기간종별책정기준에관한건」은 공문서 분류표의 세부 기능을 대상으로 편철 기준과 보존기간을 제시하였다. 이 규정의 <별표> '문서의 종별 보존기간 책정 기준'에 포함된 '정부공문서 분류표'는 우리나라 최초의 기록물 분류체계인데, 정부 기능을 20개로 구분하고 하위 기능을 계층적으로 세분하였다. 분류한 모든 기능에 고유한 번호를 부여하고, 문서를 생산하면 공문서 분류표를 참조하여 문서분류 번호를 적어 넣게 하였다. 이로써 분류체계와 종별 보존기간[22]을 결합한 독특한 방식의 문서분류 체계가 만들어졌다. 이 방식은 현재까지도 적용하고 있는데, 기록물관리기준표는 단위 과제별로 보존기간을 책정하고 있다.

그러나 당시의 기록물분류체계는 태생적인 한계를 갖고 있다. 정부 공문서 분류표는 기능분류이지만, 분류체계 구성과 운영 방식으로 도서 분류 방식인 십진 분류를 채택하였고, 행정관리 담당 부서에서 만들었다.[23] 따라서 공문서분류표는 정부 조직의 계층을 반영하거나 기능 전체를 포괄하는 데 한계가 있었다. 또한 공문서분류표는 몇 년에 한 번 개정되기 때문에 새로운 업무 기능이 신설

---

21) 「정부공문서보관·보존규정」(1963. 12. 16. 각령 제1759호) 제5조.

22) 종별 보존기간은 정부 공문서 분류표의 세부 기능을 사안별로 구분한 '기능종별(機能種別)' 단위로 제시된 보존기간을 말한다. 예를 들어 기획과 심사분석(기능)의 세부기능인 기획제도의 기능 종별 보존기간은 기획수립 및 이에 관련된 서류(3년), 기획기구, 국가기획제도연구, 기획교육에 관계된 일절의 서류(1년)이었다.

23) 공문서분류표 담당 부서는 「정부공문서규정」, 「사무관리규정」 등을 관장하며 문서관리를 주관했던 행정능률과이다. 「공공기관의기록물관리법」이 제정되기 전까지 공문서분류표를 관리하였다.

되거나 기능이 변경되는 경우 제때 반영하지 못하였다.[24]

공문서분류표의 작성과 관리 주체도 문제가 있었다. 기록물분류체계는 기록물관리기관에서 작성하고 관리해야 하나, 문서 보존을 전담하는 정부기록보존소가 만들어진 이후에도 행정관리 담당 부서에서 계속해서 관리하였다.

■ 냉전체제의 격화와 1970년대 문서관리 제도의 변화

1970년대 문서관리는 1960년대에 만들어진 문서관리 제도를 그대로 유지하였다. 그런데 정부는 1968년 '청와대 습격 사건', '푸에블로호 납치 사건'으로 냉전체제가 격화되면서 국가비상사태에 대비한 정부 소산[25] 계획을 수립하였는데, 문서관리도 포함되었다.[26]

정부 소산에 대비한 보존문서 정리 사업은 1968년과 1975년 두 차례 시행되었다.[27] 보존문서 정리 사업은 각 행정기관이 보유하고 있는 영구 보존문서를 최소화하고, 재분류한 문서를 대구와 부산 등 후방으로 이동시키는 것이 목적이다.[28] 보존문서 감축의 근거는 「공문서보관·보존규정」(1969. 5. 2. 대통령령 제3924호)에 반영되었는데, 영구 보존문서를 갑과 을로 구분하고, 보존기간 준영

---

24) 공문서 분류표는 1964년 작성 이후 2004년 「공공기관의기록물관리법」에 따른 기록물분류기준표가 만들어질 때까지 40년 동안 불과 4번(1979년. 1985년, 1992년, 1997년) 개정되었다.

25) 소산(疏散)은 "비상사태 발생 시 특정 지역에 밀집해 있는 사람이나 시설물을 분산"하는 것을 말한다.

26) 이승일, 앞의 책. 89~90쪽.

27) 총무처가 작성한 1968년과 1975년의 보존문서 정리 계획은 현재 확인되지 않는다. 당시 계획은 지방검찰청에서 보관하고 있던 「보존문서 정리 작업 계획 시달(1968.4.6.)」(수원지방검찰청, 『예규철』, 1968), 「보존문서정리작업 계획 시달(1975.4.28.)」(수원지방검찰청, 『예규 원본철』, 1975)에서 확인할 수 있다.

28) 이승일, 앞의 책. 89~107쪽.

구를 신설하였다.[29] 이와 함께 영구 보존문서를 감축하는 방법으로 마이크로필름 촬영 제도를 도입하였다. 영구보존 을종은 마이크로필름으로 촬영 후 원본을 폐기할 수 있도록 하였다. 보존매체 수록은 기록물의 안전한 보존이 목적인데, 당시에는 기록물 보존 비용을 절감하고, 비상사태가 발생하면 신속하게 기록물을 후방으로 분산하기 위해 도입된 것이다. 한편, 종전 규정에서 중앙행정기관의 영구문서를 집중관리하던 '별도 기관'을 '보존주관처'로 개정하고, 이관 대상도 준영구문서를 추가하였다.

보존문서 사업의 결과는 문서관리 규정에 반영하여 보존문서 감축을 제도화하였다. 「공문서보존기간종별책정기준등에관한규칙」(1979. 6. 15. 총리령 제223호)이 폐지제정[30]되었는데, 별표 '공문서 보존기간 종별 책정 기준표'에 영구보존으로 분류된 기능이 1964년 15.9%에서 2.75%(갑 1.79%, 을 0.96%)로 대폭 축소되었다.[31]

---

29) 영구보존(갑종)은 "원본을 마이크로필름으로 촬영한 후 원본과 필름을 모두 영구히 보존할 문서", 영구보존(을종)은 "원본을 마이크로필름으로 촬영한 후 원본은 폐기하여도 무방한 문서", 준영구보존은 "영구보존할 필요는 없으나 10년이상 보존할 문서로서 개개문건의 성질에 따라 특정기간을 정할 문서"이다(「공문서보관·보존규정」 제4조). 냉전 시대의 산물로 영구보존 대상을 최소화하기 위한 보존기간 구분이다.

30) 법령의 제정 방식 중 하나이다. 종전의 법령을 폐지하고, 새로운 법령을 제정하는게 일반적인데, 이를 각각 진행하지 않고 법령을 새로 제정하면서, 부칙으로 종전 법령을 폐지하는 방식이다. 이 경우 '폐지제정'이라고 한다.

31) 이승일, 앞의 책, 122쪽.

제2장 1980년대 ~ 1990년대: 정부공문서규정 및 사무관리규정

■ 정부공문서규정

문서관리 제도는 1980년대에 들어서 다시 변화한다. 1979년 12·12 군사 반란과 5·17 내란으로 집권한 전두환 정부는 정치, 경제적 위기 상황을 국가 행정 체제 개편으로 대응하였다. 1981년 전두환 대통령은 "80년대의 재도약을 뒷받침하기 위하여 우리 국정의 각 분야에 있어 앞으로 성장과 발전을 저해하는 법령, 제도, 관습, 행정 선례 등 비능률적이고 불합리한 요소는 조속히 일소하고, 과거나 법규에 너무 집착하지 말고 과감하게 개선해 나갈 것"을 지시하였다.[32]

정부는 '성장 발전을 위한 제도개선 위원회'를 구성하여 제도개선을 추진하는데, 총무처의 과제 중 하나가 정부 공문서 제도의 개선이었다. 공문서 제도개선의 추진 배경은 공문서 관계 법령이 다원화되어 있어서 분류, 보관, 보존기간 등 문서관리상의 혼선과 활용의 불편을 개선하겠다는 것이다. 총무처는 당시의 법령체계 때문에 문서가 과다하게 누적되어 행정력이 낭비되고 귀중한 기록이 사장되고 있다는 인식이었다. 따라서 총무처는 공문서관리의 능률과 활용도를 높이기 위해 문서 관련 법령의 통합을 추진한다.[33]

총무처는 1982년에 시작한 법령 정비를 1984년에 마무리한다. 그 결과로 「정부공문서규정」과 「정부공문서보관·보존규정」은 「정부공문서규정」(1984. 11. 23. 대통령령 제11547호)으로, 「정부공문서분류번호의지정에관한규칙」과 「공문서보존기간종별책정기준등에관한규칙」은 「정부공문서분류번호및보존기간책정기간등에관한규칙」(1984. 12. 31. 총리령 제290호)으로 통합되었다. 공문서의 생산,

32) 대한민국 정부, 전두환 대통령각하 지시: 국가 발전을 저해하는 요소의 과감한 개선(1981. 4. 17. 국무회의), 『성장발전을 위한 제도개선 백서』. 1982. 4쪽.

33) 대한민국 정부, 『성장발전을 위한 제도개선 백서』제4집(1981~1987 종합편), 1988. 60쪽.

유통과 보관 및 보존, 분류와 보존기간 책정 관련 규정을 하나의 법령으로 정비한 것이다. 이 당시 공문서관리 제도개선은 능률과 활용도 제고를 위한 형식적인 통합이었지만, 몇가지 의미있는 내용이 추가되었다.

「정부공문서규정」의 문서관리에 관한 변경 또는 신설된 주요 내용은 다음과 같다. 첫째, 적용 범위를 명확하게 하였다. 종전의 '행정기관'을 '중앙행정기관 및 그 소속기관, 지방자치단체의 기관' 등으로 구체적으로 정의하여 지방자치단체도 이 규정의 적용 범위임을 분명하게 하였다.

둘째, 공문서, 문서과, 처리과의 개념을 정의하였는데, "공문서"라 함은 행정기관 내부 또는 상호간이나 대외적으로 공무상 작성 또는 시행되는 문서(도면, 사진, 테이프, 필름 및 슬라이드를 포함한다) 및 행정기관이 접수한 모든 문서로 정의하였다. 이 용어정의는 현재까지 「행정업무 운영 및 혁신에 관한 규정」에서 사용하고 있다.

셋째, 문서의 보존 절차를 구체적으로 규정하였다. 문서는 생산 후 1년간 처리과에서 보존한 후 문서과로 인계하여 보존기간이 만료될 때까지 보존하도록 하였다. 그 중 영구와 준영구 문서는 문서과에서 3년간 보존한 다음 정부기록보존소로 이관하도록 하였다.

넷째, 중앙행정기관이 보유하고 있는 비밀문서 원본 중 역사적 가치가 있는 것은 파기하지 않고 정부기록보존소로 이관하도록 하였다.

다섯째, 행정기관은 다른 행정기관의 업무수행을 위한 문서의 열람과 복사를 제공하도록 하였다. 또한 일반인의 열람과 복사 요청은 특별한 사유가 없는 한 허가할 수 있도록 하였다.

여섯째, 중앙행정기관이 보존하고 있는 보존기간 10년 문서의 폐기는 정부기록보존소장과 미리 협의하도록 하였다.

이상에서 살펴본 바와 같이 몇 가지 의미 있는 규정이 마련되었다. 중앙행정기관의 준영구 이상 기록물을 생산 후 4년(처리과 1년, 문서과 3년 보존 후)이 지나면 정부기록보존소로 이관하도록 시기를 명시하였다. 또한 역사적 가치가 있는 비밀문서 원본의 이관 규정, 문서 폐기 절차의 강화 등도 주목된다. 특히, 중앙행정기관의 보존기간 10년 문서는 정부기록보존소장과 협의 후 폐기할 수 있도록 하였는데, 이는 기록물의 처분권을 정부기록보존소에 부여한 규정으로 평가할 수 있다.

「정부공문서규정」의 문서관리 개정 사항은 정부기록보존소의 의견을 반영한 것으로 보인다. 정부기록보존소는 1981년 '중장기 발전계획'[34]을 수립하여, 중요 기록물 선별 기준을 마련하고 수집 체계를 강화하려고 하였다.[35] 또한 국가기록 관리 체계의 개편을 위한 정부기록보존소의 조직과 위상을 강화하고, '기록보존법' 제정을 계획하였다. 계획은 실행되지는 않았지만, 정부기록보존소가 추진하고자 했던 중앙행정기관 문서의 집중 보존 등 일부 내용이 1984년 「정부공문서규정」 전부개정에 포함되었다.

한편, 이 시기에 국가 단위의 기록물 보존시설을 갖게 되었다. 1984년에 부산에 기록물 보존시설이 건립되고, 정부기록보존소 부산지소가 설립되었다. 비록 정부 소산 계획에 따라 부산에 건립되기는 하였지만, 비로소 우리나라도 공공

---

34) 정부기록보존소, 「정부기록보존업무에관한중장기발전계획」, 1981. 이 문건은 정부기록보존소의 1980년대 전반기 기록물관리 기본정책으로 평가할 수 있다. 정부기록보존소가 작성한 「중·장기발전대책」(1983), 「업무보고」(1983, 1984), 「주요 사업 추진계획」(1985)에서도 같은 내용을 담고 있다.

35) 중장기 발전계획은 집중관리와 분산 관리를 기본 골격으로 하였다. 중앙행정기관의 공문서, 지방자치단체의 국가 위임사무는 집중관리하고, 지방자치단체의 고유업무 관련 문서, 입법부와 사법부, 정부투자기관, 민간 조직의 기록은 분산 관리한다는 것이다. 그리고 정부기록보존소를 중심으로 각 기관간 네트워크를 구축하여 보존기법, 정보와 목록 등의 교환을 통해 기록물 활용을 제도화한다는 내용이다.

기록물을 보존할 수 있는 전문 서고를 갖게 된 것이다.[36]

1987년에 개정된 「정부공문서규정」(1987. 8. 1. 대통령령 제12222호)에는 국가의 중요한 정책결정에 관한 대통령의 결재문서를 체계적으로 관리하기 위해 정부기록보존소로 이관하여 보존하는 규정을 신설하였다.[37]

정부기록보존소의 기록물관리 체계 개편과 법령 제정 노력은 1980년대 후반에 다시 표출되었다.[38] 당시 정부기록보존소는 국가기록관리체계 수립을 구상하고 있었다. 주요 내용은 입법, 사법, 행정부를 망라한 국가적 차원의 기록물 보존 근거 마련, 해외 소재 한국 관련 기록물 및 민간 소장 문서의 수집과 보존을 위해 기록보존에 관한 법률 제정, 정부기록보존소를 국립기록보존소로 기능 확대, 지역별 보존시설 증설, 전문가 양성을 위한 해외 훈련 확대와 기록보존 직렬 신설 등이었다.

정부기록보존소의 국가기록관리체계 구축에 대한 전망은 1990년대까지 이어졌다. 1990년도 주요 업무계획에는 기록보존 중장기 발전 기본계획이 포함되었다. 기본계획의 내용은 첫째, 기록보존에 관한 기본법률 마련이다. 국가기록물 수집 범위와 근거, 공개 시기 등의 명문화, 입법, 사법, 행정부 및 민간 조직에 분산된 기록물 수집과 보존기능의 통합 등이 주요 내용이다.

---

36) 정부기록보존소 부산서고 건립에 문서 정리 사업의 수익금이 투자되었다.

37) 「구 정부공문서규정」 제39조 제1항. 이 규정은 「공공기관의기록물관리에관한법률」 제정 이전까지 대통령기록물을 관리하는 근거였는데, 행정기관에서 생산한 기록물 중에서 대통령이 결재한 문서만을 분리하여 관리하게 되어 원 질서를 해체하는 문제를 발생시켰다.

38) 행정자치부 조직혁신과, 「당면과제보고」(정부기록보존소), 『총무처와 그 소속기관 직제』, 1988. 우리나라 기록관리체제 성립과정에 정부기록보존소(현 국가기록원)가 어떤 역할을 했는지는 「한국 기록관리체제 성립과정과 구조」(이경용, 『기록학연구』8, 2003)을 참조하였다.

둘째, 전국적인 기록보존체계 구축이다. 정부기록보존소를 국립기록보존소로 기능을 확대 개편하고, 권역별(중부권, 호남권, 충청권, 영동권 등) 보존시설의 단계적 설치, 지방화시대에 따른 지방자치단체 보존시설 설치 유도이다.

셋째, 전문인력 양성과 과학적 기록보존 기반 확충하고자 하였다.[39]

그러나 정부기록보존소의 국가기록관리체계 구축은 아쉽게도 구상에 그쳤다.

■ 사무관리규정

1990년대 국가기관의 업무 환경이 변화하면서 문서관리 체계는 다시 개편되었다. 이전 시기의 개편이 주로 새로운 정부가 들어서면서 행정체계를 새롭게 하려는 조치였다면, 이 시기는 급격한 산업화와 정보화 환경에 대응하였다. 사무관리는 종전 수작업 위주에서 자동화, 전산화 체제로 개편하고, 사무처리의 간소화, 표준화 및 과학화를 추진하였다.

정부는 새로운 행정 환경에 부합하도록 「정부공문서규정」(1991. 6. 19. 대통령령 제13390호)을 폐지하고, 「사무관리규정」(1991. 6. 19. 대통령령 제13390호)을 제정하였다. 「사무관리규정」에는 문서의 작성, 처리 및 통제, 문서의 보존, 관인 관리, 보고 및 협조 사무, 서식 관리, 자료 관리, 업무편람, 사무자동화, 사무환경 등의 내용을 담고 있다. 주요 내용은 다음과 같다.

먼저, 사무의 효율적 수행을 위해 '사무자동화 기본계획'을 수립하여 추진하도록 하였다. 둘째, 공문서 용지의 기본규격을 전산화 체제에 맞도록 A4로 정하였다. 셋째, 문서 등록제도를 신설하였다. 체계적인 문서관리와 멸실 방지가 목적이었다. 행정간행물의 발간등록과 납본제도를 신설하여 행정자료의 효과적인 이용을 도모하였다. 이처럼 새로운 사무관리 환경에 맞추어서 문서 작성과 처리

---

39) 정부기록보존소, 「업무보고」, 1990. 국가기록원, 『국가기록원 40년사』, 2009. 78쪽.

등 행정관리 규정이 대폭 수정되었으나, 문서관리 규정은 문서철의 편철량(300 매에서 200매), 보존기간 준영구 이상 문서철의 정부기록보존소로 이관시점(생산 후 5년에서 7년)을 제외하고는 이전과 다르지 않았다.

「사무관리규정」 제정과 함께 공문서 분류체계도 정비되었다. 1992년 정부공문서의 분류 기준과 그 종류별 보존기간의 책정 기준 등을 정하기 위하여 이전에 사용하였던 「정부공문서분류번호및보존기간책정기준등에관한규칙」을 폐지하고, 「공문서분류및보존에관한규칙」(1992. 12. 31. 총리령 제416호)을 제정하였다. 이 규칙의 특징은 분류체계의 설계와 그 운용 방식으로 문헌정보학의 관리 기법을 적극적으로 수용한 것이다. 종전의 '십진식 기능분류'가 완전한 '십진 기능분류'[40]로 개편되었고, 정보 검색을 위해 조기호와 상관 색인이 차용되었다.

또한 분류체계 작성을 위한 기능 조사도 세부적으로 이루어져 1964년 4,913개, 1979년 8,491개, 1992년 17,100개, 1997년 18,000여 개로 증가하였다.[41]

1996년에 개정된 「사무관리규정」(1996. 5. 3. 대통령령 제14989호)에는 전자문서 제도가 도입되었다. 전자문서가 공문서에 포함되었는데, 전자서명에 의한 결재 문서를 공문서로 인정하고, 전자문서가 전산망으로 시행되어 수신자의 컴퓨터 파일에 등록되면 효력이 발생하는 것으로 규정하였다.[42]

문서관리 규정도 일부 개정하였는데, 정부기록보존소의 역할을 강화하였다. 정부기록보존소로의 이관은 영구 보존문서로 한정하고, 역사적 가치가 있다고 인정되는 사건, 사고 등과 관련된 문서는 총무처 장관이 보존 대상으로 직접 지정하여 정부기록보존소에서 보존하도록 하였다. 또한 보존폐기 절차를 보완하

---

40) 이전 정부공문서 분류표는 정부의 기능을 그대로 반영하여 대분류하였으나, 「공문서분류및보존에관한규칙」에서는 대분류를 10개로 축소하여 도서관과 동일한 십진 분류 방식을 적용하였다.

41) 이승일, 앞의 책, 153~170쪽.

42) 「사무관리규정」 제3조 제1호 및 제9호, 제8조 제1항 및 제3항.

여 보존기간 경과 문서의 폐기를 위해 정부기록보존소에 정부공문서평가심의회, 각급기관에 문서평가심의회를 설치하도록 하였다.[43] 이 시기 문서관리 규정은 정부기록보존소의 기록물 처분권이 강화되었다는 측면에서 진일보한 규정으로 평가할 수 있다.

또 다른 중요한 문서관리 제도 변화의 계기는 1998년에 도입한 정책 실명제이다. 1993년 집권한 김영삼 정부는 이전 군사 정권과 차별화를 위해 문민정부로 명명했다. 김영삼 정부는 몇 가지 의미 있는 개혁 정책을 시행하였는데, 금융, 부동산 실명제 도입, 정치 개혁법 제정, 공직자 재산 공개 등이 대표적이다.[44]

김영삼 정부의 이러한 개혁성을 반영한 것이 1998년에 개정된 「사무관리규정」(1998. 7. 1. 대통령령 제15823호)이다. 주요 내용은 행정의 책임성과 신뢰성 확보를 위한 정책 실명제와 정책자료집 생산제도인데,[45] 「공공기록물법」의 기록물 생산 의무 제도의 연원이다. 행정기관은 주요 정책의 결정 또는 집행 과정에 참여한 관련자들의 인적 사항과 의견, 주요 정책 결정을 위한 공청회, 관계자 회의 등을 개최하는 경우 개최일시, 참석자, 발언 내용과 결정 사항 등을 기록하도록 하였다. 또한 주요 국정 현안 사항, 대규모 국책공사나 사업, 외교 및 통상 협상의 내용, 법령 제·개정 등 국민 생활에 큰 영향을 미치는 사안에 대해서는 추진 배경과 경과, 관련 문서, 회의 기록 등을 수록한 정책자료집을 만들어 보존하도록 하였다. 정책자료집은 국가기록원으로 이관하여 영구보존하도록 하였다.

---

43) 「사무관리규정」 제28조, 제28조의2, 제31조의2.

44) 공보처, 『문민정부 5년 개혁백서』, 1997.

45) 「사무관리규정」 제34조의2부터 제34조의4까지.

제3장 1999년 ~ 현재
: 공공기록물 관리에 관한 법률, 대통령기록물 관리에 관한 법률

■ **공공기관의기록물관리에관한법률 제정**

기록물관리 법령의 제정 움직임은 1990년대 후반부터 다시 나타났다. 우리 사회에 기록물관리의 중요성이 확산하면서 정부기록보존소는 기록물관리 법령 제정을 추진한다.

1997년 5월 행정쇄신위원회는 대통령에게 '공공기록관리법' 제정을 건의하였다.[46] 행정쇄신위원회의 권고에 따라 1997년 9월 29일 정부기록보존소는 '국가기록물관리 보존법 제정 준비 작업반'을 구성하고 국내외 기록물관리 제도를 조사 연구하여 1998년 1월 '기록보존법 제정 기본 방향'을 마련하였다.[47]

기록관리법 제정의 필요성에 대한 여론도 확산하였다. 1997년 10월 국회는 총무처 국정감사에서 기록물관리 법령의 제정을 요구하였다.[48] 같은 해 12월 대통령 선거 직후, 대통령직인수위원회 활동 과정에서 정부 부처의 문서 파기가 쟁점으로 등장하였다. 인수위원회는 국가안전기획부, 국방부, 재정경제원 등에서 북풍 공작, 외환위기, 무기 구입 등에 관한 민감한 문서의 은폐, 파기 의혹을 제

---

46) 행정쇄신위원회, 『행정쇄신백서』, 1998. 86~94쪽. 행정쇄신위원회는 대통령자문위원회로 1993년에 구성되어 문민정부 시기 내내 활동하였다. 행정쇄신위원회는 국민편의 위주로 각종 행정제도와 관행 개선을 목적으로 하였는데, 국민고충위원회 설치, 정보공개법, 행정절차법 제정 등이 대표적이다. 위원회는 1998년에 국가기록관리 제도의 개선과 기록관리 및 보존법 제정을 정부에 권고하였다.

47) 정부기록보존소, 「기록보존법제정 기본 방향 보고」, 1998. 1. 20. '기록보존법' 제정 방향은 기록보존을 위한 최소한의 기구와 인력 확보, 원본 보존 방식보다 경제적인 대체 보존매체의 활용강화, 보존 위주의 관리에서 정보자료 관리로 전환, 중요 역사 문서의 보존 역점 등이었다.

48) 국가기록원, 『국가기록원 40년사』, 2009. 52쪽.

기하고, 문서 파기 중지를 요구하였다.[49] 또한 검찰은 공문서 파기를 반국가행위로 규정해 수사하라고 전국 검찰에 지시하였다.[50] 이와 같은 문서 파기 논란 속에서 기록관리법 제정의 필요성이 공감대를 얻기 시작한다.

그 결과 1998년 2월 대통령직인수위원회가 새 정부 100대 정책과제에 '기록보존법 제정'을 선정한다.

1998년 4월 17일 정부기록보존소는 학계와 함께 '국가기록보존법 정책 간담회'를 개최하여 법 제정에 대한 의견을 수렴하고, 같은 해 5월 2일 「국가기록물보존법」 제정안을 마련하였다.[51] 제정안의 주요 내용은 국립기록청 설치, 헌법기관 기록물 등의 관리를 위한 특수기록물관리소, 지방자치단체 기록물의 관리를 위한 지방기록물관리소, 기록물의 생산부터 보존, 활용 전 과정의 체계적 관리, 기록물의 공개, 국가기록물 지정 등이었다.

그런데 제정안은 관계기관 의견조회 과정에서 핵심 내용들이 변경되었다. 기록물관리 전문조직으로 설치하려고 했던 국립기록청, 특수기록물관리소, 지방기록물관리소가 예산부처의 반대로 중앙기록물관리기관, 특수기록물관리기관, 지방기록물관리기관으로 변경되었다. 또한 특수기록물관리기관에 국가안전기획부(현재의 국가정보원)와 군 기관이 포함되었다.[52] 이처럼 법률(안)에 기록물의 체계적인 관리를 위한 기록물관리 조직의 명시적 근거가 반영되지 못하였고, 권력기관 기록물의 자체 관리를 인정하여 당초 입법 취지보다 크게 후퇴한 상

---

49) '문서파기 중지' 공문 발송, 조선일보, 1997년 12월 28일. 김호일, 정부 문서파기 정치쟁점 비화, 부산일보. 1997년 12월 29일.

50) 박민, 검찰, 문서파기 엄단 대상 어디까지, 문화일보, 1997년 12월 9일. 황외진, 검찰, 공문서 파기는 반국가행위로 엄벌에 처하기로, MBC 뉴스. 1997년 12월 9일.

51) 정부기록보존소, 「국가기록물보존법 제정안 보고」, 『참고문서』, 1998.

52) 김재순, 「기록물관리법 제정을 둘러싼 주요 논점과 조정」, 『기록보존』12, 정부기록보존소, 1999년 12월. 23~24쪽.

태로 입법예고 되었다.

1998년 9월 법제처 심사를 거쳐 법률의 제명이 「공공기관의기록물관리에관한법률」로 변경[53]된 정부안을 국회에 제출하고, 같은 해 12월 「공공기관의기록물관리에관한법률」이 국회를 통과하여 1999년 1월 29일 법률 제5709호로 공포되었다.

「공공기관의기록물관리에관한법률」(이하 '공공기관기록물법'으로 줄임)의 제정 이유는 다음과 같다.[54]

"공공기관의 주요 기록물에 대한 명확하고 체계적인 수집 근거와 국회, 정부, 법원 등 국가기관 및 지방자치단에의 기록물 보존 등에 관한 통일된 기록물관리 방안을 마련함으로써 공공기관의 기록물을 체계적으로 관리하여 국정운영의 투명성 확보와 책임행정 구현에 기여하고, 공공기록물의 훼손, 멸실 또는 사유화를 방지하는 등 기록유산의 안전한 보존을 기하며, 공공기관 기록정보의 효율적 활용을 도모하려는 것임."

이로써 기록물관리가 민주주의 사회 운영의 원리와 시민의 정부 기록에 대한 접근을 보장하는 사회규범으로 만들어졌다고 평가할 수 있다.

「공공기관기록물법」의 주요 내용은 다음과 같다.

첫째, 법령의 적용 대상과 기록물의 범위가 확대되었다. 종전 기록물관리 규정인 「사무관리규정」은 행정기관과 지방자치단체에만 적용되었으나, 이 법은 헌

---

53) 변경의 사유가 국가기록물로 법률명을 정하면 국가기록으로만 적용범위가 한정되어 지방자치단체나 정부투자기관 등의 기록물을 관리할 수 없다는 것이 이유였다.(김재순, 앞의 논문. 30쪽)

54) 대한민국 정부, 법률 제5,709호(공공기관의기록물관리에관한법률), 관보 제14119호, 1999. 1. 29. 59쪽.

법기관, 정부 산하 공공기관, 지방공사 및 공단, 각급 학교 등으로 확대되었다. 또한 기록물의 범위도 '문서' 중심에서 공공기관이 업무와 관련하여 생산하거나 접수한 '모든 형태의 기록정보 자료'로 명확하게 규정하였다.

둘째, 기록물의 체계적 관리를 위해 기록물관리기관 설치와 기록물관리 전문요원 배치를 의무화하였다. 공공기관은 자료관 또는 특수자료관(현재의 기록관 또는 특수기록관)을 설치해야 하고, 전문관리기관(현재의 영구기록물관리기관)으로 중앙기록물관리기관, 특수기록물관리기관, 지방기록물관리기관을 설치하도록 하였다. 또한 기록물관리기관은 기록물관리 업무를 전문적으로 수행하기 위하여 정원의 1/4에 해당하는 기록물관리 전문요원을 의무적으로 배치해야 한다.

셋째, 공공기관 업무수행의 모든 과정을 기록물로 남겨 관리하도록 하였고, 회의록 및 조사 연구검토서 등에 대한 생산의무를 부과하였다.

넷째, 대통령기록물 관리를 강화하였다. 대통령 또는 그 보좌기관이 대통령의 직무수행에 관한 생산 또는 접수한 모든 기록물은 중앙기록물관리기관의 장이 대통령의 임기 종료 전에 수집하여 보존하거나, 다음 대통령에게 인계되도록 하였다.

다섯째, 중앙기록물관리기관의 장은 민간인이 보유한 기록물 중 공공기관의 업무수행과 관련된 기록물을 국가기록물로 지정할 수 있도록 하였다.

여섯째, 거버넌스 기구인 국가기록물관리위원회를 설치하도록 하였다. 위원회는 중앙기록물관리기관장, 특수기록물관리기관장, 학계 및 관련분야의 전문가로 구성하며, 기록물관리에 관한 기본정책, 전문관리기관간 협력 방안 등을 심의하도록 하였다.

「공공기관기록물법」은 기록물의 생산부터 보존, 활용 전 과정을 통제하고, 기록물관리기관과 기록물관리 전문가 배치 등 체계적인 기록물관리 기반을 마련하였다고 평가할 수 있다. 그러나 정부기록보존소의 전문성과 독립성을 확보하는 방안은 반영되지 않았다. 이는 이후 기록물관리 추진의 장애였다. 또한 권력기관의 기록물관리에 대한 특수와 예외의 인정도 문제이다. 헌법기관, 국가안전기획부와 군 기관, 국방부, 통일부, 외교부, 검찰청, 경찰청 등 소위 권력기관의 기록물관리에 대한 많은 예외 규정을 두어 국가기록 관리체계의 한계를 노출하였다.

「공공기관기록물법」은 2000년부터 시행되었으나, 공공기관의 기록물관리 정상화는 쉽지 않았다. 정부와 공공기관의 기록물관리 인식은 여전히 미흡하였고, 법령 시행에 필요한 자원의 확보도 어려웠기 때문이다. 따라서 법률의 핵심인 기록물관리기관의 설치와 기록물관리 전문요원 배치, 기록물분류체계 개발, 전자문서시스템, 자료관시스템(현행 기록관리시스템)구축 등이 지연되었다. 그 결과로 법 시행과 동시에 '기록물의 등록, 분류, 편철 및 전자문서 관리'와 관련된 사항의 시행이 2005년으로 연기되는 파행이 발생하였다.[55]

■ 2004년 ~ 2007년: 노무현 정부의 기록물관리 혁신, 공공기관의기록물관리에관한법률 전부개정 및 대통령기록물 관리에 관한 법률 제정

공공 기록물관리 혁신은 노무현 정부가 들어서면서 시작되었다. 2004년 세계일보와 참여연대가 공동으로 탐사하여 보도한 "기록이 없는 나라"[56]는 우리나라 기록물관리의 민낯을 보여 주었다.

노무현 대통령은 2004년 6월 8일 국무회의에서 기록물관리 실태조사를 지시하였고, 국가기록원은 123개 공공기관의 기록물관리 실태를 조사하여 같은 해 8월 국무회의에서 대통령에게 보고하였다.[57] 보고서에는 공공기관의 무단 폐

---

55) 「공공기관기록물법 시행령」(2003. 2. 11. 대통령령 제17901호)부칙 제2조 및 제3조.

56) 특별취재팀, 기록이 없는 나라 1~9, 세계일보. 2004년 5월 30일~7월 14일

57) 국가기록원, 기록물관리 실태조사 결과 보고, 2004년 7월.

기, 정책 및 중요 인허가 문서의 방치 등의 사례와 개선방안이 담겼다.

감사원은 2004년 11월부터 2005년 2월까지 정부 수립 이후 최초로 국가기록원 등 24개 부처를 대상으로 감사하여 공공 기록물관리의 총체적 부실을 밝히고 제도개선을 요구하였다.[58] 주요 지적 사항은 외교, 국방 등 중요 기록물 유실 및 영구보존 대책 미흡, 대통령기록물 및 비밀 기록물관리 소홀, 자료관 미설치와 기록물관리 전문요원 미배치, 무단 폐기 등이었다. 한편 시민단체는 '정부 기록물관리 정상화'를 촉구하는 논평과 성명서를 발표하여 기록물관리의 중요성과 혁신의 필요성을 우리 사회에 확산시켰다.[59]

2004년 하반기부터 본격적으로 기록물관리 혁신이 시작되었다.[60] 정부혁신지방분권위원회는 대통령의 지시로 기록물관리 혁신 로드맵 수립 및 법과 제도 정비를 위해 기록관리혁신전문위원회를 설치하고 2004년 11월부터 2005년 5월까지 기록물관리 혁신 방안을 강구하였다. 기록관리혁신전문위원회는 「국가기록관리혁신 로드맵」을 2005년 10월 4일 국무회의에 보고하였다.[61] 국가기록관리혁신 아젠다는 4개 분야 9개였다. 첫 번째 분야인 프로세스와 시스템 혁신은 공공업무 수행의 철저한 기록화, 기록관리 프로세스와 시스템 정비, 두 번째 분야인 기록물관리 기준과 표준 마련은 정보공개의 확대, 비밀 관리의 체계화, 글로

---

58) 감사원, 공공기록물관리 및 보존실태 감사결과, 2005년 10월 27일.

59) 국가기록개혁네트워크, 공공기록물관리의 조속한 정상화를 촉구한다. 참여연대, 2004. 10. 6. (https://www.peoplepower21.org/?cat=647&p=551976&paged=3), 참여연대 투명사회팀, 대검찰청 기록물 폐기 심각한 문제 드러나, 참여연대, 2004. 8. 18. (https://www.peoplepower21.org/Government/551833). 참여연대 맑은사회만들기본부, 기획예산처장관 등 기록물관리법 위반으로 형사고발, 참여연대. 2004. 10. 6. (https://www.peoplepower21.org/?cat=647&p=551962&paged=3).

60) 정부혁신지방분권위원회, 『참여정부의 기록관리 혁신』, 2005. 40~46쪽

61) 정부혁신지방분권위원회, 앞의 책. 68~75쪽.

벌 스탠다드에 부합하는 표준의 제정이었다. 세 번째 분야인 공공기록물의 자원화는 공공기록물 편찬과 서비스 확대였고, 마지막 분야인 법과 제도 정비는 법·제도 정비, 전문인력 확보 및 능력 개발, 거버넌스형 조직의 실현과 기록물관리 인프라 구축이었다.[62]

국가기록원은 2005년 10월 국가기록관리체계개선기획단을 설치하여 국가기록물관리 혁신을 위한 제도개선을 추진하였다.[63] 기획단은 「국가기록관리혁신 로드맵」 추진을 위한 '기록관리혁신 종합실천계획'을 2006년 2월 국무회의에 보고하고, 2006년 「공공기관의기록물관리에관한법률」 전부개정, 2007년 「대통령기록물 관리에 관한 법률」 제정을 추진하였다.

「공공기관의기록물관리에관한법률」은 국가기록물관리 혁신을 지원하기 위해 전부개정하고, 법률의 제명을 「공공기록물 관리에 관한 법률」(이하 '공공기록물법'으로 줄임)로 변경하였다. 법률 개정의 목적은 다음과 같다.[64]

"공공기관의 투명하고 책임 있는 행정의 구현과 공공기록물의 안전한 보존 및 효율적인 활용을 위하여 기록물의 전자적 생산·관리체계의 구축, 기록물의 공개·열람 범위의 확대, 기록관리의 표준화 및 전문화를 높이기 위한 제도의 마련 등 공공기록물의 관리에 관하여 필요한 사항을 정하려는 것임"

---

62) 참여정부의 기록물관리 혁신 과정은 『아카이브와 민주주의』(곽건홍, 선인, 2014. 26~60쪽)를 참고하여 정리하였다.

63) 국가기록원, 『국가기록원 40년사』, 2009. 57쪽~63쪽.

64) 대한민국 정부, 법률 제8025호 공공기관의기록물관리에관한법률 전부 개정 법률 개정 이유, 관보 16531호, 2006년 10월 4일. 35~37쪽.

법률 전부개정은 기록물관리 혁신 어젠다를 실천하기 위한 제도 마련이 목적이었다. 기록물관리 혁신을 위해 개정되거나 신설된 규정의 주요 내용은 다음과 같다.

첫째, 법의 적용 범위가 확대되었다. 공공기관이 생산하고 접수한 기록물뿐만 아니라, 개인 또는 단체가 생산·취득한 기록정보 자료 중 국가적으로 보존할 가치가 있다고 인정되는 기록정보 자료 등 공공기록물을 대상으로 하였다.

둘째, 기록물관리기관을 개편하였다. 영구기록물관리기관은 중앙기록물관리기관·헌법기관기록물관리기관·지방기록물관리기관 및 대통령기록관으로 구분하고, 국가정보원과 군 기관에 설치하였던 특수기록물관리기관은 특수기록관에 포함하였다. 공공기관에 설치하는 자료관과 특수자료관은 기록관과 특수기록관으로 명칭을 변경하였다. 한편, 국가기록관리위원회는 행정안전부장관에서 국무총리 소속으로 변경하여 위상을 강화하였다.

셋째, 전자기록물의 관리 제도를 강화하였다. 중앙기록물관리기관의 장은 전자기록물의 안전하고 체계적인 관리와 활용을 위하여 전자기록물관리시스템의 기능·규격·관리항목·보존포맷 및 매체 등 전자기록물관리 표준화에 관한 사항 등을 포함하는 전자기록물관리체계를 구축·운영하도록 하였다.

넷째, 기록물의 공개와 열람을 강화하였다. 기록물관리기관이 보유하고 있는 비공개 기록물은 주기적으로 재분류하도록 하였고, 30년이 지나면 모두 공개하는 것을 원칙으로 하였다.

다섯째, 기록물관리 표준 제도를 도입하였다. 중앙기록물관리기관의 장은 기록물의 체계적·전문적 관리를 위하여 기록물관리 절차별 표준기능, 기록물의 종류별 관리 기준 등에 관한 표준을 제정·시행하도록 하였다.

여섯째, 민간 기록물 등의 수집을 강화하였다. 국가기록원장이 국가적으로 보존 가치가 있는 국내외 기록물을 수집하여 관리할 수 있는 근거를 마련하였다.

2007년에는 「공공기록물법」에서 대통령기록물 관리를 분리하여 특별법으로 「대통령기록물 관리에 관한 법률」(2007. 4. 27. 법률 제8395호)을 제정하였다. 「대통령기록물 관리에 관한 법률」(이하 '대통령기록물법'으로 줄임) 제정은 국가기록관리혁신 과제 중 하나였다.[65]

"대통령기록물에 대한 철저한 보존 및 보호 방안을 마련하고, 대통령기록관의 설치·운영에 관한 사항을 규정하여 대통령기록물 관리의 독립성을 확보하는 등 종합적인 대통령기록물 관리체계를 구축함으로써 대통령 국정운영의 투명성과 책임성을 강화하려는 것임"[66]

「대통령기록물법」의 제정 목적은 대통령기록물의 철저한 보존과 보호 방안 마련, 대통령기록물 관리의 독립성 확보가 핵심인데, 주요 내용은 다음과 같다.

첫째, 대통령기록물의 범위를 구체화하였다. 대통령기록물은 대통령의 직무 수행과 관련하여 대통령과 그 보좌기관·자문기관·경호기관과 대통령직 인수기관이 생산·접수한 기록물과 대통령상징물로 하였다.

둘째, 대통령기록관리위원회를 설치하도록 하였다. 위원회가 대통령기록물 관리의 기본정책, 폐기 및 이관 시기 연장승인 등 주요 사항을 심의하도록 하였다.

셋째, 대통령기록물 이관 등 관리체계를 정립하였다. 대통령기록물의 원활한 수집·이관 및 관리 등을 위하여 대통령기록물의 생산단계에서부터 폐기 단계에 이르기까지 단계별로 관리체계가 마련되었다.

---

65) 정부혁신지방분권위원회, 앞의 책. 75쪽. 대통령기록관리 법제 정비는 법·제도 정비 어젠다의 세부 과제였다.

66) 대한민국 정부, 법률 제8395호 대통령기록물 관리에 관한 법률 제정 이유, 관보 제16493호. 2007. 4. 27. 77쪽.

넷째, 대통령기록물의 적극적 공개·활용이다. 대통령기록물은 공개를 원칙으로 하고, 기록물의 공개 여부를 분류하여 소관 기록관으로 이관하도록 하였다. 또한, 비공개 기록물은 주기적으로 재분류하고 '생산 후 30년 공개' 원칙을 적용하였다.

다섯째, 대통령기록물의 특수성을 고려한 대통령지정기록물의 보호 체계의 구축이다. 대통령지정기록물은 대통령이 특별히 지정한 기록물로 다른 법률에도 불구하고 열람과 자료 제출을 엄격히 제한하였다.

여섯째, 대통령기록관 설치·운영이다. 대통령기록관 및 기부채납에 의한 개별 대통령기록관의 설치, 대통령기록관장의 권한·임기 규정 등 대통령기록관의 운영에 관한 근거를 마련하였다.

「공공기관의기록물관리에관한법률」전부 개정과 「대통령기록물법」 제정은 참여정부의 기록물관리 혁신의 결과물로서 우리나라 기록물관리 제도를 한 단계 성숙시키는 계기였다. 이때 만들어진 기록물관리 제도가 십수 년이 지난 지금까지도 여전히 우리나라 기록물관리의 근간이다.

참여정부 기록물관리 혁신과 법령 개정에도 불구하고 국가기록관리 체계는 여전히 불완전한 상태였다. 첫째, 여전히 국가기록원의 독립성 문제가 해결되지 않았다. 둘째, 기록물관리기관의 기반을 강화하지 못했다. 국가기록원을 제외하고는 인력과 자원이 충분하지 않아서 내실 있는 기록물관리가 어려운 상황이다. 셋째, 기록물관리 혁신이 하향식으로 진행되었다. 기록물관리 혁신이 참여정부의 주요 정책으로 채택되어 전폭적인 지원을 받고, 민간 전문가들이 기록물관리 혁신 과정에 참여하였다는 것은 의미가 크다. 그런데, '하향식 기록물관리 혁신'은 정권이 교체되어 지원을 받지 못하면 혁신의 동력이 떨어지고, 이전으로 퇴행할 우려가 있다. 실제로 2008년 이후 10년 동안 정권의 무관심 속에 기록물관리의 퇴행 또는 정체를 확인했다. 향후 국가기록원과 기록물관리 전문가들이 풀어야 할 과제이다.

■ 2008년 ~ 2017년: 이명박 정부의 기록물관리 선진화, 박근혜 정부의 정부 3.0과 기록물관리

2008년 이명박 정부가 집권한 이후 10년은 '대통령기록물 유출 사건', '쌀 직불금 관련 대통령지정기록물 열람', 'NLL 대화록 유출' 등 기록물이 정치적으로 이용당했고, 정부의 무관심 속에 기록물관리는 퇴행하였다.

이명박 정부는 "선진 일류국가"를 국정지표로 설정하고, 일자리 창출을 통한 경제 살리기, 공교육 질 향상을 위한 교육 개혁, 지역 발전 전기 마련, 정치 선진화, 전방위 외교와 남북 관계 실질적 변화 추구를 5대 핵심과제로 하고 100대 국정과제를 채택하였다.[67]

국가기록원은 정부 시책에 맞추어 2009년 '국가기록관리 선진화 전략'을 수립하여 시행하였다.[68] 선진화 전략은 "글로벌 경쟁력을 갖춘 선진 기록관리 실현"을 위해 4대 목표, 12개 과제, 36개 세부 실천 과제로 구성하였다.[69] 그런데 이 전략은 기록물관리의 사회적, 문화적 역할보다는 경제성을 최우선으로 내세웠다. 국가기록원은 선진 기록관리 실현으로 기록정보의 작성, 수집, 정리 시간의 단축, 행정절차 간소화 등으로 1,492억의 행정비용 절감, 친환경 기록관리 연구개발 확대를 통한 원천기술 확보로 연간 1,255억원의 부가가치를 창출하고 기록관리 분야 9천여 개의 일자리가 마련될 것으로 예상하였다. 국가기록원은 선진화 전략이 이명박 정부의 국가 발전 패러다임인 녹색 성장과 일자리 창출을 위

---

67) 문화체육부, 『이명박정부 국정백서 2008. 2~2013. 2』, 2013. 124쪽~135쪽.

68) 국가기록원, 「국가기록관리 선진화 전략」, 2009. 6.

69) 선진화 전략의 '생산단계부터 철저하고 체계적인 기록물관리' 어젠다는 참여정부 시절의 기록물관리 혁신 과제와 동일하나 내용이 변형되었다. 체계적 기록관리를 위한 시스템 확산은 그린 IT 실현, 기록관리 업무의 자동화를 통한 녹색 근무 환경 조성이 목적이었다. 철저한 기록물의 생산관리가 설명책임이나 시민의 권리보호가 아닌 행정관리 차원으로 변질되었다.

한 기록물관리 정책 방향을 제시했다고 자평하였다.[70]

국가기록원의 입장은 연간 업무계획에 담겨 있다. 이 시기 국가기록원이 추진했던 주요 업무를 보면, '내실 있는 기록관리'는 국가의 성공, 발전과 위기 극복 관련 기록물을 기획 수집하여 국가정체성 확립을 위한 것이고,[71] '기록관리 기반 강화'는 국가경쟁력 증진과 보존 부담 경감과 연결하였다.[72] '기록정보 서비스'는 산림녹화, 식량 증산, 수출 정책 등 국가 성장과 위기 극복을 보여 주는 콘텐츠에 집중되었고,[73] 기록유산을 관광 자원화하고 해외 전시 홍보를 강화하는 과제가 포함되었다.[74]

국가기록원은 이명박 정부 시절에 「공공기록물법」과 동법 시행령을 각각 2차례 개정하였으나 제도개선 보다는 규제개선, 업무 부담 경감 등 실무적인 차원의 개정이었다.

2010년에 개정된 「공공기록물법」(2010. 2. 4. 법률 제10010호)에서는 영구기록물관리기관에 전자기록물 재난 대비 복구 체계 구축·운영의 의무 부여(법 제30조 제2항), 기록물 폐기 시행의 민간 위탁 근거를 마련하였다(법 제27조 제3항).

2011년에 개정된 「공공기록물법 시행령」(2011. 2. 22. 대통령령 제22673호) 은 이명박 정부의 기록물관리 인식을 단적으로 반영하고 있다.[75] 핵심 개정 사항은 기록물관리 전문요원의 자격 요건을 완화하여 공직 진입 문호를 확대하되, 전문

---

70) 국가기록원, 『국가기록원 40년사』, 64쪽~69쪽

71) 국가기록원, 업무계획(2009), 2쪽.

72) 국가기록원, 업무계획(2009), 4쪽. 업무계획(2010), 12쪽.

73) 국가기록원, 업무계획(2009), 6쪽. 업무계획(2010), 15쪽.

74) 국가기록원, 업무계획(2012), 11~12쪽

75) 기록물관리 전문요원의 자격 요건 완화는 국정과제인 규제개선의 일환이었는데, '기록물관리 분야 행정 내부 규제개선 과제'로 추진되었다. 정부는 업무의 전문성을 확보하기 위한 자격조건 을 행정 내부 규제로 판단한 것이다.

성 확보를 위하여 기록물관리 전문요원 시험을 도입하는 것이다.

기록학, 역사학 또는 문헌정보학 학사학위 이상 소지자가 행정안전부장관이 정하는 교육과정을 이수하고 전문요원 시험에 통과하면 기록물관리 전문요원 자격을 부여하였다(제78조 제1항 제2호).[76] 공직의 진입 장벽을 제거한다는 명분으로 기록물관리의 전문성을 훼손한 것이다.[77]

2012년에 개정한 「공공기록물법」(2012. 3. 21. 법률 제11391호)에서는 지방기록물관리기관 설치 운영에 관한 사항은 해당 지자체의 조례로 정하도록(법 제11조 제1항) 하고, 공공기관과 영구기록물관리기관의 장은 보존 중인 기록물의 평가와 폐기를 위하여 민간 전문가가 포함된 기록물평가심의회를 구성하여 운영하도록 하였다(법 제27조의 2). 기록물평가심의회는 종전 시행령에 규정되어 있던 사항인데, 법률로 올린 것이다. 한편, 기록관 또는 특수기록관이 영구기록물관리기관으로 기록물을 이관하기 전 5년 이내에 공개 여부를 재분류했으면 재분류 절차를 생략하고 이관을 가능하게 하였다(법 제35조 제1항).

---

76) 「공공기관기록물법 시행령」(1999. 12. 7. 대통령령 제16609호) 제78조에 따른 기록물관리 전문요원 자격은 ① 기록관리학 석사학위 이상 취득자, ② 역사학 또는 문헌정보학 석사학위 이상을 취득한 사람으로서 행정안전부장관이 정하는 교육과정을 이수한 사람이었다. 개정안은 종전의 전문요원 자격 조건 중에서 ②를 개정하였다.

77) 당초 시행령 개정(안)에는 기록물관리 전문요원 자격 완화와 기록물 폐기 절차 간소화가 포함되어 있었다(공공기록물 관리에 관한 법률 시행령 및 시행규칙 일부개정령(안) 입법예고, 행정안전부공고 제2010-198호, 2010년 7월 15일). 기록물관리 전문요원 자격은 기록관리학, 역사학, 문헌정보학, 보존과학을 전공한 자로서 기록물관리 분야 경력 1년 이상이고, 행정안전부장관이 정하는 교육과정을 이수한 자에게 기록물관리 전문요원 자격을 부여하려고 하였다. 또한 폐기 간소화는 보존 기간 1년, 3년 기록물은 기록물평가심의회의 심의를 거치지 않고 폐기할 수 있도록 하는 내용이었다. 두 개정안 모두 학계와 시민단체의 반대에 부딪혔디(참여연대, 기록물관리 부실 가져올 기록물관리법 시행령개정 반대, 2010. 8. 5.), 국가기록원은 재검토를 거쳐 폐기 절차 간소화는 삭제하고, 기록물관리 전문요원 자격 완화는 학계와의 협의를 거쳐 개정된 내용으로 변경하여 재입법예고(행정안전부공고 제2010-325호. 2010. 11. 22.)를 거쳐 우여곡절 끝에 개정되었다.

「대통령기록물법」과 동법 시행령은 각각 1차례와 2차례 개정되었다. 소위 '봉하마을 대통령기록물 유출 사건'으로 촉발된 전직 대통령의 열람권 보장 방안을 보완하는 개정이었다.

2010년에 개정한 「대통령기록물법」(2010. 2. 4. 법률 제10009호)에서는 전직 대통령의 기록물 열람에 관한 대리인 지정 근거(법 제18조 제2항) 신설, 지정과 비밀 기록물을 제외한 기록물의 통신망을 이용한 온라인 열람 편의 제공(법 제18조 제4항)을 신설하는 것이 핵심이었다. 이 밖에 대통령기록관리위원회의 명칭을 변경하고, 대통령기록물의 범위에 선물을 포함하였다.

「대통령기록물법 시행령」도 2010년에 함께 개정되었다. 첫 번째 동법 시행령 개정(2010. 2. 4. 대통령령 제22009호)은 법률 개정에 따라 대통령기록관리위원회의 명칭을 대통령기록관리전문위원회로 변경(시행령 제2조)하는 내용이다. 두 번째 동법 시행령 개정(2010. 8. 4. 대통령령 제22321호)은 전직 대통령과 대리인의 열람 방법과 절차, 온라인 열람 등에 대한 보안대책을 정하려는 것이었다. 전직 대통령이 온라인 열람을 요구하면 대통령기록관장은 전용회선, 열람 전용 개인용 컴퓨터 등 열람 장비를 설치할 수 있도록 하고, 장소는 대통령의 사저로 한정하였다(시행령 제10조의3).

박근혜 정부는 "국민 행복과 국가 발전이 선순환하는 새로운 패러다임의 시대"를 국정 비전으로 제시하고, 창조경제, 민생경제, 국민 안전, 사회통합, 문화예술 진흥, 한반도 신뢰 프로세스, 신뢰받는 정부 등 14개 추진 전략과 140개의 국정과제를 채택하였다.[78]

국정과제에 '정부 3.0과 깨끗 유능한 정부'가 과제로 포함되어 있으나, 두 과제의 실행 수단인 기록물관리는 포함되지 않았다. 정부 3.0은 개방·공유 및 소

78) 관계부처 합동, 박근혜 정부 국정과제, 2013년 5월 28일.

통·협력을 통해 투명하고 유능한 정부를 구현하고 국민 중심의 맞춤형 서비스 정부를 실현하는 것이 과제 내용이다.[79] 정부와 국민이 소통을 강화하고, 정부는 국민이 원하는 정보의 신속한 제공을 목표로 하였다. 그런데 정보공개를 위해서는 기록을 빠짐없이 생산하고 관리되어야 가능하다.

그러나 박근혜 정부의 기록물관리는 이명박 정부 시절과 다를 바 없었다. 게다가 남북정상회담 회의록 논쟁, 청와대 기록물의 외부 유출과 무단 파기 등의 이슈가 빈번하게 제기되면서 기록물관리는 파행을 맞았다.

이 시기 국가기록원은 이전 시기와 마찬가지로 국정과제 추진의 뒷받침에 집중하였다. 국가기록원은 '국민 중심 서비스 정부 3.0 구현'과 관련하여 전자기록물관리 체계를 구축하여 공공정보의 개방과 공유를 위한 기본 인프라 구축과 공공기록정보의 통합 활용체계 구축을 최우선 과제로 내걸었다.[80] 기록정보서비스는 국민 화합과 자긍심 고취에 초점을 맞추었었는데,[81] 2002년 월드컵 기념 콘텐츠 구축, 경제개발 콘텐츠 개발, 새마을운동 컬렉션 구축 등이다. 또한 경제발전 관련 기록 세계기록유산 등재를 추진하였다.[82]

박근혜 정부 시기에는 한차례의 법률 개정과 다섯 차례의 시행령 개정이 있었다. 2017년에 개정한 「공공기록물법」(2017. 3. 21. 법률 제14613호) 의 주요 내용은 국가기록관리위원회 위원의 해촉 기준을 마련(법 제15조 제5항)하고, 국가 또는 지방자치단체 외의 공공기관이 민간기관으로 전환되는 경우의 기록물관리 방식을 제시하였다(법 제25조 제1항). 법률 운영상의 미비점을 보완하는 개정이었다.

---

79) 추진계획은 정보공개 확대, 공공데이터 민간 활용 기반 조성, 협업과 소통을 위한 지식 기반 행정시스템 강화이다(관계부처 합동, 앞의 문서. 253~254쪽).

80) 국가기록원, 업무계획(2013), 7쪽. 10쪽. 업무계획(2015), 9쪽.

81) 국가기록원, 업무계획(2014), 12쪽. 업무계획(2015), 12쪽.

82) 국가기록원, 업무계획(2015), 8쪽.

2013년에 개정한 동법 시행령(2013. 9. 13. 대통령령 제24723호)에서는 자격 취득 실적이 낮은 검찰청, 군 기관, 경찰청 등의 소속 공무원에 대한 기록물관리 전문요원 자격 인정제도[83]를 폐지하되, 군 기관의 전문요원 자격은 일정 기간 특례를 인정하였다(시행령 제78조 제1항 제3호부터 제5호, 제4항 및 제78조의2).

2014년에 개정한 동법 시행령(2014. 11. 4. 대통령령 제25693호)에서는 기록관 설치 대상 일부 조정[84](시행령 제10조 제1항, 제11조 제1항), 지방자치단체장이 참여하는 회의도 속기록 작성 대상으로 지정할 수 있도록 확대(시행령 제18조 제2항)하고, 행정기관이 전자기록생산시스템을 구축하거나 개선할 때 중앙기록물관리기관장과 사전협의 하도록 하였다(시행령 제34조의2).

2015년에 개정된 동법 시행령(2015. 3. 3. 대통령령 제26126호)에서는 기록물관리와 활용의 효율성을 제고하기 위하여 비전자 기록물의 보존매체 수록과 폐기를 유연하게 적용하였다. 보존기간 30년 이상인 기록물도 대체 보존할 수 있도록 절차를 마련하였다.

2016년에 개정된 동법 시행령(2016. 8. 29. 대통령령 제27460호)에서는 전자기록물의 장기 보존을 위한 보존기간 10년 이상인 기록물은 인수 완료 후 1년 이내에 문서보존포맷과 장기보존포맷을 변환하도록 하였다(시행령 제36조 제1항).

---

83) 「공공기록물법 시행령」(2007. 4. 4. 대통령령 제19985호) 제78조 제1항 제3호, 제4호, 제5호에 따라 검찰청, 군 기관, 경찰청, 해양경찰청은 소속 공무원이 행정안전부장관이 정하는 교육과정을 이수하면 해당 공공기관의 기록관 또는 특수기록관에서 기록물관리 전문요원으로 근무할 수 있는 특례 조문이었다. 이들 기관은 모두 특수기록관 설치 대상 기관으로 업무의 특수성을 인정한 결과이다. 그런데 군 기관을 제외하고는 법 시행 이후 14년 동안 해당 규정에 따른 기록물관리 전문요원을 배치한 실적이 거의 없어서 관련 규정을 삭제한 것이다. 다만, 군 기관의 경우 계속 교육과 전문요원 배치가 진행되고 있어서 제78조의2를 신설하여 2019년 2월까지 특례를 인정하였다. 이 특례는 한 차례 연장되어 2024년에 종료되었다.

84) 기록관 설치 대상 기관에 원자력안전위원회, 우정사업본부, 수도권대기환경청, 금융정보분석원을 추가하고, 유치원 및 초·중·고등학교는 소관 중앙행정기관, 관할 교육청 또는 교육지원청에서 기록관의 업무를 수행하도록 하였다.

또한 영구기록물관리기관으로 이관대상이 아닌 기록관 또는 특수기록관 보유 준영구 보존기록물에 대한 평가 및 폐기 근거와 절차를 마련하였다(시행령 제43조 제2항 신설).

2017년에 개정된 동법 시행령(2017. 9. 19. 대통령령 제28303호)에서는 영구기록물관리기관의 장은 해당 기관에서 보존하고 있는 기록물을 공공기관이 온라인으로 검색·열람할 수 있도록 하였다(시행령 제74조의2).

한편, 박근혜 정부 시기 국가기록원은 2차례 「대통령기록물법 시행령」을 개정하였다. 2014년에 개정된 동법 시행령(2014. 4. 29. 대통령령 제25336호)은 대통령지정기록물의 효율적 보존과 관리를 위하여 대통령지정기록물의 열람 등의 승인 대상에 보안 및 재난 대책의 수립과 시행에 관한 업무와 대통령지정기록물의 상태 검사와 복원 등의 업무 수행에 필요한 경우를 신설하였다(시행령 제10조 제4항 제1호의2 및 제6호).

2016년에 개정된 동법 시행령 개정(2016. 7. 19. 대통령령 제27345호)에서는 대통령기록물 생산기관의 기록물을 업무에 참고할 필요가 있으면 대통령의 임기가 종료되는 해의 전년도 말까지 이관을 연장할 수 있도록 하고(시행령 제5조 제3항), 대통령기록물 보존 가치 재평가 기간 연장(시행령 제7조 제1항) 근거를 신설하고, 전직 대통령의 온라인 열람 편의를 높이기 위해 온라인 열람 장소를 사저 또는 사무실 중 한 곳을 선택할 수 있도록 개정(시행령 제10조의3 제1항)하였고, 기록물 사본 제공(시행령 제10조 제5항) 근거를 신설하였다.

이명박 정부부터 박근혜 정부시기의 기록물관리는 퇴행하였다고 평가할 수 있다. 기록물 폐기 절차 간소화, 기록물관리 전문요원 자격 완화, 기록물 보존 업무의 민간 시설 이용 등의 법령 개정 추진이 대표적이다. 이와 같은 제도의 변경은 기록물관리 업무를 효율성과 규제개선이라는 명분으로 공공성과 전문성을 훼손하는 결과를 초래했다. 또한 국가기록관리위원회는 비전문가로 충원되고 명단이나 회의록을 비공개하는 등 폐쇄적으로 운영되었다.[85] 국가기록원은 국가 기록관리 체계가 심각하게 왜곡되고, 기록물이 정치적으로 악용되는 상황에서도 중앙기록물관리기관으로 어떠한 입장도 조치도 취하지 않았다. 오히려 소위 '봉하마을 대통령기록물 유출'로 전직 대통령을 고발하여 중앙기록물관리기관으로서의 신뢰를 추락시켰다.

■ 2017년 ~ 2022년: 문재인 정부의 기록물관리 혁신과 공공기록물법, 대통령기록물법 개정

문재인 정부의 시작과 함께 기록물관리 혁신이 다시 추진되었다. 국가기록관리의 새로운 방향 설정과 지난 정부 동안 드러난 기록물관리에 관한 폐단을 혁신하려는 목적이었다. 기록물관리 혁신은 문재인 정부 국정과제에도 반영되었다.

문재인 정부는 "국민의 나라, 정의로운 대한민국"를 국가 비전으로 선포하고, 20대 국정전략, 100대 국정과제를 추진하였다.[86] 기록물관리 혁신은 "열린 혁신 정부, 서비스하는 행정" 과제에 포함되었다. 주요 내용은 2021년까지 기록물관리 제도를 전면 개편하겠다는 것인데, 국가기록원 독립성 강화와 대통령기록물 관리체계 혁신이 세부 과제이다.[87]

85) 이영남, 박근혜 정부의 국가기록관리 평가와 전망(발표문), '박근혜 정부의 기록관리·정보공개를 평가한다.' 토론회, 2017. 7. 13. 이영학, 「한국 현대 기록관리의 사적 추이」, 『한국학연구』제54집, 2019. 8. 472~477쪽.
86) 국정기획자문위원회, 『문재인정부 국정운영 5개년 계획』, 2017년 7월.
87) 대한민국 정부, 앞의 책. 33쪽.

  기록물관리 제도 전면 개편을 위한 방안은 2017년 9월 국가기록관리혁신 TF 를 구성하여 수립하였다.[88] TF가 마련한 혁신 방안은 다음과 같다.[89] 먼저, 공공 기록관리 분야는 공공업무의 철저한 기록화, 기록물관리 전문성 강화를 위한 제도와 인프라 정비, 환경변화에 대응한 전자기록관리체계의 재설계, 기록정보 의 공개 및 공유 확대와 자원화였다. 대통령기록관리 분야는 대통령기록물 지정 보호제도 개선, 대통령기록물 생산기관 기록관리 개선, 디지털 기반의 대통령기 록관 모델 정립, 대통령기록관 운영의 중립성과 전문성 보장, 대통령기록물의 정 의, 범위, 기록물 성립 요건 등의 재정립, 관리원칙과 법령에 부합하는 업무·기록 시스템 요건과 기술 정의, 정치적 악용 방지를 위한 관리 개선이었다.

  이상과 같은 혁신의 방향성은 2007년 참여정부 기록물관리 혁신을 계승하고 발전시키는 것으로 평가할 수 있다. 채택된 혁신 과제들은 법과 원칙을 실행하기 위한 정책 수립, 기록물관리기관의 기능 강화, 기록물관리 전문가들의 전문성 강화, 기록물관리 업무수행을 위한 인프라 구축 등 기록물관리 분야의 묵은 숙 제를 해결하기 위한 것이었다.

  국가기록원은 국가기록관리 혁신 TF가 제시한 과제를 구체화하고 실행 방안 을 마련하기 위해 국가기록관리 혁신 추진단을 구성하여 '국가기록관리 중장기 발전계획(2020 ~ 2024)'을 마련하였다.[90]

  국가기록관리 혁신 TF가 마련하고, 국가기록원이 구체화한 기록물관리 혁신

---

88) 국가기록관리혁신 TF는 외부 기록물관리 전문가 14명으로 구성되었고, 9명의 국가기록원 직원 이 지원팀으로 참여하였다. 2017년 9월부터 12월까지 운영하였다.

89) 국가기록관리혁신 TF, 『국가기록관리 혁신 방안』, 2017.

90) 국가기록원, 『국가기록관리 중장기 발전계획: 2020~2024』, 2020. 5. 국가기록관리 중장기 발전 계획은 각급 기록물관리기관의 역할과 책임을 명확히 하여 신뢰받는 국가기록관리체계 구축 을 위한 기반 마련을 목적으로 하였다. 기록부존재 사후 책임제도 도입을 통한 공공업무 기록 화 강화, 기록관의 권한과 기능 강화, 아카이브 기능과 역할 재정립, 기록물관리 진흥 기반 확 충을 추진 목표로 11개 추진 과제를 채택하였다.

방안은 공공기록물법을 개정하여 제도적 기반을 마련하고자 했다. 또한, 정책 수립이나 집행에 관한 사안은 국가기록원 업무계획에 반영하여 추진하였다.

문재인 정부 시기의 「공공기록물법」 개정은 2차례, 동법 시행령 개정은 5차례 추진하였다.

2019년에 개정된 「공공기록물법」 시행령(2019. 2. 26. 대통령령 제29563호)은 군인 또는 군무원의 기록관리학 교육과정 이수 인정의 특례기간 종료 시점을 2019년 2월 28일에서 2024년 2월 29일까지로 연장하는 내용이다(시행령 제78조의2). 국가기록물관리 혁신과는 무관한 실무차원의 개정이었다.

기록물관리 혁신 방안의 법제화는 2019년 말부터 시작되었다. 2019년에 개정된 「공공기록물법」(2019. 12. 3. 법률 제16661호)은 국가기록원의 국가기록관리 총괄 기능 강화, 폐기 금지 제도의 도입, 기록관리 문화의 확산이 중점 사항이었다. 주요 내용은 다음과 같다. 첫째, 국가기록물관리 총괄 기능 강화와 기록물관리기관 간의 협력 촉진을 위한 영구기록물관리기관 협의체 구성·운영이다(법 제9조 제4항). 둘째, 국가기록관리위원회 기능 강화를 위하여 헌법기관기록물관리기관장과 대통령기록관장, 지방기록물관리기관장 1명을 위원에 추가하였다(법 제15조 제2항 제3호 및 제4호). 셋째, 중앙기록물관리기관의 장은 국가적으로 중대한 사안으로서 조사기관 또는 수사기관의 요청이 있는 경우 등에는 기록물의 폐기 금지를 결정할 수 있다(법 제27조의3). 넷째, 세계의 기록유산 관리 및 보존에 관한 연구를 위하여 유네스코 국제기록유산센터를 설립하고, 우수한 기록문화 전통을 계승하기 위하여 매년 6월 9일을 기록의 날로 지정하였다(법 제46조의3, 제46조의4).

2020년의 동법 시행령 개정(2020. 3. 31. 대통령령 제30548호)에서는 기록물관리 체계에 관한 근본적인 변화를 추진했는데, 기록관 또는 특수기록관의 설치 단위 조정과 행정정보 데이터세트에 대한 관리 절차가 신설되었다. 개정된 주요 내용은 다음과 같다. 첫째, 종전 공공기관의 기록관 또는 특수기록관은 기록물의 수량과 상관없이 설치 대상을 시행령에 나열하여 효율성이 떨어졌다. 개정 조문에서는 공공기관 및 소속기관의 연간 생산 기록물이 1천 권 이상이거나 보존 대상 기록물이 5천 권 이상인 공공기관은 기록관을 설치·운영하도록 하였다. 또한 시·도 교육청 및 교육지원청은 관할 영구기록물관리기관장의 승인을 받아 관할 지역 내에서 기록관을 통합하여 운영할 수 있도록 하였다(시행령 제10조 및 제11조).

둘째, 행정정보 데이터세트의 관리 기준을 마련하였다(시행령 제25조 제6항 및 제34조의3). 공공기관의 장은 관할 영구기록물관리기관의 장이 정하는 바에 따라 행정정보 데이터세트 관리기준표를 작성·운영해야 하며, 행정정보 데이터세트의 관리 대상 선정, 보존 방법 등 행정정보 데이터세트의 관리를 위해 필요한 사항은 공공기관의 장이 관할 영구기록물관리기관의 장과 협의하여 정하도록 하였다. 이외에도 동종 대량 기록물의 평가 시기를 종전 70년에서 50년으로 단축(시행령 제43조 제2항)하고, 영구기록물관리기관 보존기록물의 공공기관 대여를 위한 근거도 신설하였다(시행령 제74조의3).

2020년에 두 번째 개정된 동법 시행령(2020. 5. 26. 대통령령 제30700호)에서는 기록물의 폐기 금지 사유 및 폐기 금지 관련 세부 절차를 마련하였다(시행령 제54조의2부터 제54조의4까지). 중앙기록물관리기관의 장은 국가적으로 중대한 사안으로서 감사원장, 검찰총장, 경찰청장, 특별법에 따라 설치된 조사위원회의 장 또는 이에 준하는 조사기관 또는 수사기관의 장이 기록물의 폐기 금지를 요청하는 경우 등에는 기록물의 폐기 금지를 결정할 수 있도록 하였다. 또한 폐기 금지 기간이 종료되면 폐기 금지를 해제하거나, 폐기 금지 기간의 연장이 필요하면 그 기간을 연장할 수 있도록 하였다. 한편, 기록물의 폐기 금지를 통보받은 공공기관의 장은 폐기 금지 해제를 통보받기 전까지 폐기 금지 대상 기록물을 기록물평가심의회의 심의 대상에서 제외하도록 하는 등 기록물의 폐기 금지와 관련하여 세부적인 절차를 마련하였다.

이외에도 전자기록물의 생산포맷 확장자, 소프트웨어명 등 전자기록물 기술정보 관리방안 마련(시행령 제36조의2), 공공기관에 국가기록원의 기록물관리 상태 점검에 따른 시정 조치 이행계획과 결과 보고 의무를 부과하였다(시행령 제64조 제2항).

2022년에 개정된 「공공기록물법」(2022. 1. 11. 법률 제18740호)에서는 전자기록물의 관리 권한만을 이전하는 방법으로 기록물을 이관할 수 있도록 하였다(법 제19조 제4항). 디지털 기술의 발전으로 새로운 유형의 기록물이 등장하여 이관 방식을 유연하게 처리할 수 있도록 근거를 마련한 것이다. 종전 3단계 기록물 이관 절차의 변경으로 주목되는 제도이다.

2022년에 개정된 동법 시행령(2022. 7. 5. 대통령령 제32772호)은 법률 개정에 따른 전자기록물의 이관과 보존·관리 방식을 보완하였다. 첫째, 기록물의 관리 권한만을 이전하여 이관할 수 있는 전자기록물의 유형을 '전자기록생산시스템과 기록관리시스템 간에 공유되는 저장 공간에 저장되는 전자기록물'과 '행정정보 데이터세트'로 정하였다(시행령 제31조의2).

둘째, 전자기록물 보존·관리 방식을 변경하였다(시행령 제36조 및 제46조 제2항). 기록관 또는 특수기록관의 보존기간 10년 이상인 전자기록물에 대한 보존 포맷 변환 의무 규정을 임의규정으로 변경하였다. 보존기간 30년 이상으로 분류된 전자기록물을 자체 관리하는 경우에만 11년이 지나기 전에 장기보존패키지로 변환하여 관리하도록 하였다. 반면에 영구기록물관리기관이 전자기록물을 보존·관리하는 경우에는 예외없이 장기보존패키지로 변환하여 관리하도록 하였다.

「공공기록물법」과 마찬가지로 「대통령기록물법」 개정은 기록물관리 혁신의 결과를 반영하였다.

2020년에 개정된 「대통령기록물법」(2020. 12. 8. 법률 제17573호)은 대통령기록관의 소속 변경, 대통령지정기록물 제도 보완, 대통령 궐위 시 대통령기록물관리에 관한 사항을 개정하였다. 주요 내용을 살펴 보면, 첫째, 대통령기록관은 중앙기록물관리기관 소속이었는데, 행정안전부장관 소속으로 변경하였다(법 제21조). 둘째, 대통령지정기록물의 세부 기준을 정하도록 하였다(법 제17조 제2항). 셋째, 전직 대통령에 의한 열람 등의 방법을 열람, 온라인 열람, 사본 또는 복제본 제공으로 구체화(법 제18조)하였다. 넷째, 전직 대통령에 의한 대통령지정기록물 지정 해제 요구 근거(법 제18조의2)를 신설하였고, 대통령기록물생산기관도 대통령지정기록물을 제외하고 대통령기록물을 열람할 수 있도록 하였다(법 제18조의3).

2020년에 개정된 동법 시행령(2020. 3. 3. 대통령령 제30502호)에서는 대통령기록물 관리 과정의 미비 사항을 보완하였다. 먼저 보존 가치 재평가 시점을 구분하였는데, 보존기간 30년 이하인 대통령기록물은 보존기간이 만료 시, 보존기간이 준영구인 대통령기록물은 생산 후 70년이 지나면 보존기간을 재평가하거나 폐기하도록 하였다(시행령 제7조 제1항 및 제2항).[91] 또한 대통령기록관 직원들의 대통령지정기록물 열람 승인 대상 업무에 대통령기록물의 전자적 관리, 서고 배치와 정수점검에 관한 업무를 추가하였다(시행령 제10조 제4항 제1호 및 제7호).

2021년에 개정된 동법 시행령(2021. 3. 9. 대통령령 제31519호)에서는 법률 개정에 따른 후속 조치로 국회 등에 제출된 대통령지정기록물 사본의 활용과 관리 절차(시행령 제10조의2)를 신설하고, 전직 대통령 등에게 제공되는 사본 또는 복

---

91) 「대통령기록물법」은 「공공기록물법」의 특별법이다. 그런데, 보존기간 재평가 시점은 「공공기록물법」과 동일한데 군이 개정하거나 신설할 필요가 있나 싶다.

제물의 범위와 관리 방안, 전직 대통령 사망 시 대통령기록물 열람 대리인 지정과 열람 범위 및 방법을 정하였다(시행령 제10조의3, 제10조의5부터 제10조의9).

2022년에 개정된 동법 시행령(2022. 3. 29. 대통령령 제32558호)에서는 대통령기록물의 체계적이고 효율적인 관리를 위해 이관 시기가 연장된 대통령기록물의 관리를 강화(시행령 제6조 제3항 및 제4항)하고, 대통령선물의 관리 방법을 명확히 하기 위해 대통령기록관의 장이 정하는 바에 따라 등록 정보를 생산관리하도록 하고, 대통령선물을 다른 기관에서도 관리할 수 있도록 위임 근거(시행령 제6조의3)를 신설하였다.

문재인 정부의 기록물관리 혁신의 결과로 지난 10년간 문제가 되었던 공공기록물과 대통령기록물 관리 제도는 상당 부분 개선되었다. 특히 폐기 금지 제도의 도입, 기록관 설치 단위 조정, 전자기록물 이관 절차 개선, 행정정보 데이터세트 관리 절차 마련 등은 새로운 기록물관리 환경에 부합하는 제도로 평가할 수 있다. 또한 대통령기록관의 독립성 강화, 전직 대통령의 대통령기록물 열람 방안, 대통령지정기록물 제도의 개선은 그동안 쟁점이 되었던 대통령기록물관리 절차를 혁신하여 대통령기록물관리 제도의 완성도를 높였다. 그러나 이번에도 국가기록원의 독립성과 기록물관리기관의 기반 강화는 달성하지 못하였고, 체계적인 전자기록물 관리를 위한 제도개선은 미흡하였다.

국가기록원의 독립성 확보는 국정과제에 포함되었음에도 별다른 성과가 없었다.[92] 국가기록관리 정책은 정권 교체와 상관없이 지속적으로 추진되어야 한다. 현재처럼 행정부처에 소속되면 정부 정책에 맞추어 기록물관리 정책도 수립할 수 밖에 없다. 기록물관리 정책은 중장기적으로 추진되어야 하나, 정권이 교체되면 진행 중이던 정책은 중단되거나 왜곡되기 일쑤였다.[93] 따라서 국가기록원의 독립성 확보는 향후 달성해야 하는 핵심과제이다.[94]

또한 기록물관리 기반 강화도 실패하였다. 기록물관리 기반 강화를 위해 추진하였던 기록관의 설치 단위 조정은 업무량에 따른 기록물관리 전문요원의 배치 기준과 함께 입법이 추진되었으나, 내부 결재 과정에서 배치 기준이 제외되어 개정의 실효성을 확보할 수 없게 되었다. 국가기록관리 체계는 현재처럼 국가기록원의 역할만 비대해서는 정상적으로 운영될 수 없다. 각급 기록물관리기관의 기

---

92) 문재인 정부 초반에는 적폐 청산 담론에 묻혀 논의조차 할 수 없었고, 국가기록관리 중장기 계획의 핵심과제로 설정하여 2022년에 중앙기록물관리기관의 조직 위상과 국가기록관리 총괄 역량 강화를 위해 관련 법 개정을 추진하려고 하였다. 그러나 새 정부가 들어서면서 국가기록관리 중장기 발전계획이 용도 폐기되면서 법 개정 시도조차 못하였다.

93) 이와 관련하여 기록물관리 학계나 시민단체에서는 국가기록관리체계의 독립성과 중립성을 보장하기 위해 국가기록관리위원회를 합의제 행정기관으로 변경하고 기록물관리 정책 업무를 담당하여야 한다고 주장하고 있다. 대표적으로 노무현 정부의 국가기록관리혁신 과정에서 제기되었던 '국가역사기록위원회'이다. 합의제 행정기관으로 국가역사기록위원회를 설치하여 공공기록, 역사기록 수집과 편찬, 정보공개, 비밀기록관리 제도를 총괄하자는 의견이었다(곽건홍, 『아카이브와 민주주의』, 선인, 2014. 43쪽~45쪽).

94) 미국 국가기록원(National Archives and Records Administration)의 사례는 시사하는 바가 크다. 미국 국가기록원은 1934년 설립되었는데, 1949년 연방 조달청에 통합되었다가, 1985년에 독립기관(independent agency)이 되었다. 독립기관은 행정부 소속이지만, 법률에 따라 소속 직원의 인사, 예산 편성과 집행 등을 독립적으로 수행할 수 있으며, 기관장은 국회의 동의 없이는 대통령이 해임할 수 없도록 하여 기관 운영의 독립성을 보장한다(Breger, Marshall J.; Edles, Gary J. Independent Agencies in the United States: Law, Structure, and Politics. Oxford: Oxford University Press. 2015). 미국 국가기록원은 자체 중장기 계획을 수립하여 추진하고, 매년 국회에 그 실적과 예산집행 결과를 보고한다.

록물 관리 기반을 강화하여 자율적 분권적 기록물관리 체계를 만들어야 한다.[95]

　체계적인 전자기록물 관리를 위한 제도 마련도 시급한 과제이다. 행정정보 데이터세트 관리를 위한 기록관리기준표와 관리 절차를 마련하고 전자기록물의 이관 절차를 일부 개선한 것은 의미 있지만, 전자기록물관리 제도는 전면적인 검토가 필요한 시점이다.[96] 전자기록물의 생산 환경을 반영하여 기록물과 메타데이터의 연속적 관리와 품질 관리 체계의 재설계가 필요하기 때문이다.

95) 곽건홍, 앞의 책, 95쪽~134쪽.

96) 국가기록관리 혁신 TF, 앞의 책. 101~114쪽.

그림 1. 기록물관리 법령의 변천

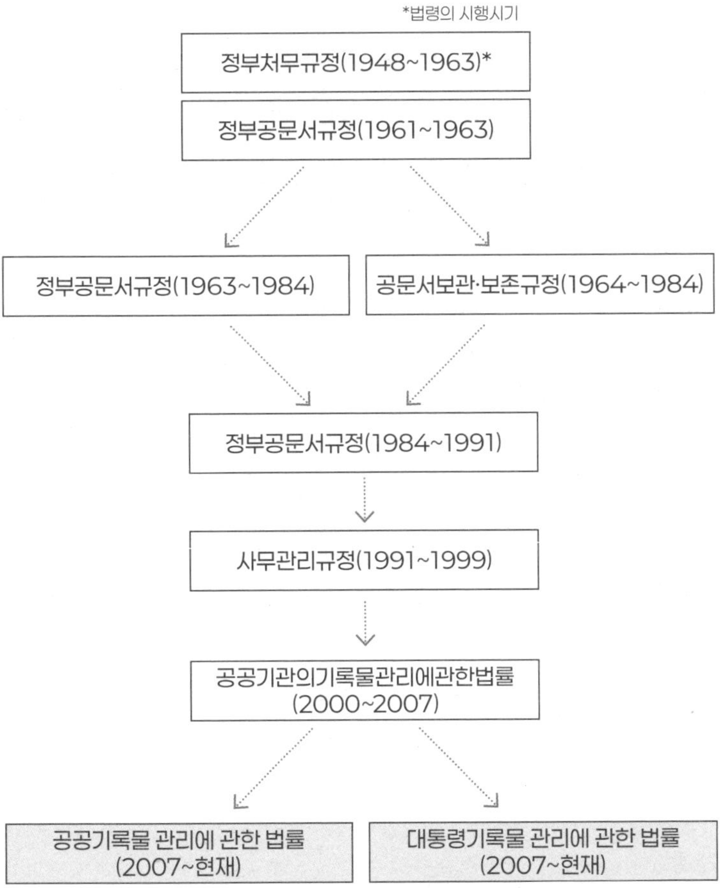

*법령의 시행시기

정부처무규정(1948~1963)*

정부공문서규정(1961~1963)

정부공문서규정(1963~1984)

공문서보관·보존규정(1964~1984)

정부공문서규정(1984~1991)

사무관리규정(1991~1999)

공공기관의기록물관리에관한법률
(2000~2007)

공공기록물 관리에 관한 법률
(2007~현재)

대통령기록물 관리에 관한 법률
(2007~현재)

제2부
공공기록물 관리에 관한 법률

✦ 제2부 ✦
공공기록물 관리에 관한 법률

■ 「공공기록물 관리에 관한 법률」구성

「공공기록물 관리에 관한 법률」(이하 「공공기록물법」'이라고 한다.)[97]은 총칙 (總則), 본칙(本則), 보칙(補則), 벌칙(罰則), 부칙(附則)으로 구성되어 있다.[98]

제1장 '총칙'은 법률의 개괄적, 공통적인 사항을 규정한다. 법률의 목적, 적용 범위, 법률에서 사용하고 있는 용어 정의, 기록물관리 일반원칙, 다른 법률과의 관계를 다루었다.

제2장부터 제10장까지가 본칙으로 법률이 목적으로 하는 기록물관리에 대 한 기본적인 사항을 규정하였다.

제2장 '기록물관리기관'은 중앙기록물관리기관, 헌법기관기록물관리기관, 지 방기록물관리기관, 기록관과 특수기록관 등 기록물관리기관의 기능과 역할에 대한 조문이다.

---

97) 「공공기관의기록물관리에관한법률」은 2006년에 전부 개정하면서 법률의 제명(題名)을 「공공 기록물 관리에 관한 법률」로 변경하였다. 따라서 이 책에서는 양자를 구분하기 위해 「공공기관 의기록물관리에관한법률」은 「공공기관기록물법」으로 「공공기록물 관리에 관한 법률」은 「공공 기록물법」으로 줄여서 표기한다.

98) ICA는 1999년에 「기록관리법」제정에 대한 지침을 제시하였다(ICA. 1999. A Model Recoeds and Archives Law. International Records Management Trust). 제시된 법률의 구조와 내 용은 제1장 총칙(Preliminary Provisions), 제2장 국가기록관리기구(National Records and Archives Institution), 제3장 공공 기록물에 대한 책임(Responsibilities for Public Records), 제4장 공공 기록물의 열람(Access to Public Records), 제5장 재무 관련 조항(Financial Provisions), 제6장 범법행위 및 벌칙(Offences and Penalties), 제7장 법적 조항(Legal Provisions), 제8장 기타 조항, 부칙(Miscellaneous Provisions) 등이다. ICA의 지침과 비교해 보았을 때 우리나라 「공공기록물법」은 형식 요건 측면에서 충실하게 지침을 반영하고 있다. 또 한 현용 기록물 관리부터 준현용, 아카이브 관리까지 모두 포괄하고 있다는 점을 긍정적으로 평가할 수 있다. 다만, 국가기록원장, 직원 임용, 운영 예산 관련 규정은 국가기록관리기구의 전 문성과 독립성 확보를 위해 추가적인 반영이 필요하다.

　제3장 '국가기록관리위원회'는 국가기록관리 거버넌스 기구로서 주요 기록물 관리 정책을 심의하는 국가기록관리위원회의 구성과 운영을 다루었다.

　제4장 '기록물의 생산'은 기록물 생산의 원칙, 주요 기록물의 생산 의무, 기록물의 등록·분류·편철 등 기록물의 생산 관련 원칙과 절차 등을 규정하였다.

　제5장 '기록물의 관리'는 기록관리 기준, 기록관 또는 특수기록관 및 영구기록물관리기관에서의 기록물관리 절차와 전자기록물관리, 기록물관리기관의 시설·장비, 기록물 보안 및 재난 대책 등 기록물 보존관리 등에 필요한 조문으로 구성되었다.

　제6장 '대통령기록물 관리'는 대통령 관련 기록물의 관리에 필요한 대통령기록물의 범위, 무단 폐기·훼손 등의 금지, 생산 현황 보고와 이관 등을 규정하였는데, 「대통령기록물 관리에 관한 법률」(2007. 4. 27. 법률 제8395호)의 제정으로 삭제하였다.

　제7장 비밀기록물의 관리는 비밀 기록물관리의 원칙, 비밀기록물 생산 관리, 생산 현황 보고 및 이관 절차 등 비밀 기록물관리에 필요한 절차를 규정하였다.

　제8장 '기록물 공개 및 열람'은 기록정보 서비스 규정으로 기록물의 공개 여부 분류, 보존기록물의 공개, 비공개 기록물의 제한적 열람, 기록물공개심의회의 구성과 운영을 다루었다.

　제9장 '기록물관리의 표준화 및 전문화'는 기록물관리의 전문성을 높이기 위한 기록물관리 표준화, 기록물관리 전문요원에 대한 규정이다.

　제10장 '민간기록물 등의 수집·관리'는 공공성이 높은 민간기록물을 국가적으로 관리하기 위한 국가지정기록물 제도, 국가적 보존 가치가 높은 기록정보 자료의 수집 등에 대한 규정이다. 제10장의2 '기록문화 확산 기반 구축'은 기록문화 확산 기반을 구축하기 위해 도입한 '기록의 날'과 유네스코 기록유산센터의 운영에 필요한 사항을 규정하였다.

제11장 '보칙'은 본칙의 규정을 실현하는데 필요한 부차적이거나 보충적인 규정인데, 직무상 취득한 비밀 누설의 금지, 보존매체 수록 기록물의 원본 추정, 위임 규정 등을 포함하고 있다.

위임 규정은 이 법의 시행에 필요한 사항을 국회규칙, 대법원규칙, 헌법재판소규칙, 중앙선거관리위원회규칙 및 대통령령으로 정하도록 하였다.[99] 이를 근거로 국회, 법원 등은 「국회기록물관리규칙」, 「법원기록물관리규칙」, 「선거관리위원회 기록물관리규칙」, 「헌법재판소 기록물관리 규칙」을 제정하여 시행하고 있다.

제12장 '벌칙'은 형벌 또는 과태료 부과와 관련된 규정이다. 벌칙은 국민의 권리·의무와 관련된 사항인데, 기록물의 무단 파기, 국외 반출 등에 대한 벌칙과 의무 불이행에 따른 과태료 부과 등을 담고 있다.

'부칙'은 법률의 시행일, 기존 법률의 폐지, 다른 법률의 개정에 관한 규정, 법률 개정 규정의 경과 조치 등을 규정하였다. 부칙은 원(原) 법률과는 독립적인데, 어떤 법률이 개정될 경우 개정 법률의 본칙 부분은 그 개정 법률의 시행과 동시에 존재가치를 상실하지만, 부칙은 원래 규정 그대로 원 법률의 뒤에 위치하여 존속되기 때문이다.

기록물관리 전문가가 업무를 수행하기 위해서는 「공공기록물법」뿐만 아니라 기록물의 생산, 유통 환경이나 기록 정보서비스와 관련된 유관 법령도 반드시 숙지해야 한다. 기록물관리 전문가들이 숙지해야 하는 대표적인 유관 법령은 다음과 같다.

---

99) 법률의 시행령은 대통령령으로 행정부에만 적용된다. 따라서 헌법기관은 법률에서 위임되거나 시행에 필요한 사항을 '규칙'으로 제정하여 시행한다.

58

■「공공기관의 정보공개에 관한 법률」

「공공기관의 정보공개에 관한 법률」(이하 「정보공개법」으로 줄임)은 공공기관이 보유·관리하는 정보에 대한 국민의 공개 청구, 공공기관의 공개 의무에 관하여 필요한 사항을 정함으로써 국민의 알권리를 보장하고 국정(國政)에 대한 국민의 참여와 국정운영의 투명성 확보를 목적으로 한다.[100] 이 법은 1996년에 제정되고, 1998년 1월 1일부터 시행되었다. 외국에서는 「정보자유법」(Freedom of Information Act)이라 불린다.

「정보공개법」의 정보는 공공기관이 직무상 작성 또는 취득하여 관리하고 있는 문서 및 전자매체를 비롯한 모든 형태의 매체 등에 기록된 사항을 말한다. 공공기관이 보유·관리하는 정보는 공개 대상이다. 다만, 국민의 알권리 보장 등을 위하여 적극적으로 공개하는 것이 원칙이나, 「정보공개법」 제9조(비공개 대상 정보) 제1항에 해당하는 정보는 비공개할 수 있다.

「정보공개법」에는 정보공개 청구권자와 공공기관의 의무, 정보의 사전 공개 및 정보목록[101]의 작성 비치, 비공개 대상 정보, 정보공개 절차 및 불복 구제 절차, 정보공개심의회 등 국민의 공개 청구와 공공기관의 공개 의무와 관련하여 필요한 사항을 정하고 있다.

공공기관과 기록물관리기관은 「정보공개법」의 원칙과 기준에 따라 「공공기록물법」에 따른 공개 구분과 재분류를 수행해야 한다. 또한 기록물관리기관 보

---

100) '국민의 알권리'는 정보의 접근, 수집과 처리의 자유이며, '표현의 자유'와 표리일체의 관계인 '헌법적 권리'이다(헌법 재판소, 1989. 9. 4. 88헌마 22. 1991. 5. 13. 90헌마 133).

101) 정보목록에는 문서 제목·생산 연도·업무 담당자·보존기간 등이 포함되어야 하는데, 「공공기록물법」에 따른 등록 정보를 정보목록으로 대체할 수 있도록 하였다(「정보공개법 시행령」 제5조 제2항).

유 기록물의 공개는 「정보공개법」이 제시하는 절차를 준수해야 한다.[102]

■ 「행정업무의 운영 및 혁신에 관한 규정」

「행정업무의 운영 및 혁신에 관한 규정」(이하에서는 「행정업무규정」으로 줄임)은 행정기관의 행정업무 운영에 관한 사항을 규정하여 행정업무의 간소화, 표준화, 과학화 및 정보화를 도모하고 행정업무 혁신을 통하여 행정의 효율을 높이려는 목적으로 한다.[103]

「행정업무규정」은 공문서의 작성과 처리, 업무관리시스템 등의 구축과 운영, 공문서 서식의 제정과 활용, 관인 관리, 행정업무의 혁신, 정책 연구의 관리, 정책실명제 등을 다룬다. 기록물관리 전문가는 기록물의 생산 관리를 이해하기 위해 이 규정의 숙지가 필요한데, 특히 문서의 생산과 접수, 처리 절차, 업무관리시스템 등의 구축과 운영은 현용기록물 관리에 필요한 핵심 규정이다.

---

102) 이와 관련하여 「공공기록물법」에는 기록관의 업무로 "해당 공공기관의 기록물에 대한 정보공개의 접수"를 규정하고 있다(법 제13조 제2항 제4호).

103) 이 규정은 1991년에 「사무관리규정」(1999. 6. 19. 대통령령 제13390호)으로 제정되었다. 2011년에 「행정업무의 효율적 운영에 관한 규정」(2011. 12. 21. 대통령령 제22322호)으로 전부 개정하였고, 2016년에 일부 개정하면서 제명을 「행정효율 및 협업촉진에 관한 규정」으로 변경하였다. 2023년에 일부 개정하면서 제명을 「행정업무의 운영 및 혁신에 관한 규정」으로 다시 변경하였다.

■ 「전자정부법」

「전자정부법」은 2001년 3월 28일 제정되어 같은 해 7월 1일부터 시행되었는데, 제정 당시 법률명은 「전자정부구현을위한행정업무등의전자화촉진에관한법률」이었다. 2007년에 법률 명칭을 「전자정부법」으로 개정하였다.

이 법은 정부가 전자정부를 추진하면서 행정업무의 전자적 처리를 위한 기본원칙, 절차 및 추진 방법 등을 규정하여 전자정부 구현을 위한 사업을 촉진시키려는 목적이었다.

이 법은 전자정부의 원칙, 전자정부 서비스의 제공과 활용, 전자적 행정관리, 행정정보의 공동이용, 전자정부의 운용 기반 강화, 전자정부 구현을 위한 시책 추진 등의 내용을 담고 있다. 기록물관리 관련 규정은 제4장인데, 전자문서의 작성과 송신·수신, 전자문서의 성립과 효력, 행정전자서명의 인증 등이다.

■ 「보안업무규정」

「보안업무규정」은 1964년 3월 10일에 제정·시행되었는데, 「국가정보원법」에 따라 국가정보원의 직무 중 보안 업무수행에 필요한 사항을 규정함을 목적으로 한다.

이 규정은 비밀의 정의와 생산 및 관리 절차, 국가 보안시설 및 국가 보호장비, 신원조사, 보안 조사, 중앙행정기관 등의 보안감사 등을 규정하였다. 기록물이 비밀을 포함하고 있는 경우에는 일반 문서로 재분류되기 전까지는 이 규정에 따라 생산, 관리 및 보호되어야 한다. 또한 비밀 기록물을 기록물관리기관으로 이관받아 보존하기 위해서는 「보안업무규정」에 따른 시설, 장비와 보안대책을 수립해야 한다. 따라서 기록물관리기관의 기록관리 전문가들은 이 규정을 숙지하여 비밀 기록물을 관리해야 한다.

■ 「개인정보보호법」

「개인정보보호법」은 개인정보의 처리 및 보호에 관한 사항을 정함으로써 개인의 자유와 권리를 보호하고, 나아가 개인의 존엄과 가치를 구현함을 목적으로 2011년 제정되었다. 구법은 「공공기관의개인정보보호에관한법률」로 1994년 제정되어 시행되다가 「개인정보보호법」 제정과 함께 폐지되었다.

「개인정보보호법」은 개인정보의 수집, 이용, 제공 등 개인정보 처리 기본원칙, 개인정보의 처리 절차와 방법, 개인정보 처리의 제한, 개인정보의 안전한 처리를 위한 관리·감독, 정보 주체의 권리, 개인정보 권리 침해에 대한 구제 등에 대하여 규정하고 있다.

공공기관이나 기록물관리기관이 보유하고 있는 기록물에도 상당한 개인정보가 포함되어 있다. 따라서 기록물에 포함된 개인정보는 「개인정보보호법」에 따라 관리해야 한다. 다만, 「공공기록물법」에서 정하고 있는 보존 관련 사항은 이 법에 따라 관리해야 한다.

제1장 총칙

　총칙은 「공공기록물법」 전반에 걸쳐 공통으로 적용되는 규정이 모여 있는 장이다. 총칙에는 이 법의 목적, 적용 범위, 용어 정의, 공무원 등의 의무, 기록물관리의 원칙, 다른 법률과의 관계를 규정하였다.

　목적 규정은 법령의 입법 목적과 취지를 밝히고 있다. 이 법을 읽는 시민, 공무원, 기록물관리 전문가들에게 입법 목적과 취지를 이해할 수 있도록 하고, 개별 조문 해석의 지침을 부여한다. 따라서 기록물관리 전문가들은 목적 규정을 이해해야 입법 취지대로 개별 조문을 업무에 적용할 수 있다.

　적용 범위 규정은 이 법의 적용 대상을 명백하게 하기 위한 규정이다. 이 법의 적용 대상은 공공기관이 업무수행 과정에서 생산·접수한 기록물과 국가적 보존 가치가 있는 민간 기록물이다. 그런데 공공기관의 범위는 입법 취지에 따라 법률마다 조금씩 달라 혼란이 발생할 수 있다. 따라서 이 법의 적용 대상인 공공기관의 범위를 구체적으로 나열하였다.

　정의 규정은 법령 중에 쓰이는 중요한 용어나 일반적인 용어의 의미와 다르게 사용되는 특수한 용어의 의미를 명확하게 규정하여 법률 해석의 의문점을 없애기 위한 규정이다. 기록물관리 전문가들은 이 법에서 사용하는 용어를 정확하게 이해해야 해석상의 논란과 조문 적용 과정에서 분쟁을 방지할 수 있다.

　의무와 책임은 공공기관이 담당해야 할 의무를 법률로 명확하게 함으로써 법률의 목적을 효과적으로 달성하기 위하여 사용한다. 이 규정은 의무 주체, 내용, 준수사항을 규정하고 있으며, 그 위반에 대해서는 벌칙이 규정되어 있다.

　기록물관리 원칙은 이 법에서 규정하게 될 기록물관리 개별 사안에 대한 방향성을 담고 있다. 기록물관리 전문가는 업무를 수행하면서 이 법이 제시한 기록물관리 원칙에 부합하도록 개별 사안을 처리해야 한다.

■ 목적

「공공기록물법」은 '공공기관의 투명하고 책임 있는 행정 구현과 공공 기록물의 안전한 보존 및 효율적 활용'을 위하여 '공공 기록물관리에 필요한 사항'을 정하기 위해 제정하였다(법 제1조).[104]

법은 국가적 강제력을 수반한 사회적 규범으로 사회 운용을 위한 방향을 제시한다. 「공공기록물법」은 '공공기관의 투명하고 책임 있는 행정의 구현'과 '공공 기록물의 안전한 보존 및 효율적 활용'을 지향한다.

첫 번째 지향점인 '투명하고 책임 있는 행정의 구현'은 국민 주권의 원리[105]에 따라 공공기관이 국민에게 법적인 책임과 업무수행의 타당성에 대한 책임을 지는 것을 추구하는 행정인데, '설명책임'(accountability)을 입증함으로써 구현할 수 있다. 이때 설명책임이란 조직[106]이 자신을 지배하는 기구, 법률 당국 그리고

---

104) 「구 공공기관기록물법」(2006. 10. 4. 법률 제5709호 「공공기록물 관리에 관한 법률」로 전부개정되기 전의 것) 목적은 '기록유산의 안전한 보관과 공공기관 기록정보의 효율적 활용 도모'로 기술되어 있다. 그래서 '공공기관의 투명성 제고와 책임행정 구현'이라는 목적성은 「공공기록물법」에 처음으로 반영된 것으로 알려져 있다. 그러나 이는 사실과 일부 다르다. 「구 공공기관기록물법」의 조문에는 명시되어 있지 않으나, 제정 이유에는 "공공기관의 기록물을 체계적으로 관리하여 국정운영의 투명성 확보와 책임행정 구현에 기여"라고 기술되어 있다(법률 제5,709호[공공기관의기록물관리에관한법률], 관보 제14119호, 1999. 1. 29. 59쪽). 따라서 기록물관리를 통한 '공공기관의 투명성 제고와 책임행정의 구현'은 「구 공공기관기록물법」 제정 당시부터 현재까지 일관된 지향이다. 이는 「정부공문서규정」, 「사무관리규정」 등 이전 문서관리 규정과의 근본적인 차별성이다.

105) '국민 주권(國民主權)'의 원리는 공동체의 의사를 스스로 결정하는 최종적 지위와 권위인 주권이 국민에게 있다는 헌법적 원리이다. "대한민국의 주권은 국민에게 있고, 모든 권력은 국민으로부터 나온다."(「대한민국 헌법」 제1조 제2항)

106) 조직은 자신의 목표를 달성하기 위한 책임, 권한 및 관계와 함께 고유한 기능을 가지는 개인 또는 그룹이다(「KS X ISO 30300:2020. 문헌정보-기록관리-핵심 개념과 어휘」 3.1.19). 「공공기록물법」에서는 공공기관과 공무원, 공공기관의 임직원이 여기에 해당한다.

더 넓게는 기타의 이해관계자[107]에게 조직 또는 시스템이 책임지는 행동이나 결정에 대한 답변, 설명 또는 정당화할 수 있는 능력을 말한다.[108]

그런데 공공기관의 설명책임은 기록물로 입증할 수 있다. 기록물은 공공기관 업무 활동의 증거[109]이기 때문이다. 따라서 공공기관은 업무수행 관련 기록물을 「공공기록물법」이 정한 바에 따라 정확하고 완전하게 생산하고 관리해야 한다.

두 번째 지향점인 '공공 기록물의 안전한 보존과 효율적 활용'은 공공기관과 시민사회가 기록물관리의 혜택[110]을 누릴 수 있도록 공공 기록물을 안전하게 보존하고 효율적으로 활용하려는 것이다.

기록물관리는 공공기관과 시민사회 모두에게 중요하다. 공공기관의 기록물은 의사결정, 위기관리, 업무의 효율성을 높이기 위한 정보자산[111]이고, 시민에게는 국정 참여와 시민의 권리보호를 위한 정보이기 때문이다.

또한 기록물관리는 우리 사회의 기억과 역사를 후대에 전달하기 위해 기록문화 유산을 축적하고 보존하는 행위이다. 기록물관리는 개인이나 집단, 사회, 기

---

107) 이해관계자는 어떤 결정이나 활동에 영향을 줄 수 있거나, 영향을 받을 수 있거나 또는 자신이 그 영향을 받는다는 인식을 할 수 있는 사람 또는 조직이다(「KS X ISO 30300:2020」 3.1.13).

108) 「KS X ISO 30300:2020」 3.1의 정의를 일부 수정하였다.

109) 증거(證據)는 어떤 사건이나 행위에 대한 증거를 확립하기 위하여 그 자체로서 또는 다른 정보와 결합하여 사용될 수 있는 정보이다(「KS X ISO 30300:2020」 3.2.6).

110) '좋은 기록물관리'는 다음의 사항을 가능하게 한다. ① 투명성과 설명책임 개선, ② 효율적인 정책 결정, ③ 의사결정의 공개, ④ 업무 위험성의 관리, ⑤ 재난 상황에서의 (업무) 연속성, ⑥ 조직과 개인의 권리와 의무의 보호, ⑦ 소송에서의 변호와 지원, ⑧ 법제와 규정의 준수, ⑨ 지속성 목표 충족을 포함하여, 기업의 책임성을 보여주는 능력의 개선, ⑩ 업무 효율성 증진을 통한 비용 절감, ⑪ 지적 재산의 보호, ⑫ 증거 기반 연구와 개발 활동, ⑬ 업무, 개인 또는 문화적 정체성의 형성, ⑭ 기업, 개인 또는 집단 기억의 보호(「KS X ISO 15490-1: 2016. 문헌정보 - 기록관리 - 제1부: 개념과 원칙」. 서문의 편익 참조).

111) 자산(資産)은 잠재적 또는 실질적 가치를 가치는 품목, 사물 또는 실체이다(「KS X ISO 30300:2020」 3.2.1)

관, 국가의 활동에 대한 경험을 지식과 정보로 관리하여 인간과 기관의 기억을 확장하고 현재가 과거에 의해 어떻게 만들어졌는지에 대한 인식을 유지하는 중요한 역할을 한다.

■ 적용 범위

「공공기록물법」의 적용 범위는 '공공 기록물'이다. '공공 기록물'이란 공공기관이 업무와 관련하여 생산·접수한 기록물과 개인 또는 단체가 생산하거나 취득한 기록정보 자료[112](공공기관이 소유하거나 관리하는 기록정보 자료를 포함한다) 중 국가적으로 보존할 가치가 있다고 인정되는 기록정보 자료 등을 말한다(법 제2조).

「구 공공기관기록물법」[113]의 적용 범위는 '공공기관'으로 한정되었다. 2006년에 이 법을 전부개정할 때 '공공기관'뿐만 아니라 '개인이나 단체가 생산하거나 취득한 기록정보 자료'로 그 범위를 확대하였다.

'공공 기록물'은 생산 및 관리주체에 따라 2개의 유형으로 구분된다. 첫째, 공공기관이 업무를 수행하면서 생산하거나 접수한 기록물이다.[114] 둘째, 개인 또는 단체가 생산하거나 취득한 기록정보 자료 중 '국가적으로 보존할 가치'가 있다고

---

112) "기록정보 자료"는 공공기관의 '기록물'과 구분하기 위한 용어이다. 공공기관의 기록물은 진본성, 신뢰성 등 엄격한 품질 요건을 갖춘 공식 기록물이나, 개인이나 민간 단체가 생산하거나 취득한 기록물은 품질 요건의 적용이 곤란하여 '기록정보 자료'로 다르게 정의한 것으로 보인다.

113) 법령 앞에 붙이는 구(舊)는 구법(舊法)을 표기할 때 붙인다.

114) 공공기관이 업무를 수행하면서 기록물을 만드는 것을 생산이라고 하며, 대내외 기관이나 시민들이 발신한 기록물을 획득하는 것을 접수라고 한다. 이때 기록물의 생산과 접수 단위는 처리과이다. 처리과는 업무처리를 주관하는 과 또는 담당관 등을 말한다(「행정업무규정」 제3조 제4호) 처리과는 기록물을 생산, 접수하는 단위뿐만 아니라, 기록물 철 작성, 기록물 정리, 생산현황 보고, 이관 등 기록물관리 업무수행의 기본단위이기도 하다.

인정되는 기록정보 자료이다. 이 유형에는 공공기관이 업무수행 과정에서 획득하여 관리하는 개인 또는 단체가 생산하거나 취득[115]한 '기록정보 자료'도 포함된다.[116] 일반적으로 개인 또는 단체가 생산하거나 취득한 기록정보 자료를 민간기록물이라고 부른다. 생산 주체를 중심으로 공공 기록물과 대비해서 사용하는 표현이다.[117]

따라서 공공기관은 「공공기록물법」에 따라 기록물을 생산하고 관리해야 하며, 영구기록물관리기관이 민간 기록물 중에서 국가적 보존 가치가 있다고 인정[118]한 기록정보 자료를 소유 또는 관리하는 개인 또는 단체(공공기관 포함)는 이 법에 따라 해당 기록물을 관리해야 한다.

---

115) 개인과 단체는 구입, 기증 등 다양한 방법으로 기록정보 자료를 획득하기 때문에 접수라는 용어 대신 취득이라고 표현한 것으로 보인다.

116) 국사편찬위원회, 독립기념관, 국립중앙박물관, 국립현대미술관, 국학진흥원 등이 역사, 문화적 가치가 있어 수집하여 관리하는 개인 또는 단체가 생산한 기록정보 자료가 대표적인 사례이다.

117) 국가적으로 보존할 가치가 있는 민간 기록물이 「공공기록물법」의 적용 대상이라고 해서 모든 규정을 따라야 하는 것은 아니다. 관련 규정은 법 제10장 민간 기록물 등의 수집·관리인데, 국가지정기록물의 지정과 해제, 주요 기록정보 자료와 민간 기록물 수집에 관한 조문이다.

118) 「공공기록물법」의 적용 대상인 민간 기록물은 국가적 보존 가치가 인정되어야 하는데, 인정의 주체나 절차가 명확하지 않고, 하위 법령에도 관련 내용이 기술되어 있지 않다. 논리상 인정의 주체는 영구기록물관리기관이며, 국가기록원이 지정하는 국가지정기록물, 영구기록물관리기관이 수집하는 단체 또는 개인의 기록정보 자료가 이 법의 적용 대상으로 보인다. 영구기록물관리기관의 민간 기록물 수집·관리 근거는 동법 제46조의 2(헌법기관기록물관리기관 등의 민간 기록물 수집)이다. 헌법기관기록물관리기관, 지방기록물관리기관의 장은 소관 업무, 관할 공공기관 또는 지역과 관련하여 보존 가치가 높은 민간 기록물을 수집할 수 있도록 규정하였다. 이 경우 헌법기관의 규칙이나 지방자치단체 조례로 구체적인 사항을 정할 수 있도록 하였다. 해당 규칙과 조례에는 민간 기록물 수집 기준, 범위, 절차 등을 구체적으로 정할 필요가 있다. 또한 영구기록물관리기관은 국가적 보존 가치 판단의 기준을 마련하고 수집 정책에 반영할 필요가 있다. 이와 관련하여 경상남도기록원이 「경상남도 민간 기록물 수집과 관리에 관한 조례」(2023. 8. 3. 조례 제5503호)를 제정하여 운영하고 있다.

■ 용어 정의

정의 규정은 법령에 쓰이는 용어를 명확하게 정하려는 것이다. 용어 정의는 법령에서 사용하는 중요하거나 일반적인 용어의 뜻을 명확하게 하여 법령을 해석하고 적용할 때 의문점을 없애고 법적 분쟁을 예방한다. 따라서 기록물관리 전문가는 「공공기록물법」에서 정의한 용어를 정확하게 숙지하여 법령을 해석하고 업무에 적용할 수 있어야 하며, 공공기관의 구성원과 이해관계자들이 이해할 수 있도록 설명할 수 있어야 한다.

「공공기록물법」에서 사용하는 용어는 다음과 같다.[119]

"공공기관"은 국가기관, 지방자치단체, 그 밖에 대통령령으로 정하는 기관을 말한다(법 제3조 제1호).[120]

---

119) 기록학 용어 정의는 국가기록원 기록관리 용어집(https://www.archives.go.kr/next/newdata/standardTermList.do)과 SAA 아카이브 용어사전(https://dictionary.archivists.org/)(검색일: 2025. 1. 10.)을 참조하면 유용한 정보를 얻을 수 있다.

120) 공공기관의 범위는 법률마다 조금씩 다르다. 법률의 목적에 따라 공공기관의 범위를 달리 정하기 때문이다. 「정보공개법」은 「공공기록물법」의 적용 범위보다 넓은데, 국가나 지방자치단체로부터 보조금을 받는 사회복지법인과 사회복지사업을 하는 비영리법인, 국가나 지방자치단체로부터 연간 5천만 원 이상의 보조금을 받는 기관 또는 단체(정보공개 대상 정보는 해당 연도에 보조를 받은 사업에 한정됨)를 포함한다.

"기록물"이란 공공기관이 업무와 관련하여 생산하거나 접수한 문서·도서·대장·카드·도면·시청각물·전자문서[121] 등 모든 형태의 기록정보 자료와 행정 박물을 말한다(법 제3조 제2호).[122]

일반적으로 기록물은 형태적으로 문서, 도서, 대장, 카드, 도면, 시청각물 등으로, 매체의 속성에 따라 전자기록물과 비전자기록물로 구분한다. 또한 기록물의 접근성으로는 공개, 비공개, 비밀 기록물로 나눌 수 있다. 기록물의 구분 이유는 기록물의 형태나 속성, 접근성에 따라 기록물관리에 필요한 메타데이터와 관리 방식이 다르기 때문이다. 따라서 기록물관리 전문가는 형태와 속성 등을 정확히 파악해야만 기록물을 적절하게 관리할 수 있다.

"기록물관리"란 기록물의 생산·분류·정리·이관·수집·평가·폐기·보존·공개·활용과 이에 부수되는 모든 업무를 말한다(법 제3조 제3호).[123]

---

121) 기록물의 정의는 수정이 필요하다. '문서, 도서, 대장, 카드, 도면, 시청각물'은 기록의 형태적 구분이다. 따라서 '전자문서'는 전자기록생산시스템으로 생산되는 전자적 형태의 문서임으로 별도의 기록물 형태로 구분할 필요가 없다. 오히려 행정정보시스템에서 생산되는 '데이터 세트'를 추가할 필요가 있다. 한편 국가표준에서는 '조직이나 개인이 법적 의무를 수행하거나 업무의 처리행위 중에 증거와 자산으로 생산, 접수 및 유지하는 정보'로 정의하고 있다('KS X ISO 15489-1: 2016」, 3.14 기록). SAA에서는 '① 인간의 기억을 확장하거나 설명책임을 뒷받침하기 위해 매체에 저장된 정보 또는 데이터, ② 조직이 활동 과정에서 생산하거나 접수한 정보 또는 데이터'로 정의하고 있다(SAA 아카이브 용어사전: record).

122) 「행정업무규정」에 따른 '공문서'는 '행정기관에서 공무상 작성하거나 시행하는 문서(도면, 사진, 디스크, 테이프, 필름, 슬라이드, 전자문서 등의 특수매체기록을 포함한다)와 행정기관이 접수한 모든 문서를 말한다'(제3조 제1호). 이는 「공공기록물법」의 '기록물' 정의와 거의 동일하다. 「행정업무규정」의 공문서는 문서류 기록물 형태의 지칭이 아니라, 모든 형태의 기록물을 포괄하는 상위 개념이다. 현재와 같은 공문서 용어 정의는 「구 정부공문서규정」(1966.5.21. 대통령령 제2538호)에서 처음 시작되었다.

123) 국가표준에서는 기록물관리를 '기록물의 생산, 접수, 유지, 이용, 처분을 능률적이고 체계적으로 통제하는 관리 영역으로서 업무 활동과 처리행위에 관한 증거와 정보를 기록물의 형태로 획득, 유지하는 과정을 포함'한다고 정의하고 있다('KS X ISO 15489-1: 2016」, 3.15 기록관리).

생산의 개념은 「공공기록물법」에 구체적으로 정의되어 있지 않아 논란의 대상이 되고 있다.[124]

분류는 기능과 업무를 기준으로 기록물을 구분하여 논리적 또는 물리적으로 묶어 주는 행위이다. 「공공기록물법」에서는 업무 담당자가 기록물을 생산 또는 접수하는 과정에 기록관리기준표에 따라 분류하도록 하였다.

정리는 공공기관이 매년 전년도에 생산이 종결된 기록물의 등록 누락 여부, 등록 및 분류 정보 확인과 수정 등을 시행하는 것을 말한다.[125]

이관(移管)은 처리과에서 기록관 또는 특수기록관, 기록관 또는 특수기관에서 관할 영구기록물관리기관으로 보존 대상 기록물을 옮기는 절차를 말한다.[126] 그런데 이관은 기록물의 물리적 이전뿐만 아니라 관리 권한을 이전하는 행위이다.

"기록물관리기관"이란 일정한 시설 및 장비와 이를 운영하기 위한 전문인력을 갖추고 기록물관리 업무를 수행하는 기관을 말하며, 영구기록물관리기관, 기

---

124) 남북정상회담 회의록 삭제와 관련하여 '생산'의 성립 요건이 결재라는 입장과 등록이라는 입장이 대립하였다. 대법원에서도 1심, 2심과 마찬가지로 '생산' 시점을 결재로 판단하였다(대법원 2022. 7. 28. 선고 2022도2332 판결). 다만, 1심, 2심과 달랐던 것은 '최종 결재는 없었으나 회의록을 열람하고 확인한 만큼 결재 의사를 부정할 수 없다'고 판결하였다. 판례에서는 기록물로 성립 시점을 등록이 아닌 생산(결재 등)으로 보았다. 이는 「행정업무규정」제6조에 근거한 것으로, '문서는 결재권자가 해당 문서에 서명(전자이미지서명, 전자문자서명 및 행정전자서명을 포함한다)의 방식으로 결재함으로써 성립한다.'는 규정에 따른 것이다. 「공공기록물법」에 '생산'을 별도로 정의하고 있지 않아, 「행정업무규정」을 적용하여 판단한 것이다. 필자도 「공공기록물법」의 기록물 생산은 결재 시점이라는데 동의한다. 다만, 결재 행위가 없는 보고 문서, 시청각기록물, 행정박물 등은 생산 시점을 달리 적용해야 한다. 보고 문서는 최종 결재권자에게 보고한 직후, 시청각기록물은 보존 대상으로 선별한 직후, 행정박물은 관리 대상 행정박물로 선정한 직후를 생산 시점으로 보아야 한다. 따라서 「공공기록물법」에 생산의 개념과 시점을 명확하게 정의할 필요가 있다.

125) 기록학의 정리는 '출처와 원 질서'에 따라 기록물을 정리하고 맥락을 보호하며, 기록물의 물리적 또는 지적인 통제를 달성하는 프로세스이다(SAA 아카이브 용어사전: arragement).

126) 이관은 기록물 생산부서에서 레코드센터 또는 레코드센터에서 아카이브로 처분 일정에 따라 기록물을 옮기는 절차이다(SAA 아카이브 용어사전: transfer).

록관 및 특수기록관으로 구분한다(법 제3조 제4호).

"영구기록물관리기관"이란 기록물의 영구보존에 필요한 시설 및 장비와 이를 운영하기 위한 전문인력을 갖추고 기록물을 영구적으로 관리하는 기관을 말하며, 국가기록원, 헌법기관기록물관리기관, 지방기록물관리기관 및 대통령기록관으로 구분한다(법 제3조 제5호).

"전자기록물"이란 정보 처리능력을 가진 장치를 이용하여 전자적인 형태로 작성하여 송신, 수신 또는 저장되는 전자문서, 웹 기록물, 행정정보 데이터세트 등의 기록정보 자료를 말한다(시행령 제2조 제2호).

「전자정부법」에서는 '전자문서'와 '행정정보'라는 용어를 사용하고 있다(「전자정부법」 제2조 제6호 및 제7호). 전자문서는 "컴퓨터 등 정보 처리능력을 지닌 장치에 의하여 전자적인 형태로 작성되어 송수신되거나 저장되는 표준화된 정보"로 정의하고 있다. '행정정보'는 "행정기관 등이 직무상 작성하거나 취득하여 관리하는 자료로서 전자적 방식으로 처리되어 부호, 문자, 음성, 음향, 영상 등으로 표현된 것"으로 정의하였다.[127] 용어 정의는 다소 다르지만, 「전자정부법」의 '전자문서'와 '행정정보'는 「공공기록물법」에 따른 '전자기록물'과 동일하다.

"웹 기록물"이란 공공기관에서 운영하고 활용하는 웹사이트, 블로그, 소셜네트워크서비스(SNS) 등 웹을 기반으로 생산된 기록정보 자료와 웹사이트 운영 및 구축 관련 관리정보이다(시행령 제2조 제10호).

"행정정보 데이터세트"란 「행정업무규정」 제3조 제12호에 따른 행정정보시스템에서 생산, 수집, 가공, 저장, 검색, 제공, 송신 및 수신 등을 위해 조합된 문자, 숫자, 도형, 이미지 및 그 밖의 데이터를 말한다(시행령 제2조 제11호).

---

127) 「전자문서 및 전자거래기본법」에서는 '전자문서는 정보시스템에 의하여 작성, 변환되거나 송신·수신 또는 저장된 정보'로 정의하고 있다. 이 규정의 '변환'은 전자화 기록물을 말한다(동법 제2조 제1호).

"기록관리메타데이터"란 기록물의 내용, 맥락, 구조 및 기록물관리 이력 관련 사항을 기술하는 데이터를 말한다(시행령 제2조 제12호).

"장기보존패키지"란 전자기록물, 기록관리 메타데이터, 보존포맷(기록물 보존을 위한 파일 형식을 말한다), 행정전자서명(행정전자서명이 아닌 전자서명을 사용하는 기관이 경우에는 전자서명을 말한다) 등 진본 확인 정보, 그 밖에 전자기록물관리에 필요하다고 국가기록원장이 인정하는 정보 등을 함께 묶은 것을 말한다(시행령 제2조 제13호).

"비치기록물"이란 카드, 도면, 대장 등과 같이 주로 사람, 물품 또는 권리관계 등에 관한 사항의 관리나 확인 등에 수시로 사용되어 처리과[128]에서 계속 비치, 활용해야 하는 기록물을 말한다(시행령 제2조 제3호).[129]

비치기록물은 일반 기록물과 이관 시점이 다르다. 「공공기록물법」은 안전한 관리와 적극적인 공개 활용을 위해 모든 기록물을 일정 시점이 지나면 기록물관리기관으로 이관하도록 하였다. 그러나 비치기록물은 생산 부서에서 계속해서 업무에 참조[130]하기 위해 장기간 보관이 필요한 경우 비치 기간을 정하여 관리하고, 비치 기간이 종료되면 기록물관리기관으로 이관한다.

---

128) 처리과는 업무를 수행하는 기본단위로 과(課) 또는 담당관을 말한다(「행정업무규정」 제3조 제4호). 처리과는 문서의 생산과 접수, 업무수행의 기본단위인데, 직제 규정으로 분장한 업무를 수행한다.

129) 비치기록물 개념은 「구 사무관리규정」(1991. 6. 19. 대통령령 제13390호)에서부터 시작되었다. 현재에도 「행정업무규정」 제4조에 반영되어 있는데, "행정기관이 일정한 사항을 기록하여 행정기관 내부에 비치하면서 업무에 활용하는 대장, 카드 등의 문서를 말한다."

130) '업무에 계속 참조'하기 위해 이관이 곤란한 상황은 비전자 기록관리 환경에 제한된다는 지적도 있다. 전자기록물은 기록물관리기관으로 이관하여도 처리과에서 업무에 참조하는 것이 전혀 문제가 되지 않기 때문이다. 따라서 비치기록물에 대한 새로운 개념 정리가 필요하다. 예를 들어 행정정보시스템의 경우에는 일반적인 이관 주기를 따르지 않고, 장기간 자체 보관이 원칙이다. 따라서 처리과는 장기간 자체 관리에 따른 기록관리 의무와 책임이 부과되어야 하는데, 이 경우 비치기록물의 개념을 적용할 수 있다.

"기록물 철"이란 기록물관리의 기본단위로 단위 과제 범위 안에서 관련 기록물을 편철한 1개 이상의 묶음을 말한다(시행령 제2조 제4호).

기록물은 건(item) 단위로 생산되어 단위 과제를 기준으로 분류하고, 단위 과제 내에서 업무 맥락을 반영하여 기록물 철을 만들고 관련 기록물을 묶게 된다. 이렇게 만들어진 기록물 철은 기록물 이관, 폐기 등 기록물관리의 기본단위가 된다.[131]

"정부기능분류체계"란 정부가 수행하는 기능을 범정부적으로 표준화한 기능분류체계와 각 부처의 과제관리를 위한 목적별 분류체계로 구성된 분류체계를 말한다(시행령 제2조 제5호). 정부기능분류체계는 정책영역-정책분야-대기능-중기능-소기능-단위 과제로 구성되어 있다.[132]

"단위 과제"란 정부기능분류체계의 소기능을 유사성, 독자성 등을 고려하여 영역별, 절차별로 세분한 업무를 말한다(시행령 제2조 제6호).

단위 과제는 행정업무 수행의 기준이 되는 것으로서 업무 사이의 유사성과 독자성을 고려하여, 업무 담당자가 소기능을 세분화한 업무영역을 말한다. 업무 수행의 원인과 시기가 다른 업무라도 업무의 처리 절차가 동일하거나 유사한 경우, 성격이 서로 다른 업무라 할지라도 동일한 최종 산출물을 획득하기 위한 경우라고 판단되면 하나의 단위 과제로 보아야 한다.[133]

"전자기록생산시스템"이란 전자문서시스템, 업무관리시스템, 행정정보시스템을 말한다(시행령 제2조 제7호). 이 시스템들은 「행정업무규정」에 따라 행정기

---

131) '기록물 철'에 대한 정의는 「구 공공기관기록물법」이 더 정확한 의미를 전달한다. "'기록물 철'이라 함은 2건 이상의 관련 기록물을 함께 담아 관리하는 서류철, 카드, 도면, 사진 등의 보관 봉투, 테이프, 필름 등의 롤, 개개의 디스켓 또는 디스크, 컴퓨터 파일의 디렉토리 등 기록물 묶음의 기본단위를 말한다."(「구 공공기관기록물법」 제2조 제5호).

132) 행정안전부, 「정부기능분류시스템(BRM) 운영 지침」(행정안전부 예규 제19호), 2008. 2쪽~5쪽.

133) 행정안전부, 앞의 운영 지침. 4쪽.

관이 기록물을 생산 또는 접수, 관리하기 위해 운영하는 시스템이다. 「동(同) 규정」의 시스템 정의는 다음과 같다.[134] 전자문서시스템은 문서의 기안, 검토, 협조, 결재, 등록, 시행, 분류, 편철, 보관, 보존, 이관, 접수, 배부, 공람, 검색, 활용 등 모든 처리절차가 전자적으로 처리되는 시스템을 말한다. 업무관리시스템은 행정기관이 업무처리의 모든 과정을 과제관리 카드, 문서관리 카드 등을 이용하여 전자적으로 관리하는 시스템이다.[135] 행정정보시스템은 행정기관이 행정정보를 생산, 수집, 가공, 저장, 검색, 제공, 송신, 수신하고 활용할 수 있도록 하드웨어, 소프트웨어, 데이터베이스 등을 통합한 시스템이다.

"기록관리시스템"이란 기록관 또는 특수기록관에서 기록물관리를 전자적으로 수행하는 시스템을 말한다(시행령 제2조 제8호). 기록관리시스템은 전자기록생산시스템으로부터 기록물을 이관받아 보존관리하고, 활용하는 시스템이다. 이 시스템은 기록관리 업무수행을 위한 기능이 구현되어 있다. 생산시스템으로부터 기록물과 등록정보를 인수하여 안전하게 보존관리하고, 기록관리 업무를 수행하기 위한 각종 기능이 반영되었다.

"영구기록관리시스템"이란 국가기록원, 헌법기관기록물관리기관 또는 지방기록물관리기관에서 영구기록물관리를 전자적으로 수행하는 시스템을 말한다(시행령 제2조 제9호). 영구기록관리시스템은 보존기간 30년 이상의 기록물 장기보존과 활용에 최적화된 시스템이다.

이상에서 정리한 용어는 「공공기록물법」과 동법(同法) 시행령의 정의이다. 기록물관리 전문가들은 이를 숙지하여 명확하게 용어를 사용해야 의사소통과 업무수행에 차질이 없다.

---

134) 「행정업무 규정」 제2조 제10호부터 제12호까지.

135) 과제관리 카드는 행정기관 업무의 기능별 단위 과제의 담당자, 내용, 추진 실적 등을 기록·관리하는 카드이다. 문서관리 카드는 문서의 작성, 검토, 결재, 등록, 공개, 공유 등 문서처리의 모든 과정을 기록·관리하는 카드이다(「행정업무 규정」 제22조).

■ 공공기관의 범위

이 법에 따라 기록물관리 업무를 수행해야 하는 공공기관은 국가기관, 지방자치단체와 그 밖의 공공기관이다(법 제3조 제1호).

국가기관은 '국가의 통치 업무를 담당하는 기관'으로 입법기관, 사법기관, 행정기관으로 구분되며, 「대한민국헌법」, 「정부조직법」, 기타 개별 법률로 설치된다.[136]

지방자치단체는 '국가 영토의 일부를 구역으로 하여 그 구역 내에서 법이 인정하는 한도의 지배권을 소유하는 단체'로 「지방자치법」에 따른 특별시, 광역시, 특별자치시, 도, 특별자치도, 시·군·구 등을 말한다(「지방자치법」 제2조). 교육자치단체는 지방자치단체의 교육, 과학, 기술, 체육 등 학예에 관한 사무를 관장하는 기관을 「지방교육자치에 관한 법률」에 따라 별도로 설치하는 시도교육청, 교육지원청이다.

"그 밖의 공공기관"은 공익을 목적으로 하는 정부 관련 기관 또는 단체인데, 그 대상은 다음과 같다(시행령 제3조).

첫째, 「공공기관 운영에 관한 법률」 제4조에 해당하는 기관인데, 정부가 출연하였거나, 일정 규모 이상의 정부의 지원을 받거나 정부가 지분을 소유한 기관

---

136) 「대한민국 헌법」에 따른 국가기관은 국회, 정부, 법원, 헌법재판소, 선거관리위원회를 말한다. 정부를 구성하는 행정기관은 「정부조직법」과 개별 법률로 설치할 수 있다. 「정부조직법」에 따라 설치된 행정기관은 부(部)·처(處)·청(廳)을 말한다. 개별 법률로 설치된 행정기관은 국가인권위원회, 방송통신위원회, 공정거래위원회, 국민권익위원회, 금융위원회, 개인정보보호위원회, 원자력안전위원회, 행정중심복합도시건설청, 새만금개발청 등이다.

들이다.[137] 「공공기관 운영에 관한 법률」에 따라 공공기관으로 새로 지정되거나 지정이 해제되면 기획재정부는 이를 매년 고시하고 있어, 특정 기관이 「공공기록물법」의 적용 대상 공공기관 여부를 확인할 수 있다.[138]

둘째, 「지방공기업법」에 따른 지방공사 및 공단, 「지방자치단체 출자·출연기관의 운영에 관한 법률」 제2조 제1항에 따른 출자·출연기관 중에서 해당 지방자치단체의 조례로 정하는 기관[139]이다.

---

137) 「공공기관의 운영에 관한 법률」에 따른 공공기관의 범위는 다음과 같다. ① 다른 법률에 따라 직접 설립되고 정부가 출연한 기관, ② 정부 지원액이 총수입액의 2분의 1을 초과하는 기관, ③ 정부가 100분의 50 이상의 지분을 가지고 있거나 100분의 30 이상의 지분을 가지고 임원 임명 권한 행사 등을 통하여 해당 기관의 정책 결정에 사실상 지배력을 확보한 기관, ④ 정부와 ①~③까지의 어느 하나에 해당하는 기관이 합하여 100분의 50 이상의 지분을 가지고 있거나 100분의 30 이상의 지분을 가지고 임원 임명 권한 행사 등을 통하여 해당 기관의 정책 결정에 사실상 지배력을 확보한 기관, ⑤ ①~④의 어느 하나에 해당하는 기관이 단독으로 또는 두 개 이상의 기관이 합하여 100분의 50 이상의 지분을 가지고 있거나 100분의 30 이상의 지분을 가지고 임명 권한 행사 등을 통하여 해당 기관의 정책 결정에 사실상 지배력을 확보한 기관, ⑥ ①~④까지의 어느 하나에 해당하는 기관이 설립하고, 정부 또는 설립기관이 출연한 기관. 기획재정부는 이상의 기관을 대상으로 공공기관을 매년 고시(告示)하는 방식으로 지정한다.

138) 「공공기관 운영에 관한 법률」에 따른 공공기관에서 제외되는 경우라 하더라도 특수법인은 「공공기록물법」의 적용 대상 공공기관이다. 대표적으로 「방송법」에 따른 한국방송공사와 「한국교육방송공사법」에 따른 한국교육방송공사는 언론의 자유를 보장하기 위해 「공공기관 운영에 관한 법률」에 의한 공공기관 지정에서 제외하였다. 그러나 한국방송공사와 한국교육방송공사는 특수법인에 해당하여 「공공기록물법」의 적용 대상이 된다.

139) 「지방자치단체 출자·출연기관의 운영에 관한 법률」에 따른 출자·출연 기관은 2020년에 「공공기록물법 시행령」 개정(대통령령 제30584호)으로 그 밖의 공공기관에 포함되었다. 그 이전까지 지방자치단체 출자·출연 기관은 「공공기록물법」의 적용 대상이 아니었다. 지방자치단체가 출자·출연 기관도 해당 기관의 업무수행과 예산집행의 투명성을 높이기 위해 「공공기록물법」의 적용 대상으로 추가하였다. 다만, 지방자치단체의 모든 출자·출연 기관을 대상으로 하지 않고, 효과성과 효율성을 고려하여 지방자치단체가 조례로서 적용 대상을 정하도록 하였다.

셋째, 특별법에 따라 설립된 법인이다. 일반적으로 특수법인이라고 부르는데, 국가 정책과 공공 이익을 위하여 설립하고, 임원을 정부에서 임명하고 감독하는 기관이나 단체이다. 다만, 특수법인 중에서 「지방문화원진흥법」에 의한 문화원, 특별법으로 설립된 조합과 협회는 「공공기록물법」 적용 대상에 제외된다.[140]

마지막으로, 「유아교육법」, 「초·중등교육법」 및 「고등교육법」, 그 밖에 다른 법률에 따라 설립된 각급 학교[141]이다. 「유아교육법」에 따라 설립된 학교는 유치원(국립, 공립, 사립을 모두 포함)을 말한다. 「초·중등교육법」에 따른 학교는 초등학교, 중학교, 고등공민학교, 고등학교, 고등기술학교, 특수학교, 외국인학교, 대안학교 등이다. 「고등교육법」에 따른 학교는 설립 주체와 상관없이 대학, 산업대학, 교육대학, 전문대학, 방송대학, 통신대학, 방송통신대학 및 사이버대학, 기술대학 및 각종학교[142]가 포함된다.

---

140) 지방문화원은 지역문화 활동의 중심인 법인으로 소규모 행정지원 조직으로 운영되고 있어 기록물관리 적용의 실효성이 적어 제외하였다. 조합과 협회는 그 업무 범위가 회원들을 대상으로 하며, 회원들의 권리보호와 상호부조(相互扶助)의 성격이 커서 「공공기록물법」 적용 대상에서 제외하였다.

141) 다른 법률에 따른 각급 학교에는 한국전통문화대학교, 한국예술종합학교, 한국과학기술원, 한국과학영재학교 등이 대표적이다.

142) 각종학교는 대학, 산업대학, 교육대학, 전문대학 등과 유사한 교육기관을 말한다(「고등교육법」 제59조).

■ 공무원 등의 의무

공공기관이 기록물을 잘 관리하려면 무엇보다도 구성원들의 기록물관리 인식과 역할이 중요하다. 따라서 「공공기록물법」은 모든 공무원과 공공기관의 임직원에게 이 법이 정한 바에 따라 기록물을 보호하고 관리할 의무를 부여하였다(법 제4조 제1항).[143] 여기에는 기록물의 생산부터 보존과 활용 등 전 과정이 포함된다. 또한, 공공기관과 기록물관리기관의 장에게는 기록물이 국민에게 공개되어 활용될 수 있도록 적극적으로 노력할 의무를 부과하였다(법 제4조 제2항).[144]

■ 기록물관리의 원칙

「공공기록물법」은 기록물의 체계적 관리와 활용을 위하여 '기록물 품질 요건 준수', '전자적 생산·관리', '기록물관리의 표준화' 등 기본원칙을 제시하였다. 공공기관과 기록물관리 전문가는 기록물관리 원칙을 준수하고, 공공기관의 상황에 맞게 적용해야 한다.

---

143) 「공공기록물법」의 적용 대상은 공공기관과 공공 기록물이다. 그런데 「구 공공기록물법」(2019. 12. 3. 법률 제18740호로 개정되기 전의 것)은 공무원에게만 기록물관리 의무를 부여하여 공공기관의 임직원은 제외되는 모순이 있었다. 따라서 2019년에 이 조문을 개정하여 '공공기관의 임직원'을 포함하였다.

144) '좋은 기록관리'를 위해서는 구성원들에게 기록의 생산, 획득, 관리를 위한 기록물관리 역할과 의무를 명확하게 규정하고 공표해야 한다. 국가표준에서는 다음과 같이 구성원의 책임과 역할을 부여하고 있다. 기록물관리 전문가는 기록시스템의 설계, 실행, 유지관리와 운영, 이용자 교육 책임을 부여하고 있다. 기록물관리 전문가와 정보기술 전문가 등에게는 메타데이터 스키마와 통제 도구 개발, 실행, 유지의 책임을 부여하였다. 또한 조직의 관리자에게는 기록 정책의 개발과 실행 지원, 관리에 대한 책임을 부여하였고, 시스템 관리자에게는 기록시스템을 지속적이고 신뢰할 수 있게 운영하고 모든 시스템의 문서가 완전하고 최신의 상태라는 것을 보장하는 책임을 부여하였다. 마지막으로 모든 직원에게는 업무 활동에 대한 정확하고 완전한 기록을 생산하고 유지하는 책임을 부과하였다(「KS X ISO 15489-1: 2016」 6.3 책임).

기록물 품질 요건 준수

기록물 품질 요건은 기록물관리 국제표준을 준용하고 있는데, 진본성 (authenticity), 신뢰성(reliability), 무결성(integrity), 이용가능성(usability)이다. 기록물은 그 형태와 구조에 상관없이 품질 요건을 갖추고 있으면 업무에 대한 공신력 있는 증거가 된다.[145] 이는 정보와 구분되는 기록물의 속성이기도 하다.[146]

「KS X ISO 15489-1: 2016. 문헌정보-기록관리-제1부: 개념과 원칙」이 규정한 기록물 품질 요건은 정리하면 다음과 같다.[147]

"진본성"이란 어떤 기록물이 원래 그대로의 상태이며 위조나 훼손이 없는 상태임을 입증하는 속성이다. 이 속성은 기록물의 생산 맥락, 내용, 구조의 특성이 변경되지 않았음을 증명하는 것으로, 기록물이 생산의 취지와 맞는지 또는 기록물을 생산하거나 보내기로 되어 있는 사람에 의해 생산되거나 보내졌는지, 명시된 시점에 생산되거나 보내졌는지를 증명할 수 있어야 한다. 기록물의 진본성을 보장하기 위해서는 기록물의 생산, 획득, 관리를 통제하는 업무 규칙, 절차, 방침을 이행하고 문서화해야 한다.

"신뢰성"이란 기록물의 내용이 업무처리나 활동 또는 사실의 완전하고 정확하게 표현하고 있음을 입증하는 속성이다. 따라서 신뢰성 있는 기록물은 해당 기록물의 내용을 신뢰할 수 있고, 이후의 업무 활동 과정에서 의존할 수 있다. 기록물의 신뢰성을 보장하기 위해서는 권한이 있는 업무 담당자가 업무수행 과정

---

145) 「KS X ISO 15489-1: 2016」 4. 기록관리의 원칙.

146) 정보(information)는 데이터, 아이디어, 생각 또는 기억의 집합체를 말한다. 반면에 기록물 (record)은 매체에 저장되어 인간 기억의 확장 또는 설명책임을 지원하기 위해 사용되는 정보 또는 데이터이며, 조직의 활동 과정에서 생산하거나 접수한 정보 또는 데이터이다(SAA 아카이브 용어사전: information, record). 따라서 기록물은 조직 활동의 증거이며, 설명책임을 지원하기 때문에 신뢰성과 증거로서의 속성을 갖추어야 하며, 정보와는 구분되는 엄격한 품질 요건을 갖추어야 한다.

147) 「KS X ISO 15489-1: 2016」 5.2.2 공신력 있는 기록의 특성.

에서 일상적으로 사용하는 시스템으로, 관련된 업무 활동이 일어난 시점이나 직후에 생산되어야 한다.

"무결성"이란 기록물이 훼손이나 변조로 변경되지 않고 완전한 상태를 유지하고 있음을 입증하는 속성이다. 무결성을 보장하기 위해서는 접근권한을 통제하고, 기록물을 허가받지 않은 변경으로부터 보호해야 하며, 기록물에 대한 승인된 추가, 부기, 삭제 등이 관리되고 추적할 수 있도록 기록물관리 과정의 메타데이터를 획득하여 관리해야 한다.

"이용가능성"이란 기록물의 위치를 검색하고 재현하며 해석할 수 있는 속성이다. 기록물은 그 기록물을 생산한 업무처리 행위, 사안 등과 연결하여 보여질 수 있어야 하며, 일련의 업무 활동 과정에서 생산된 기록물의 연계성도 유지되어야 한다. 전자기록물의 경우에는 기술환경의 변화에도 재현하거나 해독할 수 있는 방식으로 기록물이 유지되어야 한다.

「공공기록물법」은 공공기관 및 기록물관리기관의 장이 기록물의 생산부터 활용까지의 모든 과정에 걸쳐 진본성, 무결성, 신뢰성 및 이용가능성을 보장하도록 하였다(법 제5조). 공공기관과 기록물관리기관이 기록물의 품질 요건을 보장하기 위해서는 기록물관리 업무수행 과정에서 「공공기록물법」, 기록물관리 표준 등에서 정하고 있는 기록관리 기준과 절차를 준수해야 하고, 기록물관리 정책과 절차를 수립·시행하며, 그 결과를 기록물로 남겨 관리하여야 한다(시행령 제4조).

기록물 품질 관리는 기록물관리의 핵심 개념이다. 기록물은 형태나 구조와 관계없이 업무 요구사항을 완전히 만족시키고 업무와 처리행위[148]의 공식적인 증거로 인정받기 위해서는 품질 요건을 온전하게 보유해야 한다.

---

148) 처리행위(transaction)는 둘 이상의 참가자 또는 시스템 간의 상호교환으로 구성되는 최소 활동(조직이 수행하는 과업) 단위이다(「KS X ISO 30300:2020」, 3.1.29.).

기록물의 전자적 생산·관리

기록물의 전자적 생산·관리는 기록정보 관리 환경의 조성을 위한 원칙이다. 이와 관련하여 「공공기록물법」은 공공기관과 기록물관리기관의 장에게 기록물의 전자적 생산과 관리에 필요한 조치를 마련하도록 의무를 부여하였다(시행령 제4조 제3항).

이 원칙은 전자정부 추진과 밀접하다. 1996년 정부는 「정보화 촉진 기본계획」을 수립하여 종전 행정 정보화에서 전자정부로 개념을 확장하고, 전자정부 추진을 본격화하였다. 행정기관은 전자문서시스템을 도입하고, 전자문서를 기본으로 하여 작성, 발송, 접수, 보관, 보존 및 활용하도록 하였다.[149]

전자기록물은 디지털 정보기술을 활용하여 생산되고 관리되어 기존의 비전자 기록물을 다루던 환경과 비교하여 많은 강점이 있다. 전자기록물은 물리적인 객체에 고정되지 않아 시간과 공간의 제약을 넘어 접근 가능성을 확대할 수 있다. 또한 정보처리 능력이 발전될수록 신속한 검색과 이용의 효율성도 증대된다. 따라서 전자기록물이 체계적으로 관리되면 조직은 업무 활동과 의사결정 과정에 필요한 정보를 쉽게 획득하여 활용할 수 있으며, 법규 준수에 대한 감사 능력의 확보도 가능하다.

반면에 전자기록물은 관리가 어려운데, 정보가 매체에 고정되어 있지 않아 시간의 경과에 따라 진본성, 이용가능성 등을 보장하기 어렵기 때문이다. 따라서 전자기록물의 생산과 관리에 필요한 표준 마련, 프로세스 설계, 시스템 구축 등이 필요하며, 전자기록물 관리에 필요한 개념모델의 정립과 이를 시스템으로 만드는 것이 중요하다.

---

149) 「구 전자정부구현을위한행정업무등의전자화촉진에관한법률」 (2007. 1. 3. 법률 제8171호, 전자 정부법으로 일부 개정되기 전의 것) 제16조 제1항.

전자기록생산시스템과 기록관리시스템은 기록물을 관리하기 위해 특별히 설계되어야 하고, 기록물의 생산, 획득과 관리 절차를 지원할 수 있어야 한다. 「공공기록물법」은 공공기관과 기록물관리기관이 중앙기록물관리기관[150]의 장이 정하는 바에 따라 전자기록생산시스템, 기록관리시스템, 영구기록관리시스템을 구축하여 운영하도록 하였다(시행령 제4조 제3항). '중앙기록물관리기관의 장이 정하는 바'는 국가기록원이 공공표준이나 지침으로 제정하여 시행하고 있는 시스템 기능요건과 데이터 연계 규격 등을 말한다.[151] 따라서 공공기관과 기록물관리기관이 시스템을 구축하거나 개선하려면 해당되는 표준을 준수해야 한다.[152] 또한 공공기관과 기록물관리기관은 기록물의 생산, 관리 전 과정에서 전자기록생산시스템, 기록관리시스템 및 영구기록관리시스템으로 기록관리 메타데이터를 생산하여 관리해야 한다(영 제4조 제4항).[153]

----

150) 중앙기록물관리기관은 국가기록원을 말한다(시행령 제6조 제1항). 이후 본문에서 법령상의 중앙기록물관리기관은 모두 국가기록원으로 표기한다.

151) 해당 조문의 '국가기록원장이 정하는 바'와 관련한 공공표준은 「NAK 19-1: 2012(v1.0). 전자기록생산시스템 기록관리 기능요건」, 「NAK 19-1: 2013(v1.0). 전자기록생산시스템 기록관리 기능요건-제2부: 전자문서시스템」, 「NAK 19-3: 2015(v1.0). 전자기록생산시스템 기록관리 기능요건 - 제3부: 업무관리시스템」, 「NAK 6: 2022(v1.5). 기록관리시스템 기능요건」, 「NAK 20: 2022(v1.3). 정부산하공공기관 등의 기록관리를 위한 시스템 기능요건」, 「NAK 7: 2022(v2.3). 영구기록관리시스템 기능요건」 등이다. 지침으로는 「전자기록물 온라인 전송을 위한 기술규격」(국가기록원 고시 제2023-14호, 2023. 9. 22). 「기록관리시스템 데이터연계 기술규격: 제2부 영구기록관리시스템과의 연계」(국가기록원 고시 제2023-8호), 「기록관리시스템 데이터연계 기술규격: 제3부 기능분류시스템과의 연계」(국가기록원 고시 제2023-9호), 「영구기록관리시스템 데이터연계 기술규격: 제1부 기능분류시스템과의 연계」(국가기록원 고시 제2023-12호) 등이 있다.

152) 전자기록물의 품질 요건이 유지되려면 표준을 준수한 전자기록생산시스템, 기록관리시스템, 영구기록관리시스템을 구축하여 운영해야 한다. 기록물의 공신력은 법규를 준수하고, 신뢰성, 보안성, 포괄성 및 체계성을 갖춘 시스템으로 생산, 관리됨으로써 뒷받침된다(「KS X ISO 15489-1: 2016」, 5.3.2 기록시스템의 특성).

153) 공공기관은 「NAK 8: 2022(v2.3). 기록관리 메타데이터 표준」을 준수하여 기록물관리 메타데이터를 생산하고 관리해야 한다.

한편 공공기관 및 기록물관리기관의 장은 전자기록물의 생산, 이관, 보존 및 폐기 등 기록물관리 과정에서 전자기록물을 안전하게 관리하기 위해 보안 조치를 실행해야 한다(시행령 제5조).[154] 이때 전자기록물의 보안 조치는 「전자정부법」에 따라야 하는데, 행정기관의 장은 정보통신망을 이용하여 전자기록물을 보관, 유통할 때 위조, 변조, 훼손 또는 유출을 방지하기 위해 국가정보원장이 안전성을 확인한 보안 조치[155]를 시행해야 하고, 국가정보원장은 그 이행 여부를 확인할 수 있도록 하였다.[156]

기록물관리의 표준화

표준(standard)은 '최선의 실무요령'(best practice)으로 프로세스, 제품, 서비스 등 다양한 분야에서 사용하는데, 법령과 달리 이해관계자들의 합의로 제정하고 이해관계자들은 자발적으로 이를 준수한다.

'기록물관리 표준'은 최적의 수준으로 기록물관리 업무를 수행하기 위해 공통적이고 반복적으로 적용되는 공인된 기준이다. 우리나라의 기록물관리 표준은 적용 범위에 따라 국가표준, 공공표준, 원내 표준으로 분류하며, 내용에 따라 표준, 지침(매뉴얼 포함), 기술 규격으로 구분한다.[157]

154) 보안 조치란 전자기록물의 생산, 관리 과정에서 허락되지 않은 접근, 수정, 훼손 등의 위협으로부터 보호하기 위해 접근 통제와 모니터링, 행위자 검증과 허가된 폐기 등과 같은 조치를 실행하는 것이다.

155) 「국가정보보안기본지침」은 「국가정보원법」, 「보안업무규정」, 「전자정부법」, 「정보통신기반보호법」 등에 따른 정보보안에 필요한 사항을 규정하고 있다. 「공공기록물법」 시행령 제5조에 따른 '전자기록물의 보안'도 이 지침을 준수해야 한다. 이 지침은 국가사이버안보센터(https://www.ncsc.go.kr/)에서 확인할 수 있다.

156) 행정기관의 장은 정보통신망을 이용하여 전자문서를 보관·유통할 때 위조·변조·훼손 또는 유출을 방지하기 위하여 국가정보원장이 안정성을 확인한 보안 조치를 해야 하고, 국가정보원장은 그 이행 여부를 확인할 수 있도록 하였다(「전자정부법」 제56조 제3항).

157) 국가기록원, 「기록물관리 표준화 업무 운영 규정」(국가기록원 훈령 제102호, 2015) 제2조.

'국가표준'은 국가 전체에 적용되는 표준으로 국가기술표준원장이 한국산업표준(KS)으로 고시하는 표준을 말한다. '공공표준'은 공공기록물법에서 정한 공공기관과 기록물관리기관에 적용하는 표준으로 국가기록원장이 고시하는 표준이다. '원내 표준'은 국가기록원에 적용되는 표준으로 국가기록원장이 확정하고 시행하는 표준이다.[158]

국가기록원은 2005년부터 기록관리 표준의 필요성을 인식하고, 본격적으로 해외사례 연구와 표준 개발을 시작하였다. 기록관리 표준화는 기록관리혁신 로드맵과 종합 실천 계획에 따라 추진되었는데, 표준화는 기록관리 업무, 시스템, 기록물관리기관, 기록관리 물품과 장비 등 4대 영역으로 구분하여 표준과 매뉴얼을 개발하였다. 또한 기록물의 진본성, 무결성, 신뢰성 및 이용가능성을 충족시킬 수 있는 국제 수준의 표준화를 추진하기 위해 ISO 15489-1, 23081, 16175 등을 국가표준으로 인용[159]할 때 주도적 역할을 하였다.

기록물관리 표준화는 국가기록원이 주관하고 있다. 「공공기록물법」은 국가기록원장에게 기록물의 효율적이고 통일적인 관리와 활용을 위해 기록물관리의 표준화를 위한 정책을 수립하여 시행하도록 의무를 부여하였다(법 제7조).

■ 다른 법률과의 관계

「공공기록물법」은 공공기관의 기록물관리에 대한 일반법(기본법)이다. 따라서 공공기관은 기록관리와 관련하여 다른 법률에 특별한 규정이 있는 경우를

---

158) 국가기록원에 적용하는 원내표준과 같이 공공기관은 기관표준을 제정하여 운영할 수 있다. 복수의 기록관이 운영되는 중앙행정기관, 지방자치단체나 교육청 등은 해당 기관이나 지역에 특화된 표준을 제정하여 활용하는 것도 바람직하다.

159) 국제표준을 해당 국가의 언어로 번역하여 인용하는 것을 '부합화'라고 한다. 부합화 방식은 단순히 번역하거나, 일부를 변형할 수도 있다. 부합화 방식으로 작성된 국가표준은 KS X ISO15489-1과 같이 KS X 뒤에 ISO 표준번호를 표기한다.

제외하고는 모두 「공공기록물법」의 규정을 따라야 한다(법 제8조). 법률 간의 충돌이 발생하면, 일반법보다는 특별법이 우선이다.

특별법 우선 원칙은 동등한 법형식 사이에서 어떤 법령이 규정하고 있는 일반적인 사항과 다른 특정의 경우를 한정하거나 특정의 사람 또는 지역을 한정하여 적용하는 법령이 있는 경우에는 일반법과 특별법의 관계에 있다고 하고, 이 경우에는 특별법이 일반법에 우선한다는 것이다.

현재 「공공기록물법」에 대한 특별법은 「대통령기록물 관리에 관한 법률」이 유일하다. 대통령기록물의 특수성을 반영하여 2007년에 제정하였으며, 대통령기록물 관리 관련 규정은 이 법이 우선이다. 「대통령기록물 관리에 관한 법률」에서 규정하지 않은 내용은 「공공기록물법」을 따른다.

또한, 법률에 기록물관리와 관련한 별도의 규정이 있는 경우에도 해당 법률의 규정이 「공공기록물법」보다 우선이다. 특정 업무와 관련하여 기록물관리 절차 등을 달리 규정한 경우이다. 이 경우 반드시 법률에 그 근거가 있는 경우에만 해당한다. 법률적 근거 없이 하위 법령이나 규정으로 기록물관리와 관련된 사항을 「공공기록물법」과 달리 규정하여도 별도 규정으로 인정되지 않는다.

제2장 기록물관리기관

기록물관리기관은 전문적으로 기록물을 관리하는 기관이다. 기록물관리기관은 「공공기록물법」이 정하고 있는 전문인력(법 제41조 제1항, 영 제78조 제1항 및 제2항), 시설과 장비(법 제28조, 영 제60조 제1항 및 별표 6)를 갖추어야 한다.[160] 여기서 '기관'이라 함은 일정한 목적을 위해 설치한 기구나 조직을 말한다. 따라서 「공공기록물법」의 기록물관리기관은 기록물관리 업무를 수행하기 위해 설치해야 하는 기구나 조직이다.[161]

일반적으로 공공영역의 기록물관리기관은 보유기록물과 수행하는 업무에 따라 레코드센터(records center), 아카이브(archives)[162]로 구분한다. 레코드센

160) 기록물관리기관은 기록물관리 전문요원(이관, 평가, 분류, 정리와 기술, 폐기, 보존 등 담당)과 전문인력(그 밖의 기록물관리 담당)을 배치해야 한다. 일반적으로 기록물관리 전문가는 '기록물관리(records management)'에 전문성을 갖고 있는 전문가인 레코드 매니저와 '지속적인 보존 가치를 갖고 있는 기록물의 관리에 전문성을 갖고 있는 전문가인 아키비스트를 구분한다(SAA 아카이브 용어사전: records manager, archivist). 우리의 경우 양자의 구분이 없으나, 기록관 또는 특수기록관의 기록물관리 전문요원은 레코드 매니저, 영구기록물관리기관의 기록물관리 전문요원은 아키비스트로서의 전문성이 필요하다.

161) 조직은 업무수행의 기본단위인데, 독립적인 업무수행을 위한 기반이다. 조직이 만들어져야 필요한 인력과 예산도 확보할 수 있다. 기록물관리기관이 고유업무로서 기록물관리를 수행하기 위해서는 반드시 조직 형태를 갖추어야 한다. 조직은 법적 근거에 따라 구성되는데, 중앙행정기관은 「정부조직법」, 「행정기관의 조직과 정원에 관한 통칙」, 부처별 직제규정, 직제시행규칙에 따른다. 지방자치단체는 「지방자치법」, 「지방자치단체의 행정기구와 정원 기준 등에 관한 규정」, 「지방교육행정기관의 행정기구와 정원 기준 등에 관한 규정」, 지방자치단체별 행정기구 설치 조례 등으로 조직을 만든다. 조직의 형태는 직속 기관, 소속기관, 부속기관, 보좌기관, 보조기관 등 업무 성격과 수행 방식에 따라 다양하다. 현재 영구기록물관리기관은 소속기관, 보좌기관, 사업소(지방자치단체의 경우)로 운영되고 있다. 기록관 또는 특수기록관의 경우에도 보조기관(통상적으로 '과' 단위임)으로 운영되는 것이 바람직하나, 현재는 일부 기관을 제외하고는 독립된 조직의 형태를 구성하지 못하고 있다. 개선이 필요한 사항이다.

162) 우리나라에서는 일반적으로 아카이브를 보존기록관으로 번역하고 있다.

터는 공공기관의 준현용 또는 비현용 기록물을 아카이브로 이관하거나 폐기하기 전까지 경제적으로 관리하기 위한 대규모 수용시설[163]인데, 국가 아카이브 소속으로 운영된다.

아카이브는 지속적인 가치를 갖고 있는 기록물을 보존하는 공식적인 저장소로서, 공공기관에서 쓰임을 다한 기록물 중에서 보존할 가치가 있는 기록물을 이관받아 보존하고 시민이 활용할 수 있도록 기록정보 서비스를 제공하는 기관이다.[164]

우리나라의 기록물관리기관은 외국과는 다르게 운영되고 있다. 「공공기록물법」은 기록물관리기관을 기능과 역할에 따라 기록관 또는 특수기록관과 영구기록물관리기관으로 구분하고 있다(법 제9조부터 11조까지, 제13조 및 제14조).[165] 기록관은 공공기관의 현용 및 준현용 기록물을 관리하는 기록물관리기관으로 레코드센터에 해당한다. 외국과 달리 국가 아카이브 소속으로 설치하지 않고, 공공기관 단위로 설치하도록 하였다. 기록관은 관할 영구기록물관리기관과 협력하여 소관 공공기관의 기록물관리 업무를 전담하고 기록물 보존을 분담[166]한다(법 제13조).

기록관 설치 대상 공공기관 중에서 국가정보원, 국방부와 직할 군 기관, 육군, 해군, 공군, 통일부, 검찰청, 경찰청은 소관 기록물을 장기간 관리하고자 하면 국가기록원장과 협의하여 특수기록관을 설치하여 운영할 수 있다(법 제14조 제1

---

163) SAA 아카이브 용어사전: records center.

164) SAA 아카이브 용어사전: archives.

165) 「구 공공기관기록물법」에서는 자료관, 특수자료관과 전문관리기관(국가기록원, 특수기록물관리기관, 지방기록물관리기관)으로 정의했었다.

166) 공공기록물은 원칙으로 국가가 관리해야 하나, 효율적인 관리와 활용을 위하여 기록물관리기관이 분담하여 관리한다는 뜻이다.

항).[167] 특수기록관은 국가기록원장과의 협의를 거친 경우 생산 후(보존기간 기산일로부터) 30년(국가정보원은 50년)까지 이관하지 않을 수 있다(법 제19조 제5항 및 제6항).

영구기록물관리기관은 관할 공공기관의 기록관리를 총괄하고, 장기 보존이 필요한 공공기관의 기록물을 이관받아 관리하는 기록물관리기관이다. 관할 영역에 따라 중앙기록물관리기관, 헌법기록물관리기관, 지방기록물관리기관으로 구분한다. 영구기록물관리기관은 아카이브이지만, 보존기간 30년 또는 준영구 기록물 등 장기 보존이 필요한 기록물을 관리하는 레코드센터의 기능도 함께 수행하고 있다.

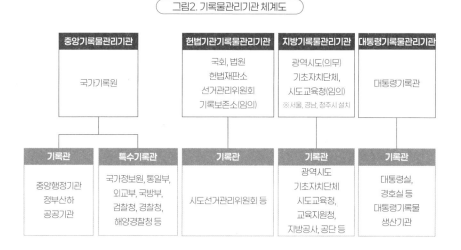

그림2. 기록물관리기관 체계도

---

167) 「구 공공기관기록물법」에서는 특수자료관으로 명명되었는데, 통일, 외교, 안보 등 해당 기록물을 주로 생산·관리하는 부서에 설치하도록 하였다. 따라서 특수자료관을 설치하는 공공기관은 자료관과 특수자료관 2개를 운영할 수 있었다.

제1절 영구기록물관리기관

■ 중앙기록물관리기관

중앙기록물관리기관은 우리나라 기록물관리를 총괄·조정하고, 중앙행정기관과 정부산하 공공기관[168]의 장기 보존 대상 기록물을 이관받아 관리하는 영구기록물관리기관이다(법 제9조 제1항). 중앙기록물관리기관은 행정안전부장관 소속[169]으로 설치하여 운영하는데 국가기록원을 말한다(시행령 제6조 제1항).

국가기록원이 수행해야 하는 업무는 다음과 같다(법 제9조 제2항).

① 기록물관리 기본정책의 수립과 제도의 개선
② 기록물관리 표준화 정책의 수립과 기록물관리 표준의 개발·운영

---

168) 정부산하 공공기관은 시행령 제3조에 따른 그 밖의 공공기관 중에서 정부와 관련된 공공기관을 말한다. 지방공사와 공단, 시도교육청 소관 각급 학교, 지방자치단체 출자 또는 출연기관 등은 소관 지방기록물관리기관에서 기록물을 관리한다. 정부산하 공공기관이라는 표현은 소관을 구별하려고 사용하였다.

169) 국가기록원의 조직 형태와 소속은 여전히 논쟁거리이다. 국가기록원의 중립성과 독립성을 보장하기 위한 조직 형태로 합의제 행정기관이나 최소 청 단위 이상의 독임제 행정기관으로 설치해야 한다는 주장이 있다. 합의제 행정기관으로는 국가역사기록관리위원회(국가기록원과 국사편찬위원회 통합), 국가기록관리위원회(기록물관리, 정보공개, 역사기록물관리 등 통합)이 대표적이다. 청 단위 이상의 독임제 행정기관으로는 국가기록청(기록물관리와 정보공개 통합)이 대표적인 주장이다. 한편, 소속의 경우 행정관리와 정보자원관리 관점으로는 총무 부처 소속이 바람직하고, 문화적 관점으로는 문화부처에 두는 것이 합리적이다. 우리나라의 경우에는 기록물관리가 행정관리 기능의 일환이어서 정부 수립 이후 기록물관리 업무는 내각사무처, 총무처 등에서 담당하였고, 현재는 이 기능을 행정안전부에서 담당하고 있다. 외국도 나라별로 다르다. 미국과 영국은 독립행정기관(independent agency), 호주는 정보통신부, 프랑스는 문화부 소속이다. 독립행정기관은 행정부에 소속되어 있지만, 법령 제정 권한이 있고, 대통령의 통제 권한에서 벗어나 독립적인 업무를 수행할 수 있다. 특히 독립성을 보장하기 위해 대통령이 기관의 수장이나 구성원을 해임하는 권한이 제한되어 있다. 우리나라의 경우 책임운영기관이라는 제도가 있기는 하지만, 소관 부처 장관이 인사권을 행사하고, 기관 평가 등으로 통제하고 있어서 독립행정기관과 대비된다.

③ 기록물관리와 기록물관리 관련 통계의 작성·관리

④ 전자기록 관리체계의 구축 및 표준화

⑤ 기록물관리의 방법 및 보존 기술의 연구·보급

⑥ 기록물관리에 관한 교육·훈련

⑦ 기록물관리에 관한 지도·감독 및 평가

⑧ 다른 기록물관리기관과의 연계·협조

⑨ 기록물관리에 관한 교류·협력

⑩ 그 밖에 이 법에서 정하는 사항[170]

중앙기록물관리기관은 우리나라 공공 기록물관리의 중추이다. 중앙기록물관리기관으로서 국가기록원은 공공 기록물관리의 정책기관이자 집행기관으로 다양한 업무를 수행해야 한다.

첫째, 공공 기록물관리를 위한 기본정책 수립과 제도개선이다. 기록물관리 정책과 이를 실현하기 위한 제도는 고정된 것이 아니며, 사회적 요구와 행정 환경의 변화에 지속적인 대응이 필요하다. 따라서 국가기록원은 시민사회, 학계와 끊임없는 소통을 통해 사회적 요구사항을 파악하고, 기록물관리 정책 연구와 개발에 노력해야 한다. 국가기록원은 개발된 기록물관리 정책을 「공공기록물법」에 반영하여 추진해야 한다. 「공공기록물법」은 기록관리 정책과 제도개선의 실행을 담보할 수 있는 강력한 도구이다.

둘째, 기록물관리 표준화이다. 표준화 업무는 공공 기록물관리 업무를 표준화하고 전문적 관리체계를 구현하려는 목적이다. 그런데 또 다른 표준화의 필요성은 「공공기록물법」으로는 다양한 공공기관의 기록물관리와 관련된 사

---

170) 법령에서 사용하는 일반적인 표현이다. 조문에서 모든 사항을 열거할 수 없어서 포괄적으로 규정하는 조문이다.

항을 모두 규정하기 어렵기 때문이다. 표준은 '최선의 실무요령'이다. 따라서 법령으로는 기록물관리 원칙과 공공기관의 공통 사항을 규정하고, 공공기관 유형별로 세부적이고 구체적인 기록물관리 절차는 표준으로 제정하여 운영하려는 의도였다.

셋째, 전자기록물 관리체계의 구축이다. 「공공기록물법」은 기록물의 생산, 보존, 활용 등 기록물관리 전 과정을 전자적으로 관리하도록 규정하였다. 따라서 국가기록원은 전자기록물의 생애주기 전 과정의 체계적인 관리를 위한 전자기록물 관리체계를 구축해야 한다. 그런데 전자기록물 관리체계는 전자기록물의 안전한 보존과 활용을 위한 시스템 구축만을 의미하지 않는다. 전자기록물의 체계적 관리를 위한 생산, 분류, 이관, 보존 등 필요한 방법과 절차를 마련해야 한다. 또한 전자기록물 관리와 장기 보존에 필요한 시스템 구축, 이중 보존 및 분산 보존, 재해복구 시스템 구축도 필요하다. 이와 관련해서 국가기록원장은 전자기록물을 장기 보존하고 활용할 수 있도록 기술정보의 관리 기준과 수집 및 활용 등에 대한 대책을 마련해야 한다(법 제20조의2 제2항).

국가기록원장이 전자적 관리체계 구축과 관련하여 구체적으로 수행해야 하는 업무는 다음과 같다(법 제20조).

① 전자기록물관리시스템의 기능, 규격, 관리 항목, 보존 포맷(기록물 보존을 위한 파일 형식을 말한다)과 매체 등 관리 표준화에 관한 사항
② 기록물관리기관의 전자기록물 데이터 공유, 통합 검색과 활용에 관한 사항
③ 전자기록물의 진본성 유지를 위한 데이터 관리 체계에 관한 사항
④ 행정전자서명 등 인증기록의 보존과 활용 등에 관한 사항

⑤ 기록물관리기관 간 기록물의 전자적 연계와 활용 체계 구축에 관한 사항

⑥ 전자기록물의 생산포맷(기록물 생산을 위한 파일형식을 말한다)과 소프트웨어 등에 관한 기술정보의 수집과 활용에 관한 사항

넷째, 기록물관리 통계의 작성과 관리이다. 기록물 생산·보유 현황, 기록물관리기관 설치·운영 현황, 기록물관리 전문요원 배치 등 법령과 기록물관리 운영과 관련된 국가통계를 작성하고 관리하는 업무이다. 기록물 통계는 공공기관의 기록물관리 현황을 점검하고 개선하기 위한 자료이다. 또한 시민들이 공공기관의 기록물관리 현황을 확인할 수 있는 정보이기도 하다. 따라서 국가기록원은 기록물관리 통계를 정확하게 작성하여 주기적으로 공개하는 것이 필요하다.[171]

다섯째, 기록물관리 연구이다. 이는 국가기록원의 기록물관리 전문성과 관련되어 있다. 기록학은 이론과 실무가 불가분의 관계이기 때문에 국가기록원은 기록물관리 이론과 방법론 등을 연구하고 그 결과를 공유하여 기록물관리 발전을 이끌어야 한다.

여섯째, 기록물관리 종사자에 대한 전문교육·훈련이다. 기록물관리 전문가는 전문성을 높이기 위해 끊임없이 노력해야 한다. 특히 전자기록물이 기록물의 주된 유형으로 자리 잡으면서 기록물관리 환경은 빠르게 변하고 있다. 따라서 국가기록원은 기록물관리 전문요원과 종사자에 대하여 전문교육·훈련을 수행하도록 하였다. 특히 전문요원이 아닌 기록물관리기관의 종사자는 기록물

---

171) 국가기록원 홈페이지에서 제공하는 국가기록관리 통계는 입법 취지를 고려하면 보완이 필요하다. 현재 제공되고 있는 통계는 국가기록원 기록물 보유 현황, 국가기록원 관할 기록관 또는 특수기록관 현황만을 제공하고 있을 뿐이다. 이 중에서 기록관 또는 특수기록관 현황은 보완과 검증이 필요하다. 기관이 통보해 온 것을 단순 취합하여 고시하고 있어서 신뢰성이 떨어지기 때문이다. 이 통계에 따르면 기록관 설치 대상 대학은 전체 대학의 1/3도 되지 않는다. 믿을 수 있는 통계인지 의심스럽다.

관리기관에 보직되기 전후 또는 보직된 후 6개월이 지나기 전까지 국가기록원장이 정하는 기록물관리 교육과정의 이수 의무를 부과하였다. 이 교육과정은 기록물관리기관에서의 업무수행에 필요한 정보 제공과 훈련을 목적으로 하고 있다.

일곱째, 기록물관리에 관한 지도와 감독 및 평가이다. 국가기록원이 공공기관과 기록물관리기관이 기록물관리 업무를 올바르게 수행하고 있는지 지도하고 감독하는 업무는 매우 중요하다.[172] 또한 기록물관리 평가를 통해 기록물관리 제도 시행상의 문제점을 점검하고 개선 사항을 도출하는 것도 필요하다.

여덟째, 다른 기록물관리기관과의 연계와 협조이다. 각급 기록물관리기관은 「공공기록물법」에 따라 부여된 기록물관리 업무를 수행하고 있다. 따라서 공공 기록물관리 체계가 온전하게 작동하기 위해서는 국가기록원과 각급 기록물관리기관의 협력이 필요하다. 특히 자체적으로 기록물을 영구보존하는 영구기록물관리기관은 국가기록관리 정책에 따라 기록물관리 업무를 수행할 수 있도록 소통이 필요하다. 국가기록관리위원회의 구성원으로 헌법기관기록물관리기관과 지방기록물관리기관의 장이 참여하도록 한 것도 같은 맥락이다. 이와 관련하여 국가기록원장은 국가의 기록물관리를 총괄하고 조정하기 위하여 영구기록물관리기관의 장과 협의체를 구성하여 운영할 수 있다(법 제9조 제4항).[173]

---

172) 지도·감독과 평가는 주로 「공공기록물법」의 이행 여부 준수를 확인하는 방식이다. 그런데, 평가 등의 실효성을 높이기 위해서는 공공기관의 기록물관리 방침, 시스템, 프로세스를 점검하고 평가하기 위한 명확한 기준 수립이 필요하다. 또한 평가 등 결과에 따라 제도, 시스템과 절차의 보완이 필요한 경우에는 개선 방안을 마련하여 시행해야 한다.

173) 2019년에 신설된 규정으로 영구기록물관리기관 사이의 협력을 강화하기 위한 규정이다. 국가기록물관리 체계가 잘 운영되려면 중앙기록물관리기관으로서의 국가기록원의 역할과 영구기록물관리기관 사이의 협력이 중요하기 때문이다. 다만, 국가기록관리위원회와 별도로 운영하는게 타당한지는 검토가 필요하다.

　마지막으로, 중간관리시설의 설치와 운영이다. 이 규정은 「구 공공기관기록물법」을 전부개정할 때 반영되었는데, 국가기록원이 이관받은 기록물을 효율적으로 관리하기 위해 중간관리시설을 설치하여 운영할 수 있도록 하였다(법 제9조 제3항, 시행령 제6조 제2항).[174]

　중간관리시설의 업무는 공공기관과 폐지기관으로부터 이관받은 기록물 중 보존기간이 30년 이하인 기록물의 관리이다. 「구 공공기관기록물법」 전부개정에 따라 영구기록물관리기관으로 이관 대상 기록물이 보존기간 30년 이상으로 확대되면서 준영구 이상의 장기 보존기록물과 보존기간 30년인 한시 기록물을 구분하여 관리할 필요가 대두되었다. 재평가가 필요한 한시 보존기록물을 영구 보존기록물과 동일하게 영구보존시설에서 보존 관리하는 것이 비용 측면에서 효율적이지 않기 때문이다. 따라서 국가기록원은 중간관리시설을 두어서 공공기관에서 이관받은 보존기간 30년 기록물과 폐지기관에서 이관받은 보존기간 30년 이하의 기록물을 준영구 이상의 기록물과 구분하여 관리하도록 하였다.

---

174) 중간관리시설은 레코드센터와 유사하다. 중간관리시설의 도입은 국가기록원 보유기록물을 한시 보존과 영구보존 대상을 구분하여 효율적으로 관리하려는 의도였다. 국가기록원은 2015년 중간관리시설로 대전기록관을 건립하였으나, 당초 취지와 달리 영구기록물 보존시설로 운영하고 있다.

■ 헌법기관기록물관리기관

헌법기관기록물관리기관은 국회, 대법원, 헌법재판소, 중앙선거관리위원회 등 헌법기관별로 설치·운영하는 영구기록물관리기관이다.[175] 헌법기관은 소관 기록물의 영구보존과 관리를 위하여 영구기록물관리기관을 설치하여 운영할 수 있다(법 제10조 제1항). 만약 헌법기관이 영구기록물관리기관을 설치하지 않으면 보존기간 30년 이상의 기록물을 생산 후 10년이 지난 다음 연도 중에 국가기록원에 위탁하여 관리해야 한다(법 제10조 제1항 후단. 시행령 제7조).[176] 이 경우 기록물의 공개와 활용, 보존 처리와 보존비용 등 위탁관리에 필요한 사항을 협의하여 정해야 한다.[177]

헌법기관기록물관리기관의 설치와 운영은 국가기록물을 체계적으로 관리하기 위하여 기록물관리 역할과 보존을 분담하려는 것이다. 헌법기관기록물관리기관은 입법부와 사법부의 특성에 맞도록 기록물관리 업무를 수행해야 한다. 헌

---

175) 그동안 헌법기관의 영구기록물관리기관을 별도 설치는 삼권분립의 정신에 입각한 것으로 설명하였다. 그런데, 영구기록물관리기관을 별도로 설치하는 것이 삼권분립 정신인지는 의문이다. 의회 아카이브의 설치는 국가별 정치, 행정 환경에 따라 다르다. 미국, 호주, 캐나다 등은 의회 기록물을 국가 아카이브가 관리하고, 영국, 독일, 프랑스는 의회에 별도의 아카이브를 설치하였다. 따라서 삼권분립 때문에 헌법기관에 별도의 아카이브를 설치해야 한다는 논리는 일반적이지 않다. 헌법기관기록물관리기관 설치의 타당성은 헌법기관의 기록물 특성을 반영한 체계적인 관리와 시민의 기록물 접근권 보장 여부로 판단할 수 있다. 현재 헌법기관기록물관리기관은 대부분 기록관을 운영하고 있지 않아 현용, 준현용 기록물관리가 부실하고, 시민들이 헌법기관기록물관리기관 보유 기록물을 자유롭게 이용하는 것도 어렵다. 또한 국회기록보존소를 제외하고는 홈페이지조차도 구축되어 있지 않은 상황이다. 따라서 이런 상황이 지속된다면 국가기록물의 체계적 관리와 시민의 접근권 보장을 위해서 헌법기관의 영구기록물관리기관 설치와 운영은 재검토가 필요하다.

176) 법령 조문은 원칙적으로 한 문장으로 작성된다. 그런데 해당 조문의 일부를 다르게 규정하려면 "이 경우" 또는 "다만"으로 시작되는 문장이 추가된다. 이때 "이 경우"는 '후단', "다만"은 '단서'라고 지칭한다.

177) 헌법기관도 영구기록물관리기관을 설치할 수 있도록 하였기 때문에 미설치로 기록물을 국가기록원으로 이관하여 보존하는 경우 필요한 비용을 부담하도록 한 것이다.

법기관기록물관리기관이 수행해야 하는 대상 업무는 다음과 같다(법 제10조 제2항).

① 관할 공공기관의 기록물관리 기본계획
② 관할 공공기관의 기록물관리 및 기록물관리 관련 통계 작성과 관리
③ 관할 공공기관의 기록물관리에 관한 지도, 감독 및 지원
④ 중앙기록물관리기관과의 협조에 의한 기록물의 상호활용 및 보존의 분담
⑤ 관할 공공기관의 기록물관리에 관한 교육 및 훈련
⑥ 다른 기록물관리기관과의 연계 및 협조
⑦ 그 밖에 기록물관리에 관한 사항

첫째, 국가기록원이 제시하는 국가기록물 관리 기본정책을 바탕으로 헌법기관의 특수성을 반영한 기록물관리 기본계획을 수립하여 시행해야 한다. 기본계획에는 헌법기관 기록물을 전문적으로 관리하고 활용할 수 있도록 기관 구성원, 이해관계자, 시민들의 요구에 맞는 정책, 절차 및 우선순위 등이 반영되어야 한다.

둘째, 입법, 사법 및 선거 관리 기록물의 특성을 반영한 등록, 분류, 편철 및 관리 방식 등 헌법기관 기록물의 생산부터 보존, 활용 전 과정에 대한 기록물관리 절차를 마련해야 한다.

셋째, 관할 공공기관의 기록물관리 실태에 대하여 주기적으로 점검하고 미비사항을 보완해야 하며 기록물관리에 필요한 지침과 매뉴얼 제공, 기록물관리 실무 교육을 실시해야 한다.

넷째, 중앙기록물관리기관과의 협조에 의한 기록물의 상호활용 및 보존의 분

담이다. 이 업무는 매우 중요하다. 헌법기관 기록물도 국가기록원이 통합하여 관리하는 것이 원칙이나, 헌법기관의 특수성을 고려하여 영구기록물관리기관을 설치하여 별도로 관리할 수 있도록 하였다. 그런데 별도 관리로 기록물 활용에 어려움이 발생할 수 있다. 이를 예방하기 위해 국가기록원과 협조하여 기록물을 상호활용하도록 명시하였다.

한편 헌법기관기록물관리기관의 장은 기록물관리에 대한 표준의 이행, 기록물관리 관련 통계 현황 등 공공 기록물의 효율적 관리를 위하여 필요한 사항을 국가기록원장이 요청하면 협조해야 한다(법 제10조 제3항).

헌법기관기록물관리기관이 전문적인 기록물관리 업무를 수행하기 위해서는 조직 형태가 중요하다.[178] 헌법기관기록물관리기관은 헌법기관 기록물관리규칙으로 기록관 설치 단위를 정해야 한다. 특히 전국적인 조직을 운영하는 법원과 선거관리위원회는 체계적인 기록물관리를 위해서는 지역 단위로 기록관을 설치하여 운영할 필요가 있다.[179]

---

178) 국회는 국회도서관 소속으로 국회기록보존소(「국회도서관 직제」 [2023. 4. 10. 국회규칙 제237호] 제10조)를 국 단위로 설치하였고, 법원행정처는 사법정보화실 소속으로 법원기록보존소(「법원 사무기구에 관한 규칙」[2024. 6. 26. 대법원규칙 제3153호] 제2조 제10호 및 별표 1의 10)를 과 단위로 설치하였다. 선거관리위원회는 기획국 소속으로 선거기록보존소(「선거관리위원회 사무기구에 관한 규칙」[2023. 11. 24. 선거관리위원회규칙 제588호] 제10조)를 과 단위로 설치하였고, 헌법재판소는 심판지원실의 심판지원총괄과가 영구기록물관리기관으로 지정되었다(「헌법재판소 사무기구에 관한 규칙」[2024. 6. 26. 헌법재판소규칙 제469호] 제10조 제4항 제6호).

179) 법원과 선거관리위원회는 전국적인 행정 조직을 갖고 있어서 체계적인 기록물관리를 위해서는 소속기관에 기록관을 반드시 설치해야 한다. 그런데, 법원은 각급기관에 기록관을 따로 설치하지 않고 법원기록보존소가 기록관의 업무를 수행한다(「법원기록물관리 규칙」 제7조). 각급기관의 현용, 준현용 기록물관리를 위해 설치해야 하는 기록관을 영구기록물관리기관이 수행하는 것이 효율적인지도 의문이지만, 법원기록보존소에 기록관 업무수행을 위한 전문인력도 별도로 배치되지 않은 상황으로 정상적인 기록물관리 업무는 가능하지 않다. 한편 선거관리위원회는 시도 단위로 기록관을 설치하도록 규정(「선거관리위원회 기록물관리 규칙」 제7조)하고 있으나, 실제로는 운영되고 있지 않다.

■ 지방기록물관리기관

지방기록물관리기관은 지방자치의 정신에 따라 지방자치단체의 기록물을 자체 관리하기 위하여 설치·운영하는 영구기록물관리기관이다(법 제11조).[180] 설치는 광역자치단체(특별자치시·도를 포함한 개념으로 사용한다), 기초자치단체, 시도교육청 모두 가능하다.[181] 광역자치단체는 지방기록물관리기관의 설치가 의무사항이나, 기초자치단체와 시도교육청은 임의 사항이다.[182] 지방자치단체가 지방기록물관리기관을 설치하려면 구체적인 사항은 조례로 제정한다.[183]

기초자치단체와 시도교육청이 지방기록물관리기관을 설치하지 않으면, 보존기간 30년 이상인 기록물은 생산 후 11년차에 관할 시도 지방기록물관리기관으로 이관하여야 한다(법 제11조 제1항 후단, 시행령 제8조). 한편 시도 지방기록물관리기관이 설치될 때까지 해당 사무는 국가기록원이 수행하도록 하였다(2006.

180) 「구 공공기관기록물법」에는 지방기록물관리기관 설치가 임의 사항이었다. 2006년 지방기록물 관리에 대한 정책이 변경되어 「공공기록물법」에서는 '지방자치의 정신'에 따라 광역자치단체의 지방기록물관리기관 설치를 의무화하였다.

181) 현재 지방기록물관리기관은 시도 중에서는 경남기록원(2018. 1. 18)과 서울기록원(2019. 5. 11.), 시군구에서는 청주기록원(2022. 1. 1.)이 설립되어 운영 중이다.

182) 지방기록물관리기관의 설립 위치는 기관의 운영과 이용자 관점에서 매우 중요하다. 입지는 기록물 보존에 필요한 환경, 이용자의 접근성을 고려해야 한다. 지방기록물관리기관이 도심에 위치하면 지역민들이 쉽게 접근할 수 있는 반면에, 기록물의 보존 환경으로는 적합하지 않을 수도 있다. 이 경우에는 보존 환경을 유지하기 위하여 비용이 확보되어야 한다. 또한 토지 매입비도 부담스러운 경우가 많다. 반면에 지방기록물관리기관이 도심의 외곽에 위치하면 보존 환경 유지나 토지의 매입에 필요한 비용은 절감할 수 있으나 시민들의 접근이 불편할 수 있다. 따라서 지방기록물관리기관이 입지는 보존환경과 접근성 등을 종합적으로 판단하여 선정해야 한다.

183) 조례에 포함되어야 하는 내용은 지방기록물관리기관의 조직 형태와 구체적인 업무 범위이다. 현재 제정된 조례는 「경상남도 기록원 설치 및 운영에 관한 조례」(경상남도조례 제4327호, 2017. 7. 20), 「강원특별자치도기록원 설치 및 운영에 관한 조례」(강원특별자치도조례 제5028호, 2023. 6. 9), 「대구기록원 설치 및 운영에 관한 조례」(대구광역시조례 제5372호, 2019. 12. 24.) 등이다. 강원도와 대구광역시는 지방기록물관리기관이 설립되지 않았으나, 조례를 먼저 만들었다.

10. 4. 법률 제8025호, 부칙 제3조).

지방자치단체는 광역이든 기초이든 모두 독립적인 법인으로 모든 자치단체에 영구기록물관리기관을 설치하도록 규정하는 것이 이상적이다. 그러나 경제적 효율성 차원에서 광역은 의무, 기초 단위는 임의 규정으로 정한 것으로 보인다.[184]

지방기록물관리기관의 관할 기관은 광역의 경우 해당 광역자치단체와 관할 구역 내 기초자치단체, 교육청, 지방공사 및 공단, 지방자치단체 출자·출연기관 등 공공기관이다.

한편 시도교육청이 지방기록물관리기관을 설치할 경우에는 해당 시도교육청, 관할 교육지원청 및 각급 학교를 관리 대상으로 한다. 기초자치단체가 지방기록물관리기관을 설치할 경우에는 해당 기초자치단체와 관할 지방공사 및 공단, 기초자치단체 출자·출연기관 등이 관리 대상이다.

지방기록물관리기관의 또 다른 유형은 지방자치단체들의 공동 설치이다. 이 제도는 지방기록물관리기관의 설치를 촉진하고 효율적으로 운영하기 위한 것인데, 두 개 이상의 지방자치단체가 지방기록물관리기관을 공동으로 설치하여 운영할 수 있다(법 제11조 제5항, 시행령). 공동 설치된 지방기록물관리기관은 「지방자치법」에 따른 '자치단체조합'에 해당한다(「지방자치법」 제159조).[185] 따라서 지방기록물관리기관의 공동 설치는 「지방자치법」이 정한 절차에 따라야 한다.

지방기록물관리기관의 공동설치는 광역지자체간, 기초지자체간, 교육청간에

---

184) 교육청의 영구기록물관리기관 설치가 쟁점이다. 교육청 기록물관리 전문요원들은 교육자치와 업무의 특수성을 내세워 광역자치단체와 마찬가지로 시도교육청도 영구기록물관리기관 의무 설치를 주장한다. 의무 설치 여부와 상관없이 충청남도교육청과 경상남도교육청이 각각 2025년과 2026년 지방기록물관리기관을 설립할 예정이다.

185) "지방자치단체조합"이란 2개 이상의 지방자치단체가 하나 또는 둘 이상의 사무를 공동으로 처리할 필요가 있을 때 설립할 수 있는 조합으로 법인의 일종이다. 현재 운영 중인 대표적인 자치단체 조합은 부산진해경제자유구역청(부산광역시와 경상남도), 대구경북경제자유구역청(대구광역시와 경상북도), 지리산관광개발조합(남원, 장수, 곡성, 구례, 하동, 산청, 함양군) 등이다.

만 가능하다(법 제9조 제1항). 특히 지리적, 문화적 동질성이 높은 지자체는 공동설치의 효과가 클 것으로 판단된다.[186]

공동형 지방기록물관리기관은 지방자치단체 사이에 설치와 운영 관련 주요 사항에 대한 합의가 필요하며, 합의된 사항은 조례로 제정하여 시행해야 한다. 공동형 지방기록물관리기관 설치·운영과 관련하여 합의할 사항은 첫째, 설치 위치와 필요한 시설·장비, 둘째, 조직 구성과 직원의 선임, 셋째, 설치·운영에 필요한 예산 확보, 마지막으로, 그 밖에 지방기록물관리기관이 공동 설치·운영에 필요한 사항이다.

한편 지방기록물관리기관이 설치·운영되는 경우에는 국가는 경비의 일부를 예산의 범위 안에서 보조할 수 있다.[187] 지방기록물관리기관도 국가기록관리체계 내에서 위치하여 지방자치단체 기록물관리와 보존을 분담하기 때문이다.

---

186) 법령상에는 지리적 인접 여부는 규정되어 있지 않다. 하지만, 지리적으로 떨어져 있는 자치단체가 지방기록물관리기관을 공동으로 설치하는 것은 불합리하다. 한편, 최근 지방자치단체들이 메가시티를 추진하고 있는데, 메가시티를 만들기 위해서는 해당 지역의 정체성이 기반이 되어야 한다. 이와 관련하여 지방기록물관리기관을 공동으로 설치 운영하는 것도 정체성 형성을 위한 방안으로 고려해 볼 수 있다.

187) 지방기록물관리가 자치사무인지 국가위임 사무인지에 따라 예산지원이 다르다. 자치사무는 지방자치단체의 책임하에 처리하는 고유 사무(지방자치단체의 구역, 조직 및 행정관리, 주민의 복리 증진, 농림·상공업 등 산업진흥, 지역개발과 주민의 생활환경 시설의 설치와 관리, 교육·체육·문화와 예술의 진흥, 지역민방위와 지방소방에 관한 사무 등)이고, 단체위임사무는 법령으로 자치단체에 위임된 사무(보건소의 설치·운영, 도로·하천의 비용 부담에 관한 사무 등)이며, 기관위임사무는 법령으로 단체장에게 위임된 사무(도로·하천·공원 등의 유지와 관리, 경찰 사무 등)이다(국가법령정보센터, 법령용어사전:자치사무, 위임사무. https://www.law.go.kr/lsTrmScListP.do?q). 자치사무의 경비 부담은 지방비와 국가장려적 보조금, 단체위임사무는 지방비와 국가 부담금, 기관위임사무는 전액 국가가 부담한다. 따라서 지방기록물관리를 어떤 사무로 보는지에 따라 예산지원의 규모와 방식이 달라진다. 예산부처에서는 기록물관리를 자치사무로 판단하여 국가 예산을 지원할 수 없다는 입장이다. 반면에 시도는 국가가 예산의 일부 또는 전액을 부담해야 한다는 주장이다. 한편, 도서관, 박물관, 미술관 등 문화시설의 설치와 관리 비용은 「문화예술진흥법」 제39조에 따라 국가와 지방자치단체는 사업비 전부 또는 일부를 보조할 수 있다고 규정하고 있다. 지방기록물관리기관의 사례와 대비된다.

지방기록물관리기관의 업무는 다음과 같다(법 제11조 제6항).

① 관할 공공기관의 기록물관리에 관한 기본계획의 수립과 시행
② 관할 공공기관의 기록물관리 및 기록물관리 관련 통계 작성과 관리
③ 관할 공공기관의 기록물관리에 관한 지도, 감독 및 지원
④ 관할 공공기관의 기록물관리에 관한 교육 및 훈련
⑤ 중앙기록물관리기관과의 협조에 의한 기록물의 상호활용 및 보존의
   분담
⑥ 다른 기록물관리기관과의 연계와 협조
⑦ 그 밖에 기록물관리에 관한 사항

첫째, 관할 공공기관의 기록물관리 기본계획의 수립과 시행이다. 지방기록물
관리기관은 지역에 기반을 두고 있다. 따라서 지방기록물관리기관은 지역의 특
성과 사정에 맞는 기록물관리 방향성을 설정하고, 기록자치를 실현하기 위한 기
본계획을 수립하여 시행해야 한다. 지방기록물관리는 주민 참여의 정치 실현, 지
역의 정체성 고양과 사회통합, 지역 지식의 장기적인 축적과 활용, 지역의 역사성
을 확립하는 방향으로 설정되어야 한다.

둘째, 관할 공공기관의 기록물관리를 주관해야 한다. 따라서 지방기록물관리
기관은 기록관리기준표를 내실 있게 작성하여 관할 기관의 기록물이 체계적으
로 생산·관리될 수 있도록 한다. 또한 지속적인 보존 가치가 있는 기록물을 제때
이관받아 지역민들에게 필요한 기록정보서비스를 제공해야 한다.

셋째, 관할 공공기관에 대한 지도, 감독과 적절한 교육의 기회를 제공해야 한
다. 지도와 감독은 지방기록물관리기관이 정한 규칙과 절차의 준수 여부를 확
인하고 미흡한 사항을 지원하기 위한 것이다. 한편 관할 공공기관 구성원과 관할

기록관의 기록물관리 전문요원들에게 필요한 교육을 실시하여 기록문화를 정착시키고 기록물관리 업무수행에 필요한 정보와 훈련 기회를 제공한다.

넷째, 국가기록원과의 협조에 의한 기록물의 상호활용과 보존의 분담이다. 지방기록물관리기관이 보존하는 기록물도 국가기록물이다. 따라서 국가기록원과 협조하여 기록물을 상호활용할 수 있도록 명시하였다.

마지막으로, 국가기록원과의 협력이다. 지방기록물관리기관은 국가기록관리 체계안에서 역할을 수행해야 한다. 따라서 국가기록원장이 제시하는 기록물관리 표준의 이행, 국가위임 사무에 관한 기록물의 원본 또는 사본의 이관, 그 밖에 기록물관리 관련 통계 현황 등을 관리해야 한다. 또한 국가기록원장이 기록물의 효율적 관리를 위하여 필요한 사항을 요청하는 경우 협조 의무가 있다(법 제11조 제8항).

제2절 기록관과 특수기록관

■ 기록관

기록관은 기록물의 효율적인 관리를 위해 공공기관 단위로 설치[188]해야 하는 기록물관리기관(법 제13조 제1항)으로, 주로 현용, 준현용 기록물[189]을 관리한다. 기록관 설치 대상인 공공기관은 다음과 같다(시행령 제10조 제1항).

① 감사원, 국가인권위원회 및 중앙행정기관(대통령 소속기관과 국무총리 소속기관을 포함한다)
② 시 및 도

---

188) 행정기관은 「구 공공기관기록물법」시행 이전에도 기록물관리 부서를 설치해서 운영하였다. 「구 정부공문서규정」, 「구 사무관리규정」은 행정기관에 '문서주관과' 또는 '문서과(文書課)'를 두도록 하였다. 문서과는 전담자를 배치하여 기관 내의 문서수발사무를 주관하고, 처리 완결된 문서를 집중하여 보관·보존하고, 보존기간이 지난 문서의 폐기, 보존이 필요한 문서를 보존주관처(정부기록보존소)로 이관하는 업무를 담당하도록 하였다. 행정기관의 문서과 개념은 「행정업무규정」 제3조 제3호로 승계되고 있다. 이 규정에 "문서과란 행정기관 내의 공문서를 분류·배부·보존하는 업무를 수행하거나 수신·발신하는 업무를 지원하는 등 문서에 관한 업무를 주관하는 과(課)·담당관 등을 말한다."로 정의하고 있다.

189) 현용 기록물(current record)은 기록물 생산 부서에서 관리하면서 빈번히 활용되는 기록물이며, 준현용 기록물(semi-current record)은 업무에 가끔 사용되는 기록물이다. 기록물은 업무의 활용도에 따라 관리하는 장소를 구분하는 것이 일반적인데, 현용 기록물은 생산 부서의 업무 담당자 책임하에 일정 기간 관리하면서 활용하고, 준현용 기록물은 별도의 공간(기록관)으로 이관하여 안전하게 통합 관리하며, 기관 구성원과 이해관계자들에게 열람을 제공하게 된다.

③ 시, 군, 구(지방자치단체인 구를 말한다) 및 「제주특별자치도 설치 및 국제 자유도시 조성을 위한 특별법」 제10조 제2항에 따라 제주특별자치도에 두는 행정시[190]

④ 시·도교육청 및 「지방교육자치에 관한 법률」 제34조에 따른 교육지원청

⑤ 국방부장관이 정하는 직할 군 기관

⑥ 육군·해군·공군본부 및 육군·해군·공군 참모총장이 정하는 군 기관

⑦ 「공공기관의 운영에 관한 법률」 제4조에 따른 기관

⑧ 「지방공기업법」에 따른 지방공사 및 지방공단

⑨ 「지방자치단체 출자·출연 기관의 운영에 관한 법률」 제2조 1항에 따른 출자, 출연기관 중 해당 지방자치단체의 조례로 정하는 기관

⑩ 특별법으로 설립한 법인(다만, 「지방문화원진흥법」에 의한 문화원 및 특별법으로 설립된 조합·협회는 제외한다)

⑪ 「고등교육법」 제2조에 따른 학교 중 국가가 설립하여 경영하거나 국가가 국립대학 법인으로 설립하는 국립학교, 학교법인이 설립하여 경영하는 사립학교

⑫ 그 밖에 영구기록물관리기관의 장이 기록관 설치가 필요하다고 인정하여 지정한 공공기관

위에서 나열한 공공기관은 모두 「공공기록물법」 적용 대상이다. 이들 공공기관은 기록관 설치 기준(연간 기록물 생산량이 1천 권 이상이거나 보존 대상 기록물이 5천 권 이상) 해당 여부에 따라 기록관을 설치하거나 기록물관리 담당

190) 행정시(行政市)는 우리나라 행정 구역 중 하나로 기초단치단체가 아닌 시(행정 구역)인데, 특별자치도의 경우 자치시, 자치군을 설치하지 않고 행정시를 둘 수 있다. 현재 기록관 설치 대상 행정시는 2곳인데, 「제주특별자치도 설치 및 국제자유도시 조성을 위한 특별법」에 따라 제주자치도에 두는 행정시는 제주시와 서귀포시이다. 종전 자치시였던 2개 시(市)가 2006년 특별자치도 출범과 함께 행정시로 전환되었다.

부서를 지정해야 한다. 기록관 설치 기준에 해당하는 공공기관은 기록관을 의무적으로 설치해야 한다(시행령 제10조 제1항).[191] 이 경우 공공기관은 필요하면 2개 이상의 기록관을 설치하여 운영할 수 있는데(시행령 제10조 제4항), 효율적인 기록관리 업무수행이나 관리 대상 기록물의 규모를 고려하여 관할하는 소속 기관 단위에도 기록관을 추가로 설치하는 방식이다.[192]

기록관 설치 기준에 해당하지 않는 공공기관은 해당 공공기관의 장이 지정하는 부서에서 기록관의 업무를 수행하거나, 필요하면 관할 영구기록물관리기관장의 승인을 받아 기록관을 설치할 수도 있다(시행령 제10조 제2항).[193]

다음은 기록관 설치 기준과 단위를 달리 적용하는 규정이다. 첫째, 군 기관은 해당 공공기관의 장에게 위임하였다(시행령 제10조 제1항 제8호 및 제9호).

---

191) 이 규정은 기록물 생산, 보존량이 적은 기관의 경우 기록관 설치 대상에서 제외할 수 있는 근거이다. 「구 공공기록물법 시행령」(2020. 3. 31. 대통령령 제30584호로 개정되기 전의 것) 제10 제1항 제1호 및 시행규칙 제2조에 따라 '그 밖의 공공기관'에만 적용되었던 기준이었다.

192) 「구 공공기록물법 시행령」(2020. 3. 31. 대통령령 제30584호로 개정되기 전의 것) 제10조 제1 항은 중앙행정기관, 특별지방행정기관, 자치단체, 교육자치단체 등으로 의무 설치 대상을 나열하였다. 그런데, 운영 과정에서 중앙행정기관 소속기관이나 교육지원청의 경우 기관의 규모와 업무량에 고려하지 않고 일률적으로 1개의 기록관을 설치하도록 하는 문제점이 노출되었다. 또한 전국 단위조직을 갖고 있는 정부산하 공공기관의 경우에는 1개 기록관만 설치하도록 의무를 부과하고 있어 유연성이 떨어지는 문제점도 드러났다. 따라서 공공기관의 규모에 맞추어 공공기관의 기록관 설치 단위를 유연하게 조정할 수 있도록 개정한 것이다. 핵심은 공공기관의 장이 필요한 경우 2개 이상의 기록관을 설치 운영할 수 있도록 위임한 것이다. 그러나 개정 조문의 경우 공공기관의 기록물관리에 대한 인식이 부족하면 적정한 규모의 기록관 설치와 기록물관리 전문요원 배치가 이루어지지 않을 가능성이 높아 실효성이 의문이다. 오히려 종전 기록관 의무 설치 단위였던 특별지방행정기관의 기록관이 폐지될 가능성도 있다. 입법의 보완이 필요한 조문이다.

193) 기록관 설치 대상에서 제외된다고 공공기록물법 적용 대상에서 제외되는 것은 아니다. 따라서 기록관을 설치하지 않으면 담당 부서와 담당자를 지정하고, 「공공기록물법」의 규정을 준수하여 기록물관리 업무를 수행해야 한다. 기록관 의무 설치 대상이 아니면, 기록물관리전문요원 배치 의무도 해당하지 않는다. 이 경우 해당 공공기관의 장이 지정하는 기록물관리 업무 담당자가 기록물관리 전문요원의 역할을 수행해야 한다.

따라서 국방부장관은 국방부 직할 군 기관 중에서 기록관 설치 대상을 지정하고, 육군·해군·공군 참모총장은 각각의 군 기관에 대하여 기록관 설치 대상을 지정하도록 해야 한다. 군 기관의 특수성을 고려해서 해당 공공기관의 장에게 설치 단위를 위임한 것이다. 이 경우 기록관 설치 단위로 지정되지 않은 군 기관은 국방부와 육군, 해군, 공군본부에 설치된 기록관이 기록물관리 업무를 수행해야 한다.

둘째, 「유아교육법」, 「초중등교육법」에 따른 각급 학교는 기록관을 따로 설치하지 않고, 상급 교육행정기관의 기록관이 각급 학교의 기록관 역할을 수행하도록 하였다.[194] 따라서 국립학교는 관할 중앙행정기관의 기록관, 공립, 사립학교는 관할 교육청 또는 교육지원청의 기록관이 각급 학교의 기록관 업무를 수행해야 한다(시행령 제10조 제6항). 개별 법률에 따라 설치되는 학교[195]는 국가기록원장이 별도로 기록관을 지정한다.

셋째, 교육지원청은 일반 행정기관과 달리 관할 영구기록물관리기관장의 승인을 받아 기록관을 통합하여 운영할 수 있도록 하였다(시행령 제10조 제5항). 교육지원청은 일반적으로 행정기관에 비하여 규모가 작고, 시도교육청 소속이기 때문에 기록관을 통합하여 운영하는 것이 효과적일 수 있기 때문이다.

마지막으로, 기초자치단체가 지방기록물관리기관을 설치하면 기록관을 따로 두지 않고 지방기록물관리기관이 기록관의 업무를 수행하도록 하였다(시행령 제10조 제1항 단서). 다만, 이 규정은 기초자치단체 사이에 공동으로 지방기록물관리기관을 설치하면 해당하지 않으며, 이 경우 각각의 기초자치단체에 기록관을 설치하여 운영해야 한다.

194) 각급 학교는 교육청의 소속기관은 아니지만, 학교의 규모를 고려하면 별도의 기록관 설치가 합리적이지 않아 소관 교육청이 각급 학교의 기록관 역할을 수행하도록 하였다.

195) 「영재교육진흥법」에 따라 설치된 한국과학영재학교, 세종예술과학영재학교 등이 대표적인 사례이다.

기록관은 당해 공공기관의 현용, 준현용 기록물관리 업무를 수행해야 한다.[196] 기록관이 수행해야 하는 업무는 다음과 같다(법 제13조 제2항).[197]

① 관할 공공기관의 기록관리 기본계획 수립·시행
② 해당 공공기관의 기록물 수집·관리 및 활용
③ 영구기록물관리기관으로의 기록물 이관
④ 해당 공공기관의 기록물에 대한 정보공개 청구의 접수
⑤ 관할 공공기관의 기록물관리에 대한 지도·감독 및 지원
⑥ 관할 공공기관의 기록물관리에 관한 교육·훈련
⑦ 다른 기록물관리기관과의 연계·협조
⑧ 기록관이 설치되지 아니한 관할 공공기관의 기록물관리 등

첫째, 관할 공공기관의 기록물관리 기본계획을 수립하여 시행하는 것이다. 기본계획은 「공공기록물법」이 위임한 사항과 관할 영구기록물관리기관의 기록물관리 정책을 기초로 수립되어야 한다. 또한 관할 공공기관의 기능과 업무 특성에 맞추어 필요한 기록물을 생산, 관리할 수 있도록 요구사항[198]을 파악하여 반

---

196) '그 밖의 공공기관'은 국가적 보존 가치가 높다고 인정하여 이관 대상으로 지정한 기록물을 제외하고 보존기간 30년 이상의 기록물로 자체적으로 관리해야 한다. 따라서 '그 밖의 공공기관'의 기록관은 기록물의 장기 보존에 따른 공개재분류, 전자기록물 장기보존포맷 변환 등 영구기록물관리기관의 기능을 상당 부분 수행해야 하는데, 「공공기록물법」에는 이에 대한 규정이 없다. 향후 보완이 필요한 사항이다.

197) 기록관 설치와 운영 관련해서는 「NAK 10: 2022(v1.4) 기록관 표준운영 절차: 일반」와 「NAK 11-1: 2021(v1.2) 기록관 및 특수기록관 시설·환경」을 참조하라.

198) 업무 기능, 활동 또는 처리행위의 증거를 위한, 그리고 어떻게 얼마나 오래 기록물을 지녀야 할 필요가 있는지를 포함하는 기록물 절차에 대한 요구사항이다(「KS X ISO 30300: 2020」 3.3.2).

영해야 한다.

둘째, 해당 공공기관의 기록물 수집, 관리 및 활용이다. 조직이 필요로 하는 기록물을 체계적으로 생산할 수 있도록 기록물관리 체계를 마련하고, 「공공기록물법」이 정한 절차에 따라 기록물을 수집하여 안전하게 보존하는 업무이다. 체계적인 기록물관리는 해당 공공기관의 업무 설명책임을 입증하고, 구성원들이 필요로 하는 기록물을 적시에 편리하게 제공하는 기록정보서비스를 가능하게 한다.

셋째, 영구기록물관리기관으로의 기록물 이관이다. 보존기간 30년 이상의 기록물 중에서 보존장소가 영구기록물관리기관인 기록물을 제때 이관하는 업무이다. 국가적으로 보존 가치가 높은 기록물을 보존하기 위해 기록관이 국가기록관리체계 내에서 수행해야 하는 역할이다.

넷째, 해당 공공기관의 정보공개 청구에 대한 접수이다. 기록관이 보존하고 있는 기록물뿐만 아니라 공공기관이 보유하고 있는 기록물은 시민들의 접근권을 보장해야 한다. 또한 일정한 기간 비공개가 필요한 기록물을 보호하는 것도 기록관의 업무이다. 따라서 기록관이 해당 공공기관 정보공개 업무를 주관하도록 한 것이다.[199]

---

199) 기록관 또는 특수기록관의 정보공개 업무는 기록물관리 전문요원들 사이에서 논쟁거리이다. 대체적으로 기록관이 정보공개를 담당하는 것에는 동의하나, 인력 추가 없이 기록물관리 전문요원이 이 업무를 담당하게 되는 것은 곤란하다는 입장이다. 이 경우 기록물관리 업무보다 정보공개 업무에 많은 시간을 투자할 수 밖에 없기 때문이다. 그런데, 정보공개도 기록정보서비스에 포함한다고 생각하면 기록관에서 담당하는 것이 바람직하다. 따라서 정보공개가 기록관 업무인지에 대한 소모적인 논쟁보다는 인력을 배치할 수 있는 제도적 보완이 필요하다. 예를 들어 「정보공개법」 제6조 제2항에 따르면 공공기관은 정보공개 담당 부서와 담당 인력을 적정하게 두도록 하였다. 이와 연계해서 기록관 또는 특수기록관을 정보공개 담당 부서로 지정하고, 정보공개 담당 인력을 배치하도록 하는 것도 가능해 보인다. 이 경우 「공공기록물법」 제13조 제2항 제4호 및 제14조 제2항 제4호의 "해당 공공기관의 기록물에 대한 정보공개 청구의 접수"는 "해당 공공기관의 기록물에 대한 정보공개 운영"으로 개정할 필요가 있다.

다섯째, 기록관은 기록물관리체계가 제대로 작동하는지를 점검하여 보완하거나 개선해야 한다. 주기적으로 또는 특정한 사안[200]이 발생하면 기록물관리 실태점검을 추진하고, 실태점검 결과에 대해 필요한 대책을 마련하여 시행해야 한다.

여섯째, 기관 구성원에 대한 교육과 훈련이다. 공공기관 내 기록물관리 인식을 높이고, 업무수행에 필요한 적절한 교육과 훈련의 기회를 제공해야 한다. 교육과 훈련은 기록물관리 책임자, 일반 업무 담당자, 관리자 등 구성원별로 필요한 정보를 제공해야 한다.

일곱째, 다른 기록물관리기관과의 협력이다. 기록관은 다른 기록물관리기관이 업무수행에 필요하여 요청하는 사안은 적극적으로 협조해야 한다.

마지막으로, 기록관이 설치되지 않은 관할 공공기관의 기록물관리 업무이다. 중앙행정기관이나 지자체의 소속기관에 기록관을 설치하도록 하였으나, 사정상 일정 기간 설치하지 못하면 해당 공공기관의 기록물관리 업무를 지원해 주어야 한다.

이상에서 살펴본 바와 같이 기록관은 공공기관의 기록물관리 업무를 전담하는 기관이다. 따라서 기록관은 해당 공공기관에 적합한 기록물관리 체계를 마련하여 운영하여야 한다. 기록관의 기록물관리 전문요원은 기관의 기능과 업무를 분석하고, 기관의 상황에 맞는 기록물관리규정, 기록물 분류체계, 기록물관리 세부 절차, 전자기록생산시스템 및 기록관리시스템 구축 등 기록관리 체계를 설계하여 구축해야 한다. 또한 구축한 기록물관리 체계는 지속적인 점검으로 운영상의 미비점을 보완해야 한다.

---

200) 특정한 사안은 「공공기록물법」에 따른 기록관리 업무가 수행되지 않거나, 기록물의 훼손과 멸실이 우려되는 사안을 말한다. 기록관의 기록물관리 전문요원은 관할 공공기관의 기록물 관리 상황을 지속적으로 점검해야 하며, 기록물관리가 비정상적으로 수행될 경우 실태점검을 통해 문제점을 파악하고 개선해야 한다.

기록관이 업무를 수행하기 위해서는 인프라 구축이 필요한데, 가장 중요한 것이 조직이다. 기록관의 조직 형태는 「공공기록물법」에 규정하고 있지 않다.[201] 기록관이 기록물관리기관으로 역할을 하기 위해서는 독립된 조직으로 운영되어

---

201) 「구 공공기관기록물법 시행령」 제5조 제2항에 따라 자료관은 공공기관의 업무를 총괄하는 기획관리부서 또는 총무 부서 등에 설치하여 운영하는 것을 원칙으로 하였다. 또한 동법 시행령 제6조 제2항에 따라 특수자료관은 통일, 외교, 국방 등의 기록을 주로 생산하는 부서에 설치하여 운영하도록 하였다. 따라서 규정상으로 보면 종전의 문서과와 마찬가지로 자료관은 독립된 처리과를 전제하지 않았다. 자료관 또는 특수자료관이라고 하는 업무 기능, 보존시설 등을 기관이 적합하다고 판단하는 부서에 설치하도록 한 것이다. 2007년부터는 「구 공공기록물법 시행령」(2020. 3. 31. 대통령령 제30584호로 개정되기 전의 것) 제10조 제2항에 따라 기록관, 특수기록관 모두 '기록물관리 부서에 설치하는 것을 원칙으로 한다'고 개정하였다. 기록물관리를 담당하는 부서로 특정한 것이다. 그런데, 현실적으로 공공기관은 기록물관리부서를 「행정업무규정」에 따른 문서과로 인식하여 별도의 독립적인 기록물관리 전담 부서를 설치하는 것이 어렵다는 의견이 대두되어 이 조문은 다시 한번 개정된다. 현행 「공공기록물법 시행령」 제10조에는 기록관 설치 부서와 관련된 조문의 내용이 삭제되었다. 적절한 개정이었는지 의문이다. 당초 기록물관리 부서에 설치하도록 한 것은 현재 공공기관의 여건상 기록관이 독립된 부서로 설치되기 어려운 상황을 고려한 것으로 보인다. 따라서 해당 기관 직제규정에 기록관리 업무를 분장 받은 처리과(대부분 운영지원과, 총무과, 행정과 등으로 불린다)에 기록관을 설치하도록 하였다. 독립된 부서는 특정한 업무기능을 수행하는 처리과를 말하는데, 대부분의 공공기관이 기록물관리 업무만을 수행하기 위해 과 단위 조직을 만드는게 현실적이지 않다. 따라서 일정한 업무량이 충족되지 않아 과 단위 조직을 만들 수 없는 경우에는 과 내에 팀 단위로 업무를 분장받는 것이 오히려 현실적이다. 대개 팀은 2~3인으로도 구성이 가능하기 때문이다. 이렇게 독립된 단위로 업무를 분장받아야 기록관리 업무에 전념할 수 있는 업무 환경이 조성된다. 현재 기록관리팀 이름을 내건 기관도 있으나, 총무, 서무, 정보공개, 보안 등 일반 행정관리 업무기능을 함께 수행하고 있다. 이 경우에도 팀을 만들기 위해 기록물관리와 연계할 수 있는 정보공개, 보안 업무 등을 함께 수행할 수 있으나, 이질적인 업무를 분장하는 것은 입법 취지에 부합하지 않는다. 한편, 규모가 큰 기관의 경우에는 기록물관리 부서를 독립부서로 설치하는 것이 바람직하다. 물론 처리과로 기록관리 부서를 신설하기 위해서는 기록관이 해당 기관 내에서 수행해야 하는 역할과 기능이 분명해야 하고, 기관 구성원들에게 인정받아야 가능하다. '기록관리가 중요한 업무이니 설치해야 한다.' 정도의 당위성만으로 처리과를 신설하는 것은 불가능하다. 따라서 공공기관 내에 기록관리 부서를 처리과로 설치하기 위한 기록물관리 목표와 편익, 전략과 정책 등을 설계하는 것이 우선이다. 또한 수행해야 하는 업무량을 분명하게 도출해야 조직 부서를 설득할 수 있다.

야 하는데, 기관 내 의사결정 과정에 참여할 수 있고 기록물관리 관련 예산 편성
과 집행을 자율적으로 수행할 수 있기 때문이다. 독립된 조직은 '과 단위'가 바
람직하나, 과 신설, 인력 확보 등 여건이 허락하지 않는 경우에는 최소 팀 단위로
는 설치해야 한다. 또한 공공기관별 직제와 직제시행규칙에 '기록물관리' 업무와
'기록관 설치 및 운영'을 독립된 업무 기능으로 규정하는 것이 필요하다. 기록관
이 수행해야 하는 연간 기본 업무는 <표1>과 같다.

표1. 기록관 연중 업무 일정표(예시)

1월	2월	3월
· 기록관리 자체 기본계획 수립 (기록관) · 기관 기록물담당자 실무교육 실시(기록관)	· 기록물 정리(각 처리과) · 전년도 기록관리기준표 고시 - 기록물정리기간 종료 직후 관 보 또는 홈페이지 등 정보통신 망에 고시	· 기록물 이관 (처리과→기록관)

4월	5월	6월
[기관 자체계획] 예) 기록물이관(처리과→기록관) - 업무관리시스템: 매 1년 단위로 전년도 생산기록물 이관 - 전자문서시스템: 생산 후 2년 이내에 이관	· 전년도 기록물 생산현황 통보 (처리과→기록관) - 처리과: 전년도 처리과 생산현황을 기록관으로 통보 - 기록관: 처리과 및 소속기관 생산 현황 취합 및 확인	[기관 자체계획] 예) 기관 자체 기록물관리 지도 ·점검 예) 비공개기록물 공개여부 재분류(재분류 연도부터 매 5년마다 실시)

7월	8월	9월
[기관 자체계획] 예) 기록물 평가 및 폐기	· 전년도 기록물 생산현황 통보 (기록관→영구기록물관리기관) - 처리과 및 소속기관 생산현황 취합 및 확인	[기관 자체계획] 예) 처리과 기록관리기준표 (업무관리시스템) 처리(수시 업무)

10월	11월	12월
· 기록물관리기준표 협의 (기록관→영구기록물관리기관) - 매년 10월 31일까지 신·변경 단위 과제에 대해 영구기록물 관리기관과 협의 · 다음연도 이관 기록물 현황 제출 - 이관·비치목록, 이관연장 신청서 등 제출	[기관 자체계획] 예) 기록물정수점검(2년주기) - 기록물점검계획서에 따라 실시	· 전자기록생산시스템 정리 - 업무관리시스템: 과제관리 카드 종결 - 전자문서시스템: 기록물철 정리·종결

■ 특수기록관

특수기록관[202]은 기록관 설치 대상 중 통일, 외교, 안보, 수사, 정보 분야의 기록물을 생산하는 공공기관이 국가기록원과 협의[203]하여 설치·운영할 수 있다(법 제14조 제1항). 대상 기관은 통일부, 외교부, 국방부 및 국방부장관이 정하는 직할 군 기관,[204] 고위공직자범죄수사처, 대검찰청, 방위사업청, 경찰청, 해양경찰청, 국가정보원, 육군·해군·공군본부 및 육군·해군·공군 참모총장이 정하는 군 기관이다(시행령 제11조). 해당 공공기관에 특수기록관이 설치되면 기록관을 따로 설치하지 않는다(법 제13조 제1항 단서).

202) 특수기록관 제도는 권력기관과의 타협의 산물이었다. 특히 국가정보원, 군 기관은 「구 공공기관기록물법」에서는 전문관리기관(현재의 영구기록물관리기관)을 설치하여 기록물을 국가기록원으로 이관하지 않고 자체관리 할 수 있었다. 「공공기록물법」에서는 국가정보원과 군 기관을 특수기록관으로 전환하여 기록물의 자체 관리를 인정하지 않았다. 또한 특수기록관의 기록물을 생산 후 30년(국가정보원은 50년) 지나서 국가기록원의 이관을 연기하려면 국가기록관리위원회의 심의를 받도록 절차를 보완하였다. 해당 기관의 특수성을 인정해서 생산 후 30년 또는 50년까지 자체 관리할 수 있도록 하되, 그 이후에는 국가기록원으로 이관하여 시민들의 정보 접근권을 보장하려는 의도이다. 그러나 특수기록관은 여전히 기록물관리의 사각지대이다. 특수기록관은 설치 과정에서 승인이 아니라 협의이고, 이관 연기 대상 기록물의 목록을 통보하지 않거나, 생산 후 30년이 지나도 고질적으로 이관을 재연기하거나 기피하는 것을 현행법으로는 통제하기 어렵다. 그래서 일부 기관을 제외하고는 기록물 이관이 원활히 진행되지 않고 있다. 따라서 국가기록원이 특수기록관을 통제할 수 있는 근거가 추가될 필요가 있으며, 특히 이관을 기피하면 특수기록관 지위를 취소하거나, 제재하는 방안이 마련되어야 한다.

203) 특수기록관 설치는 국가기록원과 협의하도록 하고 있으나, 「공공기록물법」에는 협의사항, 절차 등의 규정이 없다. 또한 특수기록관이 협의 사항을 준수하지 않아도 제재할 방법도 부재하다. 협의는 상대방의 의견을 구하는 것이고, 승인은 감독자나 상급자에게 인정의 의사를 구할 때 사용한다. 국가기록원이 행정 체계상으로는 상급 기관이 아니지만, 「공공기록물법」에 따라 공공기관의 기록물관리를 감독할 권한이 있어서 특수기록관 설치 운영은 협의보다는 승인의 절차여야 한다. 또한 특수기록관이 법이나 협의 사항을 준수하지 않으면 기록물을 일반 기록관으로 변경하는 권한 등 제재 방법이 필요하다.

204) 군 기관은 「국군조직법」에 따른 육군, 해군, 공군의 조직이다. 국방부 직할 군 기관은 군사상 필요에 따라 국방부 장관의 지휘 감독을 받는 합동부대와 그 밖에 필요한 기관인데, 국군방첩사령부, 국방정보본부, 국방시설본부, 국군수송사령부, 국군의무사령부 등이 있다.

특수기록관이 수행하는 업무는 다음과 같다(법 제14조 제2항).

① 관할 공공기관의 기록물관리에 관한 기본계획의 수립과 시행

② 해당 공공기관의 기록물 수집, 관리 및 활용

③ 특수기록관이 설치되지 아니한 관할 공공기관의 기록물관리

④ 해당 공공기관의 기록물에 대한 정보공개 청구의 접수

⑤ 관할 공공기관의 기록물관리에 대한 지도, 감독 및 지원

⑥ 관할 공공기관의 기록물관리에 관한 교육·훈련

⑦ 다른 기록물관리기관과의 연계·협조

특수기록관은 해당 공공기관의 현용·준현용 기록물관리 업무를 수행한다는 점에서는 기록관과 동일한 기능과 역할을 담당하고 있다. 차이점은 관할 영구기록물관리기관으로의 기록물 이관 시기이다. 기록관은 보존기간 30년 이상의 기록물을 생산 후 11년 차에 관할 영구기록물관리기관으로 이관해야 하나, 특수기록관은 비공개 기록물을 생산 후 30년 또는 50년(국가정보원)까지 이관시기를 연장할 수 있다(법 제19조 제5항 및 제6항). 특수기록관 소관 비공개 기록물의 민감성을 고려하여 일정 기간 자체 관리를 인정한 결과이다.[205]

---

205) 일정 기간 자체 관리하는 대상의 범위는 보완이 필요하다. 「구 공공기관기록물법 시행령」 (2007. 4. 4. 대통령령 제19985호 공공기록물법 시행령으로 전부 개정되기 전의 것) 제27조 제1항에 따라 이관 연기는 외교, 안보, 통일, 국방, 수사 등 고유업무와 관련한 비공개 기록물만이 대상이었다. 현행 「공공기록물법 시행령」 제41조 제1항에서는 이관 연기 대상을 제한하고 있지 않다. 따라서 특수기록관 설치 대상 기관이 보유하고 있는 비공개 기록물 전체를 대상으로 할 수 있어서 특별한 사유 없어도 기록물 이관을 기피하는 수단으로 악용될 우려가 크다. 기록물은 철 단위로 이관하기 때문에 결국 비공개 기록물을 포함하였을 경우 해당 기록물 철 전체가 이관 연장 대상이다.

따라서 특수기록관의 기록물관리 기본계획은 기록물의 장기 보존에 따른 인프라 구축, 기록물관리 절차, 비공개 기록물의 보호 및 기록정보서비스 방안을 포함해야 한다.

특수기록관은 기록관보다 기록물관리에 필요한 인력, 시설, 장비 등의 기준이 엄격하다. 보존기간 30년 이상의 기록물을 생산 후 30년 또는 50년까지 자체 관리할 수 있기 때문이다. 따라서 특수기록관은 기록물의 안전한 보존을 위해 시설과 장비 기준을 영구기록물관리기관에 준하도록 규정하였다(법 제28조, 시행령 제60조 제1항 및 별표 1).

또한 특수기록관은 기록관보다 큰 규모의 조직이 필요하다. 기록관보다 기록물의 보존량이 많고, 장기 보존에 따른 공개 재분류, 보존 업무 등이 추가되기 때문이다. 따라서 특수기록관은 처리과 수준 이상으로 설치하는 것이 바람직하다.[206]

특수기록관의 기록물관리 업무는 기록관과 대부분 동일하나, 기록물의 장기 보존에 따라 강화되어야 하는 업무가 있다.

첫째, 비공개 기록물의 공개 재분류이다. 특수기록관은 보유하고 있는 비공개 기록물을 대상으로 5년마다 주기적으로 공개 재분류를 수행해야 한다. 특수기록관은 공개 재분류를 통해 비공개 보호의 사유가 소멸한 기록물을 공개로 재

---

206) 특수기록관이 조직의 형태를 갖추고 운영되고 있는 기관은 국가정보원, 육군, 해군, 공군본부인데, 「구 공공기관기록물법」에서는 전문관리기관(현재의 영구기록물관리기관)인 특수기록물관리기관이었다. 이들 기관은 독립된 기관으로 운영 중인데, 군 기관의 경우 육군기록정보관리단, 해군기록보존소, 공군기록보존소를 설치하였다. 반면에 외교부와 대검찰청은 기록관리 시설과 장비를 갖춘 별도의 독립 건물을 갖추었으나 조직의 형태는 팀 단위이다. 특히 외교부는 2008년까지 외교사료과로 특수기록관을 운영하였으나, 2009년 직제 개편 시 외교사료팀으로 변경하였다. 현재는 기획조정실 혁신행정담당관 소속이다. 대검찰청의 특수기록관은 운영지원과 소속이다.

분류하고, 법령이 정한 절차에 따라 국가기록원으로 이관해야 한다(시행령 제41조 제2항).[207]

둘째, 전자기록물의 장기 보존을 위한 업무이다. 생산 후 10년이 경과 한 보존기간 30년 이상의 기록물은 문서보존포맷과 장기보존포맷으로 변화하여 안전하게 관리해야 한다(시행령 제36조 제2항). 전자기록물의 장기보존을 위해 반드시 수행해야 필수 업무이다.

---

207) 해당 조문은 거의 유명무실하다. 특수기록관이 보유하고 있는 비공개 기록물의 재분류를 통하여 이관된 사례는 거의 없다. 특수기록관은 시민의 알 권리 보장을 위해 법에 따른 비공개 기록물 재분류 업무를 수행해야 하고, 국가기록원은 특수기록관 재분류 업무를 적극적으로 관리하고 감독하여야 한다.

제3장 국가기록관리위원회

우리나라 기록물관리는 투명한 국정운영과 기록문화 유산의 보존과 활용을 지향하고 있다. 이러한 목적을 달성하기 위해서는 기록물관리 기본정책 수립과 기록물관리 업무수행 과정에서 시민사회와의 소통과 전문가 참여가 중요하다. 「구 공공기관기록물법」 제정부터 국가기록물관리 정책 수립과 주요 의사결정 과정에 시민사회와 기록물관리 전문가의 참여 근거를 마련하였는데, 거버넌스[208] 기구로 국가기록관리위원회를 설치하여 운영하도록 하였다(법 제15조).[209]

---

208) 거버넌스는 기존의 행정학과 정책학이 계층적 관료제의 도구로 전락한 것에 대한 반성과 성찰의 결과인데, 다양한 이해관계자의 참여를 제도적으로 보장함으로써 정책의 민주성과 효율성을 동시에 추구하였다(권기현, 『정책학의 논리』, 박영사, 2007. 219쪽).

209) 국가 아카이브에 거버넌스 기구를 두는 것은 필수이다. 아카이브의 기능과 역할이 시민의 삶과 불가분의 관계이기 때문이다. 프랑스는 법규(기록물 최고 위원회 설립에 관한 명령)로 위원회를 설치·운영하고 있다. '기록물 최고 위원회'는 문화부 장관 소속으로 하고, 공공기록물과 역사적 기록물에 대한 문화부 장관의 정책에 관한 자문을 수행한다. 기록관리 정책 자문 이외에 출판과 연구계획, 기록물관리 관련 새로운 기술의 도입, 민간 기록물을 역사 기록물로 분류하는 작업 등을 자문한다. 또한 프랑스 기록원장이 요청하는 문제를 검토하여 의견을 표명하고, 프랑스 기록원의 업무 활동 보고서를 검토한다. 의장과 부의장은 문화부 장관이 임명하고, 프랑스 기록원장, 지자체 책임자, 교육부·외무부·국방부 등 정부 주요 부처 기록물관리 담당관, 도 의회 의장, 국립과학연구소장, 문화재연구소장, 국립 정치학연구소장, 기록학, 역사학 등 전문가 등으로 구성한다. 호주는 「기록물법」에 따라 자문위원회를 구성·운영하고 있다. 호주국가기록원 자문위원회는 상원과 하원이 선출한 의원 각 1인과 장관이 임명한 11인의 위원으로 구성된다. 위원회는 호주국가기록원의 기능과 관련된 사항을 장관과 기록원장에게 자문하는 역할을 담당한다. 영국의 국가기록자문위원회(The Advisory Council on National Records and Archives)는 영국 내 기록에 관련된 모든 문제에 대해 주무 장관 및 다른 장관에게 자문하는 기능을 수행한다. 2003년도 영국공공기록보존소(PRO)와 HMC가 통합되면서 그 역할이 확대되었고 기록, 영구기록, 메뉴스크립트 등 모든 부분에 대한 독립적인 자문을 위해 설치하였다. TNA의 주요목적, 프로그램 및 정책, TNA와 관련된 법안이 제안되었을 경우, 기록 및 공공서비스 관련 사항을 자문한다.

제2부   117

■ 국가기록관리위원회 기능과 역할

국가기록관리위원회는 '기록물관리 주요 정책', '제도운영'과 관련된 사항을 심의하는 행정기관위원회[210]로 행정안전부장관 소속으로 설치한다(법 제15조 제1항).[211]

국가기록관리위원회의 심의 사항은 다음과 같다.

① 국가 기록물관리에 관한 기본정책의 수립

② 기록물관리 표준의 제정·개정 및 폐지

③ 영구기록물관리기관 간의 협력과 협조 사항

④ 대통령 기록물의 관리

⑤ 비공개 기록물의 공개 및 이관 시기 연장 승인

⑥ 국가지정기록물의 지정과 해제

⑦ 그 밖에 기록물관리와 관련하여 위원회의 위원장이 심의에 부치는 사항

---

210) 행정기관위원회는 행정기관 소관 사무에 대한 자문, 조정, 협의 심의 또는 의결 등을 하기 위해 복수의 구성원으로 이루어진 합의제 기관이다. 행정기관위원회는 행정기관 소관 사무의 일부를 독립하여 수행할 필요가 있을 때 법률이 정하는 바에 따라 설치되는 합의제 행정기관과 행정기관 의사결정을 지원하지만 대외적으로 표명하는 권한이 없는 자문위원회로 구분된다. 국가기록관리위원회는 자문위원회에 해당한다.

211) 위원회의 소속은 그 위원회의 위상과 밀접한 관련이 있다. 국가기록관리위원회는 행정부뿐만 아니라 입법부와 사법부의 기록물관리 정책을 심의하는 기구인데, 행정안전부 장관 소속으로 설치하는 것이 적절한지 의문이다. 국가기록관리위원회의 소속은 정부가 바뀔 때마다 국무총리와 행정안전부 장관 소속을 오간다. 문재인 정부 시절에는 국무총리 소속이었고, 윤석열 정부에서는 행정안전부 장관 소속으로 변경(법률 제19406호. 2023. 5. 16. 타법 개정)되었다. 한편, 정보공개위원회도 같은 시기에 종전 국무총리 소속에서 행정안전부 장관 소속으로 변경되었고, 개인정보보호위원회는 계속 국무총리 소속이다.

첫째, 국가 기록물관리 기본정책이다. 기록물관리 기본정책은 국가의 운영뿐만 아니라 시민사회에도 큰 영향을 미친다. 기록물관리는 공공기관의 설명책임, 시민들의 권리보호와 알권리 보장 등과 관련되어 있기 때문이다. 따라서 국가 기록물관리에 관한 기본정책은 거버넌스 기구인 국가기록관리위원회의 심의를 거치도록 하였다.[212]

둘째, 기록물관리 표준의 제정·개정 및 폐지이다. 국가기록원이 기록물관리 관련 국가표준, 공공표준을 제·개정하거나 폐지하려면 표준의 타당성과 내용을 심의받도록 하였다. 표준은 기록물관리 절차, 시스템 기능요건, 데이터 연계 규격 등 공공기관 기록관리를 위한 모범 실무이자 기준을 제시한다. 특히 기록관리 시스템 기능요건이나 데이터 연계 규격은 공공기관에 준수 의무가 부여되어 있다. 따라서 표준 제·개정은 국가기록관리위원회의 주요 심의 사항이다.

셋째, 영구기록물관리기관 사이의 협력이다. 국가기록물의 체계적 관리를 위해서는 영구기록물관리기관 사이의 협력이 중요하다. 앞에서 설명한 바와 같이 영구기록물관리기관은 국가기록물관리 체계 속에서 관할 공공기관의 기록물관리를 총괄하는 역할과 국가기록물의 보존을 분담하기 때문이다. 따라서 영구기록물관리기관은 「공공기록물법」을 준수해야 하며, 국가 기록물관리 기본정책을 해당 영구기록물관리기관의 기록물관리 정책에 반영하여 시행해야 한다. 이와 관련하여 국가기록관리위원회가 영구기록물관리기관간 협력과 협조가 필요한 사항을 논의하도록 하였다.

넷째, 대통령기록물의 관리와 관련된 사항이다. 그런데 대부분의 대통령 기록물관리 심의 사안은 대통령기록물관리전문위원회에서 처리하도록 위임하였다. 대통령기록물의 관리와 전직 대통령의 열람에 관한 기본정책을 제외하고는 「대

---

212) 기록물관리 기본정책은 국가 중장기 정책, 공공 기록물 법령 제·개정, 기록물관리 프로세스, 시스템 등과 관련하여 핵심적인 사안의 변경 등이 해당한다.

통령기록물법」에 따라 설치하는 대통령기록물관리전문위원회의 심의를 거치는 경우 별도로 국가기록관리위원회의 심의를 거친 것으로 본다(「대통령기록물법」 제5조 제8항).[213]

다섯째, 비공개 기록물의 공개와 이관 시기 연장 승인이다. 기록물의 공개는 시민의 정보 접근권 관련 중요 사안이다. 「공공기록물법」은 생산 후 30년이 지나면 공개를 원칙으로 하고 있다. 그러나 생산 후 30년이 지나도 개인정보, 국방, 외교, 통일 등과 관련된 일부 기록물은 추가적인 비공개 보호가 필요할 수 있다. 따라서 영구기록물관리기관은 보유하고 있는 기록물 중 30년이 지나도 공개할 수 없는 기록물의 비공개 기간을 연장할 수 있다. 이와 관련하여 생산 후 30년 공개 원칙의 적용에 대한 영구기록물관리기관의 자의성을 최대한 줄이고 시민의 입장을 반영하려는 절차로 국가기록관리위원회의 심의를 받도록 하였다.[214] 같은 맥락에서 특수기록관 보유기록물 중에서 생산 후 30년이 지나도 이관 연기가 필요하면 그 타당성을 국가기록관리위원회가 심의하여 이관 연기 여부를 결정하도록 하였다.[215]

---

213) 해당 조문의 입법 취지를 보면 대통령기록물관리전문위원회에서 자체적으로 심의를 종결하도록 한 것을 대통령기록물관리의 독립성을 보장하려는 것으로 설명하였다.

214) 영구기록물관리기관은 생산 후 30년이 지난 기록물의 비공개 기간을 연장하려면 반드시 국가기록관리위원회의 심의를 거쳐야 가능하다. 헌법기관기록물관리기관이나 지방기록물관리기관도 예외가 아닌데, 「공공기록물법」시행 이후 현재까지 연장 심의 요청은 경상남도기록원이 유일하다. 경상남도기록원은 2021년 6월 제59차 국가기록관리위원회에 1건을 심의 요청한 바 있다. 한편, 국회기록보존소는 「국회기록물관리규칙」 제5조 제1항 제2호에 따라 30년 경과 비공개 기록물의 비공개 기간 연장을 자체 심의하도록 규정하였다. 그러나 이 사항은 「공공기록물법」에서 위임한 사항이 아니어서 위법하다.

215) 법령에는 명시되어 있는 사항이 아니지만, 특수기록관의 기록물 이관 연기는 비공개 기록물을 전제로 하고 있다. 따라서 생산 후 30년(국가정보원은 50년)이 지난 비공개 기록물의 이관 연기 심의는 비공개 유지의 타당성도 함께 심의해야 한다. 특수기록관 기록물의 이관 연장은 비공개 보호를 전제한 제도이기 때문이다.

여섯째, 국가지정기록물의 지정과 해제이다. 국가지정기록물은 국가적 보존 가치가 높은 민간 보유 기록물을 국가가 관리하는 기록물로 지정하는 것으로 그 가치 및 지정과 해제의 타당성을 심의받도록 하였다. 국가지정기록물로 지정 되면 해당 기록물을 소유 또는 관리하고 있는 사람이나 단체 등에 의무가 부과 되기 때문이기도 하다.

■ 국가기록관리위원회 구성과 운영

국가기록관리위원회는 거버넌스 기구이다. 따라서 국가기록관리위원회 위원 구성이 중요한데, 기록물관리 전문가와 시민사회의 입장을 대변할 수 있는 사람으로 구성해야 한다.

국가기록관리위원회는 기록물관리와 관련된 전문성을 갖고 있는 민간 전문가와 영구기록물관리기관의 장으로 구성한다. 인원은 행정안전부장관이 위촉 또는 임명하는 20명 내외로 구성한다(법 제15조 제2항).[216] 위원은 당연직과 그 밖의 사람으로 구분된다. 당연직으로는 국가기록원, 헌법기관기록물관리기관, 대통령기록관의 장, 지방기록물관리기관장들이 협의하여 선정한 1인이 포함된다. 그 밖의 사람은 기록물관리에 관한 학식과 경험이 풍부한 사람[217]이다.

위원장은 행정안전부장관이 위원 중에서 임명하거나 위촉하고, 부위원장은 위원 중에서 호선[218]으로 선출한다(법 제15조 제3항). 당연직 위원의 임기는 해당 직위를 수행하는 재직기간이며,[219] '그 밖의 사람'의 임기는 3년이며, 한 차례만 연임할 수 있다(법 제15조 제4항). 다만, 위원의 사임 등으로 새로 위촉된 위원의 임기는 전임위원 임기의 남은 기간으로 한다.

위원의 해임이나 해촉 사유는 위원으로 활동하는 중에 심신장애로 직무를

216) 위촉은 민간인을 대상으로 국가기록관리위원회 위원 직무를 의뢰하는 것으로 위촉 사실을 문서로 알리게 된다. 임명은 행정안전부 장관이 특정 공무원에게 위원의 직무를 맡기는 것이다. 국가기록물관리위원회의 당연직 위원들이 여기에 해당한다.

217) 위원에는 기록학, 역사학, 문헌정보학, 행정학 등 기록관리 관련분야의 전문가나 시민사회를 대변할 수 있는 사람들을 참여시켜야 한다. 그동안 위원회 구성이 자주 논란의 대상이 되었는데, 정권 교체와 상관없이 적절한 자격을 갖춘 사람으로 위원회를 구성할 수 있도록 법령의 보완이 필요하다. 예를 들면, 국가기록원장이 위원을 추천하는 것 보다 대표성을 갖고 있는 기록물관리 관련 학회, 시민단체 등으로부터 후보를 추천받는 것도 방법이다.

218) 호선(互選)은 어떤 조직의 구성원들이 그 가운데에서 어떠한 사람을 뽑는 것을 말한다.

219) 예를 들어 국가기록원장은 국가기록원장으로 재임하는 기간에 국가기록관리위원회 위원이 된다.

수행할 수 없게 되거나, 직무와 관련한 형사사건으로 기소된 경우, 위원 스스로 직무를 수행하는 것이 곤란하다고 의사를 밝히는 경우, 직무태만이나 품위손상 등의 사유이다(법 제15조 제5항). 이 경우 행정안전부장관은 해당 위원을 해임 또는 해촉할 수 있다.

국가기록관리위원회의 운영은 다음과 같다(시행령 제12조). 국가기록관리위원회 위원장은 위원회 업무를 총괄하며, 회의의 의장이다. 국가기록관리위원회 회의는 분기별로 개최하며, 위원장이 필요하다고 인정하는 때에는 임시회를 소집할 수 있다. 위원회는 재적 위원 과반수의 출석으로 개의하고 출석위원 과반수의 찬성으로 의결한다. 위원장은 회의 운영에 필요하다고 인정하는 경우 심의 사항에 대하여 공공기관과 기록물관리기관에 관련 자료의 제출을 요청할 수 있다. 국가기록관리위원회는 회의 일시 및 장소, 참석위원과 배석자, 상정 안건과 결정 사항 등이 포함된 회의록을 작성하여 보존해야 하며, 필요하다고 인정되면 속기, 녹음 또는 녹화도 가능하다(법 제15조 제6항).[220]

국가기록관리위원회는 효율적인 회의 운영을 위하여 전문위원회와 특별위원회를 설치·운영할 수 있다(법 제15조 제8항). 전문위원회는 국가기록관리위원회의 심의 안건을 사전에 충분히 검토하기 위하여 해당 분야별로 구성하여 운영한다(시행령 제13조).[221] 전문위원회는 위원장 1명을 포함하여 9명 이내로 구성한다. 위원장은 국가기록관리위원회 위원장이 국가기록관리위원회 위원 중에 임명하며, 위원은 전문위원회 소관 분야별 전문가와 관계기관 공무원 중에서 국가기록원장이 추천하고 위원장이 임명 또는 위촉한다.

---

220) 현재 국가기록관리위원회는 국가기록원장이 지정한 주요 회의에 해당하여 회의록뿐만 아니라 속기록 또는 녹음기록 작성 대상이다.

221) 기록관리 분야별로 설치되는데 정책, 표준, 전자기록물관리, 기록정보 서비스 등이 주요 대상이었다. 전문위원회는 필요에 따라 국가기록관리위원회와 국가기록원이 협의하여 설치하고 있다.

특별위원회는 여러 개의 전문위원회 소관이거나 특별한 사안에 대하여 심의가 필요할 경우 국가기록관리위원회의 의결로 구성·운영한다(시행령 제14조).[222] 특별위원회 위원은 국가기록관리위원회 위원장이 국가기록관리위원회와 전문위원회 위원 중에서 선임하고, 국가기록관리위원장이 임명한 특별위원회의 위원이 위원장으로서 특별위원회를 주관한다. 특별위원회의 운영 기간과 기간 연장은 국가기록관리위원회의 의결로 정하며, 특별위원회는 활동기간이 종료되기 전까지 결과보고서를 국가기록관리위원회에 제출해야 한다(법 제15조 제7항).

국가기록관리위원회에는 사무 지원을 위해 국가기록원 소속 공무원 1명을 간사로 둔다(법 제15조 제7항). 다만, 국가기록관리위위원회는 행정위원회가 아니어서 별도로 사무기구를 두지 않고, 국가기록원이 사무를 지원하도록 하였다(시행령 제15조). 따라서 국가기록원은 위원회의 회의 운영에 필요한 예산, 인력, 사무 등을 지원하고, 위원회 안건 작성 및 보고, 위원회의 심의 사항 등에 관련된 조사 및 연구, 그 밖에 국가기록관리위원회 위원장이 위원회 업무 지원과 관련하여 요청하는 사항 등을 지원해야 한다.

---

222) '기록관리 거버넌스 발전 특별위원회'가 운영(2018년 7월부터 2019년 1월까지)된 바 있다. 이 위원회는 기록관리 거버넌스를 위해 국가기록관리위원회의 기능과 역할에 대해 검토하였다 (국가기록관리위원회, 「기록관리 거버넌스 발전 특별위원회 보고서」. 2019).

제4장 기록물관리 기준[223]

'좋은 기록물관리'는 기록물의 생산부터 보존, 활용[224] 전 과정을 적절하게 통제하는 것이다. 기록물의 일차적인 통제는 '기록물 시리즈'[225]가 대상이다. '시리즈 통제'는 기록물의 논리적인 배열 단위인 시리즈를 관리하는 것인데, 업무수행 과정에서 생산된 기록물의 출처와 맥락을 온전히 관리하려는 목적이다. 따라서 공공기관은 업무체계 분석을 통해 시리즈를 통제할 수 있는 기록물 분류체계를 만들어야 한다.

기록물의 분류는 논리적으로 구조화된 규칙과 방법, 분류체계에 제시된 절차상의 규칙에 따라 만들어진 범주 속에서 업무 활동과 기록물을 체계적으로 확인하고 정리하는 것이다.[226] 이는 기록물의 질서를 부여하여 기록물 사이의 유기적 관계를 표현하는 과정으로, 기록물의 맥락을 생성하고 기록집합체를 이해하고, 기록물의 증거적 속성을 유지하는 중요한 기록물관리 활동이다.

---

223) 「공공기록물법」의 순서로 보면, 제4장이 '기록물의 생산'이고, 제5장은 '기록물의 관리'이다. 기록관리 기준은 제5장에 포함되어 있는데, 기록물의 생산부터 보존, 활용 전 과정을 통제하기 위한 기준을 제시하고 있다. 따라서 기록관리 기준은 기록물의 생산보다 앞에 설명하는 것이 기록물관리 업무를 이해하는데 도움이 될 것 같다. 이 책에서는 기록관리 기준을 제5장에서 분리하고, 제4장 '기록물의 생산' 앞에 별도의 장으로 작성하였다.

224) 기록물의 생산 당시 목적이 아닌 다른 목적으로 사용하는 것을 포함하는 개념이다. 기록물은 생산 후 1~2년 정도는 생산 부서에서 관리하며 업무에 활용하지만, 이후에는 기록관 또는 특수기록관으로 이관되어 개인정보, 보안 등 접근이 제한되는 경우를 제외하고는 공공기관 구성원들이 행정 참조 자료로 자유롭게 활용할 수 있도록 해주어야 한다.

225) 시리즈는 파일링시스템에 따라 정리되고, 동일한 활동에서 생산, 접수 또는 사용된 결과와 관련된 유사한 기록물 더미이다(SAA 아카이브 용어사전: series). 따라서 시리즈는 기록물의 편철 기준이며 정리 단위인데, 단위 업무와 단위 과제가 시리즈에 해당한다.

226) 「KS X ISO 15489-1: 2016」, 3.5 분류.

그림3. 기록물 통제 도구와 관련된 개념

출처: KS X ISO 30300:2020

　기록관리기준표는 기록물 통제도구이다. <그림3>과 같이 기록물 통제 도구는 분류체계, 메타데이터 스키마, 기술 규칙, 접근과 허용규칙, 처분지침이다. 이 중에서 기록관리기준표는 분류체계, 접근과 허용규칙, 처분지침을 반영하고 있다.

　기록관리기준표는 기록물 분류체계의 시리즈에 해당하는 단위 과제별로 기록물 보존기간 책정, 공개 및 접근권한 설정, 보존관리 등 기록관리 기준을 결합한 구조이다. 기록관리기준표는 이처럼 단위 과제별로 접근권한 설정, 공개 관리 기준 제시, 이용자의 기록물 검색, 보존기간 설정과 통제를 지원하고, 기록물의 평가와 선별의 기준으로 사용되는 기록물관리 업무수행의 핵심 도구이다.

■ 기록관리기준표

「구 공공기관기록물법」의 기록물 분류체계는 '기록물분류기준표'였다. 기록물관리 원칙에 따라 만들어진 최초의 분류체계이다. 공공기관은 기록물을 기록물분류기준표에 따라 처리과별, 단위업무별로 분류하여 기록물등록대장에 기록하도록 하였다.[227]

기록물분류기준표는 정부 조직과 기능[228]을 분류 기준에 따라 대기능, 중기능, 소기능, 단위 업무, 단위 사안 5단계로 구분하였다. 보존분류의 기준이 되는 단위는 단위 업무로서 1인 또는 소수의 인원으로 구성된 팀에게 분장하는 세분화한 업무 또는 사업 단위이다.[229]

기록물분류기준표는 전문관리기관(현행 영구기록물관리기관)의 장이 작성하여 고시하도록 하였다. 현재와는 달리 국가기록원 등의 권한을 명확하게 규정하고 있다. 공공기관이 기록물분류기준표의 단위업무를 신설하거나 변경하려면 관할 전문관리기관에 승인을 받아야 한다.

기록물분류기준표는 단위업무명, 단위업무 설명, 보존기간 및 보존기간 책정 사유, 보존 방법, 보존 장소, 비치기록물 여부 및 이관 시기이다. 또한 검색어 지정 기준도 관리하여 기록물 접근점[230]으로 사용하도록 설계하였다.[231]

---

227) 「구 공공기관기록물법 시행령」 제12조 제1항.

228) 기능(fuction)은 조직의 하나 또는 그 이상의 목표를 달성하기 위한 목적을 가진 활동의 집합이다(「KS X ISO 30300: 2020」 3.1.12.).

229) 「구 공공기관기록물법 시행령」 제12조 제5항.

230) 접근점은 기록물을 열람하기 위해서 검색할 수 있도록 작성된 기술(description)의 한 요소이다(SAA 아카이브 용어사전: access point).

231) 기록물분류기준표에 따른 보존기간 책정 방식은 현재와 다르다. 기록관리기준표는 단위 과제의 보존기간이 기록물 철에 그대로 상속되는 방식이다. 그러나 기록물분류기준표 제도에서는 단위업무의 보존기간을 기준으로 처리과장이 기록물 철 단위로 보존기간을 정하도록 하였다. 이관은 처리과장이 정한 보존기간과 상관없이 기록물분류기준표에 이관대상으로 분류(보존기간 준영구 이상인 기록물로 보존 장소가 전문관리기관으로 지정)된 기록물이 대상이다.

2006년부터는 기록물분류기준표를 대체하는 기록관리기준표 제도를 도입한다.[232] 기록물분류기준표의 기능분류는 전문관리기관이 직접 작성하였으나, 기록관리기준표는 분류체계로 행정안전부의 정부조직관리 부서에서 만든 정부기능분류체계를 공공기록물 분류체계로 차용(借用)한다.

정부기능분류체계는 중앙행정기관의 업무 및 그와 관련된 정보를 체계적으로 관리·활용하기 위하여 행정기관의 업무를 기능 중심으로 분류하는 것을 말한다. 정부기능분류체계는 정부의 기능을 정책분야-정책영역-대기능-중기능-소기능-단위 과제로 구분한다. 이 경우 단위 과제는 행정업무 수행의 기준이 되는 것으로서 업무 간 유사성 및 독자성을 고려하여, 업무 담당자가 소기능을 세분화한 업무영역을 말한다.[233]

업무분류체계인 정부기능분류체계를 차용한 것은 업무 과정과 생산 맥락을 기록물 분류[234]에 충실하게 반영하려는 의도인데, 정부기능분류체계를 기록물 분류체계로 사용하고, 단위 과제를 기준으로 기록관리기준표를 작성하여 운영하도록 하였다(법 제19조 제1항, 시행령 제25조).

---

232) 기록관리기준표의 개요, 작성 및 관리 절차는 「NAK 4: 2021(v2.2) 기록관리기준표 작성 및 관리 절차」를 참조하라.

233) 정부기능분류체계는 행정안전부장관이 기본 운영 지침을 제공한다. 행정기관의 장이 해당기관의 기능분류체계를 작성하여 관리하고, 행정안전부장관은 중복되거나 유사한 기능분류를 조정할 수 있다. 정부기능분류체계는 정부기능분류시스템으로 관리하고, 전자기록생산시스템, 기록관리시스템과 연계되어 활용된다(행정안전부, 2008, 「정부기능분류시스템(BRM) 운영 지침」,[행정안전부 예규 제19호]).

234) 기록물의 분류는 기록을 조직화하고 내적 질서를 부여하여 기록물 간의 유기적 관계를 표현하는 과정이다. 기록을 기록된 그 업무와 적절한 계층(기능이나 활동, 또는 업무절차)에서 연결하는 것, 업무 활동에 대한 연속적인 기록을 제공하기 위해 개별 기록과 기록집합체를 연결하는 것이다.(「KS X ISO 15489-1: 2016」, 9.4 기록분류와 색인작성).

기록관리기준표의 단위 과제는 기록물 철 생성의 단위로서 기록물관리와 처분[235]의 기준이다. 기록관리기준표는 <표2>와 같이 단위 과제 설명, 보존기간과 책정 사유, 비치 기간, 보존 장소, 보존 방법, 공개 여부, 접근권한 등으로 구성된다.

정부기능분류체계는 행정기관을 대상으로 하고 있어서 그 밖의 공공기관에는 적용할 수 없다.[236] 따라서 정부기능분류체계를 적용할 수 없는 그 밖의 공공기관은 관할 영구기록물관리기관의 장과 협의하여 별도의 기능분류 방식을 사용할 수 있다.[237]

한편, 지방자치단체는 행정안전부(자치제도과)가 작성한 지방자치단체 기능분류체계를 사용한다.

---

235) 처분은 기록물의 기록물관리기관으로의 이관, 보존기간 경과 기록물의 파기를 통칭하는 용어이다(SAA 아카이브 용어사전: disposition).

236) '정부기능분류체계'는 중앙행정기관의 기능분석을 통해 만든 업무분류체계이다. 이를 지방자치단체에 적용하였는데, '지방자치단체 기능분류체계'를 말한다. 지방자치단체는 이 분류체계로 기록관리기준표를 만든다.

237) '그 밖의 공공기관'은 정부기능분류체계를 적용할 수 없어서 기록물분류기준표를 사용할 수 있다고 오해하고 있다. 그런데, 「구 공공기록물법 시행령」(2010. 5. 4. 대통령령 제22148호) 부칙 제3조에 따라 '그 밖의 공공기관'은 2017년 12월 31일까지 종전의 예(기록물분류기준표)에 따라 기록물을 분류할 수 있었다. 2007년 구법 제정 당시 2008년까지 분류기준표 적용을 유예하였는데, 2010년에 한 차례 더 유예기간을 연장한 것이다. 따라서 '그 밖의 공공기관'은 해당 기관의 기능을 분석하여 기능분류체계를 마련하여 기록관리기준표를 작성해야 한다.

표2. 기록물관리표 서식

업무분류체계(BRM)							
조직분류	기능분류						가능유형
처리과명	1레벨 정책분야	2레벨 정책영역	3레벨 대기능	4레벨 중기능	5레벨 소기능	6레벨 단위 과제	
							공통/고유

기록관리항목						
업무설명	보존기간	보존기간 책정사유	비치여부	보존장소 및 방법	공개여부	접근권한

　공공기관은 기록물을 생산하면 기록관리기준표에 따라 처리과별, 단위 과제별로 해당 기록물을 분류하여 관리해야 한다(시행령 제22조).[238] 그리고 단위 과제의 범위 안에서 1개 이상의 기록물 철을 만들어 해당 기록물을 편철하도록 하였다(시행령 제23조 제1항). 이처럼 기록관리기준표의 정부기능분류체계는 기록분류체계로 사용되고 있으며, 단위 과제를 기준으로 기록물 철을 생성하고 편철하도록 한 것으로 일종의 파일링 시스템[239]이다. 이때 단위 과제는 기록물분류체계의 시리즈[240]에 해당한다고 볼 수 있다.

---

238) 정부기능분류체계는 처리과를 기준으로 조직분류와 기능분류를 결합한 형태이다. 현재 공공기관에서 사용하고 있는 기록물생산시스템에서 기록물의 분류는 등록 과정의 필수 요소이다. 전자문서의 경우 결재를 올릴 때 해당 기록물의 단위 과제를 선택해야 하며, 비전자기록물을 등록할 때 해당 단위 과제를 선택하도록 구현되어 있다.

239) 파일링시스템은 검색, 사용과 처분을 위해 기록물의 편철 방법을 지시하는 정책과 절차이다.

240) 파일링시스템에 따라 정렬되고 동일한 활동에서 생성, 수신 또는 사용된 결과로 관련된 유사한 레코드 그룹을 말한다.

 기록관리기준표의 작성과 운영은 공공기관의 책임이며, 기록물관리기관의 핵심 업무이다.[241] 단위 과제의 보존기간 책정 절차는 <그림4>와 같다. 공공기관은 단위 과제가 신설되면 시행령 별표1과 국가기록원장이 정하는 보존기간 준칙을 기준으로 해당 단위 과제의 보존기간을 책정해야 한다(시행령 제25조 제3항).

 기록관리기준표의 단위 과제 보존기간 책정은 일차적으로 해당 공공기관의 몫이다. 이 경우 단위 과제를 생성한 업무 담당자가 해당 사안 관련 개별법령, 행정 참조, 민원 처리 등을 고려하여 행정적 관점에서 보존기간을 정해야 한다. 이후 해당 공공기관 기록관 또는 특수기록관의 기록물관리 전문요원이 검토하여 단위 과제별 보존기간을 책정한다.[242]

---

241) 이점이 기록물분류기준표와 기록관리기준표 제도의 차이를 보여 주는 핵심이다. 「구 공공기관기록물법」에서는 기록물분류기준표의 작성과 관리가 전문관리기관(현재의 영구기록물관리기관)의 권한이었다. 기록관리기준표의 보존기간은 기록물 처분과 관련된 사안으로 공공기관에 기록관리기준표 작성과 관리 권한을 부여한 현행제도는 개선되어야 된다. 기록물 처분 권한은 공공기록물의 체계적 관리를 위해 필요한 영구기록물관리기관의 고유 권한이기 때문이다.

242) 기록관 설치 대상이 아닌 공공기관은 기록물관리 전문요원의 역할을 담당하는 업무담당자가 단위 과제별 보존기간의 적절성을 검토해야 한다.

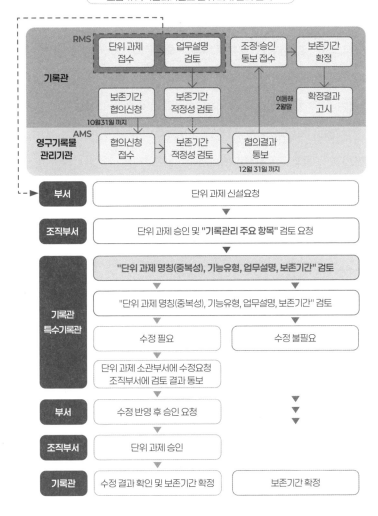

그림4. 기록관리기준표 단위 과제 협의 절차

공공기관이 정한 단위 과제의 보존기간은 관할 영구기록물관리기관과 협의를 거쳐야 한다(시행령 제25조 제3항 및 제4항). 단위 과제 보존기간은 기록물 처분과 관련된 것으로 관할 영구기록물관리기관과 협의하도록 한 것이다. 다만, '그 밖의 공공기관'은 관할 영구기록물관리기관의 장이 지정하여 고시한 기관(직접관리기관)을 제외하고는 해당 공공기관의 장이 자체적으로 보존기간을 확정하여 시행한다(시행령 제25조 제3항 단서).

'그 밖의 공공기관' 중 직접관리기관은 「공공기관의 운영에 관한 법률」 제4조에 따른 기관 중 국가기록원장이 지정하여 고시하는 기관, 영구기록물관리기관의 장이 지정 고시하는 특별법에 따라 설립된 법인, 고등교육법에 따라 설립된 각급 학교, 지방기록물관리기관의 장이 지정하여 고시하는 지방공사 및 지방공단이다(시행규칙 제17조).

영구기록물관리기관은 관할 공공기관으로부터 단위 과제의 보존기간 신설이나 변경 요청을 받으면 적절성을 검토하여 그 결과를 해당 공공기관에 통보한다. 해당 공공기관은 특별한 사유가 없으면 영구기록물관리기관의 요구를 반영하여 기록관리기준표의 해당 사항을 수정해야 한다(시행령 제25조 제4항).[243]

관할 영구기록물관리기관이 기록관리기준표 단위 과제의 보존기간을 검토하는 것은 고유권한인 기록물의 처분권과 관련된다. 영구기록물관리기관은 단위 과제의 기능과 업무 활동, 해당 단위 과제에서 생산되는 기록물의 보존 가치를

---

243) 기록관리기준표 운영에 관한 쟁점은 단위 과제 생성이다. 현재 단위 과제는 조직부서에서 신설거나 변경하는데, 단위 과제가 적절하게 만들어지지 않아도 기록물관리기관이 수정하거나 변경할 수 있는 권한이 없다. 기록물관리기관은 조직부서에서 생성한 단위 과제에 보존기간만 부여하는 권한을 갖고 있다. 따라서 일부 기관처럼 기록물관리 전문요원이 단위 과제 신설과 변경의 권한을 갖거나, 기록물관리 전문요원이 보존기간 책정 과정에서 단위 과제의 적절성을 검토하여 수정을 요구할 수 있는 권한을 적극적으로 수정을 요구할 수 있는 권한을 부여해야 한다. 입법의 보완이 필요한 사항이다.

평가하여 이관 대상을 선별해야 한다.[244]

이상에서 살펴본 바와 같이 기록관리기준표는 기록물관리를 수행하는 기준으로 사용한다. 따라서 기록관리기준표는 전자기록생산시스템과 연계하여 기록관리시스템으로 생성하고 관리하도록 하였다(시행령 제25조 제1항).[245] 기록관리기준표는 정부기능분류체계의 단위 과제를 기준으로 작성하기 때문에 정부기능분류시스템, 전자기록생산시스템, 기록관리시스템이 서로 연계하여 정보를 생성하고 공유해야 한다.[246]

공공기관은 기록관리기준표를 고시해야 한다. 공공기관은 매년 기록물 정리 기간 종료 직후[247] 전년도에 신규로 시행하였거나, 보존기간이 변경된 단위 과제명, 업무설명, 보존기간 등을 관보[248] 또는 그 기관의 홈페이지 등 정보통신망에

---

244) 우리나라의 경우 영구기록물관리기관이 영구 기록물의 선별뿐만 아니라 단위 과제별 보존기간의 적절성까지도 판단하고 있다. 「구 사무관리규정」에서 행정관리 차원으로 모든 기록물의 보존기간을 사무관리 전담 부처에서 결정하였던 전통과 관련되어 있다.

245) 기록관리시스템의 기록관리기준표 관련 기능은 「NAK 6: 2022(v1.5) 기록관리시스템 기능요건」의 제6장을 참조하라.

246) 기록관리시스템과 정부기능분류시스템간의 데이터 연계와 관련해서는 「기록관리시스템 데이터연계 기술규격(제3부: 기능분류시스템과의 연계)」(국가기록원 고시 제2023-9호)를 참조하라.

247) 기록물 정리 기간은 매년 2월 말까지이다. 기록물 정리 기간 종료 직후에 고시하는 이유는 단위 과제의 보존기간이 최종 확정되는 시점이기 때문이다.

248) 지방자치단체의 경우는 공보(公報)를 말한다.

고시해야 한다(시행령 제25조 제5항).[249] 다만, 국가정보원은 국가기록원장과 협의를 거쳐 고시 범위를 달리 정할 수 있는 예외를 인정하고 있다(시행령 제25조 제5항 단서).[250] 기록관리기준표에 비밀 정보가 포함되면 해당 부분을 제외하기 위한 것이다.

기록관리기준표 단위 과제의 신설과 변경 고시는 그 내용을 국민에게 알림으로써 국민의 권리를 보호하고 기록물 보존기간 변경 등에 따른 민원 발생을 예방하기 위한 절차이다. 단순히 기록의 보존기간을 국민에게 알리는 것뿐만 아니라, 해당 공공기관이 수행하는 업무 현황을 국민에게 제공하여 업무수행의 투명성을 높이는 효과도 있다.

---

249) 공공기관이 관할 영구기록물관리기관과 협의를 거쳐 확정한 기록관리기준표는 고시해야 효력이 발생한다. 고시는 행정청의 일정한 사항을 불특정 다수인에게 알리는 행정행위이다. 행정규칙의 고시는 일반 국민에게는 구속력이 없으나, 법령에서 위임한 사항을 구체적으로 정하여 고시하면 대외 구속력이 있는 법규명령으로서 효력을 갖고 있다. 기록관리기준표 고시가 여기에 해당한다. 공공기관의 장이 기록관리기준표를 고시하도록 되어 있으나, 상당수의 기관이 고시하지 않고 있다. 또한 공공기관의 편의에 따라 공지사항, 예규 등 다양한 방식으로 고시하고 있으나, 일반 시민이 기록관리기준표를 검색하여 원하는 기록물의 단위 과제를 찾기는 어렵다. 무엇보다도 시민들이 공공기관별로 기록관리기준표를 검색해야 하는 번거로움이 있다. 영구기록물관리기관에서 관할 공공기관 기록관리기준표를 손쉽게 통합 검색할 수 있도록 개선이 필요하다.

250) 국가정보원은 정보기관의 특수성을 감안하여 기록관리기준표의 고시 범위를 달리 정할 수 있도록 하였다. 그럼에도 불구하고 국가정보원은 기록관리기준표를 고시하지 않고 있으며, 고시 범위와 관련된 국가기록원과의 협의도 시행하지 않고 있다.

■ 기록관리기준 항목

기록관리기준표로 관리되는 기록관리 기준 항목은 기록물의 생산부터 보존 및 활용 전 과정을 통제하는 기준 정보를 제공한다. 기록관리 기준 항목은 보존 기간, 보존 장소, 보존 방법, 접근권한, 공개 여부, 비치기록물 여부인데, 공공기관 은 이를 분류하여 관리하여야 한다(법 제19조 제1항).

보존기간

보존기간은 기록물의 처분 관련 항목이다. 공공기관이 업무수행과 참조를 위해 해당 기록물이 필요한 기간[251]과 보존 가치를 평가하여 정하는 기간이다. 전자는 공공기관이 판단할 사항이며, 후자는 영구기록물관리기관의 권한이다.

공공기관은 기록물의 보존기간을 「공공기록물법 시행령」에서 제시하고 있는 책정 기준(시행령 별표 1)과 국가기록원장이 정하는 보존기간 준칙[252]을 참조하여 행정, 증거, 정보 가치를 종합적으로 평가하여 결정한다. 특히, 공공기관은 업무수행 관련 법령, 규제 사항에 기록물의 의무 보존기간이 정해져 있는지 확인해야 한다. 또한 이해관계자들의 요구도 파악하여 보존기간을 정해야 한다. 일차적으로는 기록물 생산기관이 필요에 따라 보존기간을 책정하지만, 관할 영구기

---

251) 외국에서는 보유기간(retention period)이라고 한다. 보유기간은 기록물 생산기관이 독자적으로 판단한다. 아카이브는 기록물처리일정표를 만들 때 기록물의 보존 가치를 검토하여 이관 대상을 지정한다. 하지만, 우리나라의 경우 보유기간과 보존 여부를 보존기간으로 함께 정하고 있다. 따라서 보존 가치가 없는 기록물도 행정업무의 필요에 따라 보존기간을 30년 이상으로 하면 영구기록물관리기관이 이관을 받아야 하는 상황이 발생한다. 이런 경우를 대비해서 기준 관리 항목으로 보존 장소를 정하도록 하였는데, 현재까지 보존 장소 항목을 작성하여 관리하지 않고 있다.

252) 국가기록원은 보존기간 준칙을 제정하여 홈페이지에 고시하고 있으나, 준칙에 대한 체계적인 검색 지원이나 이력 관리는 보완이 필요하다. 한편, 헌법기관기록물관리기관의 보존기간 준칙 제정 여부를 알 수 없다.

록물관리기관의 검토와 협의를 거쳐 확정된다(시행령 제25조 제3항).[253]

    기록물의 보존기간은 단위 과제별로 책정하는데, 영구, 준영구, 30년, 10년, 5년, 3년, 1년의 7종으로 구분한다(시행령 제26조 제1항 및 제2항).[254] 다만, 업무처리 절차가 일반 행정업무와 다른 수사, 재판, 정보, 보안 관련 기록물은 보존기간의 구분과 책정 기준의 예외를 두고 있다. 이러한 업무의 보존기간 구분을 달리 정하려면 소관 중앙행정기관의 장이 국가기록원장과 협의해야 한다.[255] 공공기관이 단위 과제별 보존기간을 책정할 때 참조해야 하는 기준은 <표3>과 같다.

---

253) 「구 정부공문서규정」이나 「구 사무관리규정」에서 사용하던 보존기간 구분 방식을 지금까지 유지하고 있다. 우리나라에서 사용하고 있는 보존기간은 공공기관의 업무상 필요한 기간과 영구기록물관리기관의 보존 필요에 따른 보존기간이 분리되어 있지 않다. 필자는 이러한 문제를 근본적으로 개선하기 위해 보존기간 개념을 보유기간으로 변경할 것을 제안한다. 보유기간은 공공기관이 업무상 필요한 기간을 설정하고, 영구기록물관리기관은 보존 대상 여부만을 결정하는 방식이다. 그렇게 되면 보존기간의 구분도 지금처럼 7종으로 고정할 필요가 없다. 그리고 이관 시점도 일률적으로 생산 후 10년이 아니라, 보유기간이 종료되면 이관 대상은 영구기록물관리기관으로 이관하고, 이관 대상이 아닌 경우에는 공공기관 기록관 또는 특수기록관에서 보존하거나 폐기하면 된다.

254) 기록물의 보존기간의 구분은 여러 차례 변경되었다. 「구 공공기관기록물법」에서는 영구, 준영구, 20년, 10년, 5년, 3년, 1년의 7종이었다. 보존기간 준영구는 영구 기록물을 감축하기 위한 냉전 시대의 산물이다. 남북한 간의 긴장이 고조되면서 영구보존 기록물을 감축하기 위한 방법으로 「구 공문서보관·보존규정」(1969. 5. 2. 대통령령 제3924호)에 준영구 구분을 신설하고, 해당 기록물은 10년 경과시 보존 가치를 생산기관이 다시 판단할 수 있도록 하였다. 「공공기록물법」에서는 보존기간 20년을 30년으로 변경하였다. 「구 공공기관기록물법」의 보존기간 20년에 해당하는 기록물은 공공기관의 장의 결재를 받아 시행하는 기록물을 포함하고 있다. 따라서 「공공기록물법」에서는 보존기간이 30년으로 책정된 기록물을 이관받아 영구보존 여부를 판단하려는 의도이다.

255) 검찰청의 형사사건기록이 대표적이다. 형사사건기록은 「형사소송법」에 따른 공소시효 등을 기준으로 보존기간 구분과 책정 기준, 기산일 등을 「검찰보존사무규칙」으로 별도로 정하고 있다. 다만, 이 규칙은 「구 공공기관기록물법」 제정 이전부터 사용해 오던 것이나, 「공공기록물법」이 정한 절차에 따라 국가기록원의 장과 협의하지는 않았다.

표3. 보존기간 책정 기준

영구	1. 공공기관의 핵심적인 업무수행을 증명하거나 설명하는 기록물 중 영구보존이 필요한 기록물 2. 국민이나 기관 및 단체, 조직의 지위, 신분, 재산, 권리, 의무를 증명하는 기록물 중 영구보존이 필요한 기록물 3. 국가나 지역사회의 역사경험을 증명할 수 있는 기록물 중 영구보존이 필요한 기록물 4. 국민의 건강증진, 환경보호를 위하여 필요한 기록물 중 영구보존이 필요한 기록물 5. 국민이나 기관 및 단체, 조직에 중대한 영향을 미치는 주요한 정책, 제도의 결정이나 변경과 관련된 기록물 중 영구보존이 필요한 기록물 6. 인문·사회·자연 과학의 중요한 연구성과와 문화예술분야의 성과물로 국민이나 기관 및 단체, 조직에 중대한 영향을 미치는 사항 중 영구보존이 필요한 기록물 7. 공공기관의 조직구조 및 기능의 변화, 권한 및 책무의 변화, 기관장 등 주요직위자의 임면 등과 관련된 기록물 중 영구보존이 필요한 기록물 8. 일정 규모 이상의 국토의 형질이나 자연환경에 영향을 미치는 사업·공사 등과 관련된 기록물 중 영구보존이 필요한 기록물 9. 제17조제1항 각 호의 어느 하나에 해당하는 사항에 관한 기록물 중 영구보존이 필요한 기록물 10. 제18조제1항 각 호의 어느 하나에 해당하는 회의록 중 영구보존이 필요한 기록물 11. 제19조제1항 각 호의 어느 하나에 해당하는 시청각기록물 중 영구보존이 필요한 기록물 12. 국회 또는 국무회의의 심의를 거치는 사항에 관한 기록물중 영구보존이 필요한 기록물 13. 공공기관의 연도별 업무계획과 이에 대한 추진과정, 결과 및 심사분석 관련 기록물, 외부기관의 기관에 대한 평가에 관한 기록물 14. 대통령, 국무총리의 지시사항과 관련된 기록물중 영구보존이 필요한 기록물 15. 백서, 그 밖에 공공기관의 연혁과 변천사를 규명하는데 유용한 중요 기록물 16. 다수 국민의 관심사항이 되는 주요 사건 또는 사고 및 재해관련 기록물 17. 대통령, 국무총리 관련 기록물과 외국의 원수 및 수상 등의 한국 관련 기록물 18. 토지 등과 같이 장기간 존속되는 물건 또는 재산의 관리, 확인, 증명에 필요한 중요 기록물

영구	19. 장·차관급 중앙행정기관 및 광역자치단체의 장의 공식적인 연설문, 기고문, 인터뷰 자료 및 해당 기관의 공식적인 브리핑 자료 20. 국회와 중앙행정기관 간, 지방의회와 지방자치단체 간 주고받은 공식적인 기록물 21. 외국의 정부기관 혹은 국제기구와의 교류협력, 협상, 교류활동에 관한 주요 기록물 22. 공공기관 소관 업무분야의 통계·결산·전망 등 대외발표 혹은 대외 보고를 위하여 작성한 기록물 23. 영구기록물관리기관의 장 및 제3조 각 호의 어느 하나에 해당하는 공공기관의 장이 정하는 사항에 관한 기록물 24. 다른 법령에 따라 영구보존하도록 규정된 기록물 24의2. 삭제 <2020. 3. 31.> 25. 그 밖에 역사자료로서의 보존가치가 높다고 인정되는 기록물
준영구	1. 국민이나 기관 및 단체, 조직의 신분, 재산, 권리, 의무를 증빙하는 기록물 중 관리대상 자체가 사망, 폐지, 그 밖의 사유로 소멸되기 때문에 영구보존 할 필요성이 없는 기록물 2. 비치기록물로서 30년 이상 장기보존이 필요하나, 일정기간이 경과하면 관리대상 자체가 사망, 폐지, 그 밖의 사유로 소멸되기 때문에 영구보존의 필요성이 없는 기록물 3. 토지수용, 「보안업무규정」 제32조에 따른 보호구역 등 국민의 재산권과 관련된 기록물 중 30년 이상 보존할 필요가 있는 기록물 4. 관계 법령에 따라 30년 이상의 기간 동안 민·형사상 책임 또는 시효가 지속되거나, 증명자료로서의 가치가 지속되는 사항에 관한 기록물 5. 그 밖에 역사자료로서의 가치는 낮으나 30년 이상 장기보존이 필요하다고 인정되는 기록물
30년	1. 영구·준영구적으로 보존할 필요는 없으나 공공기관의 설치목적을 구현하기 위한 주요 업무와 관련된 기록물로서 10년 이상의 기간 동안 업무에 참고하거나 기관의 업무 수행 내용을 증명할 필요가 있는 기록물 2. 장·차관, 광역자치단체장 등 고위직 기관장의 결재를 필요로 하는 일반적인 사항에 관한 기록물 3. 관계 법령에 따라 10년 이상 30년 미만의 기간 동안 민·형사상 또는 행정상의 책임 또는 시효가 지속되거나, 증명자료로서의 가치가 지속되는 사항에 관한 기록물 4. 다른 법령에 따라 10년 이상 30년 미만의 기간 동안 보존하도록 규정한 기록물 5. 웹기록물 관련 시스템과 행정정보시스템의 구축·운영과 관련된 중요한 기록물 6. 그 밖에 10년 이상의 기간 동안 보존할 필요가 있다고 인정되는 기록물

10년	1. 30년 이상 장기간 보존할 필요는 없으나 공공기관의 주요업무에 관한 기록물로 5년 이상의 기간동안 업무에 참고하거나 기관의 업무 수행 내용을 증명할 필요가 있는 기록물 2. 본부·국·실급 부서장의 전결사항으로 공공기관의 주요업무를 제외한 일반적인 사항과 관련된 기록물 3. 관계 법령에 따라 5년 이상 10년 미만의 기간동안 민·형사상 책임 또는 시효가 지속되거나, 증명자료로서의 가치가 지속되는 사항에 관한 기록물 4. 다른 법령에 따라 5년 이상 10년 미만의 기간 동안 보존하도록 규정한 기록물 5. 그 밖에 5년 이상 10년 미만의 기간 동안 보존할 필요가 있다고 인정되는 기록물
5년	1. 처리과 수준의 주요한 업무와 관련된 기록물로서 3년 이상 5년 미만의 기간 동안 업무에 참고하거나 기관의 업무 수행 내용을 증명할 필요가 있는 기록물 2. 기관을 유지하는 일반적인 사항에 관한 예산·회계 관련 기록물(10년 이상 보존대상에 해당하는 주요 사업 관련 단위 과제에 포함되는 예산·회계 관련 기록물의 보존기간은 해당 단위 과제의 보존기간을 따른다) 3. 관계 법령에 따라 3년 이상 5년 미만의 기간 동안 민사상·형사상 책임 또는 시효가 지속되거나, 증명자료로서의 가치가 지속되는 사항에 관한 기록물 4. 다른 법령에 따라 3년 이상 5년 미만의 기간 동안 보존하도록 규정한 기록물 5. 그 밖에 3년 이상 5년 미만의 기간 동안 보존할 필요가 있다고 인정되는 기록물
3년	1. 처리과 수준의 일상적인 업무를 수행하면서 생산한 기록물로서 1년 이상 3년 미만의 기간 동안 업무에 참고하거나 기관의 업무 수행 내용을 증명할 필요가 있는 기록물 2. 행정업무의 참고 또는 사실의 증명을 위하여 1년 이상 3년 미만의 기간 동안 보존할 필요가 있는 기록물 3. 관계 법령에 따라 1년 이상 3년 미만의 기간 동안 민·형사상의 책임 또는 시효가 지속되거나, 증명자료로서의 가치가 지속되는 사항에 관한 기록물 4. 다른 법령에 따라 1년 이상 3년 미만의 기간 동안 보존하도록 규정한 기록물 5. 그 밖에 1년 이상 3년 미만의 기간 동안 보존할 필요가 있다고 인정되는 기록물 6. 각종 증명서 발급과 관련된 기록물(다만, 다른 법령에 증명서 발급 관련 기록물의 보존기간이 별도로 규정된 경우에는 해당 법령에 따름) 7. 처리과 수준의 주간·월간·분기별 업무계획 수립과 관련된 기록물

1년	1. 행정적·법적·재정적으로 증명할 가치가 없으며, 역사적으로 보존해야할 필요가 없는 단순하고 일상적인 업무를 수행하면서 생산한 기록물 2. 기관 내 처리과간에 접수한 일상적인 업무와 관련된 사항을 전파하기 위한 지시공문 3. 행정기관 간의 단순한 자료요구, 업무연락, 통보, 조회 등과 관련된 기록물 4. 상급기관(부서)의 요구에 따라 처리과의 현황, 업무수행 내용 등을 단순히 보고한 기록물 (취합부서에서는 해당 단위 과제의 보존기간 동안 보존해야 한다)

출처: 시행령 별표 1

기록물의 보존기간은 단위 과제별로 책정한다(시행령 제26조 제2항). 그리고 기록물 철의 보존기간은 기록관리기준표의 해당 단위 과제에 책정된 보존기간을 그대로 적용한다. 일종의 기능평가 방식인데, 공공기관의 기능과 업무 활동에 연계된 단위 과제의 중요도와 해당 단위 과제에서 생산되는 기록물의 가치를 함께 평가하는 것이다.[256]

한편, 영구기록물관리기관의 장이 특별히 보존기간을 달리 정할 필요가 있다고 인정되는 단위 과제의 보존기간을 직접 정할 수 있다(시행령 제26조 제2항 단서).[257] 단위 과제의 보존기간은 공공기관이 책정하여 관할 영구기록물관리기관의 장과 협의하여 정하는 것이 일반적이나, 특정한 사건, 사안 등과 관련된 경우에는 영구기록물관리기관의 장이 직접 보존기간을 정하도록 한 것이다.

---

256) 이와 관련하여 현재의 평가 방식이 단위 과제의 기능이나 활동만을 대상으로 하고 있다는 지적도 있다. 그러나 이는 운영상의 문제이다. 단위 과제의 중요도와 해당 단위 과제에서 생산되는 기록물의 가치를 함께 평가하면 되는 것이다. 실제로 시행령 <별표1>은 기록물의 가치를 기준으로 제시되어 있다. 따라서 단위 과제별 보존기간을 책정할 때 시행령 <별표1>을 기준으로 평가하면 되는 문제이다.

257) 2010년 이전에는 '영구기록물관리기관의 장은 특별히 보존할 필요가 있어 보존기간을 연장할 필요가 있다고 인정되는 기록물 철에 대하여 보존기간을 직접 정할 수 있다'('구 공공기록물법 시행령」[2010. 5. 5. 대통령령 제22148호로 개정되기 전의 것] 제26조 제2항 단서)로 규정하였다. 현행 조문은 영구기록물관리기관의 장이 필요한 경우 '기록물철'이 아니라 '단위 과제'를 변경할 수 있도록 하였다('공공기록물법 시행령」 제26조 제2항 단서). 물론, 단위 과제의 보존기간은 절대적이지 않다. 행정 환경, 규제 환경 등이 변하면 언제는 그 보존기간은 변경될 수 있고, 변경해야 한다. 그런데, 단위 과제의 보존기간은 적절하나 특정 사회적 사건이나 국민적 관심사가 높은 사안의 경우에는 해당 기록물 철의 보존기간만을 영구기록물관리기관이 달리 정할 필요도 있다. 예를 들어 <재난재해관리>는 보존기간이 10년이다(중앙행정기관 공통 업무 보존기간 준칙[2022년]). 그런데, 국민적 관심이 높고 사회적으로 이슈가 되었던 자연재해의 경우 재난 상황, 대응과 수습 관련 기록물 철은 지속적인 보존 가치가 있다. 그런데, 이 경우 해당 기록물 철의 보존기간을 30년 이상으로 변경하기 위해 해당 단위 과제의 보존기간을 변경하면, 모든 재난 대비 관련 기록물 철의 보존기간이 30년 이상이 되어 불합리하다. 따라서 이런 경우 특정 사안 관련 기록물 철의 보존기간만을 영구기록물관리기관의 장이 직접 정할 수 있도록 한 것이 종전 규정의 입법 취지였다.

보존기간의 기산시점은 기록물 철의 이관, 폐기 등 기록물 처분의 기준으로 적용하기 때문에 중요한데, 해당 기록물 철에 편철된 기록물의 처리가 완결된 날이 속하는 다음 연도의 1월 1일이다(시행령 제26조 제3항). 하나의 기록물 철 안에 편철된 마지막 기록물 건의 생산 일자를 기준으로 다음 해 1월 1일부터 보존기간이 계산되는 것이다. 여러 해에 걸쳐서 업무가 진행되는 경우[258]에 대해서는 일년 단위로 종결하지 않고 해당 업무수행이 종결되는 날이 속하는 다음 연도의 1월 1일부터 보존기간을 산정한다.

공개 여부

기록물의 공개 여부는 기록물의 보호와 기록정보서비스를 위한 기준이다. 「공공기록물법」은 기록물의 생산 시점에 업무 담당자가 공개 여부를 구분하여 관리하도록 하고 있으나(시행령 제27조, 규칙 제18조), 공개 여부를 결정하기는 쉽지 않다. 따라서 업무 담당자가 참조할 수 있도록 기록관리기준표로 공개 여부 기준을 제시하도록 하였다(시행령 제25조 제1항).[259]

기록관리기준표의 기준 관리 항목은 단위 과제별로 작성하는 것이 원칙이지만, 공개 여부는 공공기관별로 작성단위를 달리 정할 수 있도록 하였다(시행령 제25조 제2항).[260] 단위 과제의 공개 여부 기준은 「정보공개법」의 비공개대상정

---

258) 일반적으로 공공기관의 업무는 1년 단위로 종결된다. 그런데 대규모 프로젝트, 건설 사업 등 여러 해의 걸쳐서 업무가 진행되면 업무 시작 연도부터 종결 연도까지 하나의 기록물 철로 편철하여 관리하는 것이 원칙이다. 1년 단위로 기록물 철을 생산하면, 동일 사업 기록물의 폐기 시점이 서로 달라서 감사나 업무 활용에 곤란하기 때문이다.

259) 현재 기록관리기준표의 기준관리 항목으로 공개 여부를 제시하고 있는 공공기관은 찾기 어렵다.

260) 이 조문은 개정이 필요하다. 기록관리기준표로 관리되는 공개 여부도 단위 과제별로 작성하는 것이 바람직하다. 단위 과제별로 생산되는 기록물에 포함될 것으로 예상되는 비공개대상정보를 기준관리 항목으로 제시하는 것이 업무 담당자들이 건 단위 공개 여부를 구분할 때 도움을 줄 수 있다.

보 <표4>를 기준[261]으로 작성해야 한다.

이 기준을 참조하여 단위 과제별로 생산되는 기록물에 포함될 것으로 예상되는 비공개 대상정보를 표준화하는 방식이다.[262]

표4. 비공개 대상정보

1. 다른 법률 또는 법률에서 위임한 명령(국회규칙·대법원규칙·헌법재판소규칙·중앙선거관리위원회규칙·대통령령 및 조례로 한정한다)에 따라 비밀이나 비공개 사항으로 규정된 정보

2. 국가안전보장·국방·통일·외교관계 등에 관한 사항으로서 공개될 경우 국가의 중대한 이익을 현저히 해칠 우려가 있다고 인정되는 정보

3. 공개될 경우 국민의 생명·신체 및 재산의 보호에 현저한 지장을 초래할 우려가 있다고 인정되는 정보

4. 진행 중인 재판에 관련된 정보와 범죄의 예방, 수사, 공소의 제기 및 유지, 형의 집행, 교정(矯正), 보안처분에 관한 사항으로서 공개될 경우 그 직무수행을 현저히 곤란하게 하거나 형사피고인의 공정한 재판을 받을 권리를 침해한다고 인정할 만한 상당한 이유가 있는 정보

5. 감사·감독·검사·시험·규제·입찰계약·기술개발·인사관리에 관한 사항이나 의사결정 과정 또는 내부검토 과정에 있는 사항 등으로서 공개될 경우 업무의 공정한 수행이나 연구·개발에 현저한 지장을 초래한다고 인정할 만한 상당한 이유가 있는 정보. 다만, 의사결정 과정 또는 내부검토 과정을 이유로 비공개할 경우에는 제13조제5항에 따라 통지를 할 때 의사결정 과정 또는 내부검토 과정의 단계 및 종료 예정일을 함께 안내해야 하며, 의사결정 과정 및 내부검토 과정이 종료되면 제10조에 따른 청구인에게 이를 통지해야 한다.

---

261) 「정보공개법」 제9조 제1항.

262) 시민들이 공공기관 정보공개 처분에 대한 불신의 원인 중 하나가 업무 담당자에 따라 동일 정보라 하더라도 공개 여부의 판단이 달라진다는 것이다. 따라서 기록관리기준표로 단위 과제별 비공개 대상 정보를 표준화하면 업무 담당자의 주관성에 공개 여부가 결정되는 부분을 보완할 수 있다.

6. 해당 정보에 포함되어 있는 성명·주민등록번호 등 「개인정보 보호법」 제2조제1호에 따른 개인 정보로서 공개될 경우 사생활의 비밀 또는 자유를 침해할 우려가 있다고 인정되는 정보. 다만, 다음 각 목에 열거한 사항은 제외한다.

      가. 법령에서 정하는 바에 따라 열람할 수 있는 정보

      나. 공공기관이 공표를 목적으로 작성하거나 취득한 정보로서 사생활의 비밀 또는 자유를 부당하게 침해하지 아니하는 정보

      다. 공공기관이 작성하거나 취득한 정보로서 공개하는 것이 공익이나 개인의 권리 구제를 위하여 필요하다고 인정되는 정보

      라. 직무를 수행한 공무원의 성명·직위

      마. 공개하는 것이 공익을 위하여 필요한 경우로서 법령에 따라 국가 또는 지방자치단체가 업무의 일부를 위탁 또는 위촉한 개인의 성명·직업

7. 법인·단체 또는 개인(이하 "법인등"이라 한다)의 경영상·영업상 비밀에 관한 사항으로서 공개될 경우 법인등의 정당한 이익을 현저히 해칠 우려가 있다고 인정되는 정보. 다만, 다음 각 목에 열거한 정보는 제외한다.

      가. 사업활동에 의하여 발생하는 위해(危害)로부터 사람의 생명·신체 또는 건강을 보호하기 위하여 공개할 필요가 있는 정보

      나. 위법·부당한 사업활동으로부터 국민의 재산 또는 생활을 보호하기 위하여 공개할 필요가 있는 정보

8. 공개될 경우 부동산 투기, 매점매석 등으로 특정인에게 이익 또는 불이익을 줄 우려가 있다고 인정되는 정보

출처: 「정보공개법」 제9조 제1항

접근권한

　공공기관은 생산, 접수, 보존 중인 기록물의 무결성 보장과 민감 정보[263]의 체계적 관리를 위해 접근 범위를 구분하여 관리해야 한다(시행령 제28조 제1항).

　접근은 기록물관리를 위한 업무수행이나 기록물 활용을 위해 기록물을 검색하고 처리하는 수단이다. 접근권한 관리는 권한을 가진 행위 주체가 기록물관리 업무를 수행하거나, 기록물의 검색과 활용을 공인하는 프로세스이다. 따라서 접근권한 관리는 허가받지 않은 접근으로부터 기록물을 보호하려는 목적이다.[264] 공공기관은 접근권한 관리를 위한 접근 범위 설정, 이력 관리 기능 등을 전자기록생산시스템과 기록관리시스템, 영구기록물관리시스템에 구현하여 관리해야 한다(시행령 제28조 제2항 및 제3항).

　접근권한은 기록물과 접근자[265]를 기준으로 기록의 내용, 목록 정보를 구분하여 접근 가능 여부를 설정해야 한다(시행령 제28조 제2항). 기록물의 검색과 열람에 대한 접근권한은 공개 여부 구분과 마찬가지로 업무 담당자가 기록물을 생산 또는 접수하는 과정에 설정하는데, 기록관리기준표의 단위 과제별로 그 기

---

263) 민감 정보는 「개인정보보호법」 제23조 및 동법 시행령 제18조에 해당하는 정보가 여기에 해당한다. 주로 개인의 사상과 신념, 정치적 견해, 건강, 범죄 경력 정보 등 정보 주체의 사생활을 현저히 침해할 우려가 있는 개인정보를 말한다. 따라서 비공개 정보가 모두 민감 정보에 해당하지 않는다. 비공개 정보는 대국민을 대상으로 하는 구분이다. 따라서 업무에 필요한 경우 민감 정보에 해당하지 않는 비공개 정보는 기관 내 구성원들에게 접근을 허용해야 한다.

264) 기록물에 대한 접근은 공인된 프로세스를 통해 관리되어야 한다. 따라서 공공기관은 접근 규칙을 마련하고 기록관리기준표 기준 관리 항목에 반영해야 한다. 접근 이력은 프로세스 메타데이터의 일부로 기록되고 관리되어야 한다. 또한 접근 규칙은 법률, 규제 환경, 업무 활동이나 사회적 기대의 변화에 따라 권한과 허용도 변화되어야 한다. 접근권한은 일상적으로 점검되어야 하며, 제한 조치는 시간의 경과에 따라 그 필요성이 소멸하면 제거되어야 한다(「KS X ISO 15489-1: 2016」, 8.4 접근과 허용규칙, 9.5 접근 통제) 참조

265) 접근자는 기록물관리를 위해 기록물을 다루거나, 업무 참조를 위해 기록물을 열람하려는 사람을 말한다.

준을 제시하여 업무 담당자의 주관성을 배제하려는 의도이다.[266]

한편, 기록물관리를 위한 접근권한은 기록물관리 전문요원이 업무담당자별로 설정한다. 기록물의 접근 관련 메타데이터는 기록물의 무결성 입증에 필요하다. 따라서 공공기관과 기록물관리기관의 장은 전자기록생산시스템, 기록관리시스템과 영구기록관리시스템에서 생산, 보존하고 있는 기록물에 대한 접근 또는 접근 시도에 관한 사항, 이력 정보 등을 관리해야 한다(시행령 제28조 제3항). 접근 이력, 처리 사항 등의 관리정보 메타데이터는 자동 생성되도록 하고, 임의로 수정 또는 삭제할 수 없도록 해당 시스템을 설계하고 관리해야 한다.

이처럼 접근권한은 전자기록물관리 환경에서 꼭 필요한 도구이다. 전자기록물관리 환경에서는 기록물 열람이 수월하여 업무수행에 필요한 정보를 손쉽게 공유할 수 있다. 반면에 공공기관 내부에서도 공유할 수 없는 민감 정보가 포함된 기록물의 접근을 통제하지 못하면, 해당 정보의 외부 유출 등으로 피해가 발생할 수 있다.

보존 방법

기록관리기준표의 보존 방법은 기록물관리기관이 보존하고 있는 비전자 기록물 보존 방법에 대한 기준이다(시행령 제29조).[267] 기록물관리기관은 보존 가

---

266) 일반적으로 공공기관의 기록물의 접근권한은 전자기록생산시스템에서 열람 범위를 지정하는 방식으로 운영하고 있다. 기록물의 보호 필요성에 따라 결재 경로에 있는 사람, 해당 부서, 기관 전체 등으로 열람 범위를 지정하고 있다. 이 경우 접근제한이 필요한 경우 목록조차도 열람할 수 없도록 열람 범위를 지정할 수 있도록 해야 한다. 그런데 접근권한과 공개 여부는 서로 다른 범주이다. 공개 여부는 국민이 대상이고, 접근권한은 기관 내부 구성원이 대상이다. 비공개 기록물이라고 하더라도 업무와 관련되어 있는 경우 기관 내부 구성원은 당연히 볼 수 있다.

267) 전자기록물의 장기 보존은 무결성 유지가 핵심이다. 전자기록물 관리를 위한 디지털 기록매체는 장기 보존용, 이중 보존용, 임시 저장용으로 분류한다.

치와 활용도를 고려하여 비전자기록물의 보존 방법을 정해야 한다. 「공공기록물법」에서는 보존 방법을 세 가지로 제시하고 있는데, 병행보존(원본과 보존매체를 함께 보존하는 방법), 원본 보존(원본을 그대로 보존하는 방법), 대체 보존(원본은 폐기하고 보존매체만 보존하는 방법)이다.

병행 보존은 보존 가치가 매우 높거나 활용이 빈번할 것으로 예상되는 기록물, 원본의 보존 상태가 열악하여 중복보존이 필요한 경우에 해당한다.

대체 보존은 주로 동종 대량 기록물의 효과적인 관리 방법이다. 다만, 이 경우 개별법령에 원본 보존이 명시되어 있는 경우에는 대체 보존할 수 없다.[268]

따라서 기록물관리기관이 보존 방식을 결정하려면 기록물관리기관에서 대상 기록물의 가치평가가 선행되어야 하며, 예산 등을 고려하여 우선순위를 정해야 한다.

한편, 대체 보존은 보존기간에 따라 보존매체가 제한된다. 보존기간 10년 이하인 기록물은 보존용 전자매체 또는 마이크로필름을 모두 선택할 수 있으나, 보존기간 30년 이상인 기록물은 보존의 안정성 때문에 마이크로필름만 가능하다(시행령 제29조 제2항).

같은 맥락에서 기록물관리기관의 장은 보존 가치가 매우 높은 전자기록물은 마이크로필름 등 맨눈으로 식별이 가능한 보존매체에 수록하여 관리하도록 하였다(시행령 제29조 제3항).[269]

---

268) 계약서 등과 같이 원본의 증거적 가치 때문에 보존매체에 수록하여도 원본 폐기를 불허(不許)하는 경우가 있다.

269) 이 조문은 「구 공공기관기록물법」부터 유지된 조문이다. 당시는 디지털 보존매체의 보존성이 입증되지 않았던 시기로 보존 가치가 높은 기록물이거나 보존기간 30년 이상을 대체 보존 하고자 하는 경우 보존매체로 MF를 선택한 것이다. 그런데, 현재는 디지털 매체의 보존성이 입증되었고 미국과 호주 아카이브 등에서 디지털 매체를 보존매체로 사용하고 있다. 따라서 이 조문은 지나친 규제로 보인다.

표5. 기록물의 보존방법 구분 기준

구분	대상기록물
원본과 보존매체를 함께 보존하는 방법	1. 보존 가치가 매우 높아 병행보존이 필요하다고 인정되는 기록물 2. 증명자료 또는 업무참고자료로서 열람 빈도가 매우 높을 것으로 예상되는 기록물 3. 원본의 형상 또는 재질 등이 특이하여 문화재적 가치가 있을 것으로 예상되는 기록물 4. 그 밖에 원본과 보존매체의 중복보존이 필요하다고 인정되는 기록물
원본을 그대로 보존하는 방법	1. 보존가치는 높으나 열람 빈도가 높지 아니할 것으로 예상되는 기록물 2. 그 밖에 어느 정도의 기간이 지난 후에 보존방법을 결정하는 것이 타당하다고 인정되는 기록물
원본은 폐기하고 보존매체만 보존하는 방법	원본을 보존하지 아니하고 내용만 보존하여도 보존 목적을 달성할 수 있다고 인정되는 기록물. 다만, 다른 법령에서 원본을 보존하도록 규정하고 있는 경우에는 그러하지 아니하다.

출처: 시행령 별표 2

보존 장소

기록관리기준표의 보존 장소는 기록물의 최종 보존 위치를 말한다. 국가기록물의 보존 분담 체계에 따라 보존기간이 10년 이하인 한시 기록물의 보존 장소는 기록관 또는 특수기록관이다. 그리고 보존기간 30년 이상의 기록물의 보존 장소는 원칙적으로 관할 영구기록물관리기관이다(시행령 제30조).

그런데 보존기간 30년 이상의 기록물 중에서 영구기록물관리기관으로 이관하지 않고 기록관에서 자체 보존하는 예외가 있다(시행령 제30조 제2항 단서). 첫째, 공공기관이 보유하고 있는 기록물 중에서 관할 영구기록물관리기관의 장이 사료적 가치가 높지 아니하다고 지정한 기록물이다. 이 경우 공공기관이 관할 영구기록물관리기관의 장과 협의를 거치면 이관하지 않고 자체 보존할 수 있다.(시행령 제30조 제1항).[270] 둘째, '그 밖의 공공기관'이 보유하고 있는 기록물이다. 이 경우 관할 영구기록물관리기관의 장이 국가적 보존 가치가 높아 수집하여 보존할 필요가 있어서 지정한 기록물을 제외하고는 보존 장소가 기록관이다. 따라서 '그 밖의 공공기관'은 행정기관의 기록관과 달리 장기 보존에 적절한 보존시설과 장비를 구비해야 한다.[271]

---

270) 「구 공공기록물법 시행령」(2014. 11. 4. 대통령령 제25693호로 일부 개정되기 이전의 것) 제10조 제2항에서는 자체 관리 협의 대상이 '비치기록물로서 영구기록물관리기관이 장이 사료적 가치가 높지 않다고 인정한 기록물'이었다. 자구대로 해석하면 비치기록물 중 사료적 가치가 높지 않은 일부 기록물을 제외하고는 모두 영구기록물관리기관에서 관리하겠다는 의도로 보인다. 그런데, 현행 규정에서는 기록관 또는 특수기록관의 자체 관리 대상을 확대하였다. '비치기록물' 여부와 상관없이 사료적 가치가 높지 않은 기록물은 자체 관리 할 수 있도록 한 것이다. 이런 취지라면 현행 규정의 개정이 필요해 보인다. 기록관리기준표의 신설과 변경 과정에서 영구기록물관리기관이 장이 사료적 가치가 높지 아니하다고 지정하는 경우 해당 공공기관의 의사도 확인하여 자체 관리 여부를 함께 결정하는 것이 합리적이다. 공공기관이 사료적 가치가 높지 않다고 지정한 기록물을 자체 관리를 위해 다시 관할 영구기록물관리기관과 협의하는 것은 비효율적이다. 이와 관련하여 현재까지 자체 관리를 위한 협의 절차도 규정이나 지침으로 마련되어 있지 않다.

271) '그 밖의 공공기관'은 보존기간 30년 이상의 기록물을 자체 보존하는 것이 원칙이다. 따라서 그 밖의 공공기관의 기록관 기능과 역할은 관할 영구기록물관리기관으로 기록물을 이관해야 하는 행정기관이나 지방자치단체와는 달라야 한다. 또한 그 밖의 공공기관은 행정기관과 달리 기록물관리 업무를 기관의 특성에 맞게 수행하도록 상당한 예외를 두고 있다. 따라서 그 밖의 공공기관 기록관은 기준 관리, 기록물의 장기 보존을 위한 보존 처리, 공개 재분류 등 영구기록물관리기관의 역할과 기능도 수행해야 한다. 또한 기록물관리 업무수행에 필요한 적절한 전문인력, 기록물의 장기 보존과 활용에 필요한 보존시설과 장비를 갖추어야 한다. 이와 관련해서는 법령의 보완이 필요해 보인다.

비치기록물 지정

비치기록물은 업무에 수시로 사용되어 기록물관리기관으로 이관하면 업무 수행이 어려워 처리과에서 계속 비치하고 활용해야 하는 기록물이다. 주로 카드, 도면, 대장 등과 같이 주로 사람, 물품 또는 권리관계 등에 관한 사항의 관리나 확인 등에 수시로 사용되는 기록물이다(시행령 제2조 제3호).[272]

처리과의 장은 일정 기간 이관하지 않고 업무에 활용하기 위해서는 해당 기록물 철의 비치기록물 지정을 관할 기록관 또는 특수기록관에 요청해야 한다. 비치기록물로 지정된 기록물 철은 기록관리기준표로 정하는 비치 기간까지 해당 처리과에서 보관할 수 있다(시행령 제31조 제1항).

비치기록물은 비치 기간이 종료된 다음 연도 중으로 관할 기록관 또는 특수기록관으로 이관해야 한다(시행령 제31조 제2항). 관할 기록관 또는 특수기록관은 인수한 비치기록물 중에서 생산 후 10년이 지난 보존기간 30년 이상의 기록물은 인수한 다음 연도 중으로 관할 영구기록물관리기관으로 이관해야 한다(시행령 제31조 제3항). 다만, 보존 장소가 기록관 또는 특수기록관인 경우에는 영구기록물관리기관으로 이관하지 않고, 해당 기록관 또는 특수기록관에서 보존한다(시행령 제31조 제4항).

---

272) '비치기록물'정의는 「행정업무규정」 제4조 제4호에 근거하는데, "행정기관이 일정한 사항을 기록하여 행정기관 내부에 비치하면서 업무에 활용하는 대장, 카드 등의 문서"이다. 종전 비치 기록물로 관리되던 카드, 대장류 등이 전자정부 추진과 함께 대부분 행정정보시스템으로 관리되어 비전자 비치기록물의 개념은 사실상 유명무실해졌다. 따라서 일반 기록물과 달리 장기간 행정정보시스템에 관리하는 데이터세트를 비치기록물로 지정하여 관리 권한을 분명하게 정의할 필요가 있다.

■ 행정정보시스템 데이터세트 기록관리 정보

행정정보시스템에서 생산되는 데이터형 기록물은 텍스트 형태의 전자기록물과 구조나 속성이 달라 기존의 기록물관리 방식과 절차를 그대로 적용할 수 없다. 특히, 개별 행정정보시스템마다 데이터의 형식과 구조 등이 달라 기록관리기준표의 단위 과제와 같이 하나의 관리 단위를 정하기 어렵다.

따라서 행정정보시스템의 데이터세트는 시스템을 기본단위로 하여 데이터세트를 관리하도록 하였다(시행령 제34조의3 제1항). 행정정보 데이터세트는 관할 영구기록물관리기관의 장이 정하는 방식에 따라 데이터세트 관리기준표를 작성하여 운영한다(시행령 제25조 제6항).

행정정보 데이터세트 관리기준표는 관리정보, 법규 정보, 업무정보, 기록관리정보, 시스템 정보, 데이터 정보의 6개 영역으로 구분되며 모두 36개의 항목으로 구성된다.[273]

관리정보는 행정정보시스템을 운영하고 관리하는 기관, 부서 등의 정보이다. 시스템의 실제 관리 주체와 협업 대상을 파악하기 위한 항목이다. 법규 정보는 행정정보시스템의 구축 근거, 해당 시스템으로 수행하는 행정업무의 수행 근거와 관련된 정보이다. 시스템 정보는 행정정보시스템의 명칭, 개요, 구축 연도, 시스템의 구성 등에 관련된 정보이다. 시스템과 데이터베이스 등의 물리적 구조와 기본정보를 파악하는데 필요한데, 시스템 개발 산출물, EA 정보, 유지관리 자료 등을 참조하여 입력한다. 데이터 정보는 대표 데이터, 파일 형식의 비정형데이터, 암호와 연계시스템의 유무 등과 관련된 정보이다. 테이터 세트의 논리적 구조와 종류를 확인하고, 첨부 파일 형태의 자료와 종류, 뷰어, 저장 방식과 경로 등을 파악하는데 유용하다. 업무정보는 행정정보시스템이 제공하는 기능을 통해 수

273) 행정정보 데이터세트 관리기준표의 작성과 운영은 「NAK 35: 2020(v1.0) 행정정보 데이터세트 기록관리 기준 - 관리기준표 작성 및 이관규격」을 참조하라.

행하는 업무명과 내용 등과 관련된 정보인데, 업무의 종류와 내용을 파악하여 기록물관리 단위와 보존기간 결정에 활용한다. 업무정보는 동일 시스템에 복수의 업무 단위가 구성될 수 있어 복수로 작성할 수 있다.

기록관리 정보는 앞의 5개 영역을 종합 분석하여 기록물관리에 필요한 정보를 기입하는 항목이다. 행정정보데이터 세트의 관리 기준 단위인 단위 기능명, 데이터의 보유 권한과 시스템의 관리 권한, 접근권한, 정보공개 구분, 보존기간, 처분 정보를 관리한다.

행정정보데이터세트 관리기준표는 시스템 운영 부서와 관할 기록관 또는 특수기록관이 협의하여 작성하고, 영구기록물관리기관과 협의하여 확정한다.

제5장 공공기관의 기록물관리

기록물은 업무 활동의 증거이며 정보자산이다. 따라서 기록물의 생산과 관리는 공공기관의 활동, 업무수행과 시스템 운영에 꼭 필요한 요소이다. 좋은 기록물관리는 업무 효율성을 높이고 설명책임을 보장하며, 위험 관리와 업무 연속성을 지원한다.

공공기관은 기록물의 생산과 관리에 관한 법규, 조직 구성원의 필요, 이해관계자의 요구사항 등을 고려하여 기록물관리 방침과 절차를 마련하고 시행해야 한다.

제5장은 공공기관이 기록물을 생산과 관리에 관한 원칙과 절차를 규정하고 있다. 기록물 생산 원칙과 의무, 기록물 등록과 분류·편철, 기록물 정리, 생산 현황 보고, 기록관 또는 특수기록관으로 이관 등이다. 공공기관은 「공공기록물법」이 제시하는 기록물관리 원칙과 절차를 준수하여 기록물을 생산하고 관리해야 한다.

공공기관의 업무는 법규로 관장되고, 구성원들은 법규에 따라 권한을 부여받아 업무를 수행한다.[274] 공공기관은 업무를 수행하면서 일상적으로 기록물을 생산하고 활용하는데, 업무의 입안(立案)부터 종결(終結) 단계까지 다양한 기록물을 생산한다.

---

274) 공공기관은 해당 기관의 설치와 관련된 법규로 사무와 권한이 부여되며, 직제규정, 위임전결 규정에 따라 조직과 구성원의 업무와 권한이 부여된다. 예를들어 행정안전부장관은 「정부조직법」에 따라 "국무회의의 서무, 법령 및 조약의 공포, 정부 조직과 정원, 상훈, 정부혁신, 행정능률, 전자정부, 정부 청사의 관리, 지방자치제도, 지방자치단체의 사무지원·재정·세제, 낙후 지역 등 지원, 지방자치단체간 분쟁조정, 선거·국민투표의 지원, 안전 및 재난에 관한 정책의 수립·총괄·조정, 비상 대비, 민방위 및 방재에 관한 사무"를 분장받는다. 이를 다시 행정안전부 직제 규정과 직제 시행규칙으로 보조기관과 보좌기관별로 업무를 분장하게 된다.

일반적으로 공공기관의 업무는 사안 검토, 내부 의사결정(意思決定), 계획 수립, 관계 부서와의 협의, 업무 집행과 결과 보고 등의 순서로 진행되는데, 그 과정에서 기록물을 생산하고 그 기록물을 통해 의사를 표현하고 업무를 처리한다. 이렇게 생산된 기록물은 조직이 수행한 업무가 정당했음을 입증[275]하게 되고, 업무 담당자는 업무수행 과정에서 기록물을 정보로 활용하게 된다.

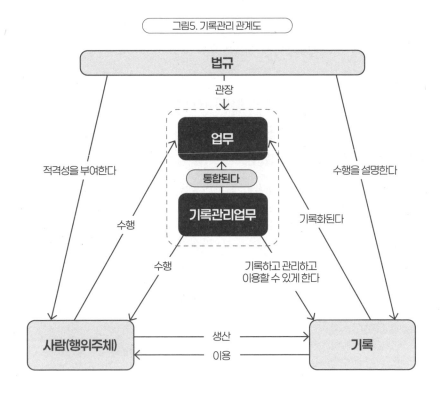

그림5. 기록관리 관계도

출처: KS X ISO 23081-1: 2017, 문헌정보 - 기록관리과정-기록메타데이터-제1부 : 원칙.

---

275) 민주주의 사회에서 공공기관은 책임행정과 투명 행정을 요구받고 있다. 설명책임(accountability)의 입증은 의사결정 과정과 업무수행 과정을 빠짐없이 기록으로 남겨야만 가능하다.

제1절 기록물의 생산 원칙과 주요 기록물 생산 의무

■ 기록물의 생산 원칙

기록물의 생산 관리는 기록물관리의 시작이다.[276] 공공기관의 기록물 생산 관리는 기록화[277] 대상과 기록물 생산 관리 절차를 구체적으로 정하는 것으로부터 출발한다.

공공기관의 기록관 또는 특수기록관의 기록물관리 전문요원은 해당 기관의 기록화 대상을 평가해야 한다.[278] 공공기관이 어떤 기록물을 생산하여 관리할지 결정하기 위해서는 조직과 그 업무 활동에 대한 이해가 필요하다. 또한 조직의 운영, 활동 및 전략적 방향에 영향을 주는 내부 및 외부의 요인, 법규, 내부와 외부 이해관계자의 요구사항, 관리될 필요가 있는 위험 요소, 기능과 업무 활동 및 그 절차 등을 분석해야 한다.

공공기관이 준수하여야 하는 기록물 생산 원칙은 다음과 같다. 공공기관은 업무 입안부터 종결 단계까지 업무수행의 모든 과정과 결과를 기록물로 생산하여 관리될 수 있도록 업무 과정에 기반한 기록물관리를 위하여 필요한 조치를 강구해야 한다(법 제16조 제1항). 이 조문에서 주목되는 '업무 과정에 기반한 기

---

276) 기록물관리는 업무 담당자가 설명책임 관련 기록물을 반드시 생산하고, 업무수행 과정에서 생산된 기록물은 빠짐없이 등록하는 것에서 출발한다. 이와 관련해서 기록물관리 전문요원은 관할 공공기관의 설명책임과 업무 참조에 필요한 기록화 대상으로 정하고, 구성원들이 숙지할 수 있도록 교육, 안내 등을 실시해야 하고, 생산된 기록물의 등록 여부를 지속적으로 점검해야 한다.

277) 기록화는 의사결정, 행위 또는 사건을 입증하기 위해 생산하거나 모은 자료이다(SAA 아카이브 용어사전: documentation). 공공기관은 설명책임 입증이나 법규 준수, 소송 등 위기관리에 필요한 기록물을 생산하여 관리해야 한다.

278) 기록물관리 전문요원의 역할은 어떤 기록을 생산하고 획득해야 하는지, 그 기록을 어떻게 얼마 동안 보관해야 하는지를 결정하기 위하여 업무 활동을 평가하는 것이다(「KS X ISO TR 21946: 2018, 문헌정보 – 기록관리를 위한 평가」, 개요 참조).

록물관리'는 업무수행 과정의 기록물을 빠짐없이 생산하여 관리하는 것이다. 따라서 현행 기록물 분류체계는 정부기능분류 체계를 기록물 분류에 차용하여 단위 과제를 기준으로 업무 활동을 기록화하고 관리하도록 하였다. 또한 공공기관은 공식적으로 결재 또는 접수한 기록물뿐만 아니라 결재 과정에서 발생한 수정 내용, 이력 정보, 업무수행 과정에 보고하거나 검토한 사항 등을 기록물로 남겨 관리해야 한다(시행령 제16조).[279]

---

279) 「공공기록물법」에서는 기록화와 기록관리 대상을 다소 협소하게 정의하였는데, 업무수행 과정에서 생산되는 보고 사항이나 검토 사항 등을 기록으로 남겨 관리하도록 하였다. 공공기관이 업무를 수행하면서 최종 결정 사항만 기록으로 남기는 것이 아니라, 의사결정 과정을 기록화하려는 것이다.

■ 주요 기록물의 생산 의무

「공공기록물법」은 특정 업무에 대하여 공공기관이 기록물을 생산하도록 의무를 부과하였다(법 제17조).[280] 이 규정은 국가 차원에서 기록화 대상을 규율한 것인데, 생산 의무 대상은 조사, 연구 또는 검토 기록물, 주요 회의의 회의록, 주요 업무수행 관련 시청각 기록물이다.[281]

조사, 연구, 검토 기록물

먼저, 조사, 연구 또는 검토 기록물을 생산해야 하는 업무는 다음과 같다(시행령 제17조 제1항).[282]

---

280) 주요 기록물 생산 의무는 「구 사무관리규정」(2011. 12. 21. 대통령령 제23383호 행정업무의 효율적 운영에 관한 규정으로 전부 개정되기 전의 것) 제34조2 정책실명제와 제34조의3 정책자료집이 연원이다. 이 조문은 1998년 7월 1일 신설된 조문이다. 행정기관의 장은 주요 국정 현안, 대규모 국책공사와 예산이 투입되는 사업, 주요 외교와 통상 협상의 내용, 대통령령 이상의 법령 제정, 국민 생활에 큰 영향을 미치는 제도 등에 대한 정책자료집을 생산하도록 하였다. 생산된 정책자료집 1부는 당해 기관에서 보존하고, 1부는 정부기록보존소(현재의 국가기록원)에서 이를 영구보존하도록 하였다. 정책자료집에는 추진 배경과 경과, 계획부터 완결까지의 계획서, 보고서, 일정표, 관련자와 관련자별 업무 분담 내용, 정책, 사업 등을 변경하는 변경된 경위, 관련자 및 관련 기록물 등을 포함하도록 하였다. 「행정업무규정」에는 해당 조문이 '정책의 실명 관리'로 개정되었다(규정 제63조). 행정기관의 장은 주요 정책의 결정이나 집행과 관련된 계획서, 보고서, 회의록 등을 기록하여 관리하도록 하였다. 해당 기록물의 관할 영구기록물관리기관으로 이관 규정은 없다. 구법처럼 정책의 실명 관리로 생산된 기록물은 관할 영구기록물관리기관으로 이관하도록 개정해야 한다. 또한 기록관 또는 특수기록관은 이 규정에 따른 업무와 사업이 단위 과제로 관리되는지 확인해야 하며, 생산되는 기록물을 해당 공공기관의 주요 기록물로 관리해야 한다.

281) 주요 기록물의 생산 의무와 관련해서는 매년 국가기록원이 발행하는 「기록물관리 지침」을 참조하면 생산 대상, 관련 서식, 관리 방식 등에 대한 상세한 정보를 얻을 수 있다.

282) 조사, 연구 또는 검토 기록물 생산 의무 대상은 시행령 제17조 제1항 각호로 나열하고 있다. 그런데 3호는 「행정절차법」에 따른 입법예고 대상과 상당 부분 중복이어서 조문 정비가 필요해 보인다.

① 법령의 제정 또는 개정 관련 사항

② 조례의 제정 또는 개정이나 이에 상당하는 주요 정책의 결정 또는 변경

③ 「행정절차법」에 의하여 행정예고를 해야 하는 사항

④ 국제기구 또는 외국 정부와 체결하는 주요 조약·협약·협정·의정서 등

⑤ 「국가재정법」 제38조 제1항에 해당하는 대규모 사업 또는 동법 시행령 제 14조에 해당하는 대규모 개발사업

⑥ 그 밖에 기록물관리기관의 장이 조사·연구 또는 검토한 내용 및 결과를 기록물로 생산할 필요가 있다고 인정하는 사항

첫째, 법령의 제정 또는 개정, 조례의 제정 또는 개정이나 이에 상당하는 주요 정책의 결정 또는 변경이다. 법령과 조례는 국가 또는 지방자치단체의 강제력을 수반하는 사회적 규범으로 시민이 지켜야 하는 규칙이며, 시민의 권리나 생활에 영향을 준다. 따라서 법령과 조례의 제정 또는 개정에 대한 설명책임, 시민의 알 권리와 행정 참여를 보장하기 위해 생산 의무를 부과하였다.[283]

둘째, 「행정절차법」에 따라 행정예고를 해야 하는 사항으로, 행정청의 정책, 제도 또는 계획의 수립, 시행 및 변경 관련 사항이다.[284] 이 또한 시민의 이해관계와 밀접한 관련이 있는 것으로 정책 등의 수립과 시행, 변경 과정을 조사, 연구 또는 검토 기록물을 생산하도록 하였다.

---

283) 조사·연구서 등의 생산 의무 대상 중 '조례의 제정 또는 개정이나 이에 상당하는 주요 정책의 결정 또는 변경' 조문은 정비가 필요하다. '상당하는 주요 정책'은 주관적 표현이기 때문이다.

284) 「행정절차법」은 행정절차에 관한 공통적인 사항을 규정하여 국민의 행정 참여를 도모함으로써 행정의 공정성·투명성 및 신뢰성을 확보하고 국민의 권익을 보호함을 목적으로 하고 있다. 따라서 「행정절차법」은 법령을 제·개정하거나, 정책, 제도 및 계획을 수립·시행하거나 변경하려는 경우에는 취지, 주요 내용 등을 관보·공보나 인터넷·신문·방송 등으로 공고하도록 하였다.

셋째, 국제기구 또는 외국 정부와 체결하는 주요 조약, 협약, 협정, 의정서 등 외교, 국제교류 등과 관련한 사항이다. 조약, 협약 등은 국익 관련 사안이다. 따라서 해당 사안이 적절하게 검토되고 작성되었는지, 시민의 이해와 부합하는지 등에 대한 면밀한 검토가 필요하다.

넷째, 「국가재정법」에 따른 대규모 사업과 개발사업이다. 대규모 사업이란 총사업비가 500억 원 이상(건축사업의 경우에는 총사업비가 200억 원 이상)이고, 국가의 재정지원 규모가 300억 원 이상인 신규 사업, 「지능정보화 기본법」 제14조 제1항에 따른 지능 정보화 사업, 「과학기술기본법」 제11조에 따른 국가연구개발사업, 그 밖에 사회복지, 보건, 교육, 노동, 문화 및 관광, 환경보호, 농림해양수산, 산업·중소기업 분야의 사업 등이다.[285] 대규모 사업과 개발사업의 경우에는 국가의 막대한 예산이 사용되는 사업이기 때문에 예산이 투명하게 집행되고 사업이 충실하게 추진되었는지 기록물을 남겨 입증하도록 하였다.

마지막으로, 그 밖의 기록물관리기관의 장이 인정하는 사안이다.[286] 앞에서 나열한 사안이 조사, 연구 또는 검토 기록물 생산 의무화의 입법 취지를 모두 반영할 수 없다. 따라서 공공기관의 기록관 또는 특수기록관이나 영구기록물관리기관의 장이 관할 공공기관의 업무와 관련하여 조사, 연구 또는 검토 기록물 생산이 필요하다고 판단하면 그 대상을 지정할 수 있도록 하였다.

---

285) 「국가재정법」(2023. 8. 8. 법률 제19589호) 제38조 제1항, 동법 시행령 제14조.

286) 「구 공공기관기록물법」에서는 '국가정보원장, 합동참모의장, 육군·해군·공군 참모총장과 지방자치단체의 장이 정하는 사항'으로 규정하였다(시행령 제7조 제1항 제5호). 「공공기록물법」에서는 조사·연구서 등의 작성 대상지정 권한을 확대하여 기록관, 특수기록관 및 영구기록물관리기관의 장에게 부여하였다. 이와 관련하여 공공기관의 기록물관리 전문요원은 해당 기관의 주요 기록물 생산 의무 부과가 필요한 사안이 있는지를 검토하고, 생산 의무 부과의 필요성이 인정되는 경우에는 기록관장 또는 해당 공공기관의 장에게 보고하여 생산 의무를 부과해야 한다.

공공기관이 조사·연구 또는 검토와 관련하여 생산해야 하는 기록물에는 설명책임을 위해 의무적으로 포함해야 하는 정보가 있다(시행령 제17조 제2항).[287] 조사·연구 또는 검토 배경, 제안자 및 해당 과제를 수행하는 담당자, 관련자의 소속·직급 또는 성명, 기관장 또는 관계기관의 지시·지침 또는 의견, 조사 내용 관련 현황과 통계 및 검토 내용, 조사·연구·검토의 결과 도출된 각종 대안과 조치에 필요한 의견, 예상되는 효과 또는 결과의 분석 등의 사항이다. 이와 같은 구성요소는 행정의 투명성과 책임성을 갖기 위한 것이며, 검토 내용과 대안 등을 남겨 행정 참고 목적으로도 활용하려는 것이다.

회의록

생산 의무가 부과되는 두 번째 유형은 회의록[288]이다. 회의가 개최되면 의사결정 과정을 투명하게 남기고, 훗날 행정에 참조하기 위해 회의록을 작성하는 것은 상식이다. 그러나 상식과 달리 「공공기록물법」 제정 당시 공공기관은 회의록을 제대로 생산하지 않거나, 생산하더라도 회의 결과만 남겨져 있어서 의사결정 과

---

287) 이 규정은 여러 차례 개정되었다. 「구 공공기관기록물법 시행령」은 조사·연구 또는 검토서를 작성하도록 하였다(제7조). 「구 공공기록물법 시행령」(2017. 9. 19. 대통령령 제28303호로 개정되기 전의 것)에서는 업무관리시스템을 도입하여 단위 과제별로 조사·연구 및 검토와 관련된 기록물을 생산하여 관리하면 별도의 조사·연구서 등을 작성하지 않도록 하였다(제17조 단서). 현행 규정에는 생산 의무 대상 업무를 추진하는 과정에서 '조사·연구 또는 검토한 내용 및 결과를 기록물로 생산·관리'하도록 하였다(시행령 제17조). 그런데, 개정 내용은 자칫 행정편의주의로 전락할 수 있다. 현실적으로 조사·연구, 검토서에 포함되어야 할 내용이 빠짐없이 기록물로 생산되었는지 확인할 수 없기 때문이다. 또한 시민 입장에서는 종전처럼 별도의 조사, 연구, 검토서를 이용하는 것이 행정을 감시하거나 필요한 정보를 얻는데 수월하다. 따라서 현행 개정 규정이 설명책임을 위해 반드시 기록물을 남기도록 했던 입법 취지에 부합하는지 의문이다.

288) 회의나 청문(聽聞)을 기록한 글이다. 일반적으로 회의나 청문 과정의 사건들을 기술하며, 참석자, 참여자가 인식하는 문제의 내용, 문제에 대한 답변과 결정을 적어 놓는다.

정을 확인할 수 없었던 사례가 빈번하였다.[289] 현재도 이러한 관행이 완전히 불식되지 않아서 회의가 개최되었으나 무슨 논의가 있었는지 알 수 없거나, 의사결정은 있었으나 그 과정을 확인할 수 없어서 졸속 행정이라는 비난을 종종 듣고 있다.[290]

따라서 「공공기록물법」은 주요 직위자가 참석하거나 의사결정 관련 회의는 반드시 회의록을 생산하도록 의무를 부과하였는데. 대상 회의는 다음과 같다(시행령 제18조 제1항).[291]

289) 특별기획취재팀, <기록이 없는 나라 ⑤-1>, 부실투성이 정부 회의록, 세계일보, 2004. 6. 4. 회의록의 작성과 공개는 정부의 설명책임을 입증하고 시민의 알 권리를 보호하기 위한 중요한 수단이다. 미국은 「Sunshine Act」라고 하는 회의 공개법이 있는데, 연방과 주 정부 차원에서 의사결정 과정의 투명성과 개방성을 보장하기 위해 제정되었다. 정부 기관과 공무원들의 특정한 회의를 공개하여 시민들이 민주적 절차를 확인하고 참여할 수 있도록 하였다. 회의 공개법은 정부 기관이 시민들에게 회의를 사전 공개하고, 회의록을 공개하는 것을 원칙으로 하고 있다. 또한 시민들이 회의에 참석하고 참관할 권리를 보장한다.

290) 최근에도 국가 정책이나 공공기관의 의사결정 관련 논란에는 회의록 부실 문제가 지적된다. 홍인택, "백년대계 정하는데 '깜깜이' 국교위 - 회의록은 반 장짜리, 속기록은 비공개", 한국일보, 2023. 1. 18. 김해정, "노동개혁 상생임금위 밀실 운영-법적 근거도 회의록도 없다", 한겨레, 2023. 10. 10. 송진식, "회의록 없고, 조달청 계약위탁 막고···LH이사회 부실운영논란", 경향신문, 2021. 3. 22.

291) 기록물관리 전문요원은 해당 공공기관의 소관 법률을 숙지하여 회의록 작성과 관리가 필요한 회의를 파악하고, 해당 처리과에 회의록 생산을 안내해야 한다.

① 대통령 또는 국무총리가 참석하는 회의[292]

② 주요 정책의 심의 또는 의견 조정을 목적으로 차관급 이상의 주요 직위자를 구성원으로 하여 운영하는 회의[293]

③ 정당과의 업무협의를 목적으로 차관급 이상의 주요 직위자가 참석하는 회의[294]

④ 개별법 또는 특별법에 따라 구성된 위원회 또는 심의회 등이 운영하는 회의[295]

⑤ 지방자치단체장, 교육감 및 「지방교육자치에 관한 법률」 제34조에 따른 교육장이 참석하는 회의

⑥ 그 밖의 공공기관의 장 및 「고등교육법」에 따라 설립된 학교의 장이 참석하는 회의

---

292) 대통령이 참석하는 대표적인 정례 회의는 대통령비서실의 수석보좌관 회의, 국무회의이다. 국무회의는 대통령과 국무총리가 번갈아 가면서 주관한다. 대통령이 의장인 회의는 국가안전보장회의, 국가과학기술자문회의, 통일자문회의, 국가인적자원위원회 등이 대표적이다. 한편 국무총리가 의장인 회의는 국가지식재산위원회, 소비자정책위원회, 원자력진흥위원회, 양성평등위원회 등이 대표적인 회의이다.

293) 4차산업혁명위원회, 경제사회노동위원회, 국가교통위원회, 고용정책심의회, 경제정책조정회의, 외국인투자위원회 등이 있다.

294) 정당과의 업무협의를 목적으로 하는 회의는 「당정협의업무 운영규정」(2017. 12. 14. 국무총리훈령 제703호)에 근거를 두고 있다. 당정업무 협의는 국무총리가 총괄 조정하고, 법률안, 대통령령안, 국민 생활 또는 국가 경제에 중대한 영향을 미치는 정책안은 각 부, 처, 청 및 위원회가 여당과 협의하도록 하였다. 또한 국무총리를 운영총괄로 하는 고위당정협의회, 부처별당정협의회를 운영하도록 하였다. 그런데 「당정협의업무 운영규정」에는 회의록 작성에 대한 규정이 없다. 따라서 생산 의무 제도의 실효성을 확보하려면 「당정협의업무 운영규정」에 회의록 생산과 관리 의무를 부여해야 한다.

295) 개인정보보호위원회(개인정보보호법), 정보공개심의회(정보공개법), 문화유산위원회(문화유산의 보존 및 활용에 관한 법률). 국토정책위원회(국토기본법), 환경정책위원회(환경정책기본법) 등이 대표적이다.

⑦ 「공공기록물법」시행령 제17조제1항에 따라 기록물 생산 의무가 부과되는
   업무 또는 사업 관련 심의 또는 의견 조정을 목적으로 관계기관의 국장급
   이상 공무원 3인 이상이 참석하는 회의
⑧ 그 밖에 회의록 작성이 필요하다고 인정[296]되는 주요 회의

회의록 작성 대상을 보면 주요 의사결정 과정을 기록물로 남기려는 이 규정의 입법 취지가 잘 드러난다. 먼저, 국정의 수반인 대통령과 대통령의 명에 따라 행정부를 통할하는 국무총리가 참석하는 회의는 빠짐없이 회의록을 생산하도록 하였다. 지방자치단체장, 교육감, 대학 총장, 그 밖의 공공기관의 장이 참석하는 회의도 대상이다.

다음으로 주요 정책 결정을 위해 차관급 이상의 직위자들이 참석하는 회의와 정당과의 업무협의 관련 회의도 대상이다. 개별법 또는 특별법에 따른 위원회 또는 심의회도 대상이다. 이러한 회의의 대부분은 공공기관이 업무수행 과정에서 민간 전문가의 의견을 듣거나, 관련 공공기관 간의 업무 협의나 의견 조정을 위해 설치한다. 따라서 이들 회의록은 공공기관이 의사결정 과정에 시민사회의 의견을 어떻게 청취하고 반영했는지, 관계기관의 의견은 어떠했는지를 확인할 수 있다.

또한 「공공기록물법」에 따른 기록물 생산 의무가 부과된 사업 또는 업무와 관련하여 관계기관 국장급 이상 공무원 3인 이상이 참석하는 회의도 회의록 작성 대상이다. 이 경우 국정운영과 관련된 주요 사항을 관계기관이 어떻게 의견을 조정했는지를 확인할 수 있다.

---

296) 그 밖에 회의록 작성이 필요하다고 인정되는 주요 회의는 인정의 주체가 없다. 생산 의무를 부과하는 회의이기 때문에 회의 운영 주체가 회의록 작성 여부를 판단하는 것은 합리적이지 않다. 입법 보완이 필요한 사항이기는 하나 회의록 생산 의무를 부과하는 주체는 관할 기록물관리기관의 장으로 보는 것이 입법 취지에 부합한다.

회의록 작성은 대상 회의를 소집하거나 주관하는 공공기관이 작성한다. 주관기관이 불분명하거나 회의를 주관하는 기관이 공공기관이 아닌 경우에는 회의 참석자 중 회의 안건 관련 업무의 연관성이 가장 높은 공공기관을 정하여 해당 공공기관이 작성해야 한다(시행령 제18조 제4항).[297] 회의록은 회의의 명칭, 개최 기관, 일시와 장소, 참석자와 배석자 명단, 진행 순서, 상정 안건, 발언 요지[298], 결정 사항 및 표결 내용에 관한 사항을 포함하여 작성해야 한다(시행령 제18조 제2항).[299]

---

297) 회의 소집 또는 주관기관이 불분명한 회의는 사전에 회의 참여 공공기관이 협의하여 회의록 작성 주체를 정해야 한다.

298) 「구 공공기관기록물법 시행령」(2000. 12. 29. 대통령령 제17050호로 개정되기 전의 것) '발언 내용'이었는데, 1년도 시행하지 않고 시행령을 개정(대통령령 제17050호)하여 '발언 요지'로 바꾸었다(제18조 제2항). 이를 두고 학계와 시민단체에서는 회의록 작성 부실을 우려하여 '개악'이라고 비판하였는데, 현행 규정에도 그대로 반영되어 있다. 발언 내용과 요지는 상세함의 차이인데, 발언 요지 작성 시 핵심적인 내용이 빠지지 않도록 회의록을 작성해야 한다. 이 조항의 입법 취지는 의사결정 과정을 투명하게 남기는 것이기 때문이다.

299) 회의록 생산에 관한 쟁점은 회의록이 회의 개요와 결과를 등 형식적으로 작성된다는 것이다. 따라서 회의록 작성의 관건은 상정 안건에 대해 참석자들의 주요 발언 내용이 빠짐없이 기재되어야 하고, 회의에서 결정된 사항과 표결이 있는 경우에는 표결의 결과도 기재되어야 한다.

 그런데, 회의록은 작성도 중요하지만, 체계적인 관리를 위해서는 전자기록생산시스템으로 회의록을 생산 또는 등록하여 관리해야 한다.[300] 회의록은 해당 회의 관련 단위 과제에 분류하고 보존기간을 정하는 것이 원칙이나, 생산의무 부과 회의록은 해당 단위 과제의 보존기간이 한시이면 분리하여 별도의 단위 과제를 만들고 보존기간은 30년 이상으로 하는 것이 바람직하다.

 다음은 회의록 생산 의무 대상 중에서 속기록 등을 작성해야 하는 회의이다. 영구기록물관리기관장은 회의록 작성 대상 회의 중에서 회의 과정을 상세하게 남겨야 할 필요가 있는 회의는 속기록 또는 녹음기록을 함께 생산하도록 지정할 수 있다(시행령 제18조 제2항 후단). 속기록(速記錄) 또는 녹음기록 생산 지정 대상 회의는 참석자를 기준으로 대통령 또는 국무총리가 참석하는 회의, 정책 심의와 조정을 위해 차관급 이상의 직위자가 참석하는 회의, 지방자치단체장, 교육

---

300) 회의록은 일반적으로 회의록 작성 의무가 있는 담당자가 회의에 참석하여 필기하거나 녹음한 후 녹취하여 초안을 작성한다. 그리고 회의 참석자들의 회람을 거쳐 회의록을 확정한다. 시행령에서 규정한 '생산'은 회의 담당자가 이렇게 확정된 회의록을 전자기록생산시스템으로 전자결재하는 것을 말한다. '등록'은 회의록을 비전자기록물로 결재하는 경우 전자기록생산시스템의 비전자기록물 등록 기능을 이용하여 등록하고 그 등록번호를 회의록에 표기하여 관리하는 것을 말한다. 한편, 생산 의무 부과 회의록의 보존기간에 대해서는 법령상 별도 규정이 없다. 다만, 국가기록원은 지침으로 단위 과제 또는 단위 업무와 보존기간을 같게 책정하고, 속기록 또는 녹음기록 작성 대상 회의의 경우에는 해당 단위 과제 또는 단위 업무의 보존기간을 30년 이상으로 책정하도록 권고하였다. 그런데, 필자는 생산 의무가 부과되는 회의록은 모두 장기 보존할 필요가 있다고 생각한다. 생산 의무가 부과되었다는 것은 해당 사안의 중요도가 높다는 판단을 포함하고 있기 때문이다. 따라서 생산 의무 부과 회의록은 별도의 단위 업무 또는 단위 과제를 설정하고 보존기간을 장기로 정할 필요가 있다. 회의록의 분류와 등록은 국가기록원의 「2024년 기록물관리 지침」(58쪽)을 참조하라.

감 또는 교육장이 참석하는 회의, 법에 따라 구성된 위원회 또는 심의회이다.[301]

속기록 또는 녹음기록 생산 대상으로 지정되면 해당 공공기관은 속기록이나 녹음기록 중 하나를 선택하여 생산해야 한다. 이렇게 생산된 속기록 또는 녹음기록은 회의록의 첨부로 함께 등록해야 하며, 녹음기록의 경우에는 녹취록을 함께 생산하도록 하였다.[302]

그런데 속기록과 녹음기록은 전부 또는 일부를 일정 기간 비공개할 수 있도록 하였다(법 제17조 제2항, 시행령 제18조 제3항). 속기록이나 녹음기록이 공개되면 회의 참석자들의 발언이 위축되거나 의사결정 과정이 공개됨으로써 발생할 수 있는 논란을 예방하려는 조치이다.[303] 이 경우 속기록 등의 비공개 기간은 10년을 초과할 수 없으며, 대통령이 참석하는 회의는 15년을 초과할 수 없도록 하였다.[304] 대통령이 참석하는 회의의 속기록 비공개 기간을 달리 정한 것은 「대통령기록물법」에 의한 지정기록물의 그 보호기간이 15년이기 때문이다.

---

301) 속기록 등이 추가로 부가되는 회의는 의사결정 과정의 투명성이 더 필요한 회의가 그 대상이다. 회의록은 회의의 진행 과정, 내용, 결과 등을 정리해서 적은 기록이고, 회의 속기록은 회의의 진행 과정과 참석자의 발언을 그대로 옮겨 적은 기록이다. 이와 관련하여 국정운영 관련 핵심 회의인 국무회의, 차관회의는 속기록 작성 대상으로 미지정되었다. 몇 차례 속기록 작성 대상 회의 지정을 시도하였으나 이번 대통령실과 행정안전부의 반대로 좌초되었다.

302) 속기록 등의 작성 대상 회의는 국가기록원이 홈페이지에 고시한다. 현재 대상 회의는 국가인권위원회 전원회의, 국민권익위원회 전원회의 원자력진흥위원회, 정보통신전략위원회, 고용정책심의회, 공정거래위원회 전원회의, 금융위원회, 국방부 정책회의, 방송통신위원회 전원회의, 국가기록관리위원회, 정보공개위원회, 공공데이터전략위원회 등이 대표적이다. 합의제 행정기관의 전원회의, 국가 정책 관련 심의회 등이 주로 지정되었다.

303) 「구 공공기관기록물법」에는 없던 내용이다. 속기록 등의 비공개 보호는 회의 참석자들이 자유롭게 의사를 표현할 수 있도록 하고, 공개 문제로 속기록 또는 녹음기록 생산 기피를 예방하려는 취지이다.

304) 해당 조문은 「정보공개법」(제9조 제1항 제1호)에서 규정하고 있는 '다른 법률 또는 법률에서 위임한 명령에 따라 비밀이나 비공개 사항으로 규정된 정보'에 해당한다. 따라서 공공기관은 「공공기록물법 시행령」제18조 제3항을 근거로 속기록을 일정 기간 비공개할 수 있다.

시청각 기록물

생산 의무가 부여된 세 번째 대상은 시청각 기록물이다. 시청각 기록물은 생생하게 사안을 전달하고 확인할 수 있는 장점이 있다.[305] 따라서 공공기관은 문서 형태의 기록물을 보완하여 업무수행 과정을 충실하게 설명할 수 있도록 시청각 기록물의 생산이 필요하다.

공공기관은 업무수행 과정에서 시청각 기록물 생산 의무 부과 여부를 반드시 확인해야 하는데, 생산 의무가 부과된 대상은 다음과 같다(시행령 제19조 제1항).

① 대통령, 국무총리와 중앙행정기관의 장, 지방자치단체장 및 교육감, 교육장, 그 밖의 공공기관의 장과 「고등교육법」에 따라 설립된 학교장 등 주요 직위자들의 업무 관련 활동과 인물사진

② 외국의 원수·수상 그밖에 주요 외국 인사의 주요 동정 중 대한민국과 관련되는 사항

③ 국가 및 지방자치단체의 주요 행사

④ 국제기구 또는 외국과의 조약, 협약, 협정, 의정서, 교류 등의 추진과 관련된 주요활동

⑤ 「국가재정법」 시행령 제13조 제1항 및 제14조에 해당되는 대규모 사업·공사

⑥ 대규모의 토목·건축공사 등의 실시로 본래의 모습을 찾기 어렵게 되는 사항

---

305) 서울시의 건설 영상 기록물관리 방침은 시청각 기록물관리의 장점을 보여주는 대표적인 사례이다. 서울시는 부실 공사를 예방하기 위해 공사비 100억 원 이상의 공공 공사장의 모든 시공 과정을 동영상으로 기록하여 관리하는 시스템을 도입하였다(『건설공사 동영상 기록관리 매뉴얼』, 서울특별시 도시기반시설본부, 2022. 10. 28).

⑦ 철거 또는 개축 등으로 사라지게 되는 건축물이나 각종 형태의 구조물이 사료적 가치가 높아 시청각 기록물로 그 모습을 보존할 필요가 있는 사항

⑧ 다수 국민의 관심 사항이 되는 주요 사건 또는 사고로서 공공기관의 장이 시청각 기록물의 작성·보존이 필요하다고 인정하는 사항

⑨ 증명적 가치가 매우 높아 그 현장 또는 형상을 시청각 기록물로 보존할 필요가 있는 사항

⑩ 국내 최초의 출현물로서 사료적 가치가 높은 사항

⑪ 그 밖에 시청각 기록물의 생산이 필요하다고 인정되는 사항

시청각 기록물 생산 의무 부과 대상 중에서 대통령 취임식, 「국가장법」에 따른 장의행사[306], 국가적 차원에서 추진이 필요하다고 인정되어 특별법으로 정한 국제행사 또는 체육행사, 다수의 외국 국가원수 또는 행정수반이 참석하는 국제회의, 공공기관의 장과 국가기록원장이 협의하여 정한 대규모 사업 또는 공사 등의 경우, 해당 공공기관의 장은 동영상 기록물을 생산하도록 하였다(시행령 제19조 제2항). 이 경우 동영상 촬영 개요 및 시간별 촬영 세부 사항 등을 포함한 설명문을 별도로 작성해야 한다.

한편, 영구기록물관리기관의 장은 주요 기록물을 직접 생산할 수도 있다. 영구기록물관리기관의 장은 주요 기록물의 보존을 위하여 관련 기록물의 직접 생산이 필요하다고 인정하는 경우에는 해당 사안 관련 공공기관의 장과 협의를 거쳐 그 공공기관 또는 행사 등에 소속 공무원을 직접 파견하여 기록물을 생산할 수 있다(법 제17조 제4항).[307]

306) 국가장(國家葬)은 국가 또는 사회에 현저한 공훈을 남김으로써 온 국민의 추앙을 받고 서거(逝去)한 사람의 장의(葬儀)를 말한다.

307) 영구기록물관리기관이 주요 기록물을 직접 생산할 수 있는 근거를 법에 마련하였으나, 구체적인 절차가 하위 법령에 반영되어 있지 않다. 법의 실효성을 확보하기 위해서는 보완이 필요하다.

제2절 기록물의 생산 관리

■ 기록물 등록

등록은 생산된 기록물을 공인(公認)하고, 기록물관리에 필요한 메타데이터를 획득하는 과정이다.[308] 등록 대상은 공공기관이 업무수행 과정에서 생산[309] 또는 접수한 기록물이다. 따라서 공공기관은 업무수행 과정에서 관련 법규, 이해관계자의 요구사항, 행정 참조 등을 고려하여 특정 기록물을 유지하고 관리될 필요가 있다고 평가[310]되면 해당 기록물을 생산하여 기록물관리 대상으로 획득[311]해야 한다.

---

308) 등록의 사전적 의미는 '법령의 규정에 따라 일정한 사항을 공증하여 법률적 보호를 받을 수 있도록 관청 장부에 기재하는 일'이다(Oxford Languages and Google). 따라서 등록은 기록물에 공식적인 효력을 부여하고 기록물의 품질 요건 관련 메타데이터를 획득하는 절차이기도 하다. 등록정보는 KS X ISO 23081-1(5.2.2)의 '기록 획득 시점 메타데이터'에 해당한다.

309) 「공공기록물법」에는 생산에 대한 정의가 없다. 「행정업무규정」에서는 문서의 성립과 효력의 발생을 "문서는 결재권자가 해당 문서에 서명의 방식으로 결재함으로써 성립하다."고 규정하고 있다(제6조 제1항). '생산' 시점의 법적 판단은 「공공기록물법」에 생산의 정의가 없어서 「행정업무규정」 규정을 인용하고 있다.

310) 평가는 기록관리 전문가가 조직의 기능, 업무 활동에 대한 이해를 바탕으로 업무 활동의 증거를 위한 기록 요구사항을 결정하는 과정이다.

311) 획득은 기록물을 기록관리시스템으로 받아들이는 행위이다. 획득을 보장하기 위해서는 기록물을 적절히 연결하고, 그룹화하며, 분류하여 논리적인 구조와 순차로 배열하고, 기록관리시스템 내에 기록이 존재한다는 증거를 마련하는 등록이 필요하다(「KS X ISO 15489-1: 2016」, 7.3 기록 획득).

공공기관의 업무 담당자는 기록물을 등록하는 경우 「공공기록물법」에 따라 기록물관리에 필요한 메타데이터 입력[312], 분류[313]와 편철을 시행해야 한다(법 제18조). 다만, 기록물의 등록, 분류와 편철의 예외가 인정되는 경우가 있다(법 제18조 단서).[314] 기록물의 특성상 등록, 분류, 편철 등의 방식을 달리 적용할 필요가 있다고 인정되는 수사·재판 관련 기록물은 관계 중앙행정기관의 장이 국가기록원장과 협의하여 따로 정할 수 있다.

등록 시점은 기록물의 생산 직후가 원칙인데, 기록물 유형별로 다소 다르다(시행규칙 제4조).[315] 문서류는 결재권자가 결재하거나 보고가 끝난 직후이다. 시청각 기록물의 경우 '사진과 필름류는 보존 대상 기록물로 적합한 작품을 선정한 후', 영화, 비디오, 오디오류는 '촬영·녹화 또는 녹음된 기록물을 편집하여 기록물이 완성된 후'이다. 접수 기록물은 접수[316]와 동시에 접수등록번호를 부여해야 하고, 기록관 또는 특수기록관이 직접 수집한 기록물은 기록관리시스템으로 획득한 시점에 등록번호를 부여한다.

312) 기록물 메타데이터는 최대한 자동으로 생성되고 획득하여 관리하는 것이 원칙이다. 그러나 기록물 제목, 분류 정보, 공개 여부 구분 등 업무 담당자가 직접 입력해야 하는 메타데이터 항목이 있다. 이 경우 기록물생산시스템은 기록물 생산과정에 필요한 메타데이터를 획득할 수 있도록 기능을 구현해야 한다.

313) 등록 과정에서 기록물을 분류하는 것은 기록물의 생산 맥락을 온전하게 관리하려는 의도이다.

314) 검찰청, 경찰청의 수사 관련 기록물이 여기에 해당한다. 특히 검찰청의 형사사건기록은 종전부터 「검찰보존사무규칙」에 따라 관리하였다. 수사 업무는 「형사소송법」에 따라 진행되어 기록물의 생산, 관리 방식이 상당히 다르다. 따라서 이들 기록물은 해당 중앙행정기관의 장이 국가기록원장과 협의하여 등록, 분류 등의 절차를 따로 정할 수 있도록 인정하였다. 다만, 그동안 수사 기록물관리와 관련된 협의는 따로 없었다.

315) 결재와 동시에 기록물을 등록하도록 한 것은 기록물을 생산한 사람이 명시된 시점에 생산하였다는 것을 입증하여 기록물의 진본성을 확보하려는 의도이다. 또한 생산된 모든 기록물을 빠짐없이 획득하여 관리하기 위한 목적도 있다.

316) 접수는 공공기관, 민간기관, 단체 및 개인 등이 보내온 기록물을 관련된 처리과에서 접수하는 것을 말한다. 처리과는 해당 문서가 도달하면 접수하여 관리해야 한다(「행정업무규정」제18조).

공식 문서가 아니더라도 기록물로 등록해야 하는 대상이 있는데, 주요 직위자의 업무 관련 메모, 일정표, 방문객 명단 및 대화록, 주요 업무 관련 반려 또는 수정 문서, 그 밖에 영구기록물관리기관의 장이 정하는 기록물 등이다(시행령 제21조).[317]

등록 대상이 되는 주요 업무 관련 반려 또는 수정 문서는 법령 및 조례의 제·개정 관련, 주요 정책의 결정 또는 변경, 주요 조약·협정, 대규모 개발 사업 등 조사·연구 또는 검토 기록물의 생산 의무가 부과된 업무이다. 이러한 업무는 업무의 투명성을 위해 최종 결과뿐만 아니라 의사결정 또는 업무수행 과정의 업무이력을 남겨야 한다. 반려 문서나 재작성 전의 원본 문서의 등록 시점은 반려된 직후 또는 재작성 문서로 교체된 직후이다.[318] 그런데 전자기록생산시스템으로 반려 또는 재작성 전의 문서를 다시 작성한 문서의 첨부 형태로 관리하면 별도의 등록번호를 부여하지 않을 수 있다.[319]

---

317) '공식 문서'라는 용어를 사용하는데, 그 정의는 분명하지 않으나, 「행정업무규정」에서 사용하는 공문서와 유사한 개념으로 보인다. '공식 문서 외(外)'는 문구상으로는 '결재'받지 않은 기록물을 말한다. 또한, 메모, 일정표, 대화록 등도 포함하고 있어서 기록물의 속성이나 품질 요건을 갖추지 못한 경우에 해당하는 것으로 보인다.

318) 반려 문서 등의 등록은 업무 담당자가 업무 설명책임을 입증하거나 참고 자료로 활용할 필요가 있으면 반려 직후 또는 새로운 기록물을 생산한 직후에 등록하여 기록물로 관리할 수 있다. 이는 의사결정 과정의 설명책임과 관련된다. 한편, 공식 문서 이외의 중요 기록물에 해당하는 반려된 문서, 재작성 전의 원본 문서는 반드시 등록하여 관리해야 하는데(「공공기록물법 시행령」제21조 제1항 제2호), 「공공기록물법 시행령」제17조 제1항에 따라 생산 의무가 부여된 기록물이 여기에 해당한다.

319) 전자기록생산시스템으로 결재하는 과정에서 반려나 재작성하게 되는 경우 원본 문서를 종결하지 않고, 시스템에서 재작성 기능을 이용하는 경우 반려나 재작성 전 원본 문서는 자동으로 첨부된다. 따라서 이 경우 기안자는 반려나 재작성 전 원본 문서를 별도로 등록할 필요가 없다.

기록물 등록은 전자기록생산시스템의 기능을 이용하여 등록한다(시행령 제
20조 제1항).[320] 행정기관이 사용하는 전자문서시스템과 업무관리시스템은 결재
와 동시에 자동으로 등록하도록 기능이 구현되어 있다. 기록물은 등록과 동시
에 고유 식별번호인 등록번호[321]를 부여받게 되는데, 전자기록물은 자동으로 표
기되고, 비전자기록은 전자기록생산시스템으로 부여받은 등록번호를 해당 기록
물에 업무 담당자가 직접 표기해야 한다. 등록번호 부여 방식은 예외가 있는데,
첫째, 그 밖의 공공기관의 경우에는 기록물의 등록번호 표기방식과 구성을 해
당 공공기관이 장이 정할 수 있다(시행령 제20조 제3항 단서). 둘째, 업무관리시
스템으로 생산된 행정정보 중 기록물의 특성상 등록번호를 부여할 수 없는 경우
에는 해당 시스템에서 부여하는 고유 식별 번호로 등록번호를 대체할 수 있다
(시행령 제20조 제1항 단서).

한편, 본문과 첨부물의 규격 차이가 심한 비전자 기록물이나 서로 다른 기록
매체로 구성[322]되어 있으면 본문과 첨부를 분리하여 등록해야 한다.[323] 분리 등록
하는 기록물 첨부물의 등록번호는 본문의 등록번호에 첨부 일련번호를 추가하

320) 기록물 생산 관리의 최대 쟁점은 생산한 기록물을 등록하지 않아 기록물관리 대상에서 빠지
는 것이다. 특히 비전자로 생산한 기록물은 업무 담당자가 직접 등록해야 하는데, 실수나 의
도적으로 등록하지 않는 사례가 발생한다. 이와 관련하여 「공공기록물법」에는 벌칙이 없으나,
「행정업무규정」 제67조 제1항에 따라 "결재받은 문서를 등록하지 아니한 공무원"은 징계나
그 밖에 필요한 조치를 해야 한다. 해당 규정의 연원은 「구 사무관리규정」(1998. 8. 7. 대통령령
제16521호) 보칙이다.
321) 처리과기관코드+생산 연도+연도별 일련번호이다. 다만, 기록물에는 처리과기관코드가 아니
라 처리과명을 표기(출)한다.
322) 비전자 기록물은 본문과 붙임의 문서 규격이 다르거나, 붙임이 도면, 시청각 기록물 등 본문과
형태나 매체가 다른 경우, 전자기록물 경우에는 붙임 파일이 비전자이거나 별도의 매체에 수
록된 파일이 있는 경우이다.
323) 본문과 첨부물이 규격 차이가 심하거나 서로 다른 기록매체의 경우에는 보존 단계에서 분리
하여 관리해야 해서 식별과 관리를 위하여 각각 등록번호를 부여하는 것이다.

여 번호를 구성한다.[324]

등록번호의 표기 방법은 다음과 같다(시행규칙 제5조제1항). 기안문이나 시행문처럼 생산등록번호 또는 문서번호란[325]이 설치되어 있는 경우에는 해당란에 표기하고,[326] 문서관리카드는 관리정보의 문서번호란에 생산등록번호를 표기한다. 생산등록번호 또는 문서번호란이 설치되어 있지 않은 기록물은 그 기록물의 좌측 상단의 여백에 규칙이 정한 표시(시행규칙 제5조 별표1)를 하여 생산등록번호를 표기한다.[327] 사진 또는 필름류의 기록물은 사진 뒷면이나, 그 사진·필름 등을 부착한 종이의 좌측 상단 여백에 규칙의 표시 방법에 따라 생산등록번호를 표기한다. 다만, 동일한 사진과 필름 등에 대하여는 동일한 생산등록번호를 표기한다. 테이프·디스크·디스켓류의 기록물은 그 기록물의 그 보존 용기에 규칙의 표시 방법에 따라 생산등록번호를 표기한다. 그 밖에 기록물의 재질 또는 규격상 기록물 자체에 생산등록번호를 표기하기 곤란한 기록물에 대하여는 그 기록물을 넣은 봉투 또는 보존용기에 규칙의 표시방법에 따라 생산등록번호를 표기한다.

한편 접수문서의 경우에는 부서별 문서담당자(서무)가 접수한 때에 자동으로 문서등록대장에 등록된다. 비전자기록물의 경우에는 생산과 접수시에 업무담당자가 전자기록생산시스템의 비전자기록 등록 기능을 활용하여 직접 입력해야

---

324) 분리등록번호는 '처리과기관코드+생산 연도+연도별 일련번호+첨부 일련번호'로 구성한다.

325) 문서번호는 「구 사무관리규정」(1999. 12. 7. 대통령령 제16609호로 개정되기 전의 것)에서 사용하던 용어인데, 「구 공공기관기록물법」 제정과 함께 '등록번호'로 개정되었다. 따라서 문서번호란은 등록번호란으로 개정해야 한다.

326) 전자문서시스템에서 생산되는 전자문서에 해당한다. 전자문서시스템의 경우에는 기안문과 시행문이 구분되어 있다.

327) 등록번호의 표시 방법은 아래와 같다. 주로 비전자 기록물에 해당한다.

생산	(. - .)	접수	(. - .)

한다(시행규칙 제5조 제2항).

접수등록번호는 시행문 서식 또는 접수인에 의하여 접수된 기록물은 접수번호란, 그 이외의 기록물은 생산등록번호 표기 방식과 동일한 방법으로 우측 상단의 여백에 별표 1의 표시방법에 따라 접수등록번호를 표기한다.

기록물 등록은 기록물의 진본성, 신뢰성, 무결성, 이용가능성 보장에 필요한 메타데이터를 획득하는 과정이기도 하다.[328] 따라서 공공기관은 기록물을 등록할 때 국가기록원장이 정한 등록 정보를 생산해야 한다(시행령 제20조 제1항).[329] 등록 정보는 국가기록원장이 정하는 바에 따라 전자적으로 생산관리해야 하는데, 기록물명, 기안자, 결재자, 수·발신자, 단위 과제명 등 기록의 내용, 맥락, 구조 등과 관련된 정보로 구성되어 있다.[330] 이렇게 만들어진 등록 정보는 임의로 수정하거나 삭제할 수 없도록 관리되어야 한다(시행령 제20조 제2항).[331] 이는 기록물에 대한 진본성, 무결성 등을 보증하려는 의도이다. 다만, 공개 여부, 접근권한 등의 등록 정보는 기록관리 과정에서 수정이 가능하다.[332] 이들 항목은 업무 활동, 규제 환경의 변화에 따라 비공개 사유가 소멸하거나, 접근

---

328) '획득 시점 메타데이터'이다. 획득 시점 메타데이터는 기록물을 생산하거나 접수하는 시점에 만들어져서 고정되면 변경할 수 없는 메타데이터이다. 주로 생산 또는 접수한 기록의 업무 맥락, 기록물과 기록시스템 간의 의존성과 관련성, 법적, 사회적 맥락에 대한 관련성, 기록물을 생산, 관리, 이용하는 행위자에 대한 관련성 등을 기술해야 한다. 획득 시점 메타데이터는 국가기록원장이 정하는 '등록 정보'를 말한다.

329) 전자기록생산시스템이 구축되기 전까지는 등록대장을 사용하였는데, 「구 정부공문서규정」, 「구 사무관리규정」, 「구 공공기관기록물법 시행규칙」으로 서식을 정하였다.

330) 국가기록원장이 정한 등록 정보는 「NAK 8: 2022(v1.5) 기록관리 메타데이터 표준」이다.

331) 비전자 기록물은 업무 담당자가 등록하는 과정에 오탈자나 메타데이터 항목을 잘못 입력할 수 있어서 예외적으로 등록 정보의 수정이 가능하다.

332) 기록물의 분류 정보는 기록물 정리 확정 이전까지는 수정이 가능하다. 잘못 분류된 기록물 건은 재분류해야 하기 때문이다. 그러나 정리가 확정되어 보존기간 기산이 시작된 이후에는 재분류가 불가하다.

권한을 달리 부여해야 하기 때문이다. 그러나 이 경우에도 기록물관리 책임자의 확인하에 조치할 수 있으며, 누가, 언제, 어떤 사유로, 어떤 내용을 어떻게 수정하거나 삭제했는지에 대한 정보가 함께 관리되어야 한다(시행규칙 제6조).

■ **기록물의 분류와 편철**

분류와 편철은 기록물의 원(原) 질서와 생산 맥락을 유지하기 위한 기록물관리 절차이다. 분류는 기록물 분류체계의 카테고리에 해당 기록물을 연결함으로써, 기록물을 업무 맥락과 연계시키는 것이다.[333] 현행 우리나라의 기록물 분류체계는 정부기능분류체계를 차용(借用)하고 있다. 공공기관은 정부기능분류체계와 연계하여 사용하고 있는 기록관리기준표에 따라 처리과별, 단위 과제별로 해당 기록물을 분류하여 관리하도록 하였다(법 제18조, 시행령 제22조).

편철은 업무수행 과정이 반영되도록 단위 과제의 범위 안에서 1개 이상의 기록물 철을 만들어 해당 기록물을 묶는 과정이다(시행령 제23조 제1항). 이 경우 처리과의 장은 단위 과제별로 기록물 철 작성 기준을 정하여 기록물이 체계적으로 편철, 관리되도록 해야 한다.[334]

---

333) 「KS X ISO 15489-1: 2016」. 9.4 기록분류와 색인작성.

334) 분류와 편철은 기록관리기준표에 따라 수행된다. 기록관리기준표는 '파일링시스템(filing systems)'에 해당한다. 파일링시스템은 검색, 사용과 처리를 보장하기 위해 파일을 저장하고 색인화하는 방법을 지시하는 정책과 절차이다. 파일링시스템은 기록보관시스템(recordkeeping system)이라고도 하는데, 기록 목록, 보존 일정과 파일 계획(file plan)이 포함된다. 기록물철 작성기준은 중요하다. 매년 동일한 단위 과제에서 생산되는 기록물 철이 다른 이름으로 생성될 경우 검색에 어려움이 있기 때문이다. 따라서 처리과별로 기록물철 작성기준과 명칭의 표준화가 필요하다. 이 업무는 처리과장에게 부여되어 있으나, 처리과 기록물관리책임자가 수행해야 한다. 기록물관리 전문요원은 기록물관리책임자에게 필요한 교육을 제공해야 한다.

기록물의 분류와 편철은 등록과 동시에 실시해야 한다(시행규칙 제7조).[335] 「공공기록물법」에서는 기록물을 생산하거나 접수하는 경우 분류 정보를 등록 과정에 기입하도록 하고 있다. 전자기록물은 전자기록생산시스템으로 결재를 올리기 전에 기록관리기준표의 해당 단위 과제와 단위 과제카드(기록물 철)를 선택해야 한다. 그리고 결재가 이루어지면 자동으로 등록과 분류 편철이 진행된다. 물론 비전자기록물의 경우에는 결재 이후에 분류와 등록 정보를 전자기록생산 시스템에 수기(手記)로 입력하여 등록하고 물리적인 편철도 진행해야 한다.

이렇게 생성된 기록물 철은 이후 기록물관리와 처분의 기본단위가 된다. 따라서 공공기관이 기록물 철을 만들면 전자기록생산시스템으로 고유 식별자인 기록물 철 분류번호를 부여하고 해당 기록물 철에 표기해야 한다(시행령 제23 조 제2항). 기록물 철 분류번호는 시스템 구분, 처리과 기관코드, 단위 과제 식별 번호 및 기록물 철 일련번호로 구성한다(시행령 제23조 제3항). 기록물 철도 국 가기록원장이 정하는 등록 정보를 생산하여 메타데이터로 관리해야 한다(시행 규칙 제8조). 기록물 철은 기록물 정리 기간이 종료되면 확정되며, 기록물 철 생 산과 관련된 메타데이터는 이 시점에 고정되며 이후 변경할 수 없다.

전자기록물은 논리적인 기록물 철을 전자기록생산시스템으로 생성하여 관 리해야 한다.[336] 비전자 기록물의 경우에는 「공공기록물법」에서 정하고 있는 보

---

335) 법령에는 분류와 편철의 주어가 없다. 그런데, 분류와 편철은 결재 과정에 전자기록생산시스 템의 기능을 이용하여 해당하는 단위 과제와 기록물 철을 선택하는 것으로, 일반적으로 업무 담당자가 수행하는 것이 원칙이다. 따라서 업무 담당자는 기록물 생산과정에서 중요한 역할을 한다. 업무 담당자가 비전자 기록물을 등록하지 않거나, 분류와 편철을 잘못하면 기록물의 맥 락을 온전하게 유지할 수 없을 뿐만 아니라 잘못된 보존기간이 설정되기 때문이다. 따라서 기 록물관리 전문요원은 업무 담당자에 대한 기록물관리 교육과 등록, 분류 및 편철에 대하여 주 기적인 점검과 확인이 필요하다.

336) 「ISO 16175-1」. 6.3. Requirements in detail. R1.3.1. 업무맥락에 대해 개별 개체나 집합 계층 에 기록물을 연계할 수 있어야 한다.

존 용품을 사용하여 물리적인 기록물 철을 만들어 관리해야 한다(시행령 제23조 제4항). 이 경우 기록물 철 표지에는 분류번호가 표기되어야 하고, 색인목록도 작성하여 함께 편철한다. 기록물 철 표지, 색인목록은 수기(手記)로 만드는 것보다 전자기록생산시스템의 관련 기능을 구현하여 사용하는 것이 효율적이다.

기록물의 편철은 일반문서, 카드류, 도면류, 시청각류 등 유형별로 표준화된 편철 방식을 적용한다. 이때 비전자 기록물은 기록물 분류기준과 기록물 종류별 관리에 적합한 보존용 파일과 용기(用器)[337]에 넣어 안전하게 관리해야 한다.

일반문서류는 처리과에서 업무가 진행 또는 활용하고 있는 경우에는 진행문서 파일에 기록물의 발생순서 또는 논리적 순서에 따라 끼워 넣어 관리한다(시행규칙 제9조). 편철량은 100매 이내로 하는 것을 원칙으로 하고, 편철량이 지나치게 많으면 2권 이상으로 나누어 편철한다.[338] 이 경우 각 기록물 철에는 동일한 제목과 기록물 철 분류번호를 부여하되, 분철에 따른 분류번호 표기 방식[339]을 따른다. 처리가 완결된 일반문서류는 진행문서 파일에서 분리하여 보존용 표지를 씌워 보존 상자에 단위 과제별로 넣어 관리한다.

카드류는 대부분 처리과에서 비치 활용된다. 따라서 카드류는 비치 활용 기간이 종료될 때까지 편철하지 않고 카드 보관함에 넣어 관리한다(시행규칙 제10조). 비치 활용이 종료된 카드류는 보존 봉투에 넣고, 이를 다시 보존 상자에 넣어서 관리한다. 이때 편철량은 30건 이내로 하고, 색인목록을 맨 위에 놓고 그 목록 순서에 따라 카드를 배열하는 방식으로 관리한다.

---

337) 보존 용기는 보존 봉투, 보존 상자 또는 도면함(圖面函) 등을 말한다. 보존 용기 사용은 기록물의 물리적인 훼손을 방지하려는 것이다.
338) 주로 비전자 기록물에 해당하는데, 하나의 기록물 철에 해당하는 기록물의 양이 많아서 관리의 편의를 위해 철을 나누어 편철하는 것을 말한다.
339) 기록물 철 분류 번호의 기록물 철 식별번호 다음에 괄호를 하고 괄호 안에 권호수를 기입하는 방식이다. 분철 수량에 따라 괄호 안의 번호는 순증한다.

도면류는 보존 봉투에 편 상태로 넣어 관리한다(시행규칙 제11조). 보존 봉투 맨 위에는 색인목록을 놓고 그 목록 순서에 따라 도면을 배열하는데, 편철량은 30매 이내로 한다. 도면류의 보존 봉투는 반드시 도면 보관함에 편 상태로 눕혀서 관리한다.

사진과 필름류는 규격에 적합한 보존 봉투에 넣어 편철 한 후 보존 상자에 넣어 관리한다(시행규칙 제12조). 이 경우에도 색인목록을 맨 위에 놓고 그 목록 순서에 따라 기록물을 배열한다.

기록물 철은 이듬해 기록물 정리가 완료되기 전까지는 재분류가 가능하다.[340] 처리과 기록관리책임자와 기록관 또는 특수기록관의 기록물관리 전문요원은 기록물이 해당 단위 과제에 제대로 분류되고 있는지를 점검해야 하며, 분류가 잘못되었을 경우 바로잡아야 한다.

---

340) 기록물 철 재분류는 기록물의 단위 과제를 잘못 선택하여 해당 단위 과제를 다시 지정하는 것이다.

■ 기록물의 정리

기록물 생산 관리의 마지막 단계는 '기록물 정리'이다. 기록물 정리는 전년도 연말까지 업무가 종결된 기록물 철의 등록, 분류 정보를 확인하고 분류와 편철을 확정하는 업무이다.[341] 따라서 공공기관의 기록물관리 전문요원은 기록물 정리 계획을 수립·시행해야 한다.

공공기관은 매년 2월 말까지 전년도에 생산을 완결한 기록물을 정리해야 한다(시행령 제24조). 기록물 정리는 생산 현황 보고, 이관 등 업무절차를 고려하여 2월 말까지 수행하도록 규정하였다. 또한 기록물 철 종결 직후에 기록물 정리를 수행해야 해당 기록물을 올바로 이해하고 미비 사항을 보완할 수 있다. 다만, 공공기관의 장이 필요하다고 인정하면 부서별 또는 처리과별로 기록물 정리 일정을 달리하여 실시할 수 있다(시행규칙 제14조 제2항). 필요하다고 인정되는 경우는 기록물 정리 업무를 수행할 수 없는 특별한 사유가 있어야 한다.

기록물 정리는 처리과별로 기록관리책임자의 주관으로 실시하고, 업무 담당자별로 본인이 생산한 기록물 철을 정리한다. 이 과정에서 기록물관리 전문요원은 필요한 교육, 지침을 제공해야 하며, 정리 결과를 점검해야 한다.[342]

기록물 정리 과정은 다음과 같다(시행규칙 제14조 제1항). 먼저, 전자기록생산시스템에 미등록한 기록물이 있는지 확인하고 누락 기록물을 추가로 등록한

---

341) 공공기관은 일반적으로 회계연도 단위로 업무를 종결하기 때문에 대부분의 기록물 철은 1년 단위로 종결한다.

342) 영구기록물관리기관은 매년 기록물 정리 지침을 작성하여 배포한다. 공공기관의 기록물관리 전문요원은 기록물 정리 계획을 수립할 때 관할 영구기록물관리기관의 기록물 정리 지침을 확인해야 한다.

다.[343] 둘째, 등록 정보와 실제 기록물 상태의 일치 여부를 확인하여 미비 사항을 보완해야 한다.[344]

셋째, 접근 권한, 공개 여부, 비밀 여부를 확인하여 해당 항목의 변경이 필요한 경우에는 등록 정보를 수정한다.[345] 넷째, 기록물의 등록번호 표기 여부를 확인하여 누락된 경우 표기해야 한다.[346] 다섯째, 비전자 기록물의 쪽수가 실제 기록물과 등록 정보와 일치하는지 확인하고, 기록물 철 단위의 면 표시를 최종적으로 확정하여 표기한다.[347] 여섯째, 기록물 철을 진행형 파일에서 분리하여 보존 표지를 씌우고 생산 연도별, 보존 기간별로 구분하여 보존 상자에 담는다. 이 경우 생산 연도는 기록물 철의 종료 연도를 기준으로 한다.[348] 마지막으로, 비치 활용이 종료된 카드류는 보존 봉투에 담아 편철·정리한다.

업무 담당자는 기록물 정리 시기 종료 전에 정리 과정에 변경된 사항을 기록

343) 비전자로 생산하거나 접수한 기록물이 전자기록생산시스템에 등록되지 않은 경우이다. 또한 「공공기록물법 시행령」 제17조 제1항의 조사·연구 및 검토 기록물인데, 문서의 결재 또는 검토 과정에서 반려 되거나 중요한 내용을 수정하기 위하여 재작성하는 경우 반려된 문서 또는 재 작성 전의 원본 문서의 등록 누락이 발생하기도 한다.

344) 전자기록물은 대부분의 등록 정보가 자동으로 획득되어 등록 정보와 실제 기록물의 상태가 불일치하는 경우가 거의 없으나, 비전자 기록물의 경우에는 등록 정보를 손으로 입력하여 오류가 생길 수 있다. 따라서 기록물 제목, 공개 여부, 접근 권한 등 등록 정보가 실제 기록물에 표기된 정보와의 일치 여부를 반드시 확인해야 한다.

345) 기록물의 생산 시점과 업무 종결 시점에 접근 권한, 공개 여부 등은 변경될 수 있다. 업무수행 과정 중에서는 접근 권한을 제한하고 비공개로 관리하는 기록물이라도 업무 종결 이후 기록 물 보호의 필요성이 소멸되었으면 공개 활용을 위해 해당 등록 정보를 변경해야 한다.

346) 비전자기록물에 해당하는 사항이다. 비전자기록물은 생산 직후 전자기록생산시스템에 등록 하고, 부여받은 등록번호를 해당 비전자기록물에 표기해야 하는데, 업무 담당자의 무관심으로 누락되는 경우가 종종 발생한다.

347) 비전자기록물의 기록물 면 표시는 보관 과정에서 특정 쪽의 누락 여부를 확인하기 위한 용도이며, 비전자기록물의 무결성과도 관련된다.

348) 생산 연도를 기록물 철의 종결 연도를 기준으로 하는 것은 여러 해에 걸쳐서 생산된 기록물이 포함된 경우 보존기간의 기산 시점을 정확하게 하기 위한 것이다.

물 건과 기록물 철 등록 정보에 반영해야 한다(시행령 제24조 제2항). 추가적인 편철이나 등록 정보에 대한 수정은 기록물 정리 기간까지만 가능하다.[349]

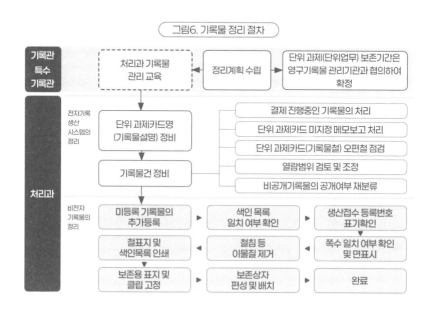

그림6. 기록물 정리 절차

■ 처리과 기록물 생산 현황 보고와 이관

처리과의 기록물관리는 기록물 생산과 정리, 기록관 또는 특수기록관으로 기록물을 이관하기 전까지 수행해야 하는 업무이다.[350] 먼저, 처리과의 장은 처리과 기록물관리 업무가 체계적으로 진행될 수 있도록 기록물관리책임자를 지정하여 운영해야 한다.

---

349) 기록물관리 전문요원은 정리 기간이 종료되면 더 이상 기록물의 등록 정보가 수정되지 않도록 조치해야 한다. 기록물 품질 요건 중 무결성 관련 사항 중 하나이다.

350) 기록물의 관리 권한에 관한 사항이다. 처리과 보유기록물의 관리 권한은 은 기록관 또는 특수기록관으로 이관되기 전까지 처리과의 장에게 있다.

기록물관리책임자는 기록물의 생산, 보관, 이관 등 처리과의 기록물을 기록관으로 이관하기 전까지 기록물관리를 주관한다. 기록물관리책임자는 해당 기관의 기록물관리 전문요원과 협력하여 기록관리기준표 작성 및 관리, 기록물 철 작성 기준의 수립, 기록물 철 생성, 기록물 및 기록물 철 등록과 관리, 기록물의 정리, 보관 및 이관, 간행물의 등록 및 관리 등의 업무를 담당한다(규칙 제15조).

한편, 업무 담당자는 본인이 수행하는 업무와 관련하여 생산, 접수한 모든 기록물의 등록 관리, 분류와 편철, 기록물 정리 및 보관의 책임이 있다.

처리과는 기록물 정리가 종료되면 전년도 기록물 생산 현황을 기록관 또는 특수기록관으로 통보해야 한다(법 제19조 제7항, 시행령 제33조). 다만, 1년 단위로 이관하는 업무관리시스템 기록물은 따로 생산 현황 보고를 하지 않는다. 생산 현황 통보는 매년 5월 31일까지 관할 영구기록물관리기관의 장이 정하는 방식에 따른 등록 정보를 전자기록생산시스템으로 제출한다.

처리과는 생산된 기록물을 기록관 또는 특수기록관으로 이관하기 전까지 안전하게 보관해야 한다. 처리과에서 기록물을 보관하며 업무에 활용할 수 있는 기간은 최대 2년까지이다.[351] 처리과가 업무 활용을 위해 기록물을 2년 이상 장기간 보관하려면 해당 기록물을 비치기록물로 기록관리기준표에 지정해야 한다. 이 경우 기록관리기준표에 반영된 비치기간 동안 처리과에서 비치기록물로 관리하며 활용할 수 있다.

---

351) 처리과가 2년 범위 안에서 기록물을 보존하도록 한 것은 가급적 빨리 기록관에서 이관받아 관리하려는 의도이다. 종전 비전자 기록물이 주류였던 시기에는 이른 이관으로 업무 참조가 어렵다는 문제 제기도 있었으나, 전자기록물이 주된 기록물 생산 방식이 현재는 이관 시점은 크게 문제가 되지 않는다. 이관하여도 전자기록생산시스템에서 사본을 활용하거나, 기록관리시스템을 통해 검색·활용이 가능하기 때문이다. 그래서 기록물관리 전문요원은 전자기록생산시스템에 익숙한 이용자에게 기록관리시스템의 검색과 활용이 불편하지 않도록 기록정보 서비스 방안을 마련해야 한다.

처리과는 보관 중인 기록물의 이관 시점이 도래하면, 해당 기록물을 관할 기록관 또는 특수기록관으로 이관해야 한다(시행령 제32조 제1항). 이때 '그 밖의 공공기관'으로 기록관 설치 대상이 아닌 경우에는 해당 공공기관의 장이 지정한 부서로 기록물을 이관해야 한다(시행령 제32조 제2항).

처리과에서 기록물을 기록관 또는 특수기록관으로 이관해야 하는 이유는 기관 내 기록물을 보존시설이 갖추어진 기록관 또는 특수기록관에서 안전하게 보존하려는 이유이다. 또한 기관 내에서 생산기록물을 통합 관리하면서 효과적으로 열람·활용하기 위함이다.

처리과는 기록관 또는 특수기록관으로부터 승인받은 비치기록물을 제외하고는 생산 후 2년 범위에서만 보관이 가능하다.

기록관 또는 특수기록관은 전자기록물을 매년 이관계획을 수립하고 시행해야 한다. 이관은 기록물 철 단위로 진행된다(시행령 제32조 제1항). 다만, 업무관리시스템으로 생산, 접수한 전자기록물은 매 1년 단위로 이관한다.[352]

기록관 또는 특수기록관이 처리과에서 보관하고 있는 기록물 중 이관 대상을 파악하고 이관 일정을 정하여 해당 처리과에 통보한다. 처리과는 이관 대상 기록물 목록과 실물을 대조하여 보유기록물의 현황을 파악하고 공개 여부, 접근 권한 재설정 등을 실시하고 이관 상자를 편성하여 이관 일정에 따라 기록관 또는 특수기록관으로 이관해야 한다. 이관 대상이지만 기록관 또는 특수기록관이 설치되지 아니하였거나, 업무에 수시로 참고할 필요가 있는 경우에는 생산 후 10년의 범위 안에서 기록물 철 단위로 이관 시기 연장을 요청할 수 있다(시행령 제32조 제3항).

---

352) 전자기록물과 비전자기록물이 섞인 혼합 기록물 철의 경우 주의를 기울여야 한다. 혼합 기록물 철은 전자기록물을 이관할 때 비전자기록물도 함께 이관될 수 있도록 해야 한다.

그런데 이관을 위해서는 기록물관리책임자 주관하에 처리과에서 수행해야 하는 업무가 있다. 전자기록물은 진본성, 무결성의 훼손 여부에 대하여 이관 대상 기록물을 검수(檢收)하고, 오류가 없는 경우 행정전자서명과 시점 확인 정보[353] 등 진본 확인 절차를 거쳐 이관해야 한다(시행령 제32조 제4항). 기록관으로의 이관은 관리 권한이 넘어가는 것이기 때문에 처리과에서는 반드시 소관 전자기록물의 진본성 등을 확인해야 한다. 기록관 또는 특수기록관으로 전자기록물을 이관하기 위한 전자매체, 포맷, 방식 및 데이터 규격[354] 등은 국가기록원장이 정하는 바에 따라 실행한다. 비전자기록물은 이관 대상 기록물 철을 단위 과제별로 구분하여 보존 상자에 넣은 후 이관 목록과 함께 기록관 등으로 제출한다(시행령 제32조 제5항).

---

353) 시점 확인 정보는 전자기록물이 해당 공공기관에 제시된 시점을 확인하는 정보로 전자기록물의 존재 시점, 변조 여부를 확인하는 용도이다. 일반적으로 타임스탬프라고 불린다. 시점 확인 정보는 공인된 인증기관으로부터 발급받는데, 전자문서의 생성 시점으로 전자서명 시점 등을 확인하는데 사용되며, 행정전자서명과 함께 전자기록물의 진본성을 입증한다. 행정안전부가 인증시스템을 구축하여 행정기관 전자기록물의 인증 업무를 수행하고 있다.

354) 국가기록원, 「전자기록물 온라인 전송을 위한 기술 규격」(국가기록원 고시 제2023-14호, 2023. 9. 22).

■ 전자기록물 관리

전자기록생산시스템 및 전자기록물 기술정보의 관리

공공기관이 전자기록물을 체계적으로 생산 관리하기 위해 준수해야 하는 사항이다.

첫째, 전자기록생산시스템 구축과 운영이다. 전자기록생산시스템은 전자기록물의 생산과 관리를 위해 필요한 기능이 구현된 시스템이다. 공공기관이 전자기록생산시스템을 구축하려면 「행정업무규정」[355]과 「공공기록물법」에 따른 시스템 기능을 구현해야 한다.

전자기록생산시스템은 기록물의 품질 요건을 보장하고 기록물관리 요구사항을 충족시켜야 한다. 전자기록생산시스템은 기록물과 기록물철의 등록, 분류정보에 대한 검색과 활용 기능을 제공하여야 하며, 기록물 이관과 생산현황 보고를 위해 국가기록원장이 정하는 방식에 따른 목록과 전자기록물 파일에 대한 전송정보 파일 생성 및 전송 기능을 갖추어야 한다(시행령 제34조). 이와 관련하여 전자기록생산시스템은 「공공기록물법」과 관련 시스템 표준을 준수해야 한다. 또한 중앙행정기관과 지방자치단체 등 행정기관[356]은 전자기록생산시스템을 구축하거나 기록물관리 기능을 개선하고자 하는 때에는 「공공기록물법」과 국가기록원장이 정하는 방식의 부합 여부를 미리 국가기록원장과 협의해야 한다(시행

---

355) 「행정업무규정」 제21조부터 제24조까지 참조.
356) 행정기관으로 한정한 것은 그 밖의 공공기관은 자율적으로 전자기록생산시스템을 해당 공공기관이 장이 구축하도록 하였기 때문이다.

령 제34조의2). 국가기록원장은 행정기관이 요청한 사항을 검토[357]하여 결과를 통보해야 한다. 이 경우 행정기관의 장은 국가기록원장의 검토 결과를 반영해야 한다.

국가기록원장은 전자기록생산시스템 구축, 개선과 관련된 협의와 행정기관이 운영하는 전자기록생산시스템의 기록물관리 기능 등을 점검할 수 있다. 국가기록원장은 전자기록생산시스템 점검 후에 해당 행정기관의 장에게 시정[358]을 요구할 수 있으며, 이 경우 특별한 사유가 없으면 따라야 한다(시행령 제34조의2 제3항).

둘째, 공공기관의 장은 전자기록물의 생산 포맷 확장자, 소프트웨어명 등의 기술정보를 국가기록원장이 정하는 바에 따라 관리해야 한다(법 제20조의2 제1항, 시행령 제36조의2). 전자기록물은 시스템 의존적이어서 생산 관련 기술정보를 지속적으로 관리해야만 무결성과 이용가능성을 보장할 수 있기 때문이다. 이렇게 관리하는 기술정보는 국가기록원에 제출하도록 하였다. 국가기록원이 기술정보를 안전하게 관리하여 공공기관이 필요로 할 때 제공하려는 의도이다. 기술정보의 국가기록원 제출 시기와 방법은 국가기록원장이 공공기관의 장과 협의하여 정한다.

---

357) 기록시스템은 전자기록물의 품질 요건을 보장하고 시스템 사이의 전자적 업무 처리를 위해서는 「공공기록물법」과 공공표준을 준수하여 구축하거나 개선해야 한다. 이와 관련하여 국가기록원은 기록시스템의 기능, 규격, 관리 항목, 보존 포맷 및 매체, 전자기록물 데이터 공유 및 통합 검색과 활용, 전자기록물의 진본성 유지를 위한 데이터 관리체계, 행정전자서명 등 인증기록의 보존과 활용, 기록물관리기관 간 기록물의 전자적 연계, 활용 체계 구축, 전자기록물의 기술정보 수집과 활용 등과 관련된 사안을 검토한다.

358) 시정(是正)은 부적합 원인을 제거하고 재발을 방지하는 것이다(「KS X ISO 30300: 2020」 3.1.10.).

행정정보 데이터세트의 관리

행정정보시스템에서 생산 관리하는 데이터세트의 경우에는 전자기록물의 일반적인 관리 절차 적용이 어렵다.[359] 행정정보시스템에서 생산하는 전자기록물은 데이터형이기 때문이다. 따라서 행정정보 데이터세트의 관리는 일반 전자기록물의 철-건 구조를 적용하지 않고 시스템을 기본단위로 관리하도록 하였다(시행령 제34조의3).

공공기관은 관할 영구기록물관리기관장이 정하는 바에 따라 행정정보 데이터세트 관리기준표를 작성하여 운영해야 한다. 또한 공공기관은 관할 영구기록물관리기관장과 협의하여 행정정보 데이터세트의 관리대상 선정, 보존방법 등 관리에 필요한 사항을 정하도록 하였는데, 행정정보시스템은 유형과 데이터 구조가 너무 다양하기 때문이다. 행정정보 데이터세트의 관리 절차는 <그림 7>과 같다.

---

359) 행정정보 데이터세트는 향후 기록물관리의 핵심 대상이다. 현재 행정정보 데이터세트 관리 방안은 기본적인 원칙과 절차만이 마련된 수준이다. 기록관리 전문가들이 새로운 기록물관리 환경에 적응하기 위해서는 행정정보 데이터세트 관리 방안을 집중적으로 연구해야 한다. 행정정보 데이터세트 관리는 「행정정보 데이터세트 기록관리 실행 매뉴얼」(국가기록원, 2020)을 참조하라.

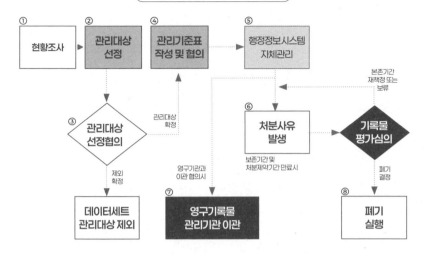

그림7. 행정정보 데이터세트 관리 절차

① 행정정보시스템 보유현황 조사(목록작성)

② 행정정보시스템 중 데이터세트 관리대상 선정(유형 구분)

③ 관리 대상 선정 결과 협의(관할 영구기록물관리기관)

　　 * 관리 대상을 변경할 때도 협의.

④ 행정정보 데이터세트 관리기준표 작성 및 협의(관할 영구기록물관리기관)

　　 * 관리기준표를 수정하거나 변경할 때도 협의.

⑤ 관리기준표에 따라 행정정보시스템 운영 및 관리

⑥ 행정정보 데이터세트 처분 사유 발생

⑦ 영구보존 대상 데이터세트 중 국가적 보존가치가 있거나 시스템 폐기 등 사유가 발생하
　　면 관할 영구기록물관리기관과 협의하여 이관

⑧ 한시 보존 데이터세트는 보존기간 경과 후 평가심의를 거쳐 폐기

제6장 기록물관리기관의 기록물관리

기록물관리기관은 기록물관리를 전문적으로 수행하는 기관으로 기록관 또는 특수기록관과 영구기록물관리기관으로 구분된다. 기록물관리기관의 기본 역할은 기록물의 생산부터 보존과 활용 전 과정을 통제하고 기록물을 안전하게 보존하며 서비스하는 것이다.

제6장은 기록물관리기관이 수행해야 하는 기록물관리 업무를 규정한다. 기록물관리기관의 기능과 역할, 기준 관리 등은 별도의 장에서 다루어서 이 장은 기록물관리기관의 기록물 인수부터 보존, 활용까지를 다룬다.

제1절 기록관 및 특수기록관의 기록물관리

기록관 또는 특수기록관은 공공기관의 현용 및 준현용 기록물관리 업무를 수행하는 기록물관리기관이다.[360] 기록관 또는 특수기록관이 수행해야 하는 업무는 기록화 대상과 처분 결정을 위한 평가, 평가 결과를 반영한 기록관리기준표 작성 및 관리, 처리과 기록물 인수, 보존, 공개 재분류, 서고 관리, 매체 수록, 영구기록물관리기관으로의 기록물 이관 등을 수행해야 한다.[361] 또한 공공기관 구성원들이 필요할 때 기록물을 활용할 수 있도록 하고, 시민들에게도 정보서비스를 제공한다[362].

이 절에서는 이미 제2장과 제4장에서 다룬 기록관 또는 특수기록관의 기능과 역할, 기록관리기준표 작성과 관리 등은 제외하고 법령에서 규정하고 있는 기록물관리 업무를 다룬다.

---

360) '그 밖의 공공기관'은 관할 영구기록물관리기관이 보존가치가 높다고 기록관리기준표에 이관 대상으로 지정한 기록물을 제외하고는 자체 관리가 원칙이다. 따라서 현용, 준현용 기록물관리 뿐만 아니라 아카이브 관리 업무까지도 수행해야 한다. 그런데, 「공공기록물법」에는 '그 밖의 공공기관' 기록관의 기능과 역할을 달리 규정하고 있지 않아서 보완이 필요하다.

361) 기록관 또는 특수기록관에서 수행하는 업무 중 하나가 공개 재분류이다. 공개 재분류는 이 절에서 다루지 않고, 제8장 기록물의 공개 열람 및 활용에서 설명한다.

362) 기록관 또는 특수기록관의 시민 대상 기록정보 서비스는 대부분 정보공개로 수행되고 있다.

■ 처리과 기록물의 인수

기록관 또는 특수기록관의 기록물관리 업무는 기록물 인수부터 시작된다. 기록관 또는 특수기록관은 관할 공공기관의 이관 대상 기록물을 인수하여 관리해야 한다(시행령 제35조 제1항).[363] 기록물 인수는 기록관 또는 특수기록관이 관할 공공기관의 기록물을 안전한 보존시설에서 통합 관리하며 활용하려는 목적이다.[364] 기록물의 이관은 관리와 처분 권한의 이전을 의미하며, 인수 기록물은 기록관 또는 특수기록관이 관리와 처분 권한을 갖는다.

이관과 인수의 단위는 기록물 철이다.[365] 앞에서 살펴본 바와 같이 기록물 철은 기록물 정리 행위를 거쳐 확정되면, 이후 기록물 처분의 기본단위가 된다. 따라서 기록관 또는 특수기록관은 통보받은 생산 현황을 기초로 매년 기록물 인수계획을 수립하여 시행한다. 인수 대상은 생산 후 2년이 지난 기록물, 이관 연기 기간과 비치 기간이 종료된 기록물이 대상이다. 예외적으로 업무관리시스템에서 생산된 전자기록물은 생산 다음 해에 이관할 수 있다.

---

363) 법령에는 규정되어 있지 않지만, 기록물 인수는 매년 수행해야 한다. '매년' 수행하라는 것은 형식적으로 인수하라는 의미가 아니라 공공기관 기록물의 체계적 관리를 위해 기록물 생애주기에 따른 관리가 철저해야 한다는 의미이다. 원칙적으로 처리과 보관 기간이 지난 기록물을 그 이듬해에 바로 인수하여 관리해야 한다.

364) 처리과에서 기록물을 보관하는 기간은 2년 이내이지만, 업무관리시스템은 기록물 생산이 종료되면 다음 해에 바로 이관하도록 하였다. 종전 처리과에서의 기록물 보관은 업무 참조 등 활용이 목적이었다. 따라서 통상 2년이 지나면 업무 활용도가 떨어진다고 판단하여 이관 시점을 정하였다. 그런데, 전자기록물은 기록관이나 특수기록관으로 이관하여도 일정 기간 전자기록생산시스템에서도 열람할 수 있고, 기록관리시스템에서도 열람이 가능하기 때문에 비전자 기록물처럼 2년이 지난 다음 이관할 필요가 없어졌다.

365) 비밀 기록물은 건 단위로 관리되기 때문에 이관과 인수 단위도 기록물 건이다. 따라서 비밀 기록물은 인수하는 기록관 또는 특수기록관에서 해당 비밀 기록물을 생산한 단위 과제를 찾아서 추가로 편철해야 한다.

다음은 기록관 또는 특수기록관의 기록물 인수 절차이다.[366] 기록관 또는 특수기록관의 처리과 기록물 인수는 정확한 검수가 필요하다. 이관과 인수는 기록물의 관리와 처분 권한을 인계인수하는 것이기 때문이다.

기록물의 인수는 이관 목록을 기준으로 진행해야 하는데, 이관 목록과 기록물의 일치, 원본 여부와 누락 기록물이 있는지 확인하는 방식이다.[367] 전자기록물 검수는 행정전자서명의 확인 등 인수 대상 전자기록물의 진본 확인 절차와 메타데이터 오류, 바이러스 검사 등 품질검사를 실시하는 방식이다(시행령 제35조 제2항).

검수 과정에서 미비 사항, 오류 사항을 발견하면 반려해야 하고, 처리과는 이를 보완하여 다시 이관해야 한다(시행령 제35조 제4항). 특히 전자기록물과 비전자 기록물로 구성된 혼합 철의 경우에는 비전자 기록물, 전자문서의 비전자 붙임 파일, 분리 등록 첨부물 등 전자적으로 이관되지 않는 기록물의 유무 확인이 중요하다.[368]

기록관 또는 특수기록관은 검수 절차를 종료하면 그 결과를 해당 처리과에 통보함으로써 인수 절차가 완료된다. 처리과는 인수 결과를 통보받기 전까지는 이관한 전자기록물을 보존해야 한다(시행령 제35조 제5항). 이관 과정에 오류나 미비 사항이 있으면 확인하기 위한 용도이다.[369] 처리과의 장은 인수 결과를 통보

366) 처리과 기록물 인수 업무와 절차는 「NAK 10: 2022(v1.4) 기록관 표준운영절차」(6. 기록물 정리 및 인수)를 참조하라.

367) 기록관리시스템은 매년 생산 현황을 취합하여 관리하고 있다. 따라서 생산 현황은 인수 과정에서 이관 누락 여부 파악의 기준점으로 사용해야 한다.

368) 전자기록물의 인수는 기록관리시스템을 사용하여 처리한다. 상세한 인수 절차와 수행업무는 「NAK6: 2022(v1.5) 기록관리시스템 기능요건」(7.1. 인수)를 참조하라.

369) 전자기록물의 경우 인수 결과를 통보받기 전까지 해당 전자기록물의 진본은 처리과에서 보존하고 있는 전자파일이다. 이관이 완료되어야만 해당 전자기록물의 관리 권한이 기록관 또는 특수기록관으로 이전되기 때문이다.

받으면 해당 전자기록물을 삭제하거나 파기해야 하며, 삭제한 전자기록물을 복구해서는 안 된다(시행령 제35조 제6항). 업무상 참고할 필요가 있는 경우에는 그 전자기록물이 사본임을 확인할 수 있도록 조치한 후 삭제 또는 파기하지 않고 활용할 수 있다(시행령 제35조 제7항).

비전자 기록물의 검수는 원본과 목록의 일치 여부, 물리적 상태 확인 등의 검수 절차를 거쳐야 한다(시행령 제35조 제3항). 기록관 또는 특수기록관은 검수 과정에서 문제가 없으면 해당 처리과에 인수 결과를 통보함으로써 절차를 마무리하게 된다.[370]

한편, '그 밖의 공공기관'은 행정기관과 업무 환경이 달라 기록물의 인수와 검수 절차를 따로 정하여 시행할 수 있도록 하였다(시행령 제35조 제8항).[371]

---

370) 기록물의 인수는 기록물관리 전문요원이 직접 수행해야 한다. 기록물의 양이 많은 경우에는 보조 인력의 도움을 받을 수 있지만, 검수는 기록물의 진본성, 무결성 등과 관련된 품질 요건을 확인하는 중요한 과정이기 때문이다. 또한 기록물 검수 과정에서 기록물의 내용과 맥락정보, 오류 유형 확인 등 기록물관리 전문가에게 필요한 많은 정보를 습득할 수 있다.

371) '그 밖의 공공기관'도 「공공기록물법 시행령」이 정하는 절차에 따라 검수 절차를 수행하는 것이 좋다. 다만, 시행령이 정하는 절차를 따를 수 없는 경우에는 절차를 따로 정하여 시행할 수 있다. 이 경우에도 전자기록물의 진본성, 무결성 등과 비전자 기록물의 원본 여부를 반드시 확인해야 한다.

■ 기록관 또는 특수기록관 소관 기록물의 이관

기록관 또는 특수기록관은 보존기간 30년 이상의 기록물 중 보존 장소가 영구기록물관리기관으로 지정된 기록물을 생산 후 10년[372](시청각 기록물의 경우에는 5년 이내[373])이 지난 다음 연도 중에 관할 영구기록물관리기관으로 이관해야 한다(법 제19조 제3항, 영 제40조 제1항). 다만, 특수기록관은 비공개 기록물을 생산 후 30년까지, 국가정보원 특수기록관은 생산 후 50년까지 이관을 연장할 수 있다(법 제19조 제5항 및 제6항).

기록관 또는 특수기록관의 기록물 이관은 관할 영구기록물관리기관으로부터 통보받은 이관 일정에 따라야 하는데, 영구기록물관리기관은 매년 11월 말까지 다음 연도 이관 대상 기록물, 일정 등 이관계획을 수립하여 기록관 또는 특수기록관에 통보한다(시행령 제44조 제1항). 이 경우 부득이한 사정[374]으로 일정 기간 이관을 연기하고자 하려면 이관 예정일 1개월 전까지 관할 영구기록물관리기관장의 승인을 받아야 한다(시행령 제40조 제1항 단서).

기록관 또는 특수기록관이 영구기록물관리기관으로 기록물을 이관하려면

---

372) 영구기록물관리기관 이관 대상 기록물과 이관 시기의 적절성은 전문가에 따라 의견이 분분하다. 우리나라는 그동안 이관 시점을 10년 전후로 설정하였다. 그 이유는 영구기록물관리기관이 가급적 빨리 기록물을 이관받아 통합관리하고 전자화 등을 통해 적극적으로 기록정보 서비스를 하려는 의도였다. 그래서 한동안 기록물관리기관을 기록정보센터라고 부르기도 했다. 이관 대상을 30년 이상으로 설정한 것은 두 가지를 고려한 것으로 보인다. 첫째, 공공기관의 기록물 장기 보존에 따른 부담을 줄이려는 의도였다. 둘째, 장기 보존 대상 기록물의 영구보존 여부를 영구기록물관리기관이 직접 판단하려는 것이다. 이와 같은 이관 대상과 시점은 우리나라 기록물관리 체계의 특성을 결정짓게 되었다. 현재 영구기록물관리기관은 아카이브뿐만 아니라 준현용 기록물의 보존과 열람 서비스 등 레코드센터의 기능도 함께 수행한다.

373) 시청각 기록물은 일반 기록물과 달리 보존 환경이 까다롭다. 따라서 시청각 기록물의 훼손을 방지하기 위해 생산 후 5년 이내에 관할 영구기록물관리기관으로 이관하도록 하였다.

374) 부득이한 사유는 민원 처리, 소송 대응 등 업무처리를 위해 반드시 기록물 원본이 필요하거나, 이관을 준비하고 실행하기 어려운 긴급한 내부 사정 등이다.

조치해야 하는 사항이 있다.[375] 먼저, 비전자기록물은 서고에서 반출하여 보존 상자를 재편성해야 한다(시행령 제40조 제4항). 그 과정에서 이관 목록을 기준으로 원본과 목록의 일치 여부, 물리적 상태 확인, 공개 재분류 등을 수행해야 한다. 일종의 검수 절차인데, 이관 이후에는 해당 기록물의 권한이 영구기록물관리기관으로 넘어가기 때문에 반드시 확인해야 하는 절차이다.

전자기록물의 이관 준비는 기록관리시스템의 기능을 이용해야 하며, 필요한 경우 전산 전문가에게 도움을 요청해야 한다.[376] 기록관 또는 특수기록관이 전자기록물을 이관하기 위해서는 반드시 품질검사를 실시해야 한다(시행령 제40조 제3항). 전자기록물 이관은 품질 요건이 확인되어야 이후 진본성 등을 보장할 수 있기 때문이다. 품질검사는 기록관리시스템의 기능을 이용하여 전자기록물의 진본성, 무결성 등을 확인해야 하며, 오류가 없는 진본임을 확인하는 행정전자서명과 시점 확인 정보를 첨부하여 이관해야 한다. 또한 이관은 국가기록원장이 정한 이관 포맷, 방식과 데이터 규격을 준수해야 한다.[377] 국가기록원장

---

375) 구체적인 이관 절차는 「NAK 10: 2022(v1.4) 기록관 표준운영절차」(7.3 영구기록물관리기관으로의 이관)를 참조하라.

376) 예를 들어 전자기록물의 이관 시 시스템끼리 연계하여 데이터를 송수신하거나, 이관 데이터를 내려받기 하는 과정에서 전산 전문가의 도움이 필요하다.

377) 해당 규격은 다음과 같다. 「기록관리시스템 데이터연계 기술규격: 제1부 업무관리시스템과의 연계」(국가기록원 고시 제2023-7호), 「기록관리시스템 데이터연계 기술규격: 제2부 영구기록관리시스템과의 연계」(국가기록원 고시 제2023-8호), 「기록관리시스템 데이터연계 기술규격: 제3부 기능분류시스템과의 연계」(국가기록원 고시 제2023-9호), 「영구기록관리시스템 데이터연계 기술규격: 제1부 기능분류시스템과의 연계」(국가기록원 고시 제2023-12호). 「전자서명 장기검증 통합연계 API 규격」(국가기록원 고시 제2023-13호), 「전자기록물 온라인 전송을 위한 기술규격」(국가기록원 고시 제2023-14호). 연계 규격은 종전에는 공공표준으로 제정·시행하였는데, 데이터연계 기술 규격의 변동을 적시에 대응하기 위해 2023년 해당 공공표준을 폐지하고 일반 고시로 운영하고 있다. 표준으로 운영하면 표준화 절차에 따라 이해관계자 의견조회, 국가기록관리위원회 심의 등을 거쳐야 해서 기술 규격이 기술의 변동을 즉시 반영하지 못해 업무에 지장을 줄 수 있다고 판단한 것으로 보인다.

이 정하는 방식을 준수해야 하는 이유는 영구기록물관리기관에서 전자기록물의 품질 요건 확인과 보존 및 서비스에 필요한 포맷과 메타데이터를 제공할 수 있기 때문이다.

전자기록물은 이관 과정에서 주의해야 할 것이 있다. 기록관 또는 특수기록관은 영구기록물관리기관으로부터 인수 완료 통보를 받기 전까지는 이관한 전자기록물을 반드시 보존해야 한다. 영구기록물관리기관의 검수 과정에서 미비 또는 오류 사항이 발견되면 수정하거나 보완하여 이관해야 하기 때문이다. 영구기록물관리기관이 공식적으로 인수 완료를 통보하기 전까지 기록관 또는 특수기록관에서 보존하고 있는 전자기록물이 진본이다(시행령 제44조 제4항 및 제5항).

기록관 또는 특수기록관은 영구기록물관리기관으로부터 인수 완료 통보를 받게 되면 보존 중인 전자기록물을 물리적으로 복구가 불가능하도록 삭제 또는 파기해야 한다. 만약, 삭제하지 않고 활용하려면 사본임을 표시한 상태로 관리해야 한다. 영구기록물관리기관으로 이관한 전자기록물이 진본이기 때문이다(시행령 제44조 제6항).

한편 전자기록물의 이관 방식이 2022년 「공공기록물법」 개정으로 추가되었다. 종전 규정[378]은 전자기록물은 전자기록생산시스템에서 기록관리시스템으로, 기록관리시스템에서 영구기록관리시스템으로 기록물관리 단계마다 물리적으로 전자기록물의 파일을 이전하고 있다. 그러나 최근 클라우드 시스템을 기반으로 구축한 전자기록생산시스템과 기록관리시스템의 경우에는 단계별 이관 원칙을 적용하는게 불합리하다고 판단하여 이관의 개념을 확장하였다.

전자기록물 중 전자기록생산시스템과 기록관리시스템 간에 공유되는 저장

---

378) 「구 공공기록물법」(2022. 1. 11. 법률 제18740호로 개정되기 전의 것) 제19조 제2항 및 제3항. 동법 시행령 제32조 및 제40조.

공간에 저장된 전자기록물 또는 행정정보데이터세트는 관리 권한만을 관할 기록관 또는 특수기록관, 영구기록물관리기관으로 이전하는 방법으로 기록물을 이관할 수 있도록 하였다(법 제19조 제4항, 시행령 제31조의 2).

특수기록관의 비공개 기록물 이관은 기록관과 달리 예외를 인정하고 있다. 특수기록관은 소관 비공개 기록물의 이관 시기를 생산 후 30년까지 연장할 수 있으며, 국가정보원은 생산 후 50년까지 연장할 수 있다(법 제19조 제5항).

특수기록관이 소관 비공개 기록물의 이관 시기를 30년(국가정보원은 50년)까지 연장하려면 국가기록원장에게 이관 연장 기간, 사유 등을 통보해야 한다(시행령 제41조 제1항). 그런데 이관 시기를 연장한 기록물이 비공개 사유가 소멸하였거나, 공개 재분류 등으로 공개 기록물로 변경되면 변경된 날부터 3개월 이내에 국가기록원장에게 대상 목록을 통보해야 하며, 그 기록물은 국가기록원장이 지정한 날짜에 이관해야 한다(시행령 제41조 제2항).

특수기록관이 이관 시기를 연장한 기록물은 연장 기간이 종료되면 이관하는 것이 원칙이나, 30년(국가정보원의 경우 50년)이 지난 후에도 업무수행에 사용할 필요가 있으면 국가기록원장과 협의하여 이관 시기의 연장을 요청할 수 있다. 이 경우에는 이관 예정 연도 6개월 전까지 대상 기록물, 연장 시기 및 구체적 연장 사유와 증명자료를 첨부하여 국가기록원장에게 이관 시기 연장을 요청해야 한다(시행령 제41조 제3항 및 제4항).

  이관 연장은 국가기록관리위원회 심의를 거쳐 확정된다(시행령 제45조 제1항).[379] 생산 후 30년이 지난 기록물은 공개가 원칙이며, 비공개하면 시민들의 정보 접근권을 제한하기 때문에 이관 연장을 통제하려는 입법 취지이다. 국가기록원이 특수기록관의 이관 연장 필요성을 검토할 뿐만 아니라 거버넌스 기구인 국가기록관리위원회에서 이관 연장의 적절성을 판단하도록 한 것이다. 그런데 국가정보원은 생산 후 50년이 지나도 공개하면 국가안전보장에 중대한 지장을 줄 것이 예상되는 정보업무 관련 기록물의 이관 시기를 국가기록원장과 따로 협의할 수 있도록 또 다른 예외를 인정하고 있다.[380]

  한편 기록관 또는 특수기록관이 보유하고 있는 특수유형 기록물(행정박물, 시청각기록물, 비밀기록물)은 이관 절차가 따로 규정되어 있다. 관련 규정과 내용은 제5장 제5절과 제7장에서 별도로 다룬다.

---

379) 특수기록관의 비공개 기록물 이관 연장 제도는 외교, 통일, 안보, 국방, 수사 등 보안이 유지되어야 하는 업무의 특성을 고려한 제도이다. 그러나 이 제도는 특수기록관의 이관 기피 목적으로 악용될 우려가 있다. 따라서 국가기록원은 이관 연장 대상 기록물 목록을 반드시 제출받아 통제해야 한다. 또한 이관 연장 시기가 도래하여 다시 연장하고자 하는 경우 해당 특수기록관은 그 사유를 명확하게 입증해야 하고, 국가기록관리위원회에서는 이관 사유의 타당성을 면밀하게 심의하여 승인해야 한다. 법령상으로는 업무상 필요할 경우 이관 연기를 요청할 수 있으나, 생산 후 30년이 지난 기록물이 업무상 필요한 경우는 많지 않다.

380) 특수기록관 기록물 이관 추가 연기 규정은 불합리하다. 특수기록관 보유기록물의 특성상 일정 기간 이관 연기를 인정하더라도, 생산 후 30년이 지난 기록물을 추가로 연기할 수 있도록 한 것은 기록물관리 원칙에 부합하지 않는다.

그림8. 기록물이관 절차

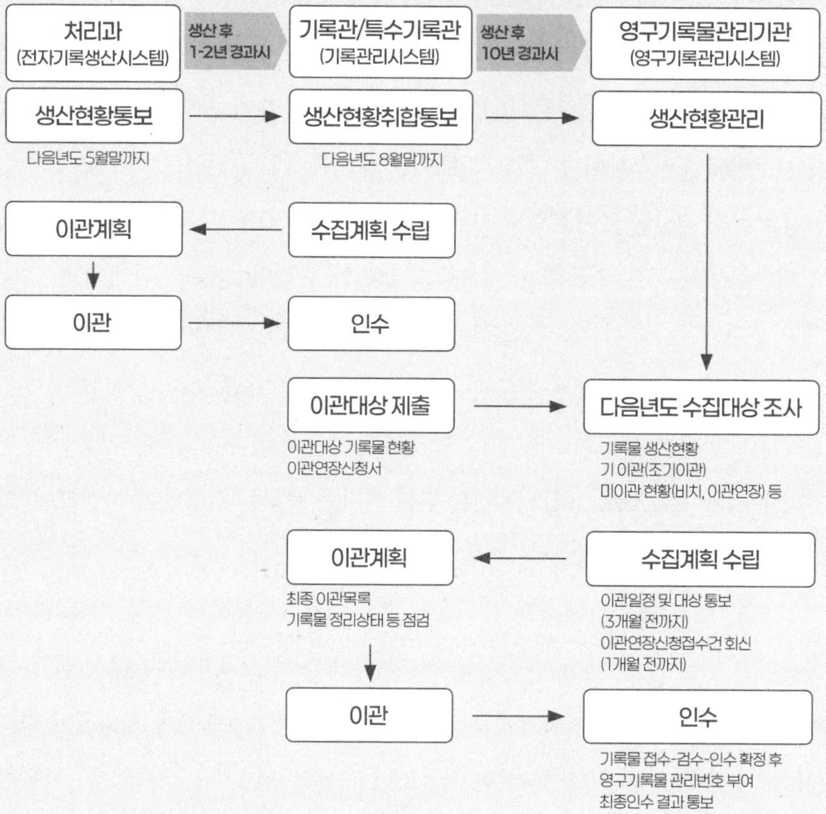

처리과 (전자기록생산시스템)	생산 후 1-2년 경과시	기록관/특수기록관 (기록관리시스템)	생산 후 10년 경과시	영구기록물관리기관 (영구기록관리시스템)

생산현황통보 → 생산현황취합통보 → 생산현황관리

다음년도 5월말까지 / 다음년도 8월말까지

이관계획 ← 수집계획 수립

이관 → 인수

이관대상 제출 → 다음년도 수집대상 조사

이관대상 기록물 현황
이관연장신청서

기록물 생산현황
기 이관(조기이관)
미이관 현황(비치, 이관연장) 등

이관계획 ← 수집계획 수립

최종 이관목록
기록물 정리상태 등 점검

이관일정 및 대상 통보
(3개월 전까지)
이관연장신청접수건 회신
(1개월 전까지)

이관 → 인수

기록물 접수-검수-인수 확정 후
영구기록물 관리번호 부여
최종인수 결과 통보

■ 기록관 또는 특수기록관의 보존관리

기록관 또는 특수기록관은 보유 중인 기록물의 안전한 보존에 필요한 보존 공간을 확보하고 보존 업무를 수행해야 한다.[381] 기록관 또는 특수기록관은 법령이 제시하는 기준에 충족한 서고를 갖추고 보존 환경의 유지, 보안 및 재난 대비 계획을 수립하여 시행해야 한다. 또한 보존 중인 기록물의 안전한 관리를 위해 정수 점검과 상태 검사를 주기적으로 시행해야 한다(법 제30조, 시행령 제38조).

기록관 또는 특수기록관은 기록물의 안전한 관리와 활용을 위해 보존 장소가 기록관 또는 특수기록관으로 지정된 기록물을 보존매체에 수록할 수 있다(시행령 제39조). 보존매체 수록은 기록관리 기준에 따라 보존성, 활용성 등을 고려하여 선택한다. 또한 기록관이 보유하고 있는 비전자기록물은 기록물의 전자적 관리와 기록정보서비스 확대를 위해 전자화 계획을 수립하여 시행할 수 있다(시행령 제37조).

기록관 또는 특수기록관은 인수가 종료된 전자기록물의 진본성, 이용가능성 등을 유지할 수 있는 방법이나 형식으로 저장해야 하고, 승인받지 않은 접근, 폐기 등의 위험으로부터 전자기록물을 보호하는 방안을 수립하여 시행해야 한다(시행령 제36조 제5항). 또한 보존기간 10년 이상의 전자기록물은 국가기록원장이 정하는 방식에 따라 보존 포맷으로 변환하여 관리할 수 있다. 다만, 생산 후 10년 이상 기록관 또는 특수기록관에서 보존해야 하는 전자기록물은 생산 후 11

---

381) 기록관 또는 특수기록관의 보존 환경은 「NAK 11-1: 2021(v1.2) 기록관 및 특수기록관의 시설·환경 표준」을 참조하라. 최근 공공기관이 기록관 또는 특수기록관을 신축하는 경우가 있다. 이 때에는 「NAK 24: 2023(v1.1) 기록물 보존시설 신축 가이드라인」을 참조하라.

년이 지나기 전에 진본 확인 절차를 거쳐 국가기록원장이 정하는 방식[382]에 따라
장기보존패키지로 변환하여 관리해야 한다(시행령 제36조 제2항).

　기록관 또는 특수기록관의 보존관리에 대한 구체적인 사항은 제3절 기록물
관리기관의 보존관리에서 다룬다.

■ 기록물 생산 현황 관리

　기록물 생산 현황은 기록물관리기관의 기록물 생산 현황 점검, 보존량, 업무
량을 판단할 수 있는 기초 자료로 활용된다. 따라서 기록관 또는 특수기록관은
매년 기록물 정리가 종료되면, 처리과별 기록물 생산 현황을 취합하여 분석해야
한다.[383] 관련 법규 등에 따라 생산되어야 하는 기록물이 제대로 생산되고 있는
지, 기록관리기준표에 따라 적절하게 분류되고 있는지 등을 확인하고 필요한 조
치를 해야 한다. 또한 생산 현황을 통해 이관받아 보존해야 하는 기록물 수량을
확인하여 향후 이관계획 수립에 참조하고 필요한 자원을 확보해야 한다.

　기록관 또는 특수기록관의 장은 매년 8월 31일까지 관할 영구기록물관기관
의 장에게 전년도 기록물 생산현황을 통보해야 한다(법 제19조 제7항, 시행령 제
42조 제1항). 다만, 그 밖의 공공기관은 관할 영구기록물관리기관이 지정한 기관
을 제외하고는 자체 관리하면 된다(시행령 제42조 제1항 단서).

---

382) 국가기록원장이 정하는 방식은 다음의 표준이다. 「NAK 30: 2022(v1.1) 문서유형 전자기록물
　　문서보존포맷 기술규격」, 「NAK 31-1: 2022(v2.3) 전자기록물 장기보존패키지 기술규격-제1부
　　XML로 포맷화된 방식(NEO2)」, 「NAK 31-2 2022(v1.1) 전자기록물 장기보존패키지 기술규격
　　- 제2부: 디렉토리로 구조화된 방식(NEO3)」.

383) 처리과별 기록물 생산 현황을 분석하면 생산 의무 부과 기록물의 생산 여부, 단위 과제 설정, 접
　　근권한 설정과 공개 여부 구분은 적절한지 등 기록물관리 업무 전반을 모니터할 수 있다. 또한 이
　　관 대상량을 사전에 파악하여 필요한 보존 용품, 적절한 저장 공간 등을 확인할 수도 있다.

　그 밖의 공공기관은 기록물관리 업무를 자체적으로 수행하는 것이 원칙인데, 특별히 관리가 필요한 공공기관(직접관리기관)은 관할 영구기록물관리기관이 대상 기관을 지정한다(시행규칙 제17조).[384] 직접관리기관은 「공공기관의 운영에 관한 법률」 제4조에 따른 공기업, 준정부기관 등 공공기관 중 국가기록원장이 지정하여 고시하는 기관, 특별법에 따라 설립된 법인과 「고등교육법」에 따라 설립된 각급 학교 중 관할 영구기록물관리기관이 지정하여 고시하는 기관, 「지방공기업법」에 따른 지방공사와 공단과 「지방자치단체 출자·출연 기관의 운영에 관한 법률」 제2조 제1항에 따른 출자, 출연 기관 중 해당 지방자치단체의 조례로 정하는 기관 중에서 관할 지방기록물관리기관의 장이 지정하여 고시하는 기관이다.

　생산 현황 통보는 관할 영구기록물관리기관이 그 방식을 정하는데, 국가기록원이 장이 정하는 기록물 등록 정보[385]를 기록관리시스템을 통하여 전자적으로 제출한다(시행령 제42조 제2항). 다만, 안보, 정보 분야 기록물은 비밀누설의 우려가 있으면 관할 영구기록물관리기관의 장과 협의하여 등록 정보 중 일부를 제

---

384) 현재 국가기록원이 지정한 직접 관리기관은 다음과 같다. 대한무역투자진흥공사, 한국관광공사, 한국광물자원공사, 한국농수산식품유통공사, 한국농어촌공사, 한국도로공사, 한국방송공사, 한국석유공사, 한국석탄공사, 한국수자원공사, 한국은행, 한국전력공사, 한국조폐공사, 한국토지주택공사, 한국철도공사, 한국투자공사(이상 '07년 지정), 국민건강보험공단, 국민체육진흥공단, 수출입은행, 예금보험공사, 한국가스공사, 인천국제공항공사, 한국공항공사, 한국마사회, 한국자산관리공사, 한국지역난방공사(이상 '09년 지정). 국립공원공단, 국민연금공단, 국토연구원, 대한적십자사, 한국국토정보공사, 중소벤처기업진흥공단, 한국개발연구원, 한국과학기술원, 한국국제협력단, 한국산업단지공단, 한국연구재단,한국원자력연구원, 한국정보화진흥원, 한국항공우주연구원(이상 '12년 지정) (국가기록원 기록관리정책과. 2023. 『공공기관 기록물관리 지침』. 44쪽). 2012년 이후에는 직접관리기관 지정 실적이 없다. 직접관리기관 제도를 운영할 의지가 없어 보인다. 사실은 지정뿐만 아니라 직접관리기관으로부터 국가적 보존 가치가 있어서 이관받은 기록물도 거의 없다. 직접관리기관 제도 운영의 근본적인 재검토가 필요하다.

385) 「기록관리시스템 데이터 연계 기술규격- 제2부: 영구기록물관리시스템과의 연계」(국가기록원 고시 제2023-8호). 5.1 생산 현황 통보.

외하고 제출할 수 있다(시행령 제42조 제2항 단서).[386] 또한 공공기관이 기록관

리시스템 미구축 등으로 시스템을 통해 생산 현황을 통보할 수 없는 경우에는

관할 영구기록물관리기관의 장과 협의하여 그 통보 방식을 다르게 할 수 있다

(시행령 제42조 제3항).

■ 기록관 또는 특수기록관의 소관 기록물 평가 및 폐기

기록물 평가와 폐기는 기록관 또는 특수기록관에서 수행하는 핵심 업무 중 하

나이다.[387] 공공기관이 보유하고 있는 기록물 중 보존기간이 경과한 기록물의 보

존가치를 평가하는 업무이다(법 제27조 제1항, 영 제43조).[388] 기록물의 보존기간

은 기록관리기준표에 따라 단위 과제별로 정해지는데, 이 경우 단위 과제를 분석

하여 해당 업무 기능과 활동의 중요도에 따라 보존기간이 책정된다. 그런데 단위

과제의 보존기간이 실제 기록물의 가치를 온전히 반영하지 못하는 경우가 있다.

예를 들면 단위 과제의 중요도는 낮지만, 특정한 행정 또는 사회 상황에서 해당

기록물의 가치가 높을 수 있다.[389] 따라서 기록관 또는 특수기록관의 평가는 보존

---

386) 특수기록관의 관할 영구기록물관리기관은 국가기록원이다.

387) 「공공기록물법」에 따른 기록물관리전문요원 의무 배치의 근거로 사용되고 있다. 「공공기록물법」
은 기록관 또는 특수기록관의 체계적인 기록물관리 업무를 위해 기록물관리전문요원 배치를 의
무화했지만, 공공기관은 기록물관리 전문요원을 배치하지 않으면 기록물을 폐기할 수 없는 것을
더 중요하게 생각하고 있다. 그러나 기록물관리 전문요원이 수행하는 업무는 기록관 운영, 기록
관리기준표 작성, 기록물 수집 및 보존, 공개 재분류, 기록물관리 현황 점검, 기록물관리 교육, 영
구기록물관리기관으로 이관, 기록정보서비스 등 다양하다. 인식의 전환이 필요하다.

388) 기록관 또는 특수기록관의 평가와 폐기 절차는 「NAK 5-1: 2014(v2.2) 기록물 평가·폐기 절차
– 제1부: 기록관용」을 참조하라.

389) 예를 들어 재난관리와 관련된 단위 과제의 보존기간은 10년이다. 그러나 '대구지하철 참사',
'포항 지진', '세월호', '이태원 참사 사건'와 같이 사회적 이슈와 관련된 기록물은 장기 보존해
야 한다.

기간이 경과한 기록물을 대상으로 다시 해당 기록물의 가치를 평가하여 계속 보존 여부를 판단하는 절차이며, 지속적인 보존 가치가 있는 기록물을 선별하는 업무이다. 이 과정에서 종전 단위 과제의 보존기간이 잘못 책정된 것으로 판단되면 영구기록물관리기관과 협의하여 단위 과제의 보존기간을 수정해야 한다.

기록관 또는 특수기록관의 평가 대상 기록물은 다음과 같다.

① 보존기간 10년 이하 기록물
② 보존기간 30년 이상 기록물로서 국가적 보존 가치가 높지 아니하여 관할 영구기록물관리기관의 장과 협의하여 보존 장소를 기록관 또는 특수기록관으로 지정한 기록물
③ 그 밖의 공공기관의 경우 국가적 보존 가치가 인정되어 이관 대상으로 지정되지 않은 모든 기록물

기록관 또는 특수기록관 보유기록물 평가 시점은 보존기간이 지난 다음 연도이다.[390] 보존기간 30년 이하 기록물은 보존기간이 지나면 평가를 거쳐 폐기한다. 보존기간 준영구 기록물은 생산 후 70년이 지나야 하고, 동종 대량 기록물로서 사료적 가치가 낮은 기록물은 생산 후 50년이 지나야 한다(시행령 제43조 제2항 단서).

---

390) 법령에는 시점을 명시하고 있지 않지만 보존기간이 지난 다음 해 중으로 평가와 폐기를 시행하는 것이 좋다. 평가 폐기 시점에 대해서 다른 의견을 갖고 있는 전문가들이 있는데, 보존기간 경과 후에 바로 평가와 폐기 업무를 수행할 필요가 없다는 입장이다. 그런데, 보존기간이 경과 기록물 중에는 개인정보가 포함되어 있는데, 보존기간이 경과 후에도 계속 보존하는 것은 「개인정보보호법」 제21조 제1항을 위반하는 것이다. 더 이상 활용되지 않는 민감 정보를 파기하는 것은 보안 차원에서도 필요한 일이다. 따라서 평가와 폐기를 할 수 없는 긴박한 상황이 아니라면, 해당 업무는 매년 보존기간이 지난 기록물을 대상으로 시행하는 것이 원칙이다.

　기록관 또는 특수기록관은 매년 해당 공공기관이 보유하고 있는 기록물 중에서 보존기간이 지난 것을 파악하여 평가 및 폐기 계획을 수립하여 시행해야 한다. 평가 계획에는 평가 대상 및 평가 기준, 평가 일정 등이 포함되어야 한다. 평가와 폐기 절차는 생산 부서 의견 조회, 해당 기록관 또는 특수기록관에 소속된 기록물관리 전문요원 심사, 기록물평가심의회 심의 순으로 진행된다(법 제27조 제1항, 영 제43조 제1항).

　생산 부서 의견조회는 생산 부서에서 업무 참조나 민원 대응 등의 사유로 일정 기간 더 보유해야 하는지에 대한 의견을 청취하려는 목적이다. 이때 기록물 관리 전문요원은 생산 부서가 대상 기록물의 보존과 폐기에 대한 의견을 명확하게 제출할 수 있도록 의견을 물어야 한다.[391]

　기록물관리 전문요원은 생산 부서의 의견을 접수하면, 이를 기초로 기록물평가심의서를 작성해야 한다. 생산 부서 의견을 검토하고 기록물관리 전문요원의 심사 의견을 작성하는 방식이다. 평가 대상 기록물의 기록관리기준표(또는 기록물분류기준표[392])의 해당 단위 과제(또는 단위 업무) 보존기간, 해당 기록물의 관계 법령에서 정한 보존기간 등 기록물의 행정·증빙 및 역사적 가치 등을 종합적으로 고려해야 한다. 심사 의견은 보존기간 재책정, 보류, 폐기로 구분한다. 보존기간 재책정은 해당 기록물의 가치보다 보존기간이 낮게 책정되었으면 적절하게 재책정하는 것이다. 보류는 소송이나 민원 처리 등의 사유로 일시적인 업무 참조나 활용이 필요하면 그 기간 동안 폐기를 보류하는 것이다.

---

391) 기록물관리 전문요원은 기록물 생산 부서에 평가 대상 기록물의 보존기간 재책정 또는 폐기 보류 등의 의견을 구체적으로 제출하도록 해야 한다. 해당 처리과는 보존기간을 재책정하려면 재책정 보존기간, 사유와 근거 등이 필요하고, 폐기를 보류하려면 보류 기간, 폐기 사유와 근거 등을 명확하게 제시해야 한다.

392) 기록물의 분류와 보존기간은 기록물 생산 당시의 분류체계와 보존기간 기준에 따라야 한다. 특히 보존기간은 기록물을 보존해야 하는 법적 의무와 관련된 것으로 소급하여 적용하지 않는다.

기록물철 분류번호	생산 연도	기록물철 제목	보존기간 만료일	처리과		기록물관리 전문요원		심의회 의견
				처리 의견	사유	평가 의견	사유	

표6. 기록물 평가심의서

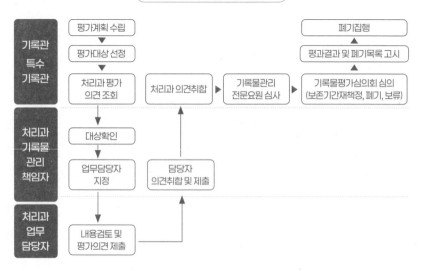

그림9. 기록물 평가·폐기 절차

처리과 의견조회, 기록물관리 전문요원의 심사가 끝나면 기록물평가심의회를 개최한다. 기록물평가심의회는 기록물관리 전문요원의 심사 결과를 바탕으로 심의해야 한다. 기록물평가심의회의 심의는 시민의 관점에서 기록물의 가치를 평가하고, 평가의 전문성을 보완하여 기록물 폐기 여부를 신중하고 엄격하게 결정하기 위한 절차이다.

기록물평가심의회는 공공기관 단위로 구성하여 운영하는데, 공공기관의 장은 기록물의 보존 가치평가에 적합하다고 인정되는 5명 이내의 민간 전문가와 소속 직원으로 기록물평가심의회를 구성한다(시행령 제43조 제5항).[393] 기록관은 2명 이상, 특수기록관은 1명 이상의 민간 전문가를 의무적으로 포함해야 한다.[394] 민간 전문가는 주로 해당 공공기관의 업무와 기록물에 대한 전문성이 있는 사람으로 위촉해야 하며, 기록학, 역사학, 문헌정보학 등의 전공자가 여기에 해당한다.

　기록관 또는 특수기록관 보유기록물의 평가와 폐기는 원칙적으로 보존기간이 지나야 가능하다. 하지만, 기록물의 원본을 폐기하고 보존매체만 보존하려는 경우에는 보존기간 경과 여부와 상관없이 법령이 정한 절차에 따라 평가하여 폐기할 수 있다.

　폐기 절차는 기록물의 보존기간에 따라 다르다. 보존기간 10년 이하의 기록물은 보존매체에 수록한 이후 생산 부서 의견조회, 기록물관리 전문요원의 심사와 기록물평가심의회의 심의 절차로 평가가 종료된다(시행령 제43조 제3항). 한편 보존기간 30년 이상의 기록물은 원본을 보존매체에 수록한 때부터 3년이 지난 후에 실시하는데[395] 심사와 심의 등 기록관 또는 특수기록관의 내부 절차를 거쳐 국가기록관리위원회의 심의를 거쳐야 기록물 원본을 폐기할 수 있다(시행령 제43조 제3항 단서). 이 과정에서 관할 영구기록물관리기관의 장은 기록관

393) 민간 전문가는 달리 표현하면 외부 전문가인데, 기관 밖의 시각과 시민사회의 의견을 반영하기 위해 민간 전문가를 기록물평가심의회에 포함하도록 한 것이다. 따라서 일부 공공기관이 다른 공공기관의 기록물관리 전문요원을 민간 전문가 몫으로 위촉하는 사례가 있는데 바람직하지 않다.

394) 특수기록관의 경우 민감 정보를 포함한 기록물이 상당수 보유하고 있어, 외부 전문가의 참여를 최소화하였다. 그런데, 특수기록관은 대부분은 권력기관이기 때문에 평가와 폐기 업무의 투명성이 더욱 중요하다. 따라서 기록관과 특수기록관의 민간 전문가 구성 수를 달리하는 것은 개선이 필요하다. 또한 기록물평가심의회는 투명한 업무수행을 위해서는 민간 전문가의 비율을 절반 이상으로 하는 것이 바람직하다.

395) 3년의 시차는 기록물 원본이 보존매체에 제대로 수록되었는지 확인 검수하는 시간으로 활용해야 한다.

또는 특수기록관의 장과 협의하여 폐기 대상 원본 중 보존 가치가 있는 것을 선별하여 보존할 수 있다(시행령 제43조 제4항).

평가 절차를 거쳐서 폐기로 결정된 기록물은 통제된 절차와 방식으로 집행해야 한다. 폐기 집행 과정에서 기록물이 외부로 유출될 수 있기 때문이다.

기록물의 폐기 방식은 유형별로 다르다. 비전자 기록물은 용해 또는 파쇄 등의 방식[396]으로 진행되는데, 그 과정에서 기록관 또는 특수기록관의 담당자는 폐기 대상 기록물이 유출되지 않도록 조치해야 한다. 특히 폐기 시행을 민간업체에 위탁하려면 기록물의 폐기가 완전히 이루어질 때까지 관계 직원이 입회한다(법 제27조 제3항).

전자기록물은 해당 전자기록물을 복구 불가능한 방법으로 폐기해야 한다. 폐기 방법은 물리적 파기, 디가우저(Degausser)[397] 등을 이용한 소자[398], 겹쳐 쓰기 등이다. 또한 전자기록물의 폐기를 위하여 보존매체 또는 저장매체 등을 외부로 반출하려면 기록관 또는 특수기록관장의 책임하에 보안 조치를 해야 한다. 기록물관리 전문요원은 기록물의 평가, 폐기의 모든 과정을 기록관리시스템으로 관리해야 한다. 심의 결과는 대상 기록물 철별로 메타데이터에 반영하는데, 평가 결과와 사유, 재책정된 보존기간 또는 보류 기간, 폐기 집행 결과(일자 및 담당자) 등을 포함한다. 기록물 메타데이터는 해당 기록물 철이 폐기되어도 지정된

---

396) 용해(溶解)는 종이가 액체가 되도록 녹이는 방식이며, 파쇄(破碎)는 물질의 파편이 충격이나 압박으로 인해 그 본체에서 떨어져 나가는 것을 말한다. 두 방법 모두 기록물의 내용을 보호하기 위해 해독할 수 없도록 파기하는 방법이다. 이와 같은 폐기 방식은 문서 보안 차원이다.

397) 디가우저는 물체에 자성을 풀어지는 기계를 말한다. 자기장을 이용하여 전자기록물을 파괴하는데, 이를 디가우징이라고 한다.

398) 소자(消磁)는 자성체의 자화(磁化)를 없애서 적힌 기록을 지우는 것이다.

필수 항목은 영구보존해야 한다.[399]

제2절 영구기록물관리기관의 기록물관리

영구기록물관리기관은 기록물관리 정책기관이자 집행기관이다. 영구기록물
관리기관은 관할 공공기관의 체계적인 기록물관리를 위한 정책기구로서 기본정
책의 수립·시행, 지도·감독, 교육·훈련을 수행해야 한다. 또한 관할 공공기관의 장
기 보존 기록물을 이관받아 보존하고 시민들에게 서비스하는 등 집행 업무도 수
행한다. 정책기구로서의 영구기록물관리기관의 역할과 기능은 제2장에서 다루
었다. 따라서 이 절에서는 영구기록물관리기관의 수행하는 기록물관리 절차를
다룬다.[400]

---

399) 기록물관리 업무의 설명책임을 입증하기 위한 것이다. 업무의 증거로 기록물을 생산하여 관
리하였던 것처럼 보존기간이 지난 기록물을 적법한 절차에 따라 폐기하였다는 것을 문서화
하려는 것이다(KS X ISO15489-1. 9. 9).

400) 영구기록물관리기관의 자세한 기록물관리 기능과 절차는 「NAK 9: 2022(v2.3) 영구기록관
리기관 표준모델 - 기능 및 업무 절차」를 참조하라.

■ 기록관 또는 특수기록관 기록물 인수 및 이관 시기 연장 협의

영구기록물관리기관은 해당 기관의 기록물관리 정책, 사회적 요구 등을 반영하여 수집 정책을 수립하고 시행해야 한다. 영구기록물관리기관은 소장 기록물로 그 존재 이유를 입증하기 때문이다.[401]

영구기록물관리기관은 「공공기록물법」에 따라 각급 공공기관이 생산하거나 접수한 기록물 중 지속적인 보존 가치가 있는 기록물과 국내외에 흩어져 있는 역사 기록물, 민간 기록물 등을 수집한다. 이 중에서 행정기록물은 「공공기록물법」에 따른 이관 대상 기록물을 의무적으로 인수하여 보존해야 하며, 역사 기록물과 민간 기록물은 영구기록물관리기관의 정책에 따라 수집하여 보존하게 된다. 따라서 영구기록물관리기관은 해당 기관의 기록물관리 정책에 부합하는 역사·민간 기록물 수집 정책을 수립하여 시행해야 한다(법 제46조의2).

「공공기록물법」에 따른 영구기록물관리기관의 기록물 수집 절차는 다음과 같다. 영구기록물관리기관의 장은 매년 11월 30일까지 다음 연도의 기록물 수집 계획을 수립하여 시행해야 한다(시행령 제44조 제1항). 수집계획에는 관할 공공기관별 이관 일정과 대상 등을 포함해야 한다. 이관 대상은 기록관 또는 특수기록관이 보유하고 있는 기록물 중 보존기간이 30년 이상이고, 보존 장소가 영구기록물관리기관으로 지정된 기록물이다(시행령 제30조 제2항).[402] 이관 시점은

---

401) 수집 정책은 영구기록물관리기관의 설립 목적을 고려하고, 모(母) 기관 업무 활동의 증거를 보존하고 정보서비스를 제공하는 역할뿐만 아니라, 사회적 역할에 따라 결정되어야 한다.

402) 보존기간 30년 이상의 경우에도 관할 영구기록물관리기관의 장이 사료적 가치가 높지 아니하다고 지정한 기록, 그 밖의 공공기관의 기록물을 이관 대상에서 제외된다. 다만, 그 밖의 공공기관 보유기록물 중 관할 영구기록물관리기관이 국가적 보존 가치가 높아 수집과 보존이 필요하다고 지정한 기록물을 이관대상에 포함된다(시행령 제30조).

생산 후 11년 차[403]이며, 특수기록관의 비공개 기록물로서 이관을 연장한 기록물은 해당 연장 기간이 종료된 다음 연도이다(시행령 제42조 제2항).

영구기록물관리기관은 이관 당해 연도에는 확정된 이관 일정과 대상 기록물을 이관일로부터 3개월 전까지 관할 공공기관의 기록관 또는 특수기록관에 통보해야 한다(시행규칙 제22조). 기록관 또는 특수기록관은 영구기록물관리기관으로부터 통보받은 이관 대상을 검수하고 정리한 후 이관 일정에 따라 이관해야 한다. 이 경우 기록관 또는 특수기록관은 이관 연기가 필요한 경우에는 이관 예정일 1개월 전까지 관할 영구기록물관리기관의 승인을 받아야 한다(시행령 제40조 제1항).

반면에, 특수기록관은 소관 비공개 기록물의 이관 시기를 생산 후 30년(국가정보원은 50년)까지 연장할 수 있다(법 제19조 제5항).[404] 또한 이관 연장 시간이 지나도 이관 시기를 다시 연장할 수 있다.[405] 이 경우 국가기록원장은 특수기록관으로부터 이관 시기 연장을 요청받았거나, 국가정보원과 이관 시기를 협의(시행령 제41조)하려면 국가기록관리위원회의 심의를 거쳐 연장 여부와 이관 시기 등을 정해야 한다(시행령 제45조 제1항).

국가기록원은 특수기록관이 이관 연기 협의를 통해 보존 중인 비공개 기록물의 이관 연장 기간이 지나거나, 공개 재분류 등으로 이관 사유가 발생하면 이관

---

403) 영구기록물관리기관으로의 이관은 일반적으로 비현용 단계에 이루어진다. 따라서 외국의 경우 더 이상 생산기관에서 활용할 필요가 없으면 이관하거나, 생산 후 20년에서 30년 정도 지나서 이관한다. 우리나라는 공공 기록물관리 제도가 수립된 1960년 이후 줄곧 생산 후 10년 내외에 이관하도록 하였다. 가급적 빠른 인수로 통합 관리하려는 의도로 보인다.

404) 특수기록관의 30년 이관 연장은 그 절차가 구체적이지 않다. 이관 연장 대상은 기록물 목록을 반드시 제출하는 것이 필요하다.

405) 해당 조문은 특수기록관의 이관 기피의 근거가 되는 독소 조항이다. 생산 후 30년이 지나고도 업무 참조를 위해 원본이 필요한지 의문이다. 업무 참조에 원본이 꼭 필요한 경우라면 비치기록물로 지정하여 관리하는 것이 합리적이다.

계획을 수립하여 해당 기관에 통보하고 수집해야 한다(시행령 제45조 제2항).[406]

영구기록물관리기관의 기록물 인수 절차는 기록관 또는 특수기록관과 크게 다르지 않다. 전자기록의 경우에는 행정전자서명 등 진본 확인 절차와 메타데이터 오류, 바이러스 검사[407] 등 품질검사를 영구기록물관리시스템의 인수와 검수 기능을 이용하여 수행해야 한다. 이 과정에서 기록관 또는 특수기록관과 다른 절차는 바이러스 검사이다. 영구기록물관리기관은 두차례 바이러스 검사를 수행하는데, 인수할 때 1차 검사하고, 일정 기간 격리하여 보관한 후 2차 검사를 실시하는 방식이다(시행령 제44조 제2항).

비전자기록물은 원본과 목록 일치 여부, 물리적 상태 확인 등 검수 절차를 시행한다(시행령 제44조 제3항). 인수 담당자는 이 과정에서 인수 기록물의 보존, 복원 처리 대상도 확인해야 한다.

이상과 같은 인수 기록물 검수는 기록의 오류를 확인하기 위한 필수 과정이지만, 기록물의 '지적(知的) 통제' 과정이기도 하다. 향후 기록물 정리와 기술에 필요한 정보를 획득할 수 있기 때문이다.

영구기록물관리기관은 기록물 진본 확인 절차, 품질검사 및 검수 과정에서 확인한 미비 사항 또는 오류 사항을 발견하면 즉시 이관 요청 기관에 통보해야 한다. 이 경우 해당 공공기관의 장은 통보받은 미비 또는 오류 사항을 수정·보완한 후 다시 이관하게 된다(시행령 제44조 제4항).

---

406) 특수기록관이 공개 재분류를 통해 이관한 경우는 그동안 단 한 차례도 없었다. 특수기록관이 재분류를 실행하지 않거나 형식적으로 실행할 경우 시민의 정보 접근권을 제한하게 된다.

407) 바이러스 검사는 일정한 기간을 두고 2차례 실시하는 이유는 최초 검사에서 확인할 수 없는 바이러스를 일정 기간 경과 후 다시 검사하기 위한 목적이다. 한편, 법령에는 규정이 없지만, 시스템으로 확인할 수 없는 제목과 기록물 건 일치 여부, 파일 깨짐 등 오류 사항을 확인하기 위해 육안 검수를 실시해야 한다.

영구기록물관리기관은 검수 절차를 거쳐 이관 기록물에 문제가 없어 인수하기로 결정하면 그 결과를 해당 공공기관에 통보한다. 결과 통보에는 인수 기록물 목록, 검수 과정에서 확인한 사항 및 조치 사항 등을 포함해야 한다. 기록관 또는 특수기록관은 인수 결과를 통보받기 전까지 이관한 전자기록물을 보존해야 한다(시행령 제44조 제5항).[408]

공공기관은 인수 결과를 통보받으면 이관한 전자기록물을 기록관리시스템에서 삭제해야 하며, 이후 삭제한 기록물을 복구해서는 안 된다(시행령 제44조 제6항). 이는 전자기록의 진본 관리를 위해 필요한 조치이다.

■ 영구기록물관리기관의 보존관리

영구기록물관리기관은 기록물의 안전한 보존관리를 위하여 보존 공간을 확보하고, 보안 및 재난 대책을 수립하여 시행해야 한다. 또한 법령이 정한 주기에 따라 정수 점검과 상태 검사를 실시해야 한다(시행령 제48조). 상태 검사 과정에서 발견한 훼손 정도가 심한 기록물(시행령 별표3의 3등급) 중 사료적 또는 증빙적 가치가 높은 경우에는 복원을 시행해야 한다(시행령 제51조). 이 경우 복원은 기록물의 변형을 최소화할 수 있도록 필요한 조치를 강구해야 한다.

영구기록물관리기관은 보유 중인 기록물의 안전한 관리와 활용을 위해 보존성과 활용성을 고려하여 보존매체에 수록하여 관리해야 한다(시행령 제49조). 또한 보유 중인 비전자기록물은 전자적 관리와 기록정보서비스 확대를 위해 전자화 계획을 수립하여 시행해야 한다(시행령 제47조).

---

408) 공공기관이 인수 완료 결과를 통보받기 전까지 이관한 전자기록물을 보존하도록 의무를 부여하고 있다. 이는 영구기록물관리기관 인수 과정에서 오류가 발생하면 다시 이관하기 위해 필요한 조치이다. 영구기록물관리기관이 인수 결과를 통보하기 전까지는 기록관 또는 특수기록관에서 보존하고 있는 전자기록물이 진본이다.

영구기록물관리기관장은 공공기관이 생산한 전자기록물의 효율적인 이관과 안전한 보존을 위해 필요한 대책을 마련하여 시행해야 한다. 보존 중인 전자기록물의 진본성, 무결성, 신뢰성 및 이용가능성을 보장하기 위해 기록물관리 메타데이터와 행정전자서명 등을 검증하고, 국가기록원장이 정하는 바에 따라 장기 보존패키지로 변환하여 관리해야 한다(시행령 제46조). 보존관리의 구체적인 사항은 제3절 기록물관리기관의 보존관리에서 다룬다.

■ 영구기록물관리기관의 기록물 평가 및 폐기

「공공기록물법」에 따른 영구기록물관리기관의 평가는 보존 중인 기록물의 지속적인 보존 가치를 다시 판단하는 업무이다.[409] 영구기록물관리기관의 기록물 평가 대상과 시점은 다음과 같다(영 제53조).

첫째, 보존기간 30년 이하 기록물인데, 해당 기록물의 보존기간이 지나면 평가와 폐기 대상이 된다. 영구기록물관리기관이 기록관 또는 특수기록관으로부터 이관받은 보존기간이 30년인 기록물, 폐지된 공공기관의 보존기간 30년 이하 기록물도 대상이다. 공공기관이 폐지되었으나 승계 기관이 없으면 보존기간과 상관없이 모든 기록물을 관할 영구기록물관리기관으로 이관하기 때문이다(법

---

409) 우리나라에만 있는 독특한 제도이다. 외국의 경우 아카이브는 영구보존 가치가 있어서 수집한 기록물을 보존하고 있어서 보존 중인 기록물은 원칙적으로 폐기하지 않는다. 그런데 우리나라의 경우 영구보존뿐만 아니라 보존기간 30년과 준영구 기록물도 이관받아 관리하기 때문에 보존기간 경과 기록물의 평가와 폐기가 필요하다. 우리나라가 보존기간 30년 이상의 기록물을 이관받는 것은 장기 보존이 필요한 기록물을 영구기록물관리기관이 관리하고 통합적으로 서비스하기 위한 것으로 보인다. 「구 공공기관기록물법」에서는 보존기간 준영구 이상이 이관 대상이었다(시행령 제17조). 「구 공공기관기록물법」제정 이전에도 이관 대상은 준영구 이상의 기록물이었으며, 준영구 기록물의 경우 정부기록보존소장이 당해 문서를 더 이상 보존할 필요가 없다고 인정되는 경우에는 이를 폐기할 수 있었다(「구 사무관리규정」제31조).

제25조).[410]

둘째, 보존기간이 준영구인 기록물인데, 생산 후 70년이 지나면 보존가치를 평가하여 폐기할 수 있다(시행령 제53조 제2항).[411] 다만, 동종·대량 기록물 중 보존 가치가 낮은 기록물은 생산 후 50년이 지나면 평가 대상으로 선정하여 보존 여부를 다시 평가할 수 있다(시행령 제53조 제2항 단서).[412] 보존가치가 낮은 준영구 기록물을 이른 시기에 폐기할 수 있도록 하여 보존부담을 경감하려는 의도이다.

셋째, 보존기간 30년 이상의 기록물 중 기록관리기준표 단위 과제의 보존기간 변경 등으로 보존의 필요성이 상실된 것으로 인정되는 기록물과 물리적으로 훼손되었으나 복원이 불가능하여 대체 보존하려는 기록물이다(시행령 제53조 제5항). 이 경우에는 보존기간 경과 여부와 상관없이 평가 사유에 해당하면 평가할 수 있다.

영구기록물관리기관의 기록물 평가 절차는 기록물관리 전문요원의 심사, 심사 결과에 대한 생산기관 의견조회, 기록물평가심의회 심의를 거쳐 확정하고 시행해야 한다(시행령 제53조 제4항). 평가는 보존기간 재책정, 보류, 폐기로 구분한다. 보존기간 재책정의 경우 30년 이하는 준영구 또는 영구, 준영구 기록물은 영구로 보존기간을 변경한다. 보류는 소송이나 민원 대응 등 일시적인 이유로 일

---

410) 사립대학교는 학교법인이 해산되면 보유기록물을 사학진흥재단에 이관하여 관리해야 한다(「사립학교법」제48조의2, 동법 시행령 제18조).

411) 준영구 기록물은 국민이나 조직의 신분, 재산, 권리, 의무 등을 증빙하는 것으로 관리 대상 자체의 사망, 폐지 등 사유가 소멸하면 영구보존의 필요성이 없다. 이와 관련하여 소멸 시점을 대략 '70년'으로 정하고, 70년이 지나면 보존 여부를 다시 판단하도록 하였다.

412) 동종(同種) 대량(大量) 기록물의 평가 시점을 달리 정한 것은 보존 부담의 경감 차원이다. 동종 대량 기록물은「공공기록물법」에서는 별도의 정의가 없으나, 기록학에서 말하는 사안 파일(case file)이 여기에 해당한다. 사안 파일은 행정 조치를 지원하거나 특정사안의 조사와 관련된 기록으로, 신분 기록, 환자 기록, 재직자 기록, 범죄 수사 기록 등이 대표적이다.

정 기간 폐기가 곤란한 경우이다. 기록물 평가 과정에서 보류로 결정된 기록물은 10년마다 보존 가치를 다시 평가해야 한다.(시행령 제53조 제3항).

그런데 평가 대상 중 기록관리 기준표에 의한 보존기간 변경에 따른 폐기, 물리적 훼손으로 인한 대체 보존을 위한 평가는 보존기간 30년 이상의 원본 기록물을 보존기간 경과 전에 폐기하려는 것이기 때문에 생산기관과 협의[413]하고, 원본 폐기의 적합성과 타당성 등을 국가기록관리위원회의 심의를 거치도록 하였다(시행령 제53조 제5항 및 제6항).[414]

영구기록물관리기관은 기록물 평가 심의를 위해 민간 전문가를 포함한 기록물평가심의회를 구성하여 운영해야 한다(법 제27조의2). 기록물평가심의회는 기록물의 평가와 폐기에 대하여 민간 전문가와 시민사회의 의견을 반영하기 위한 거버넌스 조직이다. 영구기록물관리기관의 기록물평가심의회는 기록물 평가에 적합한 민간 전문가, 소속 공무원 등 7인 이내의 위원으로 구성하는데, 민간 전문가의 수는 3인 이상으로 한다(시행령 제54조).[415]

---

413) 생산기관 협의는 의견조회와 다르다. 의견조회는 생산기관의 의견을 참조하기 위한 절차이지만, 협의는 원본 기록물 폐기와 관련된 논의로서 생산기관의 의견을 반영하기 위한 절차이다.

414) 기록물의 평가와 폐기는 영구기록물관리기관이 고유 권한이지만, 보존기간이 지나기 전에 폐기하기 때문에 생산기관과 협의하고, 폐기의 타당성을 국가기록관리위원회에서 심의하도록 한 것이다.

415) 기록물평가심의회에 민간 전문가를 포함하는 이유는 보존 가치평가에 시민의 의견을 반영하기 위한 이유이다. 따라서 영구기록물관리기관이 보유하고 있는 기록물의 보존 가치를 평가할 수 있는 분야의 민간 전문가로 평가심의위원을 위촉해야 한다. 일반적으로 기록학, 역사학, 문헌정보학, 행정학 전공자가 참여하며, 시민단체 소속 전문가나 활동가도 심의위원에 포함하고 있다.

■ 기록물의 폐기 금지

기록물 폐기 금지는 진실 규명이 필요한 사회적 사안이나 국민의 권익 보호와 관련된 기록물의 폐기 방지를 위해 제도화되었다. 폐기 금지 대상으로 지정되면 해당 기록물은 기록관리기준표에 따른 폐기 시점이 도래하더라도 폐기할 수 없다(법 제27조의3 제1항 및 제2항, 시행령 제54조의4).[416] 폐기 금지와 해제는 국가기록원장의 고유 권한이기 때문이다.

국가기록원장은 국가의 중대한 사안으로서 조사기관 또는 수사기관의 요청이 있거나, 국민의 권익 보호 등을 위해 필요한 경우 해당 기록물의 폐기를 금지하고, 해당 공공기관이나 영구기록물관리기관에 통보할 수 있다(법 제27조의3 제1항). 그런데 폐기 대상이 헌법기관기록물관리기관의 소관 기록물이면 폐기 금지를 결정하기 전에 미리 해당 헌법기관기록물관리기관이 장과 협의하도록 하였다(법 제27조의3 단서).[417]

---

416) 기록물의 폐기 동결(record freeze) 제도는 외국에서는 이미 일반화되어 있는 제도이다. 미국은 감사나 법원의 명령, 수사나 소송, 연구를 비롯해 기관의 운영상 목적으로 행정적, 법률적, 재정적 가치를 조정해야 하는 특별한 사유로 보유기간 연장이 필요한 경우, 해당 기관장이 국립기록청장의 승인을 받아 해당 기록을 기존의 보유 일정에 따른 처분에서 제외하고 일시적으로 처분 집행을 유예하고 있다(1999년부터 시작된 담배회사 소송 관련, 2006년 허리케인 카트리나 참사 관련 기록 등). 물론 여러 기관과 관련된 경우에는 국립기록청장이 직접 처분을 동결한다. 호주는 국립기록청이 시대적 상황에 따라 국가적으로 주목 받거나 논란을 유발하는 특정 주제 및 사건과 관련하여 일련의 기록에 대한 폐기를 금지하기 위해 처분 동결 명령을 내리고 있다.(1984년 핵실험 및 실험장소 관련 기록, 2012년 아동 성범죄에 대한 기관, 시설의 대응 관련 기록 등) 미국은 정부기관의 요청에 따라 동결하는 반면에 호주는 국립기록청이 처분 동결을 지시하는 하향식이자 목적(조사) 지향적이라는 점이 특징이다(현문수. 2017. 공공기록의 처분 동결 제도 도입을 위한 연구, 「기록학연구」 53호, 2017. 참조).

417) 폐기 금지는 국가적으로 중대한 사안의 조사 또는 수사, 국민의 권리보호에 관한 긴급한 필요가 있는 경우 시행하는 것이다. 따라서 헌법기록물관리기관 소관 기록물이라도 예외일 수 없는데, 미리 헌법기록물관리기관의 장과 협의할 필요가 있는지 알 수 없다. 입법예고 안에는 헌법기록물관리기관장과의 사전협의가 포함되어 있지 않았다.

국가기록원장이 폐기 금지를 결정할 수 있는 경우는 다음과 같다(시행령 제54조의2 제1항).

① 국가적으로 중대한 사안으로서 감사원장, 고위공직자범죄수사처장, 검찰총장, 경찰청장, 특별법에 따라 설치된 조사위원회의 장 및 이에 준하는 조사기관 또는 수사기관의 장이 기록물의 폐기 금지를 요청하는 경우

② 국민의 생명·신체·재산의 보호 등 국민의 권익 보호를 위하여 기록물의 폐기 금지가 긴급히 필요한 경우

③ 국가안전보장·국방·통일·외교관계 등과 관련하여 기록물의 폐기 금지가 긴급히 필요한 경우

④ 영구기록물관리기관의 장이 관할 기관의 기록물이 ② 또는 ③에 해당한다고 인정하여 폐기 금지를 요청하는 경우

국가기록원장은 감사원장, 고위공직자범죄수사처장 등의 기록물 폐기 금지 요청이 있거나, 국민의 권익 보호나 국가안보·통일·외교 등에 관한 기록물의 폐기 금지가 필요하다고 판단되면 해당 기록물의 폐기 금지를 결정할 수 있다.[418]

---

418) 기록물 폐기 금지 제도의 쟁점은 폐기 금지 대상 중 하나가 감사, 수사기관장의 요청으로 이루어진다는 것이다. 이 경우 국가기록원장이 폐기 금지 요청을 거부할 수 없으며, 결국 권력기관이 기록물관리에 개입할 우려가 있다는 것이다. 국가기록원의 법제처 제출안은 "중앙기록물관리기관의 장은 국가적인 조사·감사, 국민의 권익 보호 등을 위하여 대통령령으로 정하는 사항에 해당하는 경우 기록물의 폐기 중지를 결정하고 해당 공공기관에 통보할 수 있다."이었다. 그런데 법제처 심사 과정에서 "중앙기록물관리기관의 장은 국가적으로 중대한 사안으로서 조사기관 또는 수사기관의 요청이 있거나 국민의 권익 보호를 위하여 긴급히 필요한 경우 등 대통령령으로 정하는 경우에는 기록물의 폐기 금지를 결정하고 해당 공공기관 및 영구기록물관리기관에 통보할 수 있다."로 변경되었다(법 제27조의3 제1항).

또한, 영구기록물관리기관의 장도 국민의 권익 보호 등을 위해 관할 기관 기록물의 폐기 금지가 필요하면 국가기록원장에게 폐기 금지를 요청할 수 있다.

국가기록원장은 폐기 금지를 결정한 경우에는 폐기 금지 대상 기관, 대상 기록물의 범위, 폐기 금지 사유 및 기간 등을 관보 및 국가기록원의 홈페이지 등 정보통신망에 고시하고, 해당 기관에 통보해야 한다(시행령 제54조의2 제2항). 또한 국가기록원장은 폐기 금지 조치 이행과 관리 실태 등을 확인하기 위하여 기록물관리 현황조사나 점검 등을 실시하고 시정 조치를 할 수 있다(법 제27조의3 제2항).

폐기 금지를 통보받은 공공기관이나 영구기록물관리기관의 장은 해당 기록물의 폐기를 동결해야 한다. 구제적으로 해당 공공기관과 영구기록물관리기관의 장은 국가기록원장으로부터 폐기 금지 해제를 통보받기 전까지 폐기 금지 대상 기록물은 기록물평가심의회의 심의 대상에서 제외해야 하고, 이미 폐기가 결정된 경우에도 폐기를 보류해야 한다. 보류된 폐기 금지 대상 기록물은 폐기 금지 해제를 통보받은 후에 다시 기록물평가심의회의 심의를 거쳐 기록물의 폐기 여부를 결정해야 한다(시행령 제54조의4 제1항 및 제2항). 또한, 공공기관이나 영구기록물관리기관의 장은 폐기 금지와 해제, 연장에 관한 사항을 통보받으면 해당 기록물의 폐기 금지와 해제 및 연장의 시기와 사유 등의 정보를 관리해야 한다(시행령 제54조의4 제3항).

기록물의 폐기 금지 해제와 기간 연장도 국가기록원장의 권한이다. 국가기록원장은 폐기 금지 기간이 종료되면 기록물의 폐기 금지를 해제해야 한다. 다만, 국가기록원장은 폐기 금지 기간의 연장이 필요하다고 인정되면 금지 기간을 연장할 수 있다(시행령 제54조의3 제1항). 이와 관련하여 감사원, 고위공직자수사처 등 법령에 따라 폐기 금지를 요청한 기관의 장도 국가기록원장에게 폐기 금지 기간의 연장을 요청할 수 있다. 이 경우 국가기록원장은 폐기 금지 기간의 연장 필요성을 판단하여 그 기간을 연장할 수 있다(시행령 제54조의 제4항 및 제5항).

폐기 금지 기간의 종료 전에도 폐기 금지의 해제가 가능하다. 감사원, 고위공
직자수사처 등 법령에 따라 폐기 금지를 요청한 기관의 장이 폐기 금지 기간이
종료되기 전에 폐기 금지 요청 사유가 소멸하면 국가기록원장에게 해제를 요청
할 수 있다. 이 경우 국가기록원장은 폐기 금지 기간 종료 전이라도 폐기 금지를
해제할 수 있다(시행령 제54조의3 제2항 및 3항).

국가기록원장은 기록물 폐기 금지, 해제나 금지 기간의 연장을 결정하면 해제
시기 및 사유 등 폐기 금지 해제 관련 사항 또는 연장 기간 및 사유 등 연장에 관
한 사항을 관보 및 국가기록원의 홈페이지 등 정보통신망에 고시하고 대상 기관
에도 통보해야 한다(시행령 제54조의3 제6항).

제3절 기록물관리기관의 기록물 보존

기록물 보존은 기록물관리기관의 기본업무이다. 기록물관리기관의 존재 이유 중 하나가 기록물을 안전하게 보존하는 것이다. 따라서 기록물관리기관은 기록물의 안전한 보존을 위한 계획을 수립하여 운영하여야 하며, 기록물관리기관에 적합한 시설과 장비를 갖추고 기록물 보존관리 업무를 수행해야 한다.

기록물 보존은 화학적, 물리적 열화나 손상을 최소화하여 자료를 보호하고 정보 손실을 최소화하며 수명을 연장하는 전문 분야이다. 여기에는 기록물의 안전한 관리를 위해 필요한 제도적, 물리적 및 기술적 제반 행위를 포함한다. 제도적 행위는 보존 절차를 정하고, 접근을 통제하며, 재난에 대비 방안을 마련하는 것이다. 물리적 기술적 행위란 기록물의 보존을 위한 보존 처리와 복원이다.[419]

■ 기록물관리기관의 시설과 장비

기록물관리기관은 기록물의 체계적 관리, 안전한 보존과 효율적 활용을 위하여 필요한 시설과 장비를 갖춰야 한다. 이와 관련하여 국가기록원장은 기록물관리기관별 시설과 장비 기준을 정하도록 하였다(법 제28조 제1항). 국가기록원장이 제시하는 기준은 최소 기준이며, 기록물관리기관별 보유기록물과 업무 환경에 따라 필요한 시설과 장비를 갖추어야 한다.

기록물관리기관의 시설 기준은 서고, 기록물관리 업무 공간의 적정한 면적과 환경 등이며, 장비는 기록물의 보존과 처리를 위한 공기조화, 온·습도계, 소화 설

---

419) 보존 처리는 화학적 또는 물리적 처리를 통해 기록물을 수리하거나 안정화하여 가능한 한 오랫동안 원래 형태로 유지되도록 하는 작업이다. 복원은 기록물을 가능한 원래 상태에 가깝게 복구하는 업무이다(SAA 아카이브 용어사전: conservation, restoration)

비, 보안 장비, 매체 수록 장비 등이다. 기록물관리기관별로 갖추어야 하는 시설과 장비의 법정 기준은 <표7>과 같다(시행령 제60조 제1항)

표7. 기록물관리기관의 보존시설·장비 및 환경기준

① 영구기록물관리기관의 시설·장비 및 환경기준

구분		종이기록물	시청각기록물		전자기록물	행정박물
1.서고면적	고정식	1만권당 99m²	오디오 1만개당 25m² 비디오 1만개당 45m² 사진필름앨범 1만권 145m² 영화필름 1천캔당 30m²		보존대상량 실소요공간	
	이동식	고정식 면적의 40~60%				
2.사무공간 면적	작업실	근무인원 1명당 7m²(장비공간 별도)				
	열람실	근무인원 및 열람좌석 1명당 7m², (특수매체 열람공간 별도)				
3.시설·장비	공기조화 설비	항온·항습설비, 환경적응장비(시청각기록물에 한정한다)				
	온·습도계	서고당 1대				
	소화 설비	자동소화시설 (서고는 가스식 자동소화시설)				
	보안 장비	폐쇄회로 감시장치				
	탈산·소독 장비	설치				
	복원·시청각 장비	설치				
	매체수록 장비	설치(전자매체, 마이크로필름 수록 장비)				
4.보존환경	온도(℃)	20±2℃	필름매체류: 0±2℃ 자기매체류: 15±2℃		20±2℃	
	습도(%)	50±5%	필름매체류: 30±5% 자기매체류: 40±5%		40±5%	50±5%
	공기질	미세먼지(PM-10): 50μg/m³ 이산화황(SO2): 0.05ppm 이하 산화질소(NOx): 0.05ppm 이하 포름알데히드(HCHO): 120μg/m³ 휘발성유기화합물(VOC): 400 μg/m³				
	조명	보존서고 100~300럭스(자외선 차단등 설치) 전시관 50~200럭스(전시관을 운영하는 경우 원본전시 기준)				

비고
1. 흑백 사진필름, 마이크로필름은 자기매체류의 온·습도의 기준에 따른다.
2. 탈산(脫酸: 산성 제거)·소독 장비, 복원·시청각 장비, 매체수록 장비는 업무처리량, 보존기록물 종류 등을 고려하여 민간용역으로 처리하는 경우에는 이를 설치하지 않을 수 있다.

② 특수기록관의 시설·장비 및 환경기준

구분		종이기록물	시청각기록물		전자기록물	행정박물
1.서고면적	고정식	1만권당 99m^2	오디오 1만개당 25m^2 비디오 1만개당 45m^2 사진필름앨범 1만권 145m^2 영화필름 1천캔당 30m^2		보존대상량 실소요공간	
	이동식	고정식 면적의 40~60%				
2.사무공간 면적	작업실	근무인원 1명당 7m^2 (장비공간 별도)				
	열람실	근무인원 및 열람좌석 1명당 7m^2, (특수매체 열람공간 별도)				
3.시설·장비	공기조화 설비	항온·항습 설비				
	온·습도계	서고당 1대				
	소화 설비	자동소화시설(서고는 가스식 자동소화시설)				
	보안 장비	폐쇄회로 감시장치				
	소독 장비	설치				
	매체수록 장비	설치(전자매체·마이크로필름 수록 장비)				
4.보존환경	온도(℃)	20±2℃	필름매체류: 0±2℃ 자기매체류: 15±2℃	20±2℃	20±2℃	
	습도(%)	50±5%	필름매체류: 30±5% 자기매체류: 40±5%	40±5%	50±5%	
	조명	서고 100~300럭스(자외선 차단등 설치) 전시관 50~200럭스(전시관을 운영하는 경우 원본전시 기준)				

비고
1. 흑백 사진필름, 마이크로필름은 자기매체류의 온·습도의 기준에 따른다.
2. 소독 장비, 매체수록 장비는 업무처리량, 보존기록물 종류 등을 고려하여 민간용역으로 처리하는 경우에는 이를 설치하지 않을 수 있다.
3. 시청각기록물의 경우 관리대상이 소량일 경우, 별도의 공간을 확보하지 않고 저온함 등을 활용하여 관리 할 수 있다.

③ 기록관의 시설·장비 및 환경기준

구분		종이기록물	전자기록물
1.서고면적	고정식	1만권당 99m^2	보존대상량 실소요공간
	이동식	고정식 면적의 40~60%	
2.사무 공간	작업실	근무인원 1명당 7m^2(장비공간 별도)	
	열람실	근무인원 및 열람좌석 1명당 7m^2, (특수매체 열람공간 별도)	
3.시설·장비	공기조화 설비	항온·항습 설비	
	온·습도계	서고당 1대	
	소화 설비	가스식 휴대형 소화기	
	보안 장비	이중 잠금장치 설치	
	매체수록 장비	설치(전자매체·마이크로필름 수록 장비)	
4.보존환경	온도(℃)	20±2℃	20±2℃
	습도(%)	50±5%	40±5%
	조명	서고 100~300럭스(자외선 차단등 설치) 전시관 50~200럭스(전시관을 운영하는 경우 원본전시 기준)	

비고
매체수록 장비는 업무처리량, 보존기록물 종류 등을 고려하여 민간용역으로
처리하는 경우에는 이를 설치하지 않을 수 있다.

출처: 시행령 별표 6.

기록물관리기관의 장은 국가기록원장이 정한 시설과 장비 기준을 준수해야 하고, 국가기록원장은 준수하지 않는 기록물관리기관에 대하여 시정을 요구할 수 있다(법 제28조 제2항). 기록물관리기관은 공공 기록물을 안전하게 보존해야 하는 의무를 갖고 있기 때문이다.

기록물관리기관장은 매년 5월 31일까지 시설, 장비 및 환경 구축 현황을 국가기록원장에게 통보해야 하며, 국가기록원장은 기록물관리기관이 시설, 장비 및 환경기준 준수 여부를 계속해서 관리해야 한다(시행령 제60조 제2항).

■ 기록매체와 보존 용품

공공기관과 기록물관리기관의 기록매체와 용품은 기록물 보존에 적합한 제품을 사용해야 하는데, 기록매체와 보존 용품의 기준은 국가기록원장이 정한다. 국가기록원장은 기록물관리에 필요한 기록매체, 재료 등에 대한 규격을 정하고, 인증 절차 등을 운영할 수 있다(법 제29조 제2항, 영 제61조). 기록매체와 재료에 대한 규격의 제·개정과 폐지는 국가기록원장의 권한이다. 다만, 기록매체와 재료는 전문적인 분야임으로 해당 규격을 개정, 폐지하려는 경우에는 국가기록관리위원회의 심의를 거치도록 하였다. 해당 규격의 제·개정 및 폐지는 관보 또는 국가기록원 홈페이지 등 정보통신망을 통하여 고시하여 공공기관과 국민에게 인지시켜야 한다.

기록물 저장, 기록 매체와 재료는 매우 다양하나, 모든 매체나 재료를 사용할 수는 없다. 기록물관리에 사용되는 매체와 재료는 기록의 진본성, 신뢰성, 무결성, 이용가능성 등을 유지할 수 있어야 하며, 동시에 보존에 필요한 요건을 충족시켜야만 한다. 따라서 국가기록원장은 기록물의 안전한 보존과 관리에 적합한 매체와 기록 재료에 대한 규격을 정하고, 해당 규격의 유지와 인증 조치 등을 하도록 한 것이다. 인증은 국가기록원이 시행하는데, 전문적인 시험이 필요하면 인증업무의 일부 또는 전부를 공인된 전문시험, 검사기관에 의뢰하여 실시할 수 있다.

전자기록물의 기록매체와 장치의 기준은 다음과 같다(시행규칙 제23조). 첫째, 전자기록물을 정확하고 신뢰성 있게 수록하거나 재생할 수 있어야 한다. 둘째, 전자기록물을 현재의 저장 환경에서 새로운 저장 환경으로 손상 없이 옮길 수 있어야 한다. 셋째, 동일한 매체로 복제본 제작이 가능하여야 한다. 마지막으로, 수록된 전자기록물을 임의 수정, 삭제, 위조, 변조 등으로부터 보호할 수 있어야 한다. 기록물관리기관이 기록물을 매체에 수록하고자 하는 경우 국가기록원장이 정하는 기준에 따라야 한다(법 제29조 제1항). 이는 기록관리 표준화와 관련된 문제인데, 각급 기록물관리기관이 매체를 상호 유통하고 활용하기 위함이다. 또한 보존성이 입증된 매체를 사용하기 위한 것이다. 보존매체 및 기록 재료의 종류와 기준은 <표8>과 같다(시행규칙 제24조).

표8. 보존매체의 종류와 규격

종류	마이크로필름	전자매체
규격	한국산업규격(KS)을 충족하는 안전필름	다음 각 호의 어느 하나의 규격을 충족하는 매체 1. 한국산업규격(KS) 2. 국제표준화기구(ISO) 또는 국제전기표준회의(IEC)가 정한 규격 3. 그 밖에 국가기록원장이 정하는 규격

출처: 시행규칙 별표 11.

표9. 30년 이상 보존기록물의 기록 재료

구분	재료기준	비고
1.종이	- 문서의 작성은 한지류 및 보존용지 1종인 보존복사용지, 보존백상지, 보존아트지로 작성 - 문서의 보관은 보존용 판지로 제작된 장기보존용 표지 또는 보관용기에 보관	- 보존용지 1종 규격 화학펄프 100퍼센트, pH 7.5 이상, 탄산칼슘 2퍼센트 이상 - 보존용 판지 규격 pH 7.5 이상, 탄산칼슘 3퍼센트 이상
2.잉크	- 먹, 탄소형·안료형 잉크, 보존용 잉크 사용	- pH 7.0 이상, 내광성 4호 이상, 산·알칼리용액(표백제 포함)에 무변화
3.필기구	- 사무용프린터용 토너, 탄소형 싸인펜, 흑색 안료형 필기구류 및 보존용 필기구류	- pH 7.0 이상, 내광성 4호 이상, 산·알칼리용액(표백제 포함)에 무변화

출처: 시행규칙 별표 15.

■ 기록물관리기관의 보안 및 재난 대책

기록물관리기관은 기록물의 안전한 보존을 위하여 보안과 재난 대책을 수립하여 시행해야 한다(법 제30조). 기록물관리기관의 보안과 재난 대책은 기록물의 진본성, 신뢰성, 무결성, 이용가능성을 보호하려는 것으로 기록물의 멸실, 훼손, 무단 유출, 무단 열람 등과 같은 위험에 대한 대응이다. 따라서 공공기관은 보안과 재난 대책을 수립하고 이를 문서화하고 구성원들이 숙지할 수 있도록 교육과 지침 등을 제공해야 한다.

기록물관리기관의 보안대책은 허가받지 않은 접근, 이용, 삭제, 수정, 파기로부터 기록물을 보호하려는 것이다.[420] 보안대책은 출입 인원, 보존시설, 전산장비 및 기록물 등으로 구분하여 마련해야 한다(시행령 제62조). 출입 인원의 보안은 접근권한을 구분하고 권한별로 허용되는 행위를 제한한다. 보존시설의 보안은 보존, 작업, 사무와 열람 공간 등을 구분하고, 허가받지 않은 출입을 통제하고, 출입 카드, CCTV 등 보안 장비를 운영해야 한다. 기록물의 보안은 허가받지 않은 사람이 기록물을 열람하거나 유출하지 않도록 통제한다. 또한 기록물의 반입과 반출, 기록물 등록과 분류, 보존 처리, 매체 수록 등 기록물을 직접 다루는 작업은 내부 직원이 수행하는 것을 원칙으로 한다. 해당 업무를 외부 사람에게 위탁하려면 보안대책을 수립하고, 내부 직원을 감독자로 지정하여 기록물 취급 업무를 감독해야 한다.

전산장비의 보안은 전자기록물과 전산장비를 이용해 작업하는 전산시스템 등이 해당하는데, 전자 기록물관리 환경에서 보안대책이 필요한 분야이다. 기록물관리기관은 전산시스템으로 기록물의 무단 열람, 변경 및 훼손, 무단 유출 등에 대한 보호 대책이 필요하다. 이 분야는 정보보안전문가와 협력하여 업무를

---

420) 기록물관리기관의 보안 및 재난 대책은 「기록물관리기관 보안 및 재난관리 기준」(NAK 2-1)을 참조하라.

수행해야 한다.

재난 대책은 자연재해나 인재(人災)로부터 기록물을 보호하기 위한 대비책이다. 재난 대책은 재난 시 기록물 대피 우선순위, 근무자 안전 수칙 등이 포함되어야 한다(시행령 제62조). 기록물관리기관은 재난 유형별로 대책을 수립하여 시행해야 하는데, 재난관리 모델은 예방, 대비, 대응, 복구로 구분된다. 재난 관리 계획은 화재 수해, 지진 등 재난 관련 위험평가를 바탕으로 기록물관리기관의 입지, 기록물의 종류별 특성과 보존 방법 등을 고려하여 수립해야 한다.

재난 예방은 위험평가, 안전 규칙의 수립, 기록물 및 시설·장비에 대한 주기적 점검 활동을 포함해야 한다. 재난 대비는 재난 대응을 위한 조직 체계 구성, 기록물 대피 우선순위 지정, 기록물의 이중화와 분산, 필수 기록물[421]의 선별과 보호, 비상용품 준비, 대응 및 복구 절차 마련, 재난 대비 교육 및 훈련 실시 등이다.

재난의 대응과 복구는 재난 발생 시 재난 사항 파악과 전파, 인명과 기록물의 보호 및 구난하고, 재난 상황이 종료되면 피해 현황을 파악하여 분석하고 기록물, 보존시설과 장비를 신속히 복구해야 한다. 재난 이후 관리도 중요한데 반출 기록물은 재난 현장이 복구되고 안정적으로 운영되기 전까지는 반입해서는 안 된다. 또한 재배치 후에는 정수 점검과 함께 보존 환경과 기록물의 상태를 점검해야 한다.

---

421) 필수 기록물(Vital records)은 "비상사태나 재난 발생 시 혹은 재난 이후에, 조직이 업무나 기능을 지속하거나 기능을 회복하기 위해 필수적으로 필요한 정보를 담은 기록"이다('KS X 6500: 2010. 필수기록관리와 기록관리 재난대비 계획」 3.4 필수기록). 여기에는 조직의 자산으로 재난 발생과 복구에 필요한 기록물이 포함된다. 예를 들어 인사 기록물, 회계 기록물, 소유 자산 관련 기록물, 계약서나 협정 문서 등이 포함된다.

■ 기록물관리기관 서고 관리

기록물관리기관은 보유기록물의 안전한 보존을 위하여 법령이 정한 기준에 맞는 서고를 보유해야 한다. 서고는 서고 번호와 서가 번호를 부여하고 표시해야 하며, 이를 등록하여 기록물의 보존 위치를 식별할 수 있도록 한다(시행규칙 제28조). 또한 기록물관리기관장은 서고별로 관리책임자를 지정하고, 그 관리책임자가 서고의 출입과 기록물의 입고와 출고를 통제하도록 해야 한다(시행규칙 제29조).

기록물관리기관은 보존기간 30년 이상인 기록물을 서고에 입고하기 전에 소독과 탈산 처리를 해야 한다(시행규칙 제30조 제1항 및 제2항). 다만, 기록물관리기관의 장이 기록물의 보존 상태와 보존 환경 등을 점검하고 그 결과에 따라 소독 제외 대상 기록물을 선별할 수 있다. 이 경우 기록물의 보존 상태와 보존 환경에 대한 점검 기준, 점검 방식 및 점검 결과에 따른 소독 제외 대상 기록물의 선별 기준 등은 국가기록원장이 정한다(규칙 제30조 제2항).

소독은 기록물 전체를 대상으로 하는데, 미생물과 해충에 의하여 손상을 예방하기 위한 목적이다. 탈산 처리는 입고 대상 기록물(종이 기록물에 한함) 중 산성화 정도가 수소이온농도(pH) 6.5 이하인 기록물을 대상으로 하는 것을 원칙으로 한다. 한편, 시청각 기록물과 행정 박물의 경우에는 보존과 활용을 위하여 매체변환, 매체 수록 등 필요한 조치를 해야 한다(시행규칙 제30조 제4항).

기록물관리기관장이 기록물의 보존 처리를 하려면 <표10>의 기록물 보존처리서를 작성해야 한다(시행규칙 제30조 제5항).

표10. 기록물 보존처리서

제   호(처리구분: 일자:)

			담당자	확인

일련번호	분류번호	제 목	기록물형태	수량	비고

출처: 시행규칙 서식 6.

기록물관리기관은 기록물 형태, 생산기관 등을 구분하여 서고에 배치해야 하는데, 구체적인 배열 방식은 기록물관리기관의 장이 정한다. 기록관 또는 특수기록관은 기록물 형태, 처리과 등을 구분하여 배열하는 것이 원칙이다(시행령 제38조 제2항). 영구기록물관리기관은 기록물 형태, 생산기관, 보존기간 등을 구분해야 하며, 영구기록물관리기관의 장이 정하는 분류체계에 따라 배열한다(시행령 제48조 제2항).

기록물의 서고 배치를 위해 기록물 형태를 구분하는 것은 기록물의 형태에 따라 보존 환경이 다르기 때문이다. 또한 기록물의 생산기관을 구분하는 것은 출처를 기준으로 기록물을 통제하려는 것이다. 기록관 또는 특수기록관은 처리과, 영구기록물관리기관은 생산기관을 구분하도록 한다.

영구기록물관리기관의 기록물 서고 배치에는 추가적으로 보존기간을 고려해야 한다. 영구기록물관리기관에서 보유하고 있는 기록물 중 보존기간 30년, 준영구 기록물의 경우에는 보존기간(준영구는 50년 또는 70년)이 지나면 평가를 통해 영구기록물로 재분류되거나 폐기되기 때문이다. 따라서 보존기간을 구분하여 향후 기록물 처리의 효율성을 높이기 위한 목적이다.

기록물관리기관의 장은 주기적으로 보존 기록물에 대한 정수 점검과 상태 검사를 해야 한다(시행령 제38조 제3항, 제48조 제3항). 정수 점검은 보유 목록과 실물을 확인하는 것이며, 상태 검사는 기록물의 물리적인 훼손 여부를 확인하는 것이다. 영구기록물관리기관은 상태 검사 과정에서 훼손이 확인되면 상태에 따라 복원, 보존 처리, 매체 수록 등의 조치를 시행해야 한다(시행령 제50조 제1항).[422]

기록물관리기관장은 법령이 정한 기준에 따라 기록물이 정기적으로 점검될 수 있도록 기록물 점검계획서를 작성하고, 이에 따라 기록물을 점검해야 한다(규칙 제31조 제1항 및 제2항). 정수 점검의 주기는 종이 기록물, 시청각 기록물, 전자기록물, 행정 박물 등 기록물 유형에 따라 다르다. 그런데 영구기록물관리기관의 경우 조선왕조실록, 지적원도 등 생산 후 70년이 지난 기록물 중 영구기록물관리기관의 장이 정하는 기록물을 별표 14의 정수 점검 및 상태 검사 주기의 2배를 넘지 아니하는 범위에서 점검 및 검사 주기를 따로 정할 수 있다(규칙 제31조 제1항 단서).

표11. 보존기록물 점검 및 검사주기

구분		정수점검	상태검사
종이기록물	상태검사 1등급	2년	30년
	상태검사 2등급	2년	15년
	상태검사 3등급	2년	10년
시청각기록물	영화필름	2년	2년
	오디오·비디오	2년	3년
	사진·필름	2년	10년
전자기록물	보존매체	2년	5년
행정박물	금속, 석재, 플라스틱 재질	2년	30년
	종이, 목재, 섬유 재질	2년	10년

출처: 시행규칙 별표 14.

422) 기록물 상태 점검 절차와 조치 사항은 「기록물 상태 검사 지침」(NAK 36)을 참조하라.

전자기록물의 상태 검사는 전자파일과 저장장치의 이상 유무를 확인하는 업무 절차이다. 기록물관리기관은 저장장치에 수록된 전자파일에 대한 이용가능성, 손상 여부와 저장장치의 이상 유무 등을 주기적으로 검사해야 한다(시행령 제50조 제2항).

상태 검사 과정에서 오류 사항이 발견되면 즉시 복구해야 한다. 이 경우 무결성 입증을 위해 발견된 오류 사항과 그 처리와 관련된 조치 내역을 문서화하여 관리하고, 장기보존포맷으로 재수록한 경우에는 진본성을 입증하기 위하여 행정전자서명과 시점 확인 정보를 추가하여 관리해야 한다.

비전자 기록물의 상태 검사는 종이류, 시청각기록물, 행정박물류 등 <표12>의 기록물의 상태 검사 기준에 따라 그 기록물의 재질과 훼손정도를 검사하여 3개 등급으로 구분한다(시행령 제50조 제4항). 영구기록물관리기관의 장은 훼손정도가 3등급으로 판정된 기록물 중에서 사료적 또는 증빙적 가치가 높다고 인정되는 기록물에 대하여는 복원을 시행해야 한다. 기록물의 복원은 기록물의 변형을 최소화할 수 있도록 필요한 조치를 강구해야 한다(시행령 제51조). 또한 기록물 복원작업과정을 기록물복원처리서로 작성하여 관리해야 하고, 복원 전 형상을 보존매체에 수록하여 보존해야 한다(시행규칙 제34조 제1항).[423]

---

423) 종이 기록물의 복원 처리는 「종이 기록물 보존 및 복원 지침」(NAK 25)를 참조하라.

안내 표12. 기록물의 상태검사 기준

① 종이류 기록물

가. 재질

구분	대상기록물
1등급	한지류 또는 중성용지에 먹, 보존용 필기류, 사무용프린터로 작성한 기록물
2등급	산성 또는 중성 재활용지에 흑색 및 청색볼펜, 잉크, 등사, 타자로 작성한 기록물
3등급	산성 재활용지 또는 신문용지에 흑색 및 청색외의 색볼펜, 수용성 싸인펜, 형광 필기구류, 연필로 작성한 기록물

*비고 : 종이의 수소이온농도(pH)가 7.0 이상이면 중성용지이고, 그 미만이면 산성용지로 구분함

나. 훼손도

구분	구분기준
1등급	종이의 외양 상 변화가 거의 없고 기록내용을 판독하는 데에 거의 지장이 없는 온전한 상태
2등급	종이의 파손·결실·변색이 있거나 잉크의 탈색·변색이 부분적으로 약간 있으나 기록내용의 판독에는 지장이 없는 상태
3등급	기록내용이 포함된 부분의 훼손·변색·건조 또는 침수(浸水)되거나 곰팡이의 확산, 잉크의 탈색·변색 등으로 기록내용의 판독에 상당한 지장을 초래하는 상태

② 시청각기록물

가. 재질

종류	구분	구분기준
오디오 및 비디오류	1등급	재기록이 불가능한 비접촉판독식 광디스크
	2등급	디지털형 접촉판독식 테이프 및 플라스틱 재질의 음반
	3등급	아날로그형 접촉판독식 테이프
영화 필름및 일반사진· 필름류	1등급	· 폴리에틸렌·폴리에스테르를 기본재료로 한 흑백의 영화 필름 및 사진 필름 · 인화용지를 기본재료로 한 흑백의 사진
	2등급	· 폴리에틸렌·폴리에스테르를 기본재료로 한 천연색 영화 필름 및 사진 필름 · 인화용지를 기본재료로 한 천연색 사진
	3등급	셀룰로스아세테이트·질산염 또는 유리를 기본재료로 한 필름

나. 훼손도

종류	구분	분류기준
시청각 기록물	1등급	외형적인 훼손이나 오염의 흔적이 거의 없으며 내용 및 음성이 온전한 상태
	2등급	외형적인 훼손이나 오염이 발견되나 내용 및 음성 확인에는거의 문제가 없는 상태
	3등급	· 외형적 훼손이나 오염이 심하며 내용 및 음성 확인이 불가능한 부분이 있는 경우 · 외형적 훼손이나 오염은 없으나 내용 및 음성 확인이 불가능한 부분이 있는 경우

③. 행정박물류

종류	구분	분류기준
행정박물	1등급	외양상 변화가 거의 없어 내용을 판독하는 데에 거의 지장이 없으며 형태가 온전한 상태
	2등급	파손·결실·변색이 부분적으로 약간 있으나 기록내용의 판독에는 지장이 없으며, 형태의 확인에는 거의 문제가 없는 상태
	3등급	훼손·변색·부식·건조 또는 침수되거나 곰팡이의 확산 등으로 기록 내용의 판독에 상당한 지장을 초래하거나 형태 손실이 상당부분 일어난 상태

출처: 시행령 별표 3.

기록물관리기관의 서고에 보존 중인 기록물 중 보존기간 30년 이상은 서고 외의 지역으로 반출하지 않는 것을 원칙으로 한다(시행규칙 제32조 제1항). 부득 이한 사유로 반출하고자 하는 때에는 그 서고를 관리하는 기록물관리기관장의 승인을 받은 기록물 반출·반입서를 서고 관리 책임자에게 제출해야 한다. 이와 관련하여 서고 반출금지의 예외 중 하나는 기록물 전시의 목적이다. 법령에서는 기록물 전시의 경우 복제본을 사용하는 것을 원칙으로 제시하였다(시행규칙 제 34조 제2항). 원본을 전시하는 과정에서 보존환경이 지켜지지 않아서 훼손의 우 려가 있기 때문이다.

■ 기록물관리기관 보존기록물의 부기 및 정정

기록물관리기관이 보유하고 있는 기록물은 진본성, 무결성 등을 보장하기 위 하여 내용의 수정이 불가능하다. 그러나 국민의 권리보호와 관련하여 예외적으 로 수정할 수 있는데 기록물의 부기 또는 정정이다(법 제30조의3). 기록물관리 기관의 장은 공공기관의 장으로부터 관련 법령에 따라 소관 기록물의 부기 또 는 정정을 요청받으면 그 내용을 부기 또는 정정할 수 있다. 첫째, 「가족관계의 등록 등에 관한 법률」에 따른 등록부의 정정, 개명 신고, 자녀 성과 본의 변경 신 고, 위법한 가족관계 등록기록의 정정, 무효인 행위의 가족관계 등록기록의 정 정, 판결에 의한 등록부의 정정이다. 둘째, 「사면법」에 따라 사면, 감형 또는 복권 이 있을 때 판결원본에 그 사유를 덧붙여 적어야 하는 경우이다. 셋째, 「주민등 록법」에 따라 주민등록번호가 정정 또는 변경되는 경우이다. 마지막으로, 「형사 소송법」에 따른 재심에서 무죄의 선고를 하여 무죄 판결 공시 대상이 되는 경우 이다.

공공기관이 기록물의 부기 또는 정정을 요청하려면 사유, 근거 및 대상 등이 포함된 요청서를 대상 기록물을 보유하고 있는 기록물관리기관의 장에게 제출해야 한다(시행령 제62조의2). 기록물관리기관의 장은 「공공기록물법」이 허용하는 범위이면 다음의 방법으로 부기 또는 정정해야 한다. 먼저, 소관 법령에 기록물의 부기 또는 정정의 방법이 규정되어 있는 경우에는 그 방법에 따른다. 소관 법령에 부기 또는 정정의 방법이 명시되어 있지 않으면 「행정업무규정」 제17조를 준용한다. 기록물관리기관의 장은 부기 또는 정정한 기록물이 보존매체에 수록되어 있으면 그 보존매체에도 부기 또는 정정 내용을 반영해야 한다(시행령 제62조의2 제3항).[424]

기록물관리기관장이 부기 또는 정정을 마치면, 이를 요청한 공공기관장에게 그 결과를 통보하고, 부기 또는 정정 내용 관련 사항을 기록하여 전자적으로 관리해야 한다(시행령 제62조의2 제4항).

관리 항목은 부기 또는 정정을 요청한 기관명, 부기 또는 정정의 사유, 부기 또는 정정 전의 기록물 내용과 부기 또는 정정한 내용, 부기 또는 정정 일자와 담당자의 성명 등을 포함해야 한다.

---

424) 부기(付記) 정정(訂定)의 구체적인 방법은 「기록물의 부기 또는 정정 처리 기준」(2023. 9. 21. 국가기록원 훈령 제224호)을 참조하라. 부기 또는 정정의 방법은 「행정업무규정」을 준용하도록 하였다. 동 규정 제17조의 단서를 보면 "종이 문서의 삭제나 수정하고자 하는 경우 동 시행규칙에 따르도록 하였다." 그리고 시행규칙 제14조에는 "종이 문서의 일부분을 삭제하거나 수정하는 경우 원안의 글자를 알 수 있도록 해당 글자의 중앙에 가로로 두 선을 그어 삭제하거나 수정하고, 삭제하거나 수정한 사람이 그곳에 서명이나 날인 해야 한다."로 규정하고 있다. 기록물관리기관이 기록물을 부기하거나 정정할 경우 원안을 식별할 수 있도록 하는 것이 중요하다. 일종의 이력 관리 차원이다.

■ 전자기록물 보존

기록물관리기관은 전자기록물을 체계적이고 안전하게 관리하고, 효과적으로 검색 활용하기 위하여 기록관리시스템을 구축해야 한다. 기록관리시스템은 기록물관리 업무를 전자적으로 처리하기 위한 시스템이며, 전자기록물을 보존하기 위한 전자 서고의 역할도 한다.

전자기록물은 물리적 객체에 고정되는 아날로그 기록물과 달리 접근과 이용의 확대가 가능하고, 디지털 정보기술을 이용하여 기록물의 생산, 저장, 관리, 이용을 유연하게 할 수 있는 장점을 갖고 있다. 반면에 전자기록물은 보존과 관리를 위한 매체의 취약성, 소프트웨어와 하드웨어의 노후화, 메타데이터 의존성 등 위험 요소가 있다.

따라서 전자기록물은 장기 보존이 과제인데, 「공공기록물법」에서는 영구기록물관리기관이 관할 공공기관이 생산한 전자기록물의 효율적인 이관과 보존 중인 전자기록물의 안전한 보존관리를 위한 대책을 수립·시행하도록 하였다(시행령 제36조 및 제46조). 대책에는 장기보존패키지 변환과 장기 보존 방식, 무결성 입증을 위한 접근 통제, 전자기록물 손실 방지를 위한 전자적 복구 체계를 포함한다. 이와 관련하여 국가기록원은 전자기록물의 행정전자서명 장기 검증 방안을 마련하여 시행해야 한다.

우리나라의 전자기록물 장기 보존 전략은 장기보존패키지로 변환하여 관리하는 것이다. 장기 보존이 필요한 전자기록물을 문서 보존 포맷[425]과 장기보존

---

425) 문서가 생산된 당시의 어플리케이션이 없어도 해당 문서의 내용과 외형을 그대로 재현하여 내용 보기를 가능하게 하는 포맷이다(「NAK 30: 2022(v1.1) 문서유형 전자기록물 문서보존포맷 기술규격」).

패키지[426]로 변환하는 것은 진본성뿐만 아니라 가독성을 계속 유지하려는 조치로 현재 우리나라가 채택하고 있는 문서형 전자기록물의 장기 보존 전략이다.

문서 보존 포맷의 변환 대상은 전자기록물 건에 포함된 본문 문서 파일과 첨부문서 파일이다. 문서형식이 아닌 시청각 유형(동영상, 음성 파일 등)이나, 다단(폴더) 압축파일, PDF, DRM 설정파일 등은 변환 대상에서 제외된다. 또한 해독불가능한 암호화된 파일 및 손상된 파일 등 읽을 수 없는 파일은 변환 대상에서 제외하며, 이때 이력 관리를 위해 문서 보존 포맷 변환 불가 사유 입력 및 후속 조치를 입력하고 변환 불가로 처리해야 한다.

그림 10. 문서 보존 포맷 및 장기보존패키지 개념도

전자기록물 원문　　보존포맷 변환 서버　　보존포맷
ISO 19005-1(PDF/A-1) 표준규격준수

전자기록물 원문+보존포맷　　보존포맷 변환 서버　　장기보존패키지

기록물건
메타데이터
인증정보(전자서명)

---

426) 전자기록물의 진본성과 무결성을 보장하고 장기간 안전하게 보존하기 위해 전자기록물의 원문, 문서보존포맷, 메타데이터, 전자서명을 하나의 패키지로 구성한 포맷이다(NAK 31-1: 2022(v2.3) 전자기록물 장기보존패키지 기술규격-제1부 XML로 포맷화된 방식[NEO2]. NAK 31-2 2022(v1.1) 전자기록물 장기보존패키지 기술규격 – 제2부: 디렉토리로 구조화된 방식 [NEO3]).

전자기록물의 장기 보존을 위한 장기보존패키지 변환 업무는 기록물관리기 관별로 다르다. 기록관 또는 특수기록관의 보존 포맷 변환은 선택사항이다. 기 록관 또는 특수기록관은 인수가 종료된 전자기록물 중 보존기간이 10년 이상인 전자기록물은 필요한 경우 문서 보존 포맷과 장기 보존 포맷으로 변환하여 관리 할 수 있다(시행령 제36조 제1항).[427]

그런데 기록관 또는 특수기록관이 보존기간 30년 이상의 기록물을 생산 후 10년 이상 해당 기록관 또는 특수기록관에서 보존하려면 반드시 장기보 존패키지로 변환하여 관리해야 한다(시행령 제36조 제2항). 변환 대상 전자 기록물은 특수기록관이 소관 비공개 기록물의 이관 시기를 연장한 경우, 국 가정보원장이 소관 비공개 기록물의 이관 시기를 연장하거나 따로 정하는 경 우, 관할 영구기록물관리기관이 장이 사료적 가치가 높지 아니하다고 지정하 여 협의를 거쳐 보존 장소가 기록관 또는 특수기록관으로 지정된 경우, 그 밖 의 공공기관이 보유하고 있는 기록물, 기록관 또는 특수기록관이 부득이한 사유로 일정 기간 이관을 연기한 경우이다. 이 경우에 해당하는 전자기록물 은 생산 후 11년이 지나기 전까지 진본 확인 절차를 거쳐 장기보존패키지로 변환하여 관리해야 한다.

영구기록물관리기관의 보존포맷 변환은 의무사항이다. 영구기록물관리기관 은 보유 중인 전자기록물의 관리정보 메타데이터와 행정전자서명 등을 검증하 고 장기보존패키지로 변환하여 관리해야 한다(시행령 제46조 제2항). 이는 전자

---

427) 「구 공공기록물법 시행령」(2022. 7. 5. 대통령령 제32772호로 개정되기 전의 것)에서는 보존기 간 10년 이상인 전자기록물은 인수 완료 후 1년 이내에 문서보존포맷과 장기보존패키지으로 변환하여 관리해야 했다. 문서보존포맷과 장기보존패키지을 도입한 것은 전자기록물의 장기 보존 전략이다. 따라서 기록관 또는 특수기록관의 보존, 관리 부담 완화만을 이유로 필요한 경 우 변환하도록 임의 사항으로 바꾼 것은 합리적이지 않다. 전자기록물의 진본성 보장은 관리 부담 완화를 이유로 변경할 할 수 없는 원칙적인 사안이기 때문이다.

기록의 진본성, 무결성, 신뢰성 및 이용가능성을 장기적으로 보장하려는 조치이다. 관리정보 메타데이터는 영구기록물관리기관에서 인수, 재분류, 보존 처리 등 전자기록물 관리 과정에서 조치했던 사항을 말하며, 행정전자서명은 조치가 끝나게 되면 붙이는 것인데, 조치 행위가 정상적으로 추진되었는지를 확인하는 것이다. 장기보존패키지는 주기적으로 관리정보 메타데이터와 함께 PDF/A로 변환한 전자파일을 함께 패키징하여 관리한다.

전자기록물의 진본성, 무결성, 신뢰성과 이용가능성의 보장은 전자기록물 관리의 핵심이다. 기록물관리기관은 전자기록물을 저장할 때 진본성, 이용가능성 등을 유지 가능한 방법이나 형식으로 처리해야 하며, 승인받지 아니한 접근과 폐기 등으로부터 전자기록물을 보호하는 방안을 수립하여 시행해야 한다(시행령 제36조 제5항, 제46조 제3항). 따라서 기록물관리기관은 「공공기록물법」과 표준에 부합하도록 업무 절차를 설계하고, 기록물관리시스템을 구축해야 한다.[428]

또한 전자기록물의 손실 방지를 위해 백업(backup)과 복원 기능을 갖추어야 하는데(시행령 제36조 제6항), 현재 공공기관에서 사용하고 있는 기록관리시스템에는 해당 기능이 포함되어 있다. 규모가 큰 기록관이나 특수기록관의 경우에는 백업본을 지역 또는 장소를 달리하여 분산하여 보관하고 재난 발생 시에 즉시 복구할 수 있는 시스템을 구축하는 것도 필요하다.

기록물관리기관의 전자기록물 저장과 관리 방식은 동일하다. 그런데 영구기록물관리기관은 전자기록물을 장기 보존하기 때문에 전자기록물의 복구 체계를 마련하여 시행해야 한다. 전자적 복구 체계는 각종 재난으로 전자기록물의 손실을 방지하기 위한 것으로 데이터, 기록매체, 시스템 등을 대상으로 한다(시행령

---

428) 공공기관의 전자기록물 생산과 관리를 통제하는 방안이 포함되어야 한다. 전자기록물은 그 특성상 생산 당시부터 적극적인 통제가 필요하기 때문이다.

제46조 제4항). 전자적 복구 체계는 각종 재난에 대비하여 데이터를 이중보존 또는 분산보존하고, 재난복구시스템을 구축하는 것이 필요하다. 재난복구시스템은 재난이 발생하여 운영 중인 기록관리시스템이 작동하지 않거나 파괴된 경우 재난복구시스템을 통해 데이터를 복구하거나 비상 운영할 수 있는 시스템이다.

한편, 국가기록원은 전자기록물의 행정전자서명을 장기적으로 검증하기 위한 관리방안을 수립하여 시행해야 한다(시행령 제46조 제5항). 전자기록물은 행정전자서명으로 진본성과 유효성을 확인하게 되는데, 행정전자서명은 일정기간이 경과하면 현용 시스템에서 관리하지 않기 때문에, 국가기록원이 행정전자서명에 대한 데이터를 이관받아 지속적으로 검증 업무에 활용할 수 있도록 시스템을 구축해야 한다. 현재 국가기록원은 행정전자서명 장기검증 시스템을 구축 운영하고 있다.

■ 기록물관리기관의 비전자 기록물 전자화

기록물관리기관의 장은 전자기록물과 비전자기록물의 통합관리와 기록정보서비스 확대를 위해 비전자기록물을 전자화하여 관리해야 한다(시행령 제37조 및 제47조제1항). 비전자 기록물의 전자화는 기록물의 체계적인 관리와 시간과 장소의 제약 없는 기록정보서비스 기반을 마련하는 목적이다.[429] 비전자기록물의 전자화는 기록물의 진본성, 무결성 등을 유지하고, 기록물관리기관 사이에 정보를 공유하기 위해 표준이 정해 놓은 절차를 따라야 한다.[430] 이와 관련하여 국가기록원은 전자적 형태로 생산되지 아니한 기록물의 전자적 관리 및 기록물관리기관 간 전자화기록물의 연계·활용을 위하여 필요한 표준 등을 작성·고시해야 한다(시행령 제47조제2항)[431]

■ 기록물관리기관의 보존매체 관리

보존매체 수록

기록물관리기관은 보존 중인 기록물을 기록관리기준표의 보존방법(병행보존이나 대체보존)에 따라 보존매체에 수록하여 관리해야 한다(시행령 제39조 및 제49조). 기록관 또는 특수기록관은 보존장소가 기록관 또는 특수기록관으로 지정된 기록물이 보존매체 수록 대상이며, 영구기록물관리기관은 보유기록

---

429) 전자화는 기록정보서비스를 위한 것이다. 그런데 전자화 사업은 대개 한정된 자원으로 추진되기 때문에 내외부 수요조사를 바탕으로 계획을 수립하여 시행해야 한다. 열람 빈도가 높은 기록물 순으로 단계적으로 전자화하는 것도 방법이다..

430) 비전자기록물 전자화 관련 표준은 국제표준을 부합화 방식으로 국가표준으로 제정하였다. KS X ISO TR 13028 「문헌정보-기록의 디지털화 이행 지침」 2010.

431) 「NAK 26:2023(v2.1) 기록물 디지털화 기준」을 참조하라.

물 전체를 대상으로 한다. 기록관 또는 특수기록관은 기록물을 보존매체에 수록하면 관할 영구기록물관리기관의 장이 정하는 방식에 따라 보존매체별[432]로 관리번호를 부여하여 관리해야 한다.

기록물관리기관이 기록물을 전자매체에 수록하려면 다음의 절차를 준수해야 한다(시행규칙 제25조).[433] 기록물관리기관은 기록물을 전자매체에 수록하기 전에 보존매체와 입력 자료의 이상 유무를 검사해야 한다. 전자매체 수록은 시행규칙 별지 제4호의 서식으로 계획서를 작성하고 공개 구분 종류별로 구분하여 수록한다.[434] 전자기록물이 수록된 전자매체와 보존 용기에는 제작번호와 일자, 관리번호와 보관위치가 포함된 시행규칙 별표 12의 표지를 부착하여 관리한다.

기록물관리기관이 기록물을 마이크로필름에 수록하여 보존하고자 하면 다음의 절차를 준수해야 한다(시행규칙 제26조).[435] 먼저 시행규칙 별지 제5호 서식에 따라 마이크로필름 촬영계획서를 작성하고 촬영하여야 한다. 촬영 시에는 촬영 시작 부분에 시작표시(시행규칙 별표 13)와 마이크로필름 촬영계획서를 삽입하고, 계획서의 순서대로 기록물을 수록한다. 수록이 끝나면 촬영이 끝나는 부분에 촬영 끝 표지를 넣어야 한다. 기록물관리기관은 이렇게 촬영이 끝난 마이크로필름의 촬영상태를 검사해야 하며, 불량한 부분이 발견되면 재촬영해야 한다. 기록물관리기관이 생산한 마이크로필름과 보존용기에는 표지(시행규칙

---

432) 보존 매체별이란 '전자매체, 마이크로필름'을 말한다.

433) 비전자 기록물은 전자화하여 전자매체에 수록하거나, 전자기록물을 전자매체에 수록하는 경우를 모두 포함한다.

434) 공개 여부의 구분은 비공개 정보가 포함된 기록물을 보호하려는 의도이다. 그런데 여기서 공개 여부를 구분한다는 것이 철 단위인지 건 단위인지는 명시되어 있지 않다. 다만, 전자기록물의 저장은 처분 단위가 철 단위이기 때문에 기록물 철 단위로 수록하는 것이 맞다.

435) 마이크로필름 촬영과 관리 등 상세한 내용은 「마이크로필름 지침」(국가기록원, 2006)을 참조하라.

별표 12)를 부착해야 한다. 마이크로필름은 보존용과 열람용을 구분하여 관리해야 하는데, 마이크로필름 원본은 시청각기록물 전용서고에 보존하고, 열람 등에 사용되는 것은 복제본을 제작하여 사용하는 것을 원칙으로 한다.

중요기록물의 이중 보존

이중 보존은 기록물관리기관의 중요 기록물을 재난에 대비해서 그 보존매체를 국가기록원에서 안전하게 관리하기 위한 목적이다.

기록물관리기관은 영구보존으로 분류된 기록물 중에서 중요한 기록물은 복제본을 제작하거나 보존매체에 수록하는 방법으로 이중 보존하는 것을 원칙으로 한다(법 제21조 제1항). 또한 국가기록원장은 국가적으로 보존가치가 높은 기록물을 보유하고 있는 기록물관리기관에게 그 기록물을 보존매체에 수록하고 사본의 송부를 요청할 수 있다(법 제21조 제3항).

영구기록물관리기관이 보존하는 기록물 중 보존매체에 수록된 중요 기록물은 안전한 분산 보존을 위하여 보존매체 사본을 중앙기록물관리기관에 송부해야 한다(법 제21조 제2항). 이와 관련하여 영구기록물관리기관은 매년 8월 31일까지 그 기관이 전년도에 제작한 보존매체 사본을 중앙기록물관리기관의 장에게 제출해야 한다(시행령 제52조 제1항).

한편, 기록관과 특수기록관은 전년도 보존매체 수록 목록을 매년 8월 31일까지 국가기록원장에게 제출한다. 국가기록원장은 취합된 목록 중 이중 보존이 필요한 기록물을 선별하여 매년 10월 31일까지 해당 기록관 또는 특수기록관에 송부 대상 보존매체 사본과 송부 시기를 통보해야 한다(시행령 제52조 제2항 및 제3항).

제4절 기록관리 평가 및 관리 상태의 점검

정부 업무 평가는 공공기관이 수행하는 정책, 사업, 업무 등에 대한 계획의 수립과 집행 과정 및 결과 등을 점검, 분석, 평정하는 것이다.[436] 기록관리 평가는「공공기록물법」을 각급 공공기관이 준수하는지 확인하기 위한 것이다. 국가기록원은 평가 결과를 통해 공공기관의 기록관리 실태를 진단하고, 정책과 제도의 미비점을 보완하는 계기가 된다.[437] 각급 공공기관은 평가를 통해 해당 기관의 기록물관리 수준을 파악하여 미비점을 보완하고, 기관의 기록관리 인식을 개선하는 계기로 삼아야 한다.

국가기록원장은 매년 공공기관의 기록관리 실태를 점검하기 위하여 기록관리 평가를 해야 한다(법 제19조 제7항 및 시행령 제63조). 국가기록원장은 매년 1월 31일까지 평가계획을 수립해야 하고, 평가 항목과 평가지표 등은 사전에 공공기관에 통보한다. 공공기관은 매년 3월 31일까지 전년도 기록관리 현황을 국가기록원장에 제출하고, 국가기록원은 제출된 자료를 평가한 후, 국가기록관리위원회 심의를 거쳐 국무회의에 보고하고, 그 결과를 공표한다.

국가기록원장은 기록관리 현황 평가와는 별개로 각급 공공기관의 기록관리 상태를 정기 또는 수시로 점검해야 한다(법 제19조 제7항 및 영 제64조). 기록물

---

436) 「정부업무평가 기본법」(2017. 7. 26. 법률 제14839호) 제2조 제1호.

437) 기록물관리 평가지표는 기관 유형별로 다소 차이가 있다. 기관 유형별 특성에 맞는 평가를 하려는 이유이다. 중앙행정기관의 경우 기록관리 업무 기반 분야, 업무추진 분야, 자율지표로 평가 분야가 구분되며, 평가지표는 10개이다. 기록관리 업무 기반 분야는 기록관리 기본계획 수립, 기록관리 시설·장비 구축, 전담 조직 및 인력배치, 기록물관리 교육 실시 및 이수, 기록관리 업무추진 분야는 기록관리 지도·감독 실시, 처리과 기록물의 기록관 이관, 국가기록원으로 기록물 이관, 기록물 평가 및 폐기 절차 준수, 비공개 기록물 재분류 등이다. 자율지표는 기관별로 기록관리 중점 추진 사례이다. 기록관리 업무 기반 분야와 업무추진 분야는 정량, 자율지표는 정성 방식으로 평가한다.

관리 상태 점검은 공공기관 기록관리 부실이 우려되는 경우 해당 공공기관의 기록관리 실태를 점검하고 시정하기 위한 업무이다.

국가기록원은 실태 조사 결과 시정 조치가 필요한 경우 해당 기관에 통보하고, 해당 공공기관은 조치한 결과를 국가기록원장이 정하는 기한까지 통보해야 한다. 해당 기한까지 조치 결과를 통보하기 어려운 경우에는 시정 조치에 대한 이행계획을 제출하고, 시정 조치가 완료되면 그 결과를 즉시 통보해야 한다. 이처럼 기록물관리 점검은 공공기록물법을 미준수하는 기관을 제재하고 바로잡기 위한 업무로 국가기록원의 적극적인 업무 추진이 필요하다.

제5절 그 밖의 유형 기록물의 관리 절차

간행물, 시청각 기록물, 행정 박물은 그 형태와 속성이 일반 기록물과 달라서 「공공기록물법」에서는 관리 절차를 일반 기록물관리 절차와 분리하여 별도로 규정하고 있다.

■ 간행물 관리

간행물은 공공기관이 업무수행 과정에 내부나 일반인들에게 유용한 정보를 전달하기 위해 발간하는 자료인데, 일반적으로 도서 형태로 만들어진다. 간행물은 일반 기록물과 생산 방식이나 품질 요건이 다르다. 일반 기록물이 기안, 검토, 결재 등을 거쳐서 만들어지는 것과 달리, 간행물은 주로 업무수행 과정의 결과물로 생산된다. 기록물은 유일본이며 엄격한 형식적 요건이 요구되지만, 간행물은 여러 권이 간행되며, 특정한 형식적 요건 없이 비교적 자유롭게 만들어진다.

간행물에는 업무와 관련된 다양한 정보들이 포함되어 있어 우리나라에서는 일찍부터 간행물을 행정자료의 한 유형으로 관리해 왔다.[438] 간행물의 대표적인

---

438) 행정간행물의 관리는 「구 사무관리규정」(1991. 6. 19. 대통령령 제13390호)이 연원이다. 이때 부터 행정기관에 행정 자료실이 만들어지고 사서(司書)를 채용하였다. 「구 사무관리규정」 제79조 및 제86조에 따라 행정 자료실을 설치하여 자료를 관리하도록 하였다. 행정 자료실의 관리 자료는 행정간행물, 행정자료와 일반자료로 구분하였다(제78조). 행정간행물은 행정기관이 발간하여 배포하는 행정업무에 관한 간행물이다. 행정자료는 행정기관, 국가 또는 지방자치단체가 관리하는 기업체 및 단체 또는 외국의 행정기관이 생산한 행정업무에 관한 자료로서 행정간행물에 해당하지 아니하는 각종 자료이다. 마지막으로 일반자료는 행정기관에서 생산한 것이 아닌 각종 전문 서적·교양서적 등 도서류와 기타 각종 형태의 자료를 말한다. 이와 같이 행정기관은 1991년부터 종전부터 관리하던 공문서 이외에 행정 참고를 위해 행정자료의 관리와 서비스를 시작하였다.

유형은 연감,[439] 백서,[440] 통계집, 업무편람, 사업 보고서, 연구·조사 보고서[441], 연혁집 등이다.

공공기관이 간행물을 발간하려면 관할 영구기록물관리기관으로부터 발간 등록번호를 부여받아야 한다(법 제22조 제1항). 공공기관이 발간하는 모든 간행물이 발간 등록번호 부여 대상이나, 일부는 발간등록을 생략할 수 있다(시행령 제55조 제1항). 생략 대상은 간행물이 기록물로 등록[442]되었거나, 영구기록물관리기관의 장이 보존 및 활용 가치가 낮다고 정한 간행물[443]이거나, '그 밖의 공공기관'이 발행하는 간행물이다.[444]

---

439) 연감(年鑑)은 공공기간이 1년 동안 수행한 주요 업무의 경과, 사건, 통계 등을 수록하여 1년에 한 번씩 발간하는 정기간행물이다. 「기상연감」, 「통계연감」, 「재난연감」, 「문화재연감」등이 대표적이다.

440) 백서(白書)는 정부 정책이나 업무 관련 현상(現狀)을 분석하고 미래를 전망하여 그 내용을 국민에게 알리기 위하여 만든 보고서이다. 외국에서는 white paper, blue paper라고도 한다. 「경제백서」, 「국방백서」, 「시정백서(市政白書)」 등이 대표적이다.

441) 연구·조사 보고서는 행정 참조뿐만 아니라 주요 정책이나 사업 과정의 투명성에 관한 기록물이다. 「행정업무규정」 제63조의3에 따른 정책 실명제 중점 관리 대상, 「국가재정법」 제8조의2에 따른 대규모 사업, 재정이나 기금운용 평가 관련 조사연구 보고서, 「환경영향평가법」, 「교통영향평가법」 등에 따른 환경, 교통, 재해 관련 영향 평가 보고서, 각 행정기관이 수행하는 정책연구 용역 보고서 등도 대상이다. 공공기관 기록관 또는 특수기록관의 기록물관리 전문요원은 해당 공공기관에서 생산되는(되어야 하는) 연구, 조사 보고서를 적극적으로 점검해야 하고, 적극적인 수집이 필요하다.

442) 발간할 간행물의 원고가 기록물의 첨부로 등록된 것을 말한다.

443) 영구기록물관리기관의 장이 지침 등으로 제외 대상을 정해야 한다. 국가기록원의 「기록물관리 지침」에 홍보나 교육용 간행물 등을 대표적인 제외 사례로 안내하고 있다. 그렇지만 홍보물이나 교육용 간행물을 일률적인 제외는 바람직하지 않다. 특정 사안에 관한 홍보물, 교육용 간행물 등은 공공기관의 업무 활동의 증거로서 관리되어야 한다. 최근 논란인 의대 입학 정원 확대에 대한 보건복지부 등의 홍보물을 사례로 들 수 있다.

444) 그 밖의 공공기관은 기록물을 자체 관리하는 것이 원칙이기 때문에 「공공기록물법」이 정하는 발간 등록번호를 생략할 수 있다. 그러나 그 밖의 공공기관의 간행물도 주요한 기록정보 자료임으로 해당 기록관이 자체적으로 발간 등록번호를 부여하고 간행물을 수집하여 관리해야 한다.

발간 등록번호는 간행물의 식별과 관리를 위해 부여하는 고유 식별번호인데, 일반 기록물철 등록번호와 같은 기능을 한다. 다만, 기록물은 모든 기록물 철이 고유한 등록번호를 갖고 있지만, 간행물은 월간, 연간 등 연속적으로 발행되면 모두 동일한 발간 등록번호를 사용한다.

공공기관은 간행물 발간 등록번호를 부여받으려면 먼저 신청서를 작성해야 한다. 신청서에는 간행물 제목, 발행기관, 발행주기, 내용 요약 등 간행물 기본정보를 입력해야 한다(시행규칙 제36조 제1항, 별지 제11호 서식). 발간 등록번호는 영구기록물관리기관기호, 발행기관의 기관 코드(행정기관의 경우 행정안전부 장관이 정하는 행정기관 코드를 말한다), 등록 일련번호 및 발간 유형 구분 기호로 구성한다(시행령 제55조 제2항). 발간 등록번호는 사용자들의 쉽게 식별할 수 있도록 간행물 앞표지 좌측 상단에 기재하는 것이 원칙이다.

공공기관은 발간된 간행물을 관할 기록관 또는 특수기록관과 영구기록물관리기관 및 국가기록원에 송부하여 보존하고 활용한다(법 제22조 제2항). 간행물은 발간 후 15일이 지나기 전에 기록물관리기관으로 송부해야 하며, 비전자 간행물의 전자파일이 있는 경우에는 함께 송부하도록 하였다.[445] 간행물의 송부는 기록물을 기록물관리기관으로 이관하는 것과 동일한데, 복본이기 때문에 일반 기록물처럼 업무의 종료를 기다릴 필요가 없다. 또한 간행물은 그 안에 포함되어 있는 정보의 최신성과 시의성이 중요하기 때문에 발간 후 15일 이내에 기록물관리기관을 송부하도록 하였다.[446] 간행물에 담긴 정보는 최신성이 중요하

---

445) 송부 시기와 비전자 간행물의 전자파일 송부는 열람과 활용을 위한 의도이다. 간행물은 최신성이 중요함으로 15일 이내에 송부하도록 하였으며, 온라인 서비스를 위해 전자파일도 함께 송부하도록 한 것이다.

446) 국가기록원의 「기록물관리 지침」에는 책자 형태로 생산되는 비전자 간행물은 3부, 전자적 형태로 생산되면 1부를 기록물관리기관에 각각 송부하도록 하였다. 일반적으로 송부 받은 간행물 중 1부는 보존용, 1부는 열람용, 1부는 온라인 열람을 위한 디지털화를 위해 사용한다. 전자적 형태로 생산된 간행물은 파일을 복사할 수 있어서 1부만 송부하도록 하였다.

기 때문에 빠른 시간에 기록물관리기관으로 납본하여 시민들에게 제공하려는 의도이다.[447] 한편, 영구기록물관리기관의 장은 공공기관에서 발간한 간행물 가운데 등록되지 않은 간행물을 발견하면 이를 직접 등록하여 보존 관리할 수 있다(시행규칙 제36조 제2항).[448]

다음은 간행물 관리와 관련된 사항이다. 간행물은 보존기간이 없다. 따라서 기록물관리기관은 송부받은 간행물의 활용 가치가 없어지면 보존용 1부를 제외한 나머지는 파기할 수 있다(시행령 제55조 제5항).

간행물은 효과적인 관리와 활용을 위해서는 일반 기록물과 통합하여 관리해야 한다. 간행물도 업무수행 과정에서 생산되기 때문에 일반 기록물과 함께 출처와 맥락을 유지해야 한다. 따라서 간행물도 기록관리기준표의 분류 기준을 적용하여 분류하도록 하였다(시행규칙 제37조). 이러한 분류 방식은 간행물이 도서관의 도서 관리와 차별성을 갖게 되는 이유이기도 하다.

447) 간행물 관리와 관련해서는 기록관 또는 특수기록관의 역할이 제한적이다. 공공기관이 간행물을 생산하면 영구기록물관리기관으로부터 발간 등록번호를 부여받고 기록관 또는 특수기록관과 영구기록물관리기관에 납본하는 절차이기 때문이다. 따라서 기록관 또는 특수기록관은 관할 공공기관 간행물의 발간 등록번호 부여 여부, 납본 여부 등을 점검할 필요가 있다. 간행물은 공공기관의 정보자산 중 하나이기 때문이다.

448) 기록물관리기관은 공공기관으로부터 간행물을 수동적으로 이관받는 경우 중요한 간행물이 누락 될 수 있다. 따라서 지속적인 점검으로 간행물 발간 등록이 누락 되지 않도록 해야 하며, 만일 누락 간행물을 발견하면 직접 수집해야 한다.

■ 시청각 기록물관리

　시청각 기록물은 매체의 유형과 상관없이 영상이나 음성으로 저장되고 재생되는 기록물로 사진·필름류와 녹음·동영상류로 구분된다. 시청각 기록물은 텍스트로 구성된 일반 기록물과는 달리 현장감을 전달하는 장점이 있다. 반면에 시청각 기록물은 일반 기록물과는 달리 맨눈으로 식별하는 것이 불가능한 경우도 있으며, 가독(可讀)할 수 있는 기계장치나 S/W가 필요하다는 것이 특징이다. 또한 일반 기록물에 비하여 적절한 보존시설을 갖추지 않으면 훼손되기 쉽다는 특징도 갖고 있다. 따라서 법령에서는 시청각 기록물에 대한 관리방식을 별도로 규정하고 있다(법 제23조 및 영 제56조).

　시청각 기록물도 일반 기록물과 마찬가지로 전자기록생산시스템으로 등록하여 관리해야 한다. 그런데 시청각 기록물은 등록 과정에서 업무 담당자의 주의가 필요하다. 시청각 기록물은 등록 당시 내용 요약 등 맥락정보를 기술해야 하며, 기록물의 매체, 기술정보 등을 메타데이터로 입력해야 한다. 동영상 기록은 촬영 개요, 시간별 촬영 세부 사항 등 설명문을 작성해야 하며, 오디오·영화·비디오류는 내용 요약을 기입해야 하고, 사진·필름류는 사진 설명, 사진 형태 등을 작성해야 한다(시행규칙 제4조 제3호 및 제4호).

　시청각 기록물의 등록 시점은 유형에 따라 다르다. 사진·필름류는 업무 담당자가 생산한 사진과 필름 중에서 촬영 목적에 가장 부합하고 상태가 좋은 것을 보존 대상으로 선별한 직후에 전자기록생산시스템으로 등록한다.[449] 녹음·동영상류의 경우에는 편집 과정을 거쳐야 하는데, 편집 과정을 거쳐 완성된 기록물을 매체에 저장한 직후에 등록하면 된다. 다만, 공공기관에 편집 장비가 없으면

---

449) 시청각 기록물을 등록할 때 주의할 점은 시청각 기록물이 어떤 업무에서 발생하였는지를 확인하여 해당 단위 과제로 분류하는 것이다. 이는 시청각 기록물의 맥락정보를 유지하는 측면에서 중요한 절차이다. 그러나 현재 상당수의 시청각 기록물은 등록하지 않고 홍보실 등에서 관리하고 있다.

원본을 그대로 등록할 수 있다.

　공공기관이 생산하는 시청각 기록물도 일반 기록물과 동일하게 보존기간이 정해지면, 이관 절차에 따라 기록물관리기관으로 이관하여 관리해야 한다. 생산 후 2년이 지나기 전에 기록관 또는 특수기록관으로 이관해야 하며, 보존기간 30년 이상의 기록물은 관할 영구기록물관리기관으로 시청각 기록물을 이관해야 한다(시행령 제56조). 그런데 일반 기록물과 달리 시청각 기록물은 생산 후 5년이 지나기 전에 이관하도록 하고 있다. 기록관 또는 특수기록관에서 많은 비용이 수반되는 시청각 기록물 보존 환경을 갖추기 어렵기 때문이다. 따라서 시청각 기록물은 가급적 빠른 시기에 영구기록물관리기관으로 이관하도록 한 것이다. 다만, 기록관 또는 특수기록관이 시행령 <별표 6>에서 규정한 시청각 기록물의 보존과 관리에 필요한 시설과 장비를 갖춘 경우에는 활용을 위해 생산 후 10년의 범위 내에서 이관 시기를 연장할 수 있도록 하였다.

■ **행정 박물 관리**

행정 박물은 공공기관이 업무수행 과정에서 생산 또는 취득한 형상 기록물이다(법 제24조).

행정 박물의 유형은 <표13>과 같이 관인류, 상징류, 사무집기류 등으로 구분된다(시행령 제57조 제1항).[450] 관인류는 공공기관이 사용한 도장으로 행정적 가치 뿐만 아니라 증거적 가치도 갖고 있다. 상징류나 사무집기류는 주로 역사적, 문화적, 예술적 가치가 관리 대상 선별의 기준이 된다.

표13. 행정박물 유형과 범위

유형	범위
관인(官印)류	국새(國璽) 및 기관장의 직인 등
견본류	화폐, 우표, 훈장·포장 등의 견본류 및 도안류
상징류	공공기관 및 공공업무와 관련하여 상징성을 지니는 현판, 기(旗), 휘호(揮毫), 모형, 의복, 공무용품 등의 상징물
기념류	공공기관의 주요 홍보, 행사, 활동 중에 생산된 홍보물 및 기념물
상장·상패류	공공기관이 수여받은 상장류 또는 상패류
사무집기류	대통령, 국무총리 등 주요 직위에 있던 사람이 업무수행에 사용하였던 사무집기류 등
그 밖의 유형	영구기록물관리기관의 장이 지정한 그 밖의 유형

출처: 시행령 별표 4.

---

450) 행정 박물에 포함되지 않는 유형은 생물류, 액체류, 식품류와 같이 장기간 보존할 수 없는 대상, 보존을 위한 화학적 처리가 곤란한 유기물(有機物), 공공업무와 관련 없는 순수 박물 등이다(「2025년 기록관리지침」, 국가기록원, 2024. 99쪽). 한편, 「공직자윤리법」(2023. 12. 26. 법률 제19854호) 제15조에 따른 선물도 행정 박물로서 관리 대상에 포함된다. 「공직자윤리법 시행령」(2024. 6. 25. 대통령령 제34607호) 제29조에 따라 공무원 또는 공직유관단체의 임직원이 외국(인)으로부터 받은 선물(미화 100달러, 한화 10만 원 이상의 선물이 대상)을 신고하고 이관해야 하며, 이관받은 공공기관의 장은 문화적, 예술적 가치가 있어 영구보존할 필요가 있는 선물을 관할 영구기록물관리기관으로 이관하여 보존하도록 하였다.

행정 박물은 <그림11>과 같은 절차에 따라 체계적으로 관리해야 한다(시행령 제57조).

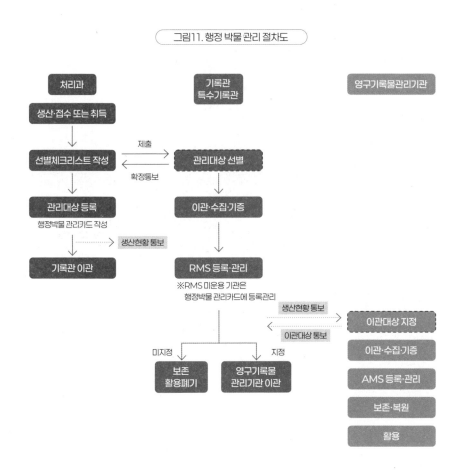

그림11. 행정 박물 관리 절차도

공공기관이 행정 박물을 생산, 접수 또는 취득하면 국가기록원장이 정하는 방식에 따라 관리 번호와 등록 정보를 생산하여 관리해야 한다. 공공기관은 관리하는 행정 박물의 목록과 등록 정보를 기록물관리기관에 매년 생산 현황 보고 시 제출해야 하고, 영구기록물관리기관의 장은 보존 가치가 높은 행정 박물을 선별하여 보존 대상으로 지정하게 된다(시행령 제57조 제3항).

공공기관은 보존 대상으로 지정된 행정 박물을 영구기록물관리기관 이관 시점까지 안전하게 관리해야 한다. 영구기록물관리기관으로 이관해야 하는 대상이 아닌 행정 박물은 기록관 또는 특수기록관에서 보존·활용하거나 폐기하면 된다(시행령 제57조 제6항). 폐기 대상은 행정적, 역사적, 문화적, 예술적 가치의 변동으로 영구보존의 필요성이 상실된 것으로 인정되는 경우, 심각한 물리적 훼손으로 복원이 불가능 경우이다. 폐기 절차는 「공공기록물법」에 따른 기록물 평가 및 폐기 절차를 따라야 한다.

행정 박물의 이관은 일정 기간이 지나면 이관하는 일반 기록물과 달리 <표 14>와 같이 유형별로 이관 시기가 다르다(시행령 제57조 제4항). 또한 이관 시기가 도래하였다 하더라고 공공기관이 업무에 계속 활용할 필요가 있거나 전시 등의 사유로 해당 공공기관에서 관리하고자 할 경우에는 관할 영구기록물관리기관과 협의하여 이관 시기를 연장할 수 있다. 또한 영구기록물관리기관으로 이관하여 보존되고 있는 행정 박물도 전시 등 사용 목적이 분명하고 타당하면 대여받아 사용할 수 있다(시행령 제57조 제5항).

	표14. 행정박물의 유형별 이관 시기
유형	**이관시기**
관인류	신규 관인 제작, 명칭 변경, 기관 폐지 등으로 관인을 폐기하는 때
견본류	생산 후 60일 이내
상징류	명칭 변경 등으로 신규 상징물 제작 시 기관 폐지 시
기념류	행사, 사업 종료 시
상장·상패류	수상 후 1년 이내
사무집기류	해당 사무집기류 활용 종료 시
그 밖의 유형	영구기록물관리기관의 장이 정하는 시기

출처: 시행령 별표 5.

행정 박물의 경우에도 등록번호, 행정박물명, 생산 일자, 생산 부서 등 기본정보 이외에 맥락정보 유지를 위한 등록 정보를 추가로 관리하는 것이 바람직하다. 추가적인 정보로는 생산, 증정, 위탁, 구매 등 행정 박물의 입수 방법, 입수 경위, 행정 박물의 유형별, 형태별, 재질별 분류 정보 등이다.[451]

---

451) 행정 박물의 관리는 「행정 박물 관리지침」(국가기록원, 2021)을 참조하라.

제6절 폐지기관의 기록물관리 및 회수기록물의 보상

■ 폐지기관의 기록물관리

공공기관은 정부 조직의 개편이나 정책의 변화에 따라 신설되기도 하고 폐지되기도 한다. 신설된 공공기관의 기록물관리 체계를 마련하는 것 못지않게 폐지기관의 기록물관리도 필요하다. 공공기관의 폐지와 함께 인계인수가 제대로 이루어지지 않으면 기록물의 유실과 멸실의 가능성이 높기 때문이다.[452]

공공기관이 폐지되고 그 사무를 승계하는 기관이 있으면 해당 기관으로 기록물을 인계인수하면 된다. 이 경우 폐지기관과 승계 기관은 기록물 목록을 작성하고 인계인수 사항을 확인하는 것이 필요하다.

공공기관이 폐지되고 그 사무를 승계하는 기관이 없으면 해당 공공기관의 장이 당해 기관의 기록물을 소관 영구기록물관리기관으로 이관하도록 하였다(법 제25조 제1항). 기록물 이관 의무를 폐지되는 공공기관의 장에게 부여하여 이관의 실효성을 확보하려는 조치이다.

그런데 기관 유형에 따라 이관 대상과 방식은 조금씩 다르다(법 25조 제1항 단서, 시행령 제58조 제1항). 국가 또는 지방자치단체가 '그 밖의 공공기관'으로 전환되면 보존기간 30년 이상의 기록물은 생산 후 11년차에 관할 영구기록물관리기관으로 이관해야 한다. 반면에 국가 또는 지방자치단체가 민간기관으로 전환되면 보존기간과 상관없이 모든 기록물을 관할 영구기록물관리기관으로 이관해야 한다. '그 밖의 공공기관'이 민간기관으로 전환되면 보존기간 30년 이상의 기록물 중 관할 영구기록물관리기관의 장이 지정하는 기록물은 지체없이 관할

---

452) 「행정업무규정」 제61조에 따른 업무 인계인수 대상에는 기록물도 포함되어 있다. 역설적으로 보면 인계인수 과정에서 기록물의 유실이 발생할 가능성도 있다는 말이다. 실제로도 조직 개편, 통폐합 등의 과정에서 기록물의 유실이 빈번히 발생한다. 「공공기록물법」에서는 보다 체계적인 기록관리를 위해 폐지 공공기관에 대한 기록관리 절차를 별도로 규정하고 있다.

영구기록물관리기관으로 이관해야 한다. 한편, 공공기관의 부서가 폐지되고 그 업무를 승계하는 부서가 없는 경우에는 해당 기록물을 관할 기록관 또는 특수 기록관으로 이관해야 한다(시행령 제58조 제3항).

공공기관이 폐지되고 그 사무를 승계하는 기관이 있으면 폐지되는 기관의 장과 그 사무를 승계하는 기관의 장은 기록물 인수인계가 원활하게 이루어질 수 있도록 조치해야 한다(법 제25조 제2항). 이를 위해 폐지되는 공공기관의 장은 기록물 인계 절차의 착수 전까지 인계계획을 국가기록원장에게 통보해야 하고, 폐지되는 공공기관의 사무를 승계하는 기관의 장은 기록물 인수 절차 종료 시 그 처리 결과를 국가기록원에 통보해야 한다(시행령 제58조 제4항).

■ 기록물 회수와 보상

기록물의 회수(回收)는 「공공기록물법」에 따라 공공기관이 생산한 기록물은 국가 소유라는 원칙을 반영한 규정이다. 「공공기록물법」의 적용을 받는 공공 기록물이 유출되어 민간인이 이를 소유 또는 관리하고 있으면 이를 인지(認知)한 공공기관의 장 또는 관할 영구기록물관리기관이 장은 해당 기록물을 회수하거나 위탁보존 또는 복제본 수집 등 필요한 조치를 해야 한다(법 제26조 제1항).[453]

그런데 유출된 모든 기록물을 회수하기는 어렵다. 민간인이 선의로 취득하여 일정 기간 점유하면 소유권이 인정되기 때문에 국가가 이를 강제로 회수할

---

453) 영포빌딩에서 발견된 이명박 대통령 시절의 대통령기록물 회수가 대표적인 사례이다. 검찰이 2018년 1월 25일 이명박 전 대통령 관련 수사를 위해 영포빌딩을 압수 수색할 때 확보한 문건이다. 검찰 공소장에 따르면, 이명박 전 대통령은 문건을 과일 상자, 복사 용지 상자 등에 담아 개인 이삿짐으로 꾸며 영포빌딩으로 가져왔다. 영포빌딩 지하창고에 보관하고 필요할 때마다 꺼내 보는 등 자료 존재 자체를 외부에 숨겼다(이명박 청와대 문건 공개합니다. 시사IN, 2018. 11. 6.)

수 없기 때문이다. 따라서 공공기관 및 관할 영구기록물관리기관의 장은 민간인이 공공 기록물을 소유하고 있는 경우 소유 절차 등을 조사하고 법리적인 검토를 거쳐 회수 여부를 결정해야 한다. 유출된 공공 기록물의 취득 경위가 선의였으면 해당 기록물을 회수할 때 이에 필요한 보상을 할 수 있도록 하였다(법 제26조 제1항 후단). 보상액은 전문감정평가기관이 평가한 금액으로 하고, 전문감정평가기관이 없는 경우에는 국가기록관리위원회의 심의를 거쳐 국가기록원장이 정한다(시행령 제59조).

국가기관, 지방자치단체 및 영구기록물관리기관의 장에게는 유출된 공공 기록물의 적극적인 회수를 위해 민간인이 보유하고 있는 기록물의 목록과 내용을 조사할 수 있는 권한을 부여하였다(법 제26조 제2항).[454] 따라서 국가기관 등은 소속 공무원을 파견하여 민간인 보유 기록물이 유출된 공공기록물인지 여부를 조사할 수 있다. 이때 기록물 조사관이 된 자는 기록물 조사관의 신분증표를 지참하여 기록물 소유자가 확인할 수 있도록 하였다(규칙 제43조). 일종의 행정조사인데, 조사 공무원이 관계인에게 증표를 보여주는 경우 정당한 사유 없이 조사를 거부, 방해 또는 기피(忌避)한 자는 2년 이하의 징역 또는 1천만 원 이하의 벌금에 처할 수 있다(법 제52조 제1호).

---

454) 그 밖의 공공기관이 제외된 것은 해당 조문은 일종의 행정조사여서 행정청에만 해당하기 때문이다. "행정조사"란 행정기관이 정책을 결정하거나 직무를 수행하는 데 필요한 정보나 자료를 수집하기 위하여 현장 조사·문서열람·시료 채취 등을 하거나 조사 대상자에게 보고 요구·자료 제출 요구 및 출석·진술 요구를 행하는 활동을 말한다(「행정조사기본법」[2023. 1. 17. 법률 제19213호] 제2조 제1호).

제7장 비밀 기록물관리

비밀 기록물이란 「보안업무규정」(2020. 12. 31. 대통령령 제31354호)에 따라 '비밀'[455]로 분류된 기록물을 말한다.[456] 비밀 기록물은 해당 기록물에 포함된 비밀 정보의 보호를 위해 일반 기록물과 다른 기록관리 절차가 요구된다.

■ 비밀기록물 관리 전용 서고 등

우선, 기록물관리기관장은 비밀 기록물에 적합한 관리체계, 전담 관리 요원 지정과 보안대책을 수립하여 시행해야 한다(법 제32조). 비밀 기록물은 비밀인 상태로 '일반문서보관소'로 이관하는 것을 금지[457]하고 있어서 기록물관리기관이 비밀 기록물을 관리할 수 있도록 엄격한 보안 체계를 구축하려는 것이다.

---

455) '비밀'이라 함은 "국가의 안전에 중대한 불이익을 피하기 위하여 한정된 인원만이 알 수 있도록 허용되고 다른 국가 또는 집단에 대하여 비밀로 할 사실, 물건 또는 지식으로서 국가 기밀로 분류된 사항을 말한다. 1급 비밀은 누설될 경우 대한민국과 외교관계가 단절되고 전쟁을 일으키며, 국가의 방위계획·정보활동 및 국가방위에 반드시 필요한 과학과 기술의 개발을 위태롭게 하는 등의 우려가 있는 비밀이고, 2급 비밀은 누설될 경우 국가안전보장에 막대한 지장을 끼칠 우려가 있는 비밀이며, 3급 비밀은 누설될 경우 국가안전보장에 해를 끼칠 우려가 있는 비밀로 구분한다."(「보안업무규정」 제4조) 비밀의 경우 문서 각 면의 위, 아래의 중앙에 비밀 등급표를 붉은색으로 표시한다.

Ⅰ급비밀 TOP SECRET	Ⅱ급비밀 TOP SECRET	Ⅲ급비밀 TOP SECRET

456) 비밀은 「보안업무규정」 제23조에 따라 제한적으로 사본을 만들 수 있는데, 사본은 공공기록물법에 따른 관리 대상이 아니다. 비밀 기록물 사본은 보호기간이 만료되면 파기하는 것이 원칙이나, 「보안업무규정 시행규칙」(2022. 11. 28. 대통령훈령 제450호) 제18조 제5항에 따라 업무상 활용을 위해 필요한 경우 일반문서로 재분류할 수 있다.

457) 「보안업무규정」 제30조.

　　기록물관리기관은 일반 기록물 서고와는 구분하여 비밀 기록물 전용 서고 설치, 감시카메라, 이중 잠금장치 등 보안 유지를 위한 시설과 장비를 갖추어야 한다(시행령 제66조 제1항). 또한 기록물관리기관의 장은 비밀 기록물관리를 전담하는 업무 담당자(비밀 기록물관리 전담 요원)를 지정하고, 「보안업무규정」에 따라 비밀취급 인가를 받도록 하였다(시행령 제66조 제2항). 비밀취급 인가권자[458]는 비밀의 누설 또는 유출 방지를 위하여 비밀 기록물 전담 관리 요원에 대한 신원조사, 보안 교육 등 필요한 보안 조치를 국가정보원장에게 요청해야 한다. 이는 「보안업무규정」에 따라 통상적으로 비밀 기록물을 취급하는 업무 담당자를 지정하는 절차와 동일하다.

　　보안대책은 국가정보원장이 정하는 보안대책을 수립·시행하고, 필요한 경우 국가정보원장이 이를 확인할 수 있도록 하였다(시행령 제66조 제3항).

---

458) 비밀취급 인가 권한은 1급은 대통령, 국무총리, 감사원장, 중앙행정기관 장관 등, 2급은 1급 인가 권한자, 중앙행정기관등인 청(검찰청, 경찰청, 국가유산청, 특허청 등)의 장, 지자체장, 교육감 등이다(「보안업무규정」 제9조).

■ 비밀기록물의 생산 관리

다음은 비밀 기록물의 생산과 관리 절차이다. 비밀 기록물도 생산과정은 일반기록물과 동일하나, 재분류되기 전까지 관리 절차는 「보안업무규정」을 따라야 한다. 따라서 비밀 기록물 원본은 「보안업무규정」에 따라 해당 기록물에 비밀임을 표시하여 일반 기록물과 구분하고, 「보안업무규정」[459]에 따른 보호기간[460], 「공공기록물법」에 따른 보존기간을 함께 책정하여 관리해야 한다(법 제33조 제1항, 시행령 제67조). 이때 보존기간은 비밀 보호기간보다 길게 책정하도록 하였다. 비밀 보호기간보다 보존기간이 짧을 경우, 비밀인 상태로 폐기되는 모순이 발생하기 때문이다. 또한 비밀 보호기간이 종료된 이후 해당 기록물을 일반 기록물로서 일정 기간 활용하거나 재평가하려는 조치이기도 하다.[461] 따라서 비밀 기록물이 재분류를 통해 보호기간이 변경된 경우, 보존기간이 변경된 보호기간보다 짧아지면 다시 보존기간을 다시 책정하여 보호기간보다 길게 해야 한다.

비밀 기록물도 예외 없이 기록관리기준표에 따라 분류하여 관리해야 한다. 이 경우 단위 과제에 비밀 관련 내용이 포함되어 있는 경우 그 내용이 노출되지 않도록 비밀로 지정하여 별도로 관리해야 한다(시행령 제69조).

---

459) 「보안업무규정」은 「국가정보원법」(2020. 12. 15. 법률 제17646호) 제4조에 따라 국가정보원의 직무 중 보안 업무수행에 필요한 사항을 규정하기 위해 제정되었다. 비밀의 보호, 국가 보안시설 및 국가 보호장비 보호, 신원조사, 보안 조사 등의 내용을 다루고 있다.

460) 「보안업무규정」에서는 예고문이라고 한다.

원본	보호기간: (일자/ 경우) 이관/일반문서로 재분류	보존기간: 년
사본	보호기간: (일자/ 경우) 파기/일반문서로 재분류	

461) 「구 공공기관기록물법」 제정 이전에는 「구 보안업무규정」(1999. 12. 7. 대통령 제16609호로 개정되기 이전의 것)에 따라 비밀은 보호기간이 만료하면 즉시 폐기되었다. 따라서 비밀 기록물이 보존 가치와 상관없이 폐기되는 문제가 있었고, 이를 개선하기 위해 「구 공공기관기록물법」 제정 시 비밀 기록물의 원본은 일반문서로 재분류되거나, 생산 후 30년이 지나면 기록물관리기관으로 이관하여 관리하도록 하였다.

　비밀 기록물의 보존기간도 일반 기록물과 동일하게 기록관리기준표의 단위 과제에 따라 책정해야 한다. 다만, 일반 기록물이 철 단위로 관리되는 것과는 달리 비밀 기록물은 건 단위로도 관리되기 때문에 비밀기록물의 보존기간은 기록물 철 또는 건 단위로 책정한다(시행령 제67조 제1항). 이때 기록관리기준표의 단위 과제에 비밀로 분류될 수 있는 내용이 포함되는 경우 별도로 작성하고 그 내용이 노출되지 않도록 비밀로 지정하여 관리해야 한다.

　「공공기록물법」은 기록물의 체계적 관리를 위하여 생산현황 보고를 의무화하였다. 공공기관이 생산·보유한 비밀 기록물을 일반기록물과 같이 관리되도록 하기 위해서는 생산 정보를 확보하는 것이 무엇보다도 중요하다. 법령에서는 비밀 기록물도 매년 전년도의 생산, 해제, 재분류 현황을 소관 영구기록물관리기관의 장에게 통보하도록 하였다(법 제34조). 전년도 생산 비밀 기록물 원본의 통계는 기록물 유형별, 비밀 등급별, 보존 기간별로 구분하여 작성해야 한다(시행규칙 제39조).

　또한 보유하고 있는 비밀 기록물 원본 중 전년도에 일반문서로 재분류한 경우와 비밀 등급, 보존기간 변경 등으로 재분류한 경우 비밀 기록물 통계를 기록물 유형별, 비밀 등급별, 보존 기간별로 구분하여 작성한다.

　비밀 기록물의 생산 현황 보고 절차는 일반 기록물과 동일하다. 기록물 정리 후 매년 5월 말까지 비밀 기록물 생산 부서는 관할 기록관 또는 특수기록관의 장에게 생산 현황을 보고하고, 기록관 또는 특수기록관의 장은 이를 취합하여 매년 8월 말까지 관할 영구기록물관리기관의 장에게 생산 현황을 통보해야 한다(법 제34조, 시행령 제71조 제1항). 다만, 일반기록물의 생산 현황 통보와 다른 것은 비밀 기록물의 목록은 생산 후 3년이 지난 다음에 제출하는 것으로 하였다(시행령 제71조 제2항).[462] 이 경우에도 비밀 정보가 포함되어 있으면 해당 정보를 삭제하고 제출할 수 있다(시행령 제71조 제2항 후단).

영구기록물관리기관의 장은 보안 유지를 위해 비밀 기록물 생산 목록은 별도의 비밀 기록물 전용 전산장비에 저장하여 관리하고, 해당 기록의 보호기간이 끝날 때까지 해당 목록을 비밀로 관리해야 한다(시행령 제71조 제5항).

한편, 중앙기록관리기관의 장은 지방기록물관리기관의 장에게 국가 위임 사무와 관련된 보존기간 30년 이상 비밀기록물의 생산, 해제 및 재분류 현황을 요청할 수 있다(시행령 제71조 제5항).

■ 비밀기록물 원본의 이관

비밀 기록물은 「보안업무규정」에 따라 생산 부서에서 관리하는 것이 원칙이며, 「공공기록물법」에 따른 이관 사유가 발생하는 경우 기록물관리기관으로 이관하여 보존해야 한다(법 제33조 제1항, 영 제68조 제1항). 이관 사유는 첫째, 일반문서로 재분류한 경우, 둘째, 예고문에 의하여 비밀 보호기간이 만료[463]된 경우, 셋째, 생산 후 30년이 지난 경우이다.

---

462) 해당 규정은 비밀 기록물을 최대한 보호하려는 조치로 입법 과정에 반영하였다. 보안 부서는 비밀 기록물 목록을 기록물관리기관이 관리하는 것에 대한 거부감이 있다. 그래서 협의 과정에서 생산 현황은 일반 기록물과 동일하게 통보하되, 목록은 민감성이 조금 상쇄된 이후에 제출하도록 하였다.

463) 「보안업무규정」에 따른 보호기간이 만료되면 더 이상 비밀로 관리할 수 없다. 따라서 「보안업무규정」 제13조에 따르면 비밀로 관리하기 위해서는 보호기간은 변경하는 재분류 절차를 거쳐야 한다. 그런데, 상당수의 기관이 더 이상 비밀로 관리할 필요가 없는 기록물의 공개를 기피하는 수단으로 보호기간이 만료해도 일반문서로 재분류하지 않고 있어 쟁점이 되고 있다. 현재 「보안업무규정」에는 보호기간 만료 비밀 기록물의 일반문서 재분류를 강제하는 절차 규정이 없다. 입법 미비이다.

첫째와 둘째 사유는 비밀 기록물이 재분류 또는 보호기간의 만료에 따라 일반문서로 변경된 경우로서 더 이상 비밀 기록물로 관리할 필요가 없게 된 경우이다.[464] 셋째 사유는 생산 후 30년이 지난 비밀기록물은 일반문서로 재분류, 보호기간 만료 등과 상관없이 영구기록물관리기관으로 이관해야 한다. 이는 일반문서로 재분류할 수 있음에도 불구하고 계속 비공개로 관리하는 것을 방지하기 위함이다.[465]

기록관 또는 특수기록관은 이관 사유가 발생하여 인수한 비밀 기록물 중 보존기간이 30년 이상이면 인수한 다음 연도 중에 관할 영구기록물관리기관과 협의하여 이관해야 한다. 다만, 생산 후 10년이 지나지 아니한 경우에는 나머지 기간은 기록관 또는 특수기록관에서 보존한다(시행령 제68조 제2항). 그 밖의 공공기관(시행령 제3조 각호의 어느 하나에 해당하는 공공기관)은 비밀 기록물의 경우에도 보존 가치가 높아 영구기록물관리기관이 지정한 기록물을 제외하고는 해당 공공기관에서 보존한다.

비밀 기록물의 이관은 전자기록의 경우 시스템을 통해 온라인 또는 오프라인으로도 이관할 수 있으며, 비전자 기록물의 경우에는 오프라인으로 이관한다. 공공기관이 기록물관리기관으로 비전자로 생산한 비밀 기록물을 이관하려면 비밀 정보의 보호를 위해 봉인된 봉투에 건 또는 권별로 담아 이관해야 한다. 일반문서로 재분류되면 일반 기록물 이관 절차에 따라 처리하면 된다(시행령 제68조 제5항).

---

464) 비밀 기록물의 사본은 보호기간이 만료되면 즉시 폐기한다. 비밀 기록물은 동일한 것이 여러 개 만들어지면 이중 생산한 부서에서 원본을 보존하고, 나머지는 사본으로 접수 부서에서 관리한다.

465) 영구기록물관리기관은 생산 후 30년이 지난 비밀 기록물을 이관받아 일반문서로 재분류할지 여부를 검토해야 한다. 이 경우 보호기간이 종료되지 않은 경우에는 생산기관의 의견을 조회하여 재분류 여부를 결정한다.

일반문서로 재분류된 비밀 기록물은 재분류와 동시에 일반 기록물과 동일하게 관리될 수 있도록 해당 단위 과제에서 생산된 기록물 철에 편철하여 관리해야 한다. 원래의 생산 맥락을 유지하기 위해 해당 사안에 합철하는 것이다. 다만, 관련 기록물 철이 없거나 개별 기록물 단위로 별도 관리가 필요한 경우에는 비밀 기록물을 기록물 철로 간주하여 관리할 수 있다(시행령 제70조 제2항).

비밀 기록물이 일반문서로 재분류되면 정리 과정에서 정보공개 대응과 열람 서비스를 위해 「정보공개법」에 따라 공개 여부를 구분하여 관리해야 한다. 비밀이 해제되었다고 하더라도 비공개대상정보가 포함되어 있는지를 확인하여 보호하려는 것이다.

비밀 기록물은 「보안업무규정」에 따라 생산하거나 관리하는 사람만이 재분류할 수 있다(규정 제11조 제3항). 그러나 예외적으로 영구기록물관리기관이 보존 중인 비밀 기록물 중 생산 후 30년이 지났거나, 생산기관이 폐지되었으나 승계 기관이 없는 경우에는 영구기록물관리기관의 장이 재분류할 수 있다. 다만, 생산 후 30년이 지난 시점에서도 보호기간이 남아 있는 비밀 기록물은 생산기관의 동의를 받아야 재분류 할 수 있다(시행령 제68조 제6항).

그림12. 비밀기록물 관리 절차

관리주체		역할
공공기관	**처리과** 비밀취급인가자	· 비밀 생산(등급분류, 보호기간·보존기간 책정) · 비밀생산현황 통보(→기록관, 5월 31일 까지) · 비밀재분류 및 공개여부 구분(유형2는 비공개) · 기록관(특수기록관)으로 이관
	(이관) ↓	**· 일반문서로 재분류**한 경우(유형1) · 예고문에 의하여 **비밀보호기간이 만료**된 경우(유형2) **· 생산 후 30년이 지난** 경우(유형3)
	기록관(특수기록관) 비밀기록물 전담 관리요원	· 비밀생산현황 취합 통보(→관할 영구기록물관리기관, 8월31일까지) ※ 보존기간 30년 이상 비밀기록물 원본 목록 통보 · 처리과 비밀기록을 인수 및 서고 입고 (유형 1 일반서고, 유형 2 별도서고, 유형 3 비밀서고) · 열람·대출 복사 등 유형별 구분 활용 · 비밀 기록물 (유형 1, 2) 공개 재분류(5년 주기) · 보존기간 만료 기록물 평가(유형 1, 2) · 관할 영구기록물관리기관으로 이관(보존기간 30년 이상)
영구기록물관리기관	(이관) ↓	**· 유형 1·2 중 보존기간이 30년** 이상인 기록물 **· 생산 후 30년이 지난 비밀**(유형3)
	관할 영구기록물관리기관 각 담당부서	· 각급기관 이관비밀 유형별 서고 입고 · 비밀 전용 전산장비에 목록 등록·관리 · 각급기관 비밀 생산현황 취합·관리 · 열람·대출·복사 등 활용 · 비밀 재분류(생산 후 30년 경과) · 비밀 기록물 공개 재분류(5년 주기) · 보존기간 만료 기록물 평가

제8장 기록물의 공개·열람 및 활용

시민의 기록물 접근권은 헌법의 청구권적 기본권에 해당한다. 따라서 「공공
기록물법」은 시민들이 기록물을 이용할 수 있도록 공공기관과 기록물관리기관
에 보유기록물의 적극적인 기록정보서비스 의무를 부과하였다. 특히 2006년
「구 공공기관기록물법」 전부개정 시에 생산 후 30년 경과 비공개 기록물의 공개
원칙과 비공개 기록물 제한적 열람 등 시민들의 기록물 접근권을 보장하기 위한
획기적인 제도를 도입하였다.

기록정보서비스는 기록물관리기관의 핵심 업무이다.[466] 기록물관리기관은 보
유기록물을 이용자들이 손쉽고 자유롭게 활용할 수 있도록 해야 한다. 따라서
기록물관리기관은 이용자들이 보유 기록물을 활용할 수 있도록 자문할 능력과
이용 조건을 통제할 수 있는 원칙과 절차를 갖고 있어야 한다.

기록물관리기관이 기록물을 공개하기 위해서는 공개 기준과 검색도구를 마
련해야 한다. 공개 기준은 「정보공개법」, 「개인정보보호법」, 「보안업무규정」에
따른 비공개 대상 정보, 개인정보, 비밀 정보, 개별 법률에서 규정하고 있는 비공
개 대상 정보를 참조하여 마련해야 한다. 검색도구는 이용자들이 기록물관리기
관 보유기록물에서 필요한 기록물의 검색에 필요한 목록, 색인, 시소러스 등을
말한다. 「공공기록물법」에서는 기록물의 일반적인 공개 구분과 절차를 규정하고
있지 않다. 따라서 기록물관리기관도 공공기관과 마찬가지로 일반적인 공개 구
분과 절차는 「정보공개법」에 따라야 한다.

---

466) 기록정보서비스는 검색·열람서비스, 부가가치서비스, 아웃리치서비스로 구분한다. 검색·열람
서비스는 이용자가 원하는 기록을 찾을 수 있게 하는 검색도구를 제공하고 검색과 열람을 지
원하는 서비스이다. 부가가치서비스는 기록을 가공하거나 해석 작업 등을 거쳐 각종 콘텐츠
나 전시물로 제공하는 서비스이다. 아웃리치 서비스는 아카이브의 가치와 목적을 시민과 사
회에 알리고 지원을 늘리기 위한 활동이다.

그런데 「공공기록물법」은 적극적인 기록정보서비스를 위해 기록물관리기관의 주기적 공개 재분류, 생산 후 30년 공개 원칙, 비공개 기록물 제한적 열람 등을 규정하고 있다. 따라서 「공공기록물법」에서 규정하고 있는 기록물 공개 관리는 「정보공개법」보다 우선으로 적용된다.

기록물관리기관은 기록물관리 과정에서 「정보공개법」과 함께 「공공기록물법」이 정하고 있는 절차에 따라 기록물을 공개 관리해야 한다.

■ 기록물의 공개 여부 분류

기록물 공개 여부 구분

공공기관은 기록물의 공개 여부를 구분하여 관리해야 한다. 기록물을 생산할 때 공개 여부를 구분하여 시민들의 정보공개 청구에 빠르게 대응하고 비공개 기록물은 안전하게 보호하려는 의도이다.

공공기관의 업무 담당자는 「정보공개법」, 기록관리기준표로 제시되는 공개 기준 등을 참조하여 기록물을 생산 또는 접수하는 경우 기록물 건 단위로 공개 여부를 구분하여 등록해야 한다(시행령 제27조). 공개 여부 값은 「공공기록물법」이 정한 등록 정보 중 하나인데, '공개, 부분 공개, 비공개' 중 하나를 선택한다. 이 중에서 '부분 공개와 비공개'는 「정보공개법」에 따른 비공개 사유를 함께 표시하도록 하였다. 등록 과정에 비공개로 구분되었더라도 비공개 사유가 소멸하면 즉시 등록 정보를 변경하여 관리해야 한다.

한편, 공공기관은 기록관리기준표의 관리 항목 중 하나로 공개 여부에 대한 기준을 마련해야 한다. 단위 과제별로 공개 여부 대한 기준과 비공개 대상 정보 등을 제시하고, 기록물 생산자가 기록물의 공개 여부를 구분할 때 참조하도록 하였다. 공개 여부의 기준을 수립하여 관리하는 것은 공공기관 내에서 공개 관리의 일관성과 통일성을 위한 것이다.[467]

「정보공개법」에서도 공공기관은 기관의 업무 성격을 고려하여 비공개 대상 정보의 범위에 대한 세부 기준을 수립하도록 하였다. 세부 기준에는 처리과별, 업무유형별로 비공개 대상 정보를 구체적으로 제시해야 한다. 정보공개 과정에서 업무 담당자의 자의적 판단을 최소화하려는 의도로 보인다.

다음은 기록물관리기관 소장 기록물의 공개 여부 구분관리이다. 기록물관리기관의 장은 소장 기록물의 공개 여부를 구분하여 관리해야 하고, 비공개 대상 정보가 포함된 기록물은 주기적으로 재분류해야 한다(법 제35조 제1항 및 제2항, 시행령 제72조 제2항). 기록물관리기관의 장이 소장 기록물의 공개 여부를 구분한다는 것은 물리적으로 공개와 비공개 기록물을 구분하라는 의미가 아니라, 기록물의 적극적인 서비스를 위해 공개와 비공개 정보를 사전에 구분하여 관리하라는 의미이다. 공개 여부, 비공개 대상 정보 등은 기록관리메타데이터로 관리되어야 한다.

비공개 대상 정보 재분류

비공개 기록물의 재분류는 이관 시점과 기록물관리기관의 주기적 재분류로 나뉜다.

먼저, 이관 시점의 재분류이다. 기록물 생산 부서가 해당 기관의 기록관 또는 특수기록관으로, 기록관 또는 특수기록관에서 영구기록물관리기관으로 기록물을 이관하려면 해당 기록물의 공개 여부를 재분류하여 이관해야 한다(법 제35

---

467) 시민들이 공공기관의 정보공개와 관련하여 신뢰하지 않는 이유 중 하나가 정보공개 청구 시기, 업무 담당자에 따라 공개 기준이 다른 것이다. 따라서 기록관 또는 특수기록관이 기록물의 공개여부 기준을 마련하는 것이 바람직하다.

조 제1항). 기록물 이관 시점에 생산 부서, 기록관 또는 특수기록관이 비공개 대상 정보를 검토하여 공개 여부를 다시 판단하도록 하였다.[468]

공공기관은 관할 기록물관리기관으로 기록물을 이관하려면 비공개 기록물의 공개여부를 재분류하여 이관하여야 한다(법 제35조 제1항). 공공기관이 관할 기록관 또는 특수기록관으로 기록물을 이관하기 위한 공개 여부 재분류 방식은 생산 시점의 공개 여부 구분 방식과 동일하다. 비공개는 건 단위, 부분 공개는 쪽 단위로 구분하고 비공개 사유도 함께 제출하도록 하였다(시행령 제72조 제1항).[469] 부분 공개의 쪽 단위로 구분은 공개 대상 정보와 비공개 대상 정보를 최대한 분리하여 공개하려는 것이다(시행령 제72조 제1항).

기록관 또는 특수기록관의 경우에도 관할 영구기록물관리기관으로 기록물을 이관할 때 공개 여부를 재분류하여 이관해야 한다. 다만, 기록관 또는 특수기록관에서 재분류한지 5년이 지나지 아니한 경우에는 공개 여부를 재분류 절차를 생략할 수 있다(법 제35조 제1항).[470]

다음은 기록물관리기관의 비공개 기록물 주기적 재분류이다. 이 제도는 기록물관리기관의 소장 기록물의 공개 관리와 적극적인 기록정보 서비스를 위한 획

---

468) 비공개 기록물의 보호와 적극적인 정보서비스를 위해 이관 시점에 비공개 사유의 타당성 또는 소멸 여부를 다시 판단하도록 한 것이다.

469) 비공개 사유는 「정보공개법」 제9조 각호의 어느 하나를 근거로 삼고, 해당하는 구체적인 사유를 제시해야 한다. 예를 들어 "개인정보를 포함하고 있어 비공개"보다는 "성명, 주민번호 등 개인 식별자를 포함하고 있으며, 공개되면 개인의 사생활 침해 등의 우려가 있어 비공개"로 답변하는 것이 바람직하다.

470) 「구 공공기록물법」(2017. 3. 21. 법률 제14613호로 개정되기 이전의 것)에서는 이관 시 공개 여부 재분류가 의무 사항이었는데, 기록관 또는 특수기록관의 업무 부담을 줄이려고 현재처럼 개정되었다. 앞에서 기술한 것처럼 기록물 공개는 시민의 기본권에 관한 사항으로 업무의 효율성이 우선시 될 수 없다. 따라서 이 조문은 잘못된 개정 사항이다. 물론, 기록관 또는 특수기록관이 공개 관리 업무를 수행할 수 있는 자원 확보 방안은 해결해야 할 과제이다.

기적인 규정이다.[471] 공개 재분류는 주기적인 비공개 기록물 재분류로 국민에게 필요한 기록정보를 적극적으로 제공하기 위한 목적이며, 「정보공개법」에는 없는 규정이다. 기록물관리기관은 보유하고 있는 비공개 기록물[472]을 재분류된 연도로부터 매 5년마다 공개 여부를 주기적으로 재분류해야 한다(법 제35조 제2항).[473] 다만, 비공개로 재분류한 기록물이 「정보공개법」에서 규정하고 있는 비공개 대상정보 중 '개인정보로서 공개되면 사생활의 비밀 또는 자유를 침해할 우려가 있는 정보'인 경우에는 생산 후 30년까지 공개 여부 재분류를 하지 않을 수 있다(법 제35조 제2항 단서).[474] 이처럼 기록물관리기관의 공개 재분류는 주기적으로 비공개 대상 정보의 보호 필요성 여부를 다시 검토하여 비공개 사유가 소멸하면 신속하게 공개하기 위한 절차이다.[475]

---

471) 공개 재분류는 2006년 「구 공공기관기록물법」 전부개정 시 신설되었다. 「정보공개법」제9조 제3항에서는 '(비공개 대상) 정보가 기간의 경과 등으로 인하여 비공개의 필요성이 없어지면 그 정보를 공개 대상으로 해야 한다.'고 규정하고 있으나, 그 절차를 하위 법령에서 정하고 있지 않아서 선언적 의미가 크다. 반면에 「공공기록물법」의 공개 재분류는 비공개 사유가 소멸한 비공개 기록물을 적극적으로 공개하기 위한 실효성 있는 제도이다.

472) 법령에는 비공개 기록물로 표현되어 있지만, 비공개 대상 정보를 포함하고 있는 기록물이 정확한 표현이다. 재분류는 비공개 기록물뿐만 아니라 부분공개 기록물도 포함된다.

473) 예를 들어, 2024년 9월에 공개 재분류하였다면, 재분류된 다음 연도로부터 5년이 되는 2029년 1월 1일부터 12월 31일 사이에 재분류해야 한다.

474) 개인정보는 시간이 지나도 비공개 사유가 소멸하지 않기 때문이다. 그러나 생산 후 30년이 지나면 「공공기록물법」에 따라 '공개 원칙'이 적용됨으로 해당 시점에는 재분류해야 한다. 이 경우 개인정보의 공개 여부는 영구기록물관리기관의 공개 정책에 따른다.

475) 기록물관리기관의 재분류 담당자는 기록물 공개 재분류 기준서 또는 업무 단위별 재분류 검토서를 작성해야 한다. 기준서 및 검토서는 기록물 유형별로 일관성 있는 공개 재분류 원칙을 준수하고, 관련 법령의 공개 및 비공개 기준과 사항을 검토하고, 공개 관련 사례, 결정, 정책 등을 고려하여 작성해야 한다.

영구기록물관리기관이 비공개 기록물을 재분류하는 과정에서 통일, 외교, 안보, 수사, 정보 분야 기록물을 공개하려면 미리 당해 기록물을 생산한 기관의 장에게 의견을 청취하도록 하였다(법 제35조 제5항). 이 분야는 민감한 비공개 대상 정보를 포함하고 있어서 해당 공공기관의 의견을 반영하기 위한 절차이다.[476] 이 경우 기록물 생산기관이 비공개 의견을 제출하려면 구체적인 비공개 사유와 공개 가능 시기 등을 포함해야 한다. 생산기관이 제출한 의견의 타당성을 객관적으로 검토하기 위한 근거가 필요하기 때문이다.

---

476) 「정보공개법」 제11조 제3항에 따라 공공기관이 공개하고자 하는 대상 기록물의 전부 또는 일부가 다른 기관에서 생산한 기록물이면 생산기관의 의견을 청취하도록 하였다. 기록물의 공개는 기록물을 보유하고 있는 공공기관의 권한이지만, 다른 공공기관에서 생산한 기록물이 포함되어 있는 경우 해당 기관의 의견을 들어 올바로 공개 여부를 판단하는 것이 바람직하다. 다만, 기록물 생산기관에서 제출한 공개 여부 의견의 기속력(羈束力)은 없으며, 공개 여부에 대한 최종적인 판단은 정보공개를 접수한 공공기관장의 몫이다.

■ '생산 후 30년 공개 원칙'과 비공개 기록물 제한적 열람

'생산 후 30년 공개 원칙'과 비공개 상한 제도

2006년 「공공기록물법」을 전부개정할 때 시민들의 알 권리(right to know) 보장과 적극적인 기록정보서비스를 위해 '5년 주기 재분류'와 함께 도입된 제도가 '생산 후 30년 공개 원칙'이다. 이 원칙은 생산 후 30년이 지난 기록물의 경우 공개를 원칙으로 한다는 것으로 영구기록물관리기관에 적용된다(법 제35조 제3항).[477] 따라서 영구기록물관리기관은 이 원칙을 준수하여 기록물을 공개해야 한다.

물론 생산 후 30년이 지나도 모든 기록물을 공개할 수는 없다. 개인정보 중에는 여전히 보호해야 할 정보가 있다.[478] 또한 통일, 외교, 안보, 국방 등과 관련된 비공개 정보로서 국가안보, 국익 등의 이유로 비공개 기간을 더 연장해야 하는 경우도 있다. 이 경우 해당 기록물을 생산한 공공기관은 생산 후 29년이 지나기 전까지 소관 영구기록물관리기관에 비공개 기간의 연장을 요청할 수 있다(시행령 제72조 제3항).[479]

---

477) '생산 후 30년 공개 원칙'이 영구기록물관리기관에만 적용되는 것은 보존기간 30년 이상의 기록물은 영구기록물관리기관으로 이관하여 관리하는 것이 원칙이기 때문이다. 다만, 기록관 또는 특수기록관이 보유한 생산 후 30년이 지난 기록물에는 공개 원칙 적용에서 제외된다. 입법 미비 사항이다. 이 제도의 실효성을 높이기 위해서는 기록관 또는 특수기록관 보유기록물에도 30년 공개 원칙을 적용될 수 있도록 제도 보완이 시급하다.

478) 민감한 사생활 정보인 재산(財産), 병력(病歷), 수형(受刑) 사실, 사상(思想) 등은 생산 후 30년이 지나도 선별적으로 보호가 필요한 정보이다.

479) 현재 국가기록원은 30년 공개 원칙 적용에 대한 생산기관의 의견을 사전에 묻고 있다. 생산기관이 대상 기록물에 대한 정보가 없어서 비공개 기간 연장 요청을 할 수 없는 상황을 감안한 것이다.

영구기록물관리기관의 '생산 후 30년 공개 원칙'을 적용한 재분류 절차는 다음과 같다. 우선 영구기록물관리기관은 대상 기록물을 선정하고, 재분류 기준서를 작성한다. 재분류 기준서는 기록물 유형별로 비공개 연장의 필요성을 판단하기 위한 것이다. 이와 함께 기록물 생산기관에서 제출한 의견을 검토하여 일정 기간 비공개 보호가 필요한 기록물을 선정한다. 재분류를 거쳐 비공개로 선정된 기록물은 기록물공개심의회와 국가기록관리위원회의 심의를 거쳐 확정해야 한다(법 제35조 제4항, 영 제72조 제3항).[480]

영구기록물관리기관은 '생산 후 30년 공개 원칙'에 따라 공개되는 기록물의 목록을 해당 기관 홈페이지 등을 통해 제공하도록 하였다. 시민들에게 기록물 소재 정보를 제공하여 활용할 수 있도록 하려는 목적이다(시행령 제72조 제5항). 또한 비공개로 재분류된 기록물도 비공개 유형별 현황을 관보 및 홈페이지 등에 공고해야 한다(법 제35조 제4항 후단).

그런데 '생산 후 30년 공개 원칙'은 이관시기가 30년 이상 연장되는 특수기록관 보유 비공개 기록물에는 적용되지 않는다(법 제35조 제3항 단서). 이 경우 특수기록관 보유 기록물에 대한 시민의 정보접근권을 제한하는 결과를 초래할 수 있다. 따라서 특수기록관 보유 기록물의 생산 후 30년 이상 이관 연기는 이 점을 충분히 고려하여 국가기록원이 이관 연기와 비공개의 타당성을 함께 검토하고 국가기록관리위원회에서 심의해야 한다.

---

480) 헌법기관기록물관리기관, 지방기록물관리기관도 '생산 후 30년 공개 원칙'을 적용하지 못하고 일정 기간 비공개가 필요한 기록물은 국가기록관리위원회의 심의를 거쳐야만 비공개할 수 있다.

한편 '생산 후 30년 공개 원칙'은 비공개 상한 제도와 함께 운영되도록 하였다. 앞서 서술한 바와 같이 생산 후 30년이 지나도 공개할 수 없는 기록물이 있다. 그렇다고 해당 기록물을 무기한 비공개하는 것은 시민들의 알 권리를 침해할 수 있어서 비공개 기간의 무기한 연장을 막기 위해 기록물 유형별로 비공개 상한을 정하도록 하였다(법 제36조).[481]

영구기록물관리기관 기록물공개심의회

영구기록물관리기관은 보유 기록물의 공개 여부에 대한 전문적인 심의를 위해 기록물공개심의회를 설치·운영하도록 하였다(법 제38조 제1항). 「정보공개법」에 따른 정보공개심의회의 심의 대상이 주로 현용·준현용 기록물의 공개 여부 결정이라면, 기록물공개심의회는 비현용기록물이 대상이다. 기록물공개심의회는 '생산 후 30년 공개 원칙'에 따라 공개할 수 없는 기록물의 비공개 기간 연장 요청의 타당성에 대한 심의와 영구기록물관리기관의 장이 요청한 사항에 대한 심의도 담당하게 된다.

기록물공개심의회 위원은 위원장을 포함해서 7명으로 구성하고, 임기는 2년이며 연임할 수 있다. 위원의 임명은 기록물공개심의회가 소속되어 있는 해당 영

---

481) 기록물 유형별 비공개 상한은 시행령으로 위임되어 있는데, 현재까지 시행령에 반영되어 있지 않다. 비공개 상한 규정은 2006년 「구 공공기관기록물법 시행령」 전부개정 시 개정안에 포함되어 있었다. 개정안 제81조에 "외교 관계 40년, 국가안보 관련 정보 60년, 개인 신상정보 100년, 의료 관련 정보 150년" 등으로 정하였다. 입법예고 과정에서 기록물 유형별 상한 기간 설정 근거가 불분명하고 30년 공개 원칙의 훼손될 우려가 있다는 의견이 있어 개정이 유예된 바 있다. 그런데 상한기간은 객관적 기준을 도출할 수 있는 사안이라기 보다는 공익을 위한 공개와 국익이나 개인의 민감 정보의 보호에 대한 사회적 합의가 필요한 사항이다. 비공개 상한제도의 외국 사례는 다음과 같다. 독일은 개인정보의 경우 사후(死後) 30년. 사망 연도를 확정하지 못하는 경우 생후(生後) 110년이 지나면 보호기간이 종료된다. 납세 비밀 등은 생산 후 60년이다. 프랑스는 개인정보(의료) 생후 150년, 일반 개인정보 생후 120년, 국가안보, 국방 관련 정보 60년 등이다.

구기록물관리기관장의 권한이다. 위원의 구성은 민간 전문가가 4명, 내부 위원이 3명으로 규정되어 있다. 보다 적극적으로 민간 전문가의 의견을 청취하여 국민에게 적극적으로 기록물을 공개하려는 의지가 반영된 결과이다. 위원의 자격은 기록물의 공개와 관련된 지식과 경험이 풍부한 자로 포괄적으로 명시하였다(법 제38조 제2항 및 제3항, 시행령 제74조 제1항 및 제2항). 기록물공개심의회 구성은 정보공개심의회와 달라야 한다. 영구기록물관리기관의 공개 심의는 주로 보존기록물(비현용기록물)이 대상이고, 기록물관리 관점과 전문성도 필요하다.[482]

비공개 기록물 제한적 열람

비공개 기록물 제한적 열람 제도는 「정보공개법」에 따른 비공개 대상 정보를 포함하고 있더라도, 개인의 권리 구제, 학술연구, 공공기관의 직무수행 등의 사유로 비공개 기록물이 필요한 경우 영구기록물관리기관이 그 타당성을 검토하여 열람을 허용하는 제도이다(법 제37조). 제한적 열람이라고 표현한 것은 일반적인 공개 방식과 달리 사본 제공 없이 해당 정보의 확인과 열람만 허용하는 것이다. 또한 열람 목적 이외에 열람 정보를 활용하면 처벌받게 된다는 점이다(법 제51조 제4항).[483]

---

482) 정보공개심의회는 현용, 준현용 기록을 대상으로 해당 기록의 공개와 관련된 국민의 권리와 비공개 대상 정보의 보호라는 측면에 대한 비교형량이 주된 심의 대상이다. 기록관 또는 특수기록관도 기록물공개심의회가 필요하다는 의견도 많다. 그런데 기록관 또는 특수기록관에 별도의 기록물공개심의회를 설치하면 공공기관 정보공개 관련 심의 기구가 이원화된다는 측면, 정보공개심의회와 기록물공개심의회 구성원의 전문성이 동일하다는 점을 고려하면 정보공개심의회를 활용하는 것이 바람직하다.

483) 열람 목적 이외의 용도로 활용한 자는 3년 이하의 징역 또는 2천만 원 이하의 벌금에 처한다

비공개 제한적 열람이 가능한 사유는 다음과 같다(법 제37조 제1항).

① 개인에 관한 정보로서 본인(상속인을 포함한다) 또는 본인의 위임을 받은
   대리인이 열람을 청구한 경우
② 개인이나 단체가 권리 구제 등을 위하여 열람을 청구한 경우로서 해당 기
   록물이 아니면 관련 정보의 확인이 불가능하다고 인정되는 경우
③ 공공기관에서 직무 수행상 필요에 따라 열람을 청구한 경우로서 해당 기
   록물이 아니면 관련 정보의 확인이 불가능하다고 인정되는 경우
④ 개인이나 단체가 학술연구 등 비영리 목적으로 열람을 청구한 경우로서
   해당 기록물이 아니면 관련 정보의 확인이 불가능하다고 인정되는 경우

시민들이 비공개 기록물을 열람하기 위해서는 우선 열람 신청서를 제출해야
한다. 정보공개 청구서와 달리 청구 목적과 목적 내 사용에 대한 동의 항목이 포
함되어 있다. 또한 영구기록물관리기관은 열람의 타당성을 판단하기 위해 청구
인에게 청구 목적을 증명할 수 있는 관련 자료를 요청할 수 있다(시행령 제73조
제1항, 제2항).

제한적 열람의 허용 여부는 해당 영구기록물관리기관의 장이 10일 이내에 결
정하여 신청인에게 통지해야 한다. 영구기록물관리기관의 장이 생산기관 의견조
회, 기록물공개심의회 등의 심의가 필요한 경우에는 10일의 범위 내에서 열람 결
정을 연장할 수 있다(시행령 제73조 제3항).

제한적 열람이 허용되지 않으면 신청인은 7일 이내에 재심의 요청서를 제출
할 수 있으며, 재심의 요청을 받은 영구기록물관리기관의 장은 7일 이내에 기록
물공개심의회를 개최하여 제한적 열람 여부에 대해 재결정해야 한다. 그리고 재

결정 사항에 대한 추가적인 불복 구제 절차는 마련되어 있지 않다(시행령 제73조 제4항).

제9장 기록물관리의 표준화 및 전문화

기록물관리 표준화와 전문화는 「공공기록물법」의 실행을 위한 중요한 수단이다. 기록물관리 표준은 강제성에 기반하고 하향식으로 추진되는 법규를 보완한다. 기록물관리와 관련된 이해관계자들이 공공기록물법을 실행하기 위한 최선의 방안을 표준으로 만들기 때문이다.

기록물관리 전문화는 「공공기록물법」 실행의 기반이다. 이 법이 사회규범으로 제대로 시행되기 위해서는 전문가가 필요하다. 기록물관리 업무는 단순 행정관리 업무가 아니기 때문이다.

제9장에서는 기록물관리 표준화 절차와 기록물관리 전문요원과 인력의 자격기준과 양성에 대한 사항을 규정하였다.

■ 기록물관리 표준화

표준[484]은 이해관계자끼리 자율적으로 정하여 준수하는 규약이다. 자발적 준수라는 측면이 강제성을 전제로 하는 법령과는 다르다.[485] 그런데 우리나라의 경우 의무적으로 준수해야 하는 표준이 있다. 일반적인 표준과 달리 「공공기록물법」에서 국가기록원장이 정하도록 위임한 사항을 표준으로 제정하여 시행하는 경우 해당 표준은 법령과 동일한 구속력을 갖고 있다. 여기에 해당하는 표준은 전자기록생산시스템, 기록관리시스템, 영구기록관리시스템 기능요건, 등록 정보, 이관을 위한 전자매체, 포맷, 방식 및 데이터 규격, 전자기록물 보존 포맷 등이다.[486]

기록물관리 표준 제도는 2006년 기록물관리 혁신 과정에 도입하여, 「공공기록물법」에 반영되었다. 국가기록원장은 기록물의 체계적·전문적 관리와 효율적 활용을 위하여 전자기록물의 관리체계와 관리 항목, 기록물관리 절차별 표준기능, 기록물 종류별 관리 기준 및 절차, 기록물관리기관이 유형별 표준모델, 기록물 보안 및 재난관리 대책 등에 대한 표준 제정과 시행의 의무를 갖고 있다(법 제39조).

표준은 적용범위에 따라 국가표준, 공공표준, 원내 표준으로 구분되며, 각각 적용 범위가 다르다. 국가표준은 공공기관뿐만 아니라 민간에도 적용되며, 국가 표준의 제·개정 절차는 「산업표준화법」에 따른다. 국가기록원이 국가표준을 제·

---

484) 표준 일반적이고 반복적인 사용을 위하여 합의에 의해 제정되고 인정된 기관에서 승인된 것으로, 주어진 여건에서 최적의 질서를 확립하는 것을 목적으로 한 활동을 위한 규칙, 가이드 또는 특성을 제공하는 문서이다(ISO/IEC가이드2).

485) 표준화의 원칙은 합의, 공개, 자발성, 통일성과 일관성, 시장 적합성, 개방성, 시의성 등이다.

486) 「NAK 8: 2022(v2.3) 기록관리 메타데이터 표준」, 「NAK 6: 2022(v1.5) 기록관리시스템 기능규격」 등은 법령의 위임을 받아 제정·시행하고 있는 표준으로 공공기관이 준수해야 하는 규제에 해당하는 '의무 표준'이다.

개정하려면 「공공기록물법」에 따라 제·개정(안)을 작성하고, 국가기록관리위원회 심의를 거쳐 산업통상자원부에 제출한다. 이후 절차는 「산업표준화법」에 따라 진행되고, 표준 개정과 폐지 등의 관리도 산업통상자원부에서 한다.

공공표준은 공공기관에 적용되며, 국가기록원장이 제·개정(안)을 작성하여 국가기록관리위원회 심의를 거쳐 확정 시행된다(법 제40조, 영 제75조). 이 경우 제정과 개정 절차는 법령 절차와 유사하다. 국가기록원이 표준화 계획을 수립하고, 제정 또는 개정안을 작성한다.[487] 이렇게 만들어진 표준(안)은 관보와 인터넷 홈페이지 등에 20일간 고시하여 이해 관계인의 의견을 듣고, 국가기록관리위원회 심의를 거쳐 확정한다. 확정된 표준은 관보 또는 인터넷 홈페이지 등에 고시해야 한다.

국가기록원장은 기록관리 표준을 확대 보급하기 위해, 표준 교육, 표준 이행을 위한 지원 수단의 개발·보급, 표준 이행 결과에 대한 점검과 적합성 평가[488], 국내외 표준 관련 기관과의 협력 등을 수행해야 한다(영 제77조). 표준은 제정도 중요하지만 실효성을 높이기 위해서는 교육, 이행 결과에 대한 점검과 개선 등이 중요하다.

---

487) 표준(안)은 국가기록원이 단독으로 작성하거나, 표준안 작성을 위한 작업반을 공개적으로 모집하여 작성할 수도 있으며, 개인 또는 단체 등에서 표준안을 작성하여 국가기록원에 제출할 수도 있다.

488) 적합성은 제품, 공정 또는 서비스의 규정된 요건의 충족 여부를 말하며, 적합성 평가(conformity assessment)는 관련 요건에 충족하는지에 대해 직접 또는 간접적으로 결정하는 일련의 행위이다.(ISO/IEC Guide2) 적합성 평가의 기본은 적합성 평가 기관의 평가 능력의 동등성과 동일한 표준과 기준을 사용하여 동일한 절차와 방법으로 적합성 여부를 판정하는 것이다. 또한 인증은 제품, 공정 및 서비스가 특정 표준, 규격과 그 밖의 기준에 부합한다는 것을 확인하는 것이다.

■ 기록물관리 전문화

기록물관리 전문요원 규정은 「공공기록물법」 제정 당시 가장 획기적인 사안이었다. 우리나라에 기록물관리 전문요원 제도를 도입하고 기록물관리기관의 배치를 의무화했기 때문이다. 종전에는 행정직이 행정관리 차원에서 기록물관리 업무를 수행했었다.

기록물관리 전문요원[489]은 각급 기록물관리기관에 배치되어 기록물관리 업무를 전담하는 전문가이다(법 제41조 제1항).[490] 기록물관리기관은 기록물관리기관 정원의 1/4 이상을 전문요원 자격자를 배치해야 한다. 1/4 이상이 한사람이 되지 않으면 최소 1인을 확보해야 한다(시행령 제78조 제2항). 기록물관리 전문요원의 자격은 ① 기록관리학 석사학위 이상 취득자, ② 기록관리학 학사학위

---

489) 「구 공공기록물법」(2011. 2. 22. 대통령령 제22673호로 개전되기 전의 것)에서는 기록관리학 석사학위 이상 취득자, 역사학 또는 문헌정보학 석사학위 이상 취득자로서 행정안전부장관이 정하는 기록물관리학 교육과정을 이수하면 전문요원 자격을 부여했다. 그런데 2011년 2월 이명박 정부의 시책 중 하나였던 학력 위주의 공직 진입 문호를 확대하기 위해 관련 조문을 개정하여 기록관리학 학사학위 취득자, 역사학 또는 문헌정보학 학사학위 취득자도 기록물관리학 교육과정을 이수할 수 있도록 하였다. 다만, 이 경우 기록물관리 전문요원의 전문성을 확보하기 위하여 행정안전부장관이 시행하는 기록물관리 전문요원 시험에 합격해야만 전문요원 자격을 부여한다.

490) 행정기관의 경우 기록물관리 전문요원은 「연구직 및 지도직공무원의 임용 등에 관한 규정」 또는 「지방연구직 및 지도직공무원의 임용 등에 관한 규정」에 따른 연구직 공무원(학예직군-기록연구직렬-기록관리직류)으로 채용한다. 그 밖의 공공기관은 해당 기관의 임용 규정에 따라 채용한다. 또한 기록물관리 전문요원의 자격자를 행정직군 등 일반직 공무원으로 채용도 가능하다. 다만, 기록물관리 전문요원 제도를 도입하면서 연구직 공무원으로 채용하도록 한 것은 일반직 공무원은 순환 보직을 하는 것이 원칙이어서 기록물관리 업무만을 전담할 수 없고, 기록물관리 업무는 연구적 성격도 다수 포함하고 있기 때문이다. 헌법기관은 「공공기록물법」의 위임을 받아 전문요원의 자격을 별도로 규정하도록 하였으나, 「공공기록물법 시행령」과 동일하다. 다만, 국회의 경우 '기록물관리 업무에 3년 이상 종사한 자로서 국회도서관장이 정하는 1년 이상의 기록물관리학 교육과정을 이수한 자'에게도 전문요원의 자격을 부여하고 있다(「국회기록물관리규칙」[2011. 4. 20. 국회규칙 제164호] 제36조 제1항 제3호)

취득자 또는 역사학·문헌정보학을 전공한 자로서 행정안전부장관이 정한 교육과정을 이수하고 전문요원 시험에 합격한 자이다(법 제42조 제2항, 시행령 제78조 제1항). 예외적으로 군 기관은 해당 기관장이 지정한 소속 공무원으로서 행정안전부장관이 정한 교육과정을 이수한 경우 전문요원 자격을 갖게 된다. 다만, 이들은 군 기관 내에서만 전문요원으로 활동할 수 있다(시행령 제78조의2).[491]

기록물관리 전문요원 시험은 기록학 학사학위 취득자와 역사학, 문헌정보학 전공자로서 행정안전부장관이 정하는 교육과정 이수자가 응시할 수 있다. 이 시험은 전문요원으로서 능력을 검증하기 위한 것인데, 합격자에게 전문요원 자격을 부여한다(시행령 제78조 제1항 제2호).

시험 과목은 필수과목과 선택과목으로 나뉘며, 필수과목은 객관식, 선택과목은 주관식인데 3과목 중 2과목을 선택한다(시행규칙 제42조의2). 시험의 합격자는 각 과목 만점의 40퍼센트 이상, 전 과목 총점의 60퍼센트 이상을 득점해야 한다. 다만, 필수과목 시험에서 만점의 40% 미만을 받은 응시자의 선택과목 시험은 채점하지 않는다. 시험은 매년 1회 실시하는 것이 원칙이며, 행정자치부장관이 필요하다고 인정하면 그 횟수를 증감할 수 있다.

한편, 국가기록원장은 기록물관리 전문인력의 수요 파악과 양성 등에 관한 종합계획을 수립·시행하는 의무를 갖고 있다(법 제41조 제3항).[492] 이와 관련하여

---

491) 군 기관은 많은 수의 전문요원이 필요하나, 군 기관의 특성상 군인이나 군무원의 재교육을 통해 전문요원으로 배치하는 것이 효과적이라고 판단한 결과이다. 다만, 군 기관 전문요원 자격은 2024년 2월 29일까지 교육원을 이수해야 가능하다(「공공기록물법 시행령」 제78조의2).

492) 따라서 국가기록원은 매년 공공기관의 기록물관리 전문요원 배치 현황을 조사하고, 미배치 기관에는 전문요원 채용을 권고해야 한다. 또한 공공기관의 기록물관리 전문요원 수요를 예측하여 적절한 인원이 공급될 수 있도록 기록관리학 과정을 설치하고 있는 대학원과도 긴밀히 협력해야 한다.

국가기록원은 '행정안전부 장관이 인정'하는 기록관리학 교육과정을 관리하고 있다(시행령 제78조 제1항, 시행규칙 제42조). 기록관리학 교육과정은 다음의 기준을 준수해야 한다.

표15. 기록관리학 교육과정

기록관리학 교육과정

1. 이수학점 및 수료의 기준
  가. 이수학점 기준: 기록관리학 교육과정의 이수단위는 학점으로 하고, 학점은 16시간 이상의 강의(실습을 포함한다)를 1학점으로 하며, 이수해야 할 최소 학점은 24학점으로 할 것
  나. 수료 기준: 기록관리학 교육과정의 수료자는 최소 학점(24학점) 이상을 이수하고, 기록물관리에 관한 연구 논문을 제출한 자로 할 것

2. 교육 기간 및 방법 기준
  기록관리학 교육과정의 수업연한은 1년 이상으로 하고, 교육방법은 집합교육으로 할 것

3. 교육과목 개설 기준
  기록관리학 교육과정은 다음의 영역별 교육과목에 관한 강좌를 개설한 교육과정으로 하되, 제42조의2제1항에 따른 필수과목 및 선택과목에 대한 강좌는 반드시 개설한 과정으로 할 것

구분	교과 내용
기초 영역	정부조직 및 행정론, 기록관리학개론, 기록관리 관련 법령
전문 영역	기록평가·선별론, 기록조직론, 기록보존론, 기록정보서비스론, 전자기록관리론, 기록시스템론, 업무분석론, 민간기록관리론
기타	기록관리 실습, 논문지도

4. 교수요원 기준
  가. 기록관리학 교육과정의 교수요원은 다음 중 어느 하나에 해당하는 사람으로 할 것
    1) 「고등교육법」 제16조 및 「대학교원 자격기준 등에 관한 규정」 제2조에 따른 조교수 이상의 자격을 갖춘 사람
    2) 기록물관리 분야와 관련된 실무·연구 또는 강의경력이 3년 이상인 사람
  나. 기록관리학 교육과정의 교수요원 중 1인은 교육과정 운영을 전담하는 교수요원으로 배치할 것

기록물관리기관에는 기록물관리 전문요원 이외에 기록물의 정리, 기술, 기록정보의 관리, 보존 업무 등에 필요한 전문인력을 배치하도록 하였다. 기록물관리기관에는 보존, 정보서비스, 정보(전산)관리 등 다양한 전문인력이 필요하다.[493] 따라서 기록물관리기관에 근무해야 하는 전문인력의 경우에도 일정 수준의 기록물관리 지식이 필요하기 때문에 교육과 훈련의 기회를 제공해야 한다. 기록물관리 전문요원이 아닌 사람이 기록물관리기관에서 근무하기 위해서는 보직 전후 6개월 내에 국가기록원장이 정하는 기록물관리 교육과정을 이수하도록 하였다(시행령 제79조 제5항).

공공기관과 기록물관리기관의 기록물관리 업무는 기록물관리 종사자의 전문성에 좌우된다. 따라서 국가기록원장은 기록물관리 종사자의 능력 향상을 위해 교육과 훈련 대책을 마련해야 한다(법 제42조, 제79조 제1항). 먼저, 국가기록원장은 기록물관리 교육·훈련 계획을 수립하여 시행해야 하는데, 교육·훈련은 전문교육·훈련과 일반교육·훈련으로 구분된다. 기록물관리 전문교육·훈련은 기록물관리 종사자, 전자기록생산시스템, 기록관리시스템, 영구기록관리시스템의 구축과 운영을 지원하는 사람을 대상으로 한다. 일반교육·훈련은 공무원, 공공기관의 임직원 및 국가지정기록물의 소유자와 관리자 등을 대상으로 한다.

다음으로 국가기록원장은 각급 기록물관리기관의 기록물관리 교육·훈련에 필요한 강사 인력, 교육과정, 교재 등 필요한 사항을 지원할 수 있다. 또한 필요한 경우 공공기관의 장과 협의하여 소속 직원을 국내외 기록물관리 교육기관에 교육훈련을 위탁할 수 있다(시행령 제79조 제4항).

493) 일반적으로 아카이브는 아키비스트, 보존전문가, 전산전문가, 사서 등으로 구성한다.

제10장 민간 기록물 등의 수집·관리 및 기록문화 확산

민간 기록물은 일반적으로 공공기관이 아닌 기관이나 개인이 생산하거나 보유하고 있는 기록물을 말한다. 여기에는 개인, 단체, 지역, 시민단체, 공동체 등 다양한 주체들이 생산하거나 보유하고 있는 기록물을 포괄한다.

「공공기록물법」의 민간 기록물은 개인이나 단체 등 민간 영역에서 생산하거나 보유한 기록물을 대상으로 하고 있으나, 국가적 보존 가치가 있는 기록물을 한정하여 적용하고 있다. 영구기록물기관은 국가적 보존 가치가 있는 민간 기록물을 수집하여 보존하고 활용한다. 영구기록물관리기관이 국가적 보존 가치가 높은 기록물을 수집하여 보존하는 것은 기록물관리기관으로 당연한 역할이다. 그러나 국가가 민간 기록물을 직접 수집하여 보존하는 대상이나 방식은 전문가마다 다소 다른 입장이다.

제10장은 주로 국가기록원이 민간 기록물 수집하여 보존하거나 국가지정기록물로 지정하는 관리하는 업무에 대한 규정이다. 또한 기록문화를 확산하기 위한 규정도 제시하였다. 한편 헌법기록물관리기관이나 지방기록물관리기관은 별도의 규정이나 조례로 민간 기록물 수집과 관리에 대한 사항을 정하도록 위임하였다.

■ 민간 기록물 등의 수집·관리

국가지정기록물 제도는 민간 기록물 중 국가적으로 보존할 가치가 있다고 인정되는 기록물을 기록문화유산으로 안전하게 관리하기 위한 제도이다. 국가지정기록물은 개인이나 단체가 생산하거나 취득한 기록정보 자료 중에서 국가기록관리위원회 심의를 거쳐 지정된다(법 제43조, 시행령 제81조).[494]

국가지정기록물은 국가기록원장이 지정하거나, 민간 기록물을 소유하거나 관리하고 있는 사람이 지정을 신청할 수 있다. 이 경우 국가기록원장은 국가지정기록물의 지정을 위하여 필요하다고 인정하면 소속 공무원으로 하여금 관련 공무원에게 해당 민간기록물의 목록과 내용의 확인 등을 위해 조사하게 할 수 있다. 또한 국가기록원장은 민간기록물을 국가지정기록물로 지정하려면 국가기록관리위원회 심의 전에 심의할 내용을 관보 또는 정보통신망에 30일 이상 예고해야 한다. 국가지정기록물의 해제는 국가기록원장이 해당 기록물의 보존 가치가 상실되었다고 판단한 경우, 또는 해당 기록물의 소유자 또는 관리자가 해제를 신청하면 국가기록관리위원회의 심의를 거쳐 해제할 수 있다.

국가기록원장은 국가지정기록물을 지정 또는 해제한 때에는 관보 또는 정보통신망에 고시해야 한다. 또한 국가지정기록물관리 대장에 등록하고 국가지정기록물의 소유자 또는 관리자에게 통보해야 한다(시행령 제81조 제5항).

국가지정기록물의 소유자 또는 관리자는 해당 기록물의 관리와 관련하여 변동 사항이 있는 경우에는 신고 의무가 부여된다(법 제44조). 신고해야 하는 경우는 ① 국가지정기록물의 처분·증여 도는 양도 등으로 소유자의 변경이 있을 때, ② 소유자가 관리자를 선임 또는 해임한 때, ③ 소유자 또는 관리자의 성명·

494) 구법의 국가지정기록물 제도는 현재와 대상이 다르다. 「구 공공기관기록물법」 제20조에 따르면 국가기록물 지정 대상은 "민간이 보유한 기록물이 공공기관의 업무수행과 관련하여 생산되고 국가적으로 보존할 가치가 높다고 인정되는 경우"이다. 국가기록물 지정 대상은 현재처럼 민간 기록물 전체가 아니라 공공기관의 업무수행에 관한 기록물이어야 한다.

주소와 보관장소의 변경이 있는 때, ④ 국가지정기록물이 멸실·도난 또는 훼손된 때 등 네 가지 경우이다.

국가지정기록물의 소유자 또는 관리자는 변동 사항이 발생하면 변동일로부터 30일 이내에 국가기록원의 장에게 그 사실을 신고해야 한다(시행령 제82조). 특히 국가지정기록물의 소유자 또는 관리자가 지정기록물을 타인에게 매매, 양도하여 소유자 또는 관리자가 변경되면 국가지정기록물 처분 신고서를 작성하여 제출해야 한다(시행규칙 제46조). 이 경우 국가기록원은 신고된 내용에 따라 국가지정기록물의 소유자에게 배부한 지정서를 회수하고 새로운 소유자에게 지정서를 발부해야 한다.

국가기록원은 국가지정기록물의 안전한 보존을 위해 소유자나 관리자에게 보존시설의 설치를 요청할 수 있다. 이 경우 국가기록원이 보존시설 설치 예산의 일부를 지원할 수 있다(법 제45조). 한편, 국가지정기록물의 소유·관리자가 보존시설을 설치하기 어려운 경우에는 국가기록원에 위탁하여 보존할 수도 있다.

국가기록원은 국가지정기록물의 안전한 관리를 위해 복제 또는 사본 제작 등으로 재난 발생에 대비해야 한다. 국가기록원이 국가지정기록물에 대한 복제 또는 사본 제작을 하고자 하는 경우 해당 기록물의 소유자나 관리자는 특별한 사유가 없으면 협조해야 한다. 또한 국가기록원장은 국가지정기록물의 안전한 보존을 위하여 매년 1회 이상 관리 상황의 변동 여부를 점검해야 하고, 2년에 1회 이상은 보존 상태를 점검해야 한다(시행령 제82조).

국가기록원장은 국가적으로 보존 가치가 높은 국내외 소재 기록정보자료와 민간기록물을 수집할 수 있다(법 제46조 제1항). 2006년 「공공기록물법」을 전부 개정할 때 추가된 조문이다. 국가기록원장은 보존 가치가 높은 기록정보자료와 민간기록물의 목록이나 사본의 제출을 해당 기록물을 보유하고 있는 개인이나 단체에 요청할 수 있다. 이 경우 해당 기록물 소유·관리자는 특별한 사유가 없으면 협조하도록 하였다(법 제46조 제2항).

한편 「공공기록물법」에는 영화와 방송프로그램의 수집을 규정하고 있다. 영화와 방송프로그램이 기록정보로서의 가치가 높기 때문이다. 국가기록원장은 「영화 및 비디오물의 진흥에 관한 법률」에 따라 상영등급을 분류 받은 영화중에서 국가적으로 영구히 보존할 가치가 있다고 판단하여 문화체육부장관과 협의하여 지정하는 영화의 소유자 또는 관리자는 원판 필름 또는 그 복사본 1벌과 대본 1부를 요청할 수 있도록 하였다. 또한 방송위원회와 협의하여 지정하는 방송프로그램은 지상파방송사업자에게 방송프로그램 원본 또는 사본 1부의 송부를 요청할 수 있도록 하였다(법 제46조 제3항, 제4항).

영화제작업자 또는 지상파방송사업자는 영화필름 또는 방송 프로그램의 원본이나 사본의 송부를 요청받은 경우에는 요청일로부터 3개월 이내에 국가기록원으로 송부해야 하고, 불가피한 경우에는 국가기록원과 협의하여 3개월의 범위 내에서 송부 시기를 연장할 수 있다(시행령 제84조 제2항).

헌법기관기록물관리기관과 지방기록물관리기관의 경우에도 관할 공공기관 또는 관할 지역과 관련하여 보존 가치가 높은 민간기록물을 수집할 수 있다(법 제46조의2). 민간기록물의 수집과 보존에 필요한 사항은 헌법기관의 규칙이나 지방자치단체 조례로 정한다.

■ 기록문화 확산 기반 구축

국제기록유산센터는 세계기록유산 사업의 효과적인 이행을 지원하기 위한 유네스코 산하기관[495]이다. 「공공기록물법」은 국제기록유산센터의 설치와 운영에 필요한 사항을 규정하였다(법 제46조의3).

국제기록유산센터는 세계기록유산의 관리와 보존에 관한 연구, 교육, 훈련 및 정책 개발을 위하여 설립한다. 국제기록유산센터가 수행하는 업무는 다음과 같다.

① 유네스코 세계기록유산 프로그램 모니터링 및 지원
② 세계의 기록유산 관리와 보존을 위한 디지털화
③ 세계의 기록유산 관리와 보존 및 활용에 관한 연구 및 콘텐츠 개발
④ 세계의 기록유산 관리와 보존 및 활용에 관한 교육·훈련
⑤ 세계의 기록유산에 관한 홍보
⑥ 기록유산 분야의 국내외 교류·협력 사업
⑦ 그 밖에 세계의 기록유산 관리와 보존에 필요한 사업

국제기록유산센터는 법인으로 하고, 임원과 필요한 직원은 정관으로 정하도록 하였다. 국가는 국제기록유산센터의 운영에 필요한 경비를 지원할 수 있고, 지방자치단체는 공유재산을 무상으로 사용하거나 수익하게 할 수 있다.

한편 우수한 기록문화 전통을 계승하고 기록의 중요성을 국민에게 알리기 위하여 매년 6월 9일을 '기록의 날'로 지정하였다(법 제46조의 4). 그동안 국가기

---

495) 국제기록유산센터는 설립을 요청한 국가에서 운영비용을 부담하는 조건으로 유네스코 집행이사회 승인과 총회 인준을 걸쳐 설립되는 유네스코 산하기관(카테고리 II)이다. 카테고리 II는 유네스코 관련 사업분야에서 전문 지식을 제공하고 회원국들의 역량 강화를 돕는 외부 기구이다.

록원이 주관하여 '기록의 날'⁴⁹⁶ 행사를 진행하였는데, 「공공기록물법」에 반영되어 국가기념일로 행사를 추진할 수 있게 되었다.

이에 따라 공공기관은 '기록의 날'이 포함된 주간에 기록문화 확산을 위한 각종 행사를 할 수 있게 되었다.

---

496) 세계기록관리협의회(ICA, International Council on Archives)는 기록물과 기록물관리의 중요성을 알리기 위해 창립일인 6월 9일을 '세계기록의 날'로 지정하였다. 우리나라는 2016년 ICA 서울 총회 개최를 계기로 매년 기록의 날 기념행사를 실시하였는데, 2019년에 「공공기록물법」을 개정하여 '기록의 날'을 법정기념일로 지정하였다.

제11장 보칙 및 벌칙

■ 보칙

보칙은 총칙과 실체 규정에서 규정하기 적합하지 않은 절차적, 기술적 또는 보충적인 사항에 대한 규정이다. 「공공기록물법」에는 '비밀 누설의 금지', '보존 매체에 수록된 기록물의 원본 추정', '위임 규정'을 다루고 있다.

먼저, '비밀 누설의 금지'이다. 공공기관이나 기록물관리기관에서 비밀 기록 물관리 업무를 담당하였거나, 업무수행 과정에서 비밀 기록물에 접근하거나 열 람한 사람은 그 과정에서 알게 된 비밀을 누설해서는 안된다(법 제47조).[497] 비 밀 기록물은 「공공기록물법」에 따라 생산 관리되어야 하고, 일반문서로 재분류 되거나 생산 후 30년이 지나면 기록물관리기관으로 이관해야 한다. 이 과정에서 비밀 기록물 관련 업무 담당자나 기록물관리 전문가가 비밀 기록물을 처리하거 나 직무상 내용을 열람하였을 경우 비밀 내용을 보호해야 하는 의무를 부과한 것이다.

다음으로 '보존매체에 수록된 기록물의 원본 추정'이다. 기록물관리기관이 「공공기록물법 시행령」이 정한 기준과 절차에 따라 보존매체에 수록된 기록물 은 원본과 동일한 것으로 추정한다(법 제48조). 「공공기록물법」은 안전한 보존 이나 효율적인 서비스를 위하여 기록물을 보존매체에 수록하여 관리하도록 하 였다. 따라서 보존매체에 수록된 기록물의 증거적 가치가 부인되는 것을 방지하 기 위하여 이 법이 정한 기준과 절차에 따라 수록된 기록물은 원본과 동일한 것

---

497) 비밀누설의 금지는 법적인 문제뿐만 아니라 기록물관리 전문가의 윤리와 관련된 문제이다. 한 편, 비밀누설의 금지는 공무원의 의무인데, 공무원은 직무상 알게 된 비밀을 엄수해야 한다 (「국가공무원법」 제60조, 「지방공무원법」제52조). 「보안업무규정」에서는 '공무원 또는 공무 원이었던 사람은 법률에서 정하는 경우를 제외하고는 소속 기관의 장이나 소속되었던 기관의 장의 승인 없이 비밀을 공개해서는 않된다.'고 규정하고 있다(「보안업무규정」 제25조 제2항).

으로 인정하고 신뢰성을 부여하려는 목적이다.[498]

마지막으로 '위임규정'이다. 이 법 시행에 필요한 사항은 국회규칙, 대법원규칙, 헌법재판소규칙, 중앙선거관리위원회규칙 및 대통령령으로 정한다(법 제49조).

헌법기관은 「국회기록물관리규칙」, 「법원기록물관리규칙」, 「선거관리위원회 기록물관리규칙」, 「헌법재판소 기록물관리 규칙」을 제정하여 시행하고 있다. 대통령령은 「공공기록물법 시행령」을 말한다.

■ 벌칙

「공공기록물법」은 벌칙을 갖고 있다. 이 법률상의 의무를 위반하면 일정한 형벌 또는 과태료를 부과하는 규정인데, 법령의 실효성을 담보하기 위한 수단이다.

벌칙은 다음과 같다. 첫째, 기록물을 무단 유출하거나 무단으로 폐기한 경우로 7년 이하의 징역 또는 3천만 원 이하의 벌금이다(법 제50조). '기록물 무단 은닉 등의 금지 의무'를 위반하여 기록물을 국외로 반출한 사람, 기록물관리기관이 기록물 평가 및 폐기 절차를 위반하여 심사와 심의를 거치지 아니하거나 기준과 절차를 준수하지 않고 기록물을 폐기한 사람에 해당한다. 이 경우 기록물을 취득할 당시에 공무원이나 공공기관이 임직원이 아닌 사람은 제외한다.[499]

기록물의 국외 무단 유출과 무단 폐기는 가장 무거운 벌칙을 부여한다. 기록물은 국가 소유이며 문화유산이다. 또한 기록물에는 공공기관이 업무수행에

---

498) 기록물관리기관이 수행한 보존매체에 신뢰성을 부여했다. 따라서 기록물관리기관은 기록물의 보존매체 수록과정에서 기록물의 진본성과 무결성 손상 여부를 검증해야한다.

499) 공무원이 아닌 사람의 경우에는 「형법」 제141조를 적용할 수 있다. 공무소에서 사용하는 서류 기타 물건 또는 전자기록 등 특수매체기록을 손상 또는 은닉하거나 기타 방법으로 그 효용을 해한 자는 7년 이하의 징역 또는 1천만 원 이하의 벌금에 처한다. 공공기관이나 기록물관리기관도 공무소(公務所)에 해당한다.

대한 정보를 담고 있다. 따라서 기록물을 무단으로 해외 반출하거나 무단으로 파기하는 것은 국익을 해치는 행위이다. 또한 기록물의 무단 파기는 「공공기록물법」의 목적인 공공기관이 설명책임을 무력하게 만드는 행위이기 때문이다.

둘째, 기록물 무단 은닉 또는 유출, 멸실 또는 손상에 관한 경우로 3년 이하의 징역 또는 2천만 원 이하의 벌금에 처한다(법 제51조). '기록물 무단 은닉 등의 금지 의무'를 위반하여 기록물을 은닉하거나 유출한 사람, 기록물을 중과실로 멸실시킨 사람, 기록물을 고의 또는 중과실로 그 일부 내용이 파악되지 못하도록 손상시킨 사람에 해당한다. 이 경우에도 기록물을 취득할 당시에 공무원이나 공공기관이 임직원이 아닌 사람은 제외한다.

셋째, 공공기록물 회수를 위한 조사, 비밀 누설 금지 의무와 관련된 경우로 2년 이하의 징역 또는 1천만원 이하의 벌금에 처한다(법 제52조). 공공기관이 유출된 기록물을 회수하기 위한 조사를 정당한 사유 없이 거부, 방해 또는 기피한 사람, 비밀 누설 금지 의무를 위반하여 업무처리 중 알게 된 비밀을 누설한 사람이 해당한다.

다음으로, 과태료인데, 국가지정기록물 지정과 해제와 관련된 사항으로 100만원 이하의 과태료를 부과한다(법 제53조). 국가지정기록물의 지정 또는 해제를 위한 조사를 거부, 방해 또는 기피한 사람, 국가지정기록물 변동 사항을 신고하지 않은 소유자나 관리자에 해당한다. 과태료의 부과와 징수는 국가기록원장이 한다.

제3부
대통령기록물 관리에 관한 법률

❖ 제3부 ❖
대통령기록물 관리에 관한 법률

대통령기록물관리와 관련된 규정은 「구 공공기록물법」(2007. 4. 27, 법률 제8395호로 개정되기 전의 것)에서 분리하여 「대통령기록물법」(2007. 4. 27. 법률 제8395호)으로 제정되었다.

우리나라는 대통령제를 채택하고 있어서 대통령기록물과 대통령기록물 관리를 중요하다고 평가하는데 사람들 대부분이 동의할 것이다. 대통령은 국가 원수이며, 외국에 대하여 국가를 대표하고, 국가의 독립, 영토의 보전(保全)과 국가의 계속성과 헌법을 수호할 책무를 갖고 있으며, 조국의 평화적 통일을 위한 성실한 의무를 지고 있기 때문이다(「대한민국 헌법」, 1987. 10. 29. 헌법 제10호, 제66조). 이처럼 국가의 원수이자 행정의 수반으로서 국정운영과 관련된 최고 결정권자이며, 가장 큰 영향력을 행사하기 때문에 국정운영의 설명책임과 역사적 평가를 위해서는 대통령기록물이 잘 생산되고 관리되어야 한다.

이와 관련하여 "대통령의 국법상 행위는 문서로써 하며, 이 문서에는 국무총리와 관계 국무위원이 부서한다. 군사에 관한 것도 또한 같다."는 「대한민국 헌법」제82조가 대통령기록관리의 필요성과 중요성을 잘 보여 주고 있다.

■ 「대통령기록물 관리에 관한 법률」 구성

「대통령기록물 관리에 관한 법률」(이하 '「대통령기록물법」'이라고 한다)은 총칙(總則), 본칙(本則), 보칙(補則), 벌칙(罰則), 부칙(附則)으로 구성되어 있다.

제1장 총칙은 법(法)의 개괄적, 공통적인 사항을 규정한다. 법률의 목적, 법률에서 사용하고 있는 용어, 대통령기록물의 소유권, 다른 법률과의 관계를 다루고 있다.

본칙은 제2장부터 제5장까지이다. 제2장은 '대통령기록관리전문위원회'이다. 거버넌스 기구로서 대통령기록물 관리 주요 사항을 심의하는 대통령기록관리전문위원회의 구성과 운영, 위원의 정치적 중립성 유지 관련 조문들로 구성되어 있다. 제3장은 '대통령기록물의 관리'이다. 대통령기록물의 생산과 관리 원칙, 대통령기록물생산기관의 기록관 설치와 운영, 생산현황 통보, 이관, 대통령 유출 기록물 회수와 추가 이관, 폐기, 보안 및 재난 대책 등 대통령기록물 관리 절차를 규정하고 있다. 제4장은 '대통령기록물의 공개와 열람'이다. 대통령 기록물의 공개원칙, 재분류 절차 등의 규정과 함께 대통령지정기록물의 지정과 해제, 전직 대통령에 의한 열람 등을 다루고 있다. 대통령기록물의 공개 및 보호와 관련된 핵심 규정이다. 제5장은 '대통령기록관의 설치와 운영'이다. 영구기록물관리기관으로서 대통령기록관의 소속과 기능, 대통령기록관장의 임기 보장, 개별 대통령기록관 설치 등과 관련된 내용이다.

제6장은 보칙이다. 보칙은 본칙에서 다룰 수 없는 사항을 모아서 규정하는데, 대통령 개인 기록물의 수집과 관리, 연구 활동 지원, 대통령기록관리전문위원회 위원과 전직 대통령 대리인 등에 대한 벌칙 적용 관련 내용이다.

제7장은 벌칙이다. 대통령기록물 무단 파기, 국외 반출, 손상, 은닉, 비공개 정보 및 비밀누설 의무 위반 등에 대한 벌칙 규정이다.

제1장 총칙

「대통령기록물법」은 대통령기록물의 보호와 보존 및 활용 등 효율적 관리와 대통령기록관의 설치와 운영에 필요한 사항을 정하여 국정운영의 투명성과 책임성을 높이기 위해 제정되었다(법 제1조).

「대통령기록물법」의 목적도 「공공기록물법」과 마찬가지로 대통령기록물 관리를 통한 '국정운영의 투명성과 책임성 제고'이다. 그런데 「대통령기록물법」의 목적과 관련하여 주목되는 것이 대통령기록물의 보호이다. 그동안 대통령기록물은 정략적 이용의 우려로 제대로 관리되지 않았다는 지적이 많았다. 따라서 「대통령기록물법」은 대통령기록물의 보존을 위해 보호에 필요한 사항을 규정하고 있는데, 대통령지정기록물 제도가 그것이다.[500]

「대통령기록물법」에서 사용하는 용어는 다음과 같다.

'대통령기록물'이란 '대통령'의 직무수행을 위해 대통령과 대통령기록물 생산기관이 생산, 접수하여 보유하고 있는 기록물 및 물품이다(법 제2조 제1호). 대통령에는 대통령권한대행,[501] 대통령 당선인[502]을 포함한다. 대통령기록물 생산기관은 대통령의 보좌기관, 자문기관 및 경호기관, 대통령직 인수위원회를 말한

---

500) 대통령지정기록물 제도는 「대통령기록물법」을 제정한 이유의 하나였다. 따라서 대통령지정기록물을 열람하기 위해서는 매우 엄격한 기준을 적용하고 있다. 그런데, 현실적으로는 검찰의 대통령지정기록물 열람이 너무 빈번하고, 검찰이 압수수색 과정에서 획득하는 사본의 통제가 사각지대여서 정치적 악용 등의 우려가 높다.

501) 「대한민국 헌법」 제71조에 따라 대통령이 궐위(闕位)되거나 사고로 인하여 직무를 수행할 수 없을 때에는 국무총리, 법률이 정한 국무위원의 순서로 그 권한을 대행한다.

502) 「대한민국 헌법」 제67조 및 「공직선거법」 제187조.

다.[503] 대통령 보좌기관은 대통령비서실과 국가안보실이 해당한다.[504] 자문기관은 국민경제자문회의, 민주평화통일자문회의 등이고, 경호기관은 대통령경호처[505]를 말한다.

대통령기록물의 정의는 이 법의 적용 범위와도 관련되는데, 적용 대상인 대통령기록물 생산기관과 대통령기록물의 범위를 구체적으로 명시하였다. 한편 이 법에는 「공공기록물법」의 기록물 정의 이외에 '물품'을 추가하였다. 물품은 국가적 보존 가치가 있는 대통령상징물(대통령을 상징하는 문양이 새겨진 물품과 행정 박물 등), 대통령이 직무수행과 관련하여 국민이나 국내 단체로부터 받은 선물로서 국가적 보존 가치가 있는 것과 「공직자윤리법」에 따른 외국 정부 등으로부터 받은 선물[506]을 포함한다.

---

503) 우리나라에서 대통령기록물 관리의 시작은 「구 정부공문서규정」(1987. 8. 1. 대통령령 제12222 호) 제39조에 '대통령의 결재를 받은 문서 등에 대한 특례' 규정이 신설되면서 부터이다. 이 규정으로 대통령결재문서는 기록물 철에서서 분리하여 낱건으로 관리되는 모순이 발생하였다. 이후 「구 공공기관기록물법」이 제정되기 전까지 이 규정에 따라 대통령기록물을 관리하였다. 대통령의 결재를 받은 문서(대통령에게 보고된 문서를 포함한다)는 정부기록보존소로 이관하여 보존하도록 하였다. 「구 공공기관기록물법」이 제정되면서 비로소 대통령기록물을 정확하게 정의하였다. 대통령과 그 보좌기관이 대통령의 직무수행과 관련하여 생산 또는 접수한 모든 기록물은 중앙기록물관리기관의 장이 이를 수집하여 보존하도록 하였다(제13조).

504) 「정부조직법」 제14조, 제15조.

505) 「정부조직법」 제16조.

506) 「공직자윤리법」 제15조에 따른 선물은 공무원(지방의회의원을 포함한다) 또는 공직유관단체의 임직원은 외국으로부터 선물(대가 없이 제공되는 물품 및 그 밖에 이에 준하는 것을 말하되, 현금은 제외한다)을 받거나 그 직무와 관련하여 외국인(외국단체를 포함한다)에게 선물을 받으면 지체없이 소속 기관·단체의 장에게 신고하고 그 선물을 인도해야 한다. 이들의 가족이 외국으로부터 선물을 받거나 그 공무원이나 공직유관단체 임직원의 직무와 관련하여 외국인에게 선물을 받은 경우에도 또한 같다.

'대통령기록관'이란 대통령기록물의 영구보존에 필요한 시설 및 장비와 이를 운영하기 위한 전문인력을 갖추고 대통령기록물을 영구적으로 관리하는 기관을 말한다(법 제2조 제2호). 「공공기록물법」의 영구기록물관리기관에 해당한다.

'개인 기록물'이란 대통령의 사적(私的)인 일기, 일지 또는 개인의 정치활동 관련 기록물 등으로서 대통령의 직무와 관련되지 아니하거나 그 수행에 직접적인 영향을 미치지 아니하는 기록물을 말한다(법 제2조 제3호). 대통령 개인 기록물의 수집은 역대 대통령이 재임 전후 및 재임 당시에 생산한 개인 기록물 중에서 국가적인 보존 가치가 있다고 평가하면 해당 기록물 소유자의 동의를 받아 수집할 수 있다. 대통령 개인 기록물은 수집 과정에서 소유권, 저작권, 공개 여부 등에 대한 관리 조건을 구체적으로 정해야 한다.

「대통령기록물법」은 「공공기록물법」과 달리 소유권을 명시하고 있다. 대통령기록물의 소유권은 국가에 있으며, 국가는 「대통령기록물법」에 따라 기록물을 관리해야 하는 의무를 부여하였다(법 제3조).

「대통령기록물법」은 특별법이다. 따라서 대통령기록물의 관리는 다른 법률에 우선하여 이 법을 적용한다(법 제4조). 이 법에서 규정되지 않은 사항을 일반법인 「공공기록물법」을 적용한다.

제2장 대통령기록관리 전문위원회

대통령기록관리전문위원회(이하 '위원회'라 한다)는 대통령 기록물관리에 관한 주요 사항을 심의하기 위해 설치한 국가기록관리위원회 소속의 전문위원회이다(법 제5조).[507] 위원회는 대통령 기록물관리의 전문성과 정치적 중립성을 확보하기 위해 외부 전문가를 절반 이상 참여시키도록 하였다.[508]

위원회의 심의 사항은 다음과 같다.

① 대통령기록물의 관리와 전직 대통령의 열람에 관한 기본정책

② 대통령기록물의 폐기와 이관 연기의 승인

③ (전직 대통령의 사망 등으로 대리인을 지정하지 못한 경우) 대리인 또는 열람 등을 할 수 있는 사람의 지정

④ 전직 대통령의 지정 해제 요청에 따른 대통령 지정기록물 보호조치의 해제

⑤ 비밀 기록물 및 비공개 대통령기록물의 재분류

⑥ 개별 대통령기록관의 설치

⑦ 대통령기록관의 운영에 관한 주요 사항

위원회의 심의 대상은 대통령기록물 관리와 관련한 주요 사안인데, 정책과 집행 사안으로 구분할 수 있다. 정책 사안은 대통령기록물의 관리와 전직 대통

---

507) 「구 대통령기록물법」(2010. 2. 4. 법률 제10009호로 개정되기 전의 것)에는 '대통령기록관리위원회'였다. 제정 이유서에 대통령기록관리위원회를 국가기록관리위원회 소속의 특별위원회로 설명하고 있다. 2009년에 동 조문이 개정되었는데, 위원회의 명칭이 '대통령기록관리전문위원회'로 변경되었다. 명칭 변경 이외에 다른 내용의 변경이 없다.

508) 「대통령기록물법」 제5조 제정 이유, 국가법령정보센터.

령의 열람에 관한 기본정책이다.[509]

집행 사안으로는 대통령기록물의 폐기와 이관 연기의 타당성, 전직 대통령기록물 열람 대리인 또는 열람자 지정, 비밀 및 비공개 기록물의 재분류 기준과 결과, 개별 대통령기록관 설치의 타당성 등을 심의한다. 또한 대통령기록관의 운영에 관한 주요 사항도 심의 대상이다.

그런데, 위원회 운영과 관련하여 특별한 규정이 있다. 위원회의 심의 대상 중에서 대통령기록물관리 기본정책을 제외한 다른 사항은 국가기록관리위원회 심의를 거친 것으로 간주하도록 하였다(법 제5조 제8항).[510] 원래 위원회는 국가기록관리위원회 소속의 전문위원회로 심의 안건은 모두 국가기록관리위원회에 보고하고 재차 심의를 받아야 한다. 그러나 위원회의 심의 사항은 중립적이고 독립적인 논의를 위하여 국가기록관리위원회의 심의를 다시 받지 않도록 한 것이다.

다음은 위원회 구성을 살펴보도록 하겠다. 위원회는 위원장 1명을 포함하여 9명 이내의 위원으로 구성한다(법 제5조 제3항). 위원은 국가기록관리위원회 위원장이 국가기록관리위원회 위원, 대통령기록관장, 대통령기록관리 전문가[511] 중에서 임명 또는 위촉한다. 위원의 절반 이상은 대통령기록관리 전문가 중에서 위촉하도록 하였고, 공무원이 아닌 위원의 임기는 3년이다(법 제5조 제5항).[512]

---

509) 「구 대통령기록물법」(2010. 2. 4. 법률 제10009호로 개정되기 전의 것)에는 '대통령기록물 관리에 관한 기본정책'이었는데, 2010년 개정 시 '전직 대통령의 열람'이 추가되었다. 기록물관리는 생산부터 보존, 활용 전 과정을 의미하고 있어서, '전직 대통령의 열람에 관한 기본정책'을 별도로 나열한 것은 사족(蛇足)이다. 소위 '봉하마을 기록물 유출' 등 그동안 전직 대통령의 열람 대상과 방식을 둘러싼 논란이 끊이지 않아 법률 개정 시 추가되었다.

510) 대통령기록관리전문위원회의 독립성과 중립성을 보장하기 위한 규정이나, 그 실효성은 의문이다.

511) 「공공기록물법」에는 '기록물관리에 관한 학식과 경험이 풍부한 자'로 표현하였다.

512) 외부 전문가로서 위원에 위촉된 사람의 임기가 3년이라는 말이다. 공무원으로 위원에 임명된 자는 임기 3년에 적용받지 않고 해당 직위에 근무하고 있는 기간이 임기에 해당한다.

위원회 위원장은 국가기록관리위원회 위원장이 지명하는데, 위원회의 업무를 총괄하고 회의의 의장이 된다(법 제5조 제4항, 시행령 제2조 제1항). 위원회 위원에게는 정치적 중립성 유지 등의 의무를 부과하였다(법 제6조). 위원회 위원은 그 권한에 속하는 업무를 수행하는 과정에서 정치적 중립성, 업무의 독립성과 객관성을 유지해야 한다.

한편, 위원회의 내실 있는 운영을 위해 위원이 직무수행이 어렵다고 판단되면 해임 또는 해촉할 수 있도록 하였다. 위원이 심신장애로 직무수행이 곤란하거나, 직무와 관련하여 형사사건으로 기소되었거나, 위원 스스로 직무수행이 곤란하다고 의사를 밝히거나, 직무태만, 품위손상이나 그 밖의 사유로 위원으로 적합하지 않다고 인정되는 경우가 여기에 해당한다(법 제5조 제6항).[513]

위원회는 분기별로 정기 회의를 개최하는 것이 원칙이며, 위원장이 필요하다고 인정하거나, 재적 위원의 1/3 이상의 요구가 있는 경우에는 회의를 소집할 수 있다(시행령 제2조 제2항). 회의는 재적 위원의 과반수 출석으로 개의하고, 출석 위원 과반수의 찬성으로 의결한다(시행령 제2조 제3항).

위원회 위원장은 위원회의 내실 있는 심의를 위해 필요한 경우 대통령기록물 생산기관의 기록관, 대통령기록관 등 관계기관에 필요한 자료의 제출을 요청하거나, 관계 공무원이나 이해 관계인, 참고인 등을 출석시켜 의견을 청취할 수 있다(시행령 제2조 제4항).

위원회 업무를 지원하기 위해 간사 1인을 두는데, 간사는 대통령기록관 소속 공무원 중 위원회 위원장이 지명하는 사람이 된다(법 제5조 제7항). 또한 위원회의 효과적인 업무 수행을 위해서는 사무기구가 필요하나, 위원회는 자문기구이기 때문에 별도의 사무기구를 둘 수 없다. 따라서 사무기구의 역할을 대통령기

---

513) 2020년에 신설된 규정(법률 제17578호)이다. 위원 자격 관련 논란을 해소하기 위해 해임 또는 해촉 규정을 추가하였다.

록관이 수행하도록 하였는데, 대통령기록관장은 위원회의 효율적인 운영을 위하여 관련 사항을 지원해야 한다(시행령 제2조 제7항). 지원 대상은 위원회의 운영에 필요한 예산, 인력 및 사무, 회의 준비와 안건 작성, 위원회의 기능 관련 업무의 조사와 연구에 관한 사항, 그 밖에 위원회의 업무 지원과 관련하여 위원장이 요청하는 사항이다.

제3장 대통령기록물의 관리

「대통령기록물법」은 대통령과 대통령기록물 생산기관의 장[514]에게 대통령 직무수행의 모든 과정과 결과를 기록물로 생산하여 관리하는 의무를 부과하였다(법 제7조 제1항).[515] 대통령기록물의 이관 등 단계별 관리체계를 정립하여 대통령기록물의 생산부터 폐기 단계까지 체계적으로 관리하려는 목적이다.

이와 관련하여 대통령기록물 생산기관의 기록관, 대통령기록관의 장은 대통령기록물을 전자적으로 생산하여 관리해야 하고, 전자적 형태로 생산되지 아니한 기록물이 전자적으로 관리되도록 해야 한다(법 제8조). 또한 대통기록관의 장에게는 대통령기록물을 철저하게 수집하여 관리하고, 충분히 공개하여 활용될 수 있도록 하였다(법 제7조 제2항). 대통령기록물을 공개하고 시민들이 활용할 수 있도록 하여 국정운영의 투명성을 보장하려는 것이다.

514) 대통령기록물생산기관은 대통령의 보좌기관(대통령비서실), 자문기관(국가안전보장회의, 국민경제자문회의, 국가교육과학기술자문회의, 민주평화통일자문회의 등), 경호기관(대통령경호실), 대통령직인수위원회 등이다.

515) 「대통령기록물법」에는 기록물의 생산과 관련된 규정이 없다. 따라서 기록물의 생산, 등록, 분류, 정리 등은 「공공기록물법」의 규정을 따라야 한다.

■ 대통령기록물 생산기관의 기록관

「대통령기록물법」은 대통령기록물의 체계적 관리를 위하여 대통령기록물 생산기관 단위로 기록관을 설치하도록 하였다(법 제9조). 설치 대상 기관은 보좌기관인 대통령비서실과 국가안보실, 경호기관인 대통령경호처, 자문기관인 국민경제자문회의, 국가안전보장회의, 국가교육과학기술자문회의, 민주평화통일자문회의이다. 그 밖에도 대통령기록관장이 설치가 필요하다고 인정하여 대통령기록물 생산기관장과 협의하여 지정한 대통령 자문기관이다(시행령 제3조). 다만, 대통령기록물 생산기관 중 기록관 설치가 곤란하면 대통령비서실에 설치된 기록관이 그 업무를 대신 수행할 수 있다(법 제9조 제1항 단서).

대통령기록물 생산기관의 기록관은 기록물관리 부서에 설치하는 것을 원칙으로 한다. 다만, 대통령기록관의 장이 기록관 설치가 필요하다고 인정하여 지정한 대통령 자문기관의 경우에는 자문기관의 장이 지정한 부서에 설치할 수 있다(시행령 제3조 제2항).[516]

대통령기록물 생산기관의 기록관이 수행해야 하는 업무는 다음과 같다(법 제9조 제2항).[517]

① 해당 기관의 대통령기록물 관리에 관한 기본계획의 수립과 시행
② 해당 기관의 대통령기록물 수집, 관리, 활용 및 폐기
③ 대통령기록관으로의 대통령기록물 이관
④ 해당 기관의 대통령기록물에 대한 정보공개의 접수

---

516) 대통령 보좌기관과 달리 자문기관은 조직이 소규모여서 기록관 설치 부서를 해당 기관의 장이 정하도록 한 것이다.

517) 기록관리부서가 기록물관리 업무만을 전담하는 부서인지는 명확하지 않다. 그동안 기록물관리 업무는 총무 부서의 업무였고, 이 경우 총무 부서를 기록관리 부서로 지칭하기 때문이다.

⑤ 관할 대통령기록물 생산기관의 대통령기록물 관리에 관한 지도,
　감독 및 지원
⑥ 그 밖에 대통령기록물의 관리에 관한 사항

　대통령기록물 생산기관 기록관의 역할은 해당 기관의 현용 및 준현용 대통령기록물 관리이다. 첫째, 대통령기록물 생산기관 기록관은 해당 기관의 기록물관리 기본계획을 수립하여 운영해야 한다. 기본계획에는 대통령기록물 생산, 관리 환경의 특수성을 반영해야 한다. 대통령은 임기가 5년으로 정해져 있고, 대통령기록물 생산기관의 구성원들은 공공기관과 달리 한시적으로 근무하는 경우가 많다. 따라서 현용 기록물관리에 있어서 기록관의 역할이 더 중요한데, 대통령기록물의 경우 공공 기록물보다 더 적극적으로 기록물 생산 단계부터 관리가 필요하기 때문이다. 대통령기록물 생산기관 기록관과 기록물관리 전문요원은 업무분석을 통해 기록관리 기준을 수립하고 기록물 생산 및 관리체계와 시스템을 구축하여 운영해야 한다.

　둘째, 해당 기관의 대통령기록물 수집, 관리, 활용 및 폐기이다. 기록관은 관할 대통령기록물 생산기관의 대통령기록물 생산부터 보존, 활용 전 과정을 통제하고 관리해야 한다.

　셋째, 대통령기록관으로의 이관이다. 대통령기록관은 대통령기록물을 영구보존하고 시민들에게 서비스를 제공하는 영구기록물관리기관이다. 대통령기록물생산기관의 기록관은 법령이 정한 시점과 절차에 따라 대통령기록물을 이관해야 하는 역할을 담당하고 있다.

　넷째, 해당 대통령기록물생산기관 정보공개의 접수이다. 대통령기록물생산기관의 기록관은 정보공개법에 따른 시민들의 정보공개를 접수하고 처리하는 업무를 수행해야 한다.

다섯째, 관할 대통령기록물생산기관의 기록물관리에 대한 지도, 감독과 지원이다. 대통령기록물생산기관 기록관은 기본계획을 수립하여 시행하고, 기록물관리체계를 구축하여 운영해야 한다. 그리고 이 과정에서 실제로 기본계획과 기록물관리체계가 잘 작동되고 있는지 확인하고 보완하는 업무가 지도, 감독과 지원이다.

한편, 대통령기록관의 장은 대통령기록물 생산기관의 효율적인 업무수행을 위해 기록물관리 전문인력 파견 등 필요한 지원을 할 수 있다(법 제9조제3항).[518]

■ 대통령기록물 생산현황의 통보

대통령기록물의 일반적인 관리 절차는 「공공기록물법」에 따라야 한다. 「대통령기록물법」에서는 특별히 대통령기록물 관리에 필요한 사항을 규정하고 있다. 먼저, 대통령기록물의 보존기간 구분과 책정 기준은 대통령기록물생산기관의 장이 대통령기록관장과 협의하여 달리 정할 수 있다(시행령 제6조의4).[519] 둘째, 대통령선물의 관리이다. 대통령선물은 대통령기록관장이 정하는 바에 따라 등록정보를 생산관리하고, 대통령선물이 동물이나 식물 등이어서 다른 기관에서 더욱 효율적으로 관리할 수 있다고 인정되면 다른 기관의 장에게 이관하여 관리할 수 있도록 하였다(시행령 제6조의3).[520] 셋째, 생산 현황 통보이다. 생산 현황

---

518) 「구 대통령기록관리법」(2020. 12. 8. 법률 제17573호로 개정되기 전의 것)에서는 대통령기록관은 중앙기록물관리기관(국가기록원) 소속이었다. 대통령기록관의 독립성을 강화하기 위하여 동법을 개정(2020. 12. 8)하여 행정안전부장관 소속으로 변경하였다.

519) 2022년에 신설된 조문이다. 종전에는 「구 공공기록물법」(2022. 3. 29. 대통령령 제32558호로 개정되기 전의 것) 제26조에 포함되었던 것을 삭제하고, 「대통령기록물법 시행령」 제6조의4로 신설하였다.

520) 동물과 식물은 기록물에 해당하지 않는다. 이 개정 조문은 재검토가 필요하다.

은 대통령기록물의 원활한 수집과 이관에 필요하다. 대통령기록물 생산기관은 관할 기록관에 매년 5월 31일까지, 기록관은 대통령기록관으로 8월 31일까지 전년도 생산 현황을 통보해야 한다. 다만, 임기가 종료되는 해에는 당해 연도와 그 전년도의 생산 현황을 임기 종료 전까지 통보하도록 하였다(법 제10조 제1항. 영 제4조 제1항).

공공 기록물의 생산 현황은 등록 정보 전체를 포함하고 있지만, 대통령기록물의 생산 현황에는 생산 부서, 생산 연도, 기능명, 기능별 생산 수량 등의 정보가 적혀 있는 목록을 포함하도록 하였다(시행령 제4조 제2항).[521] 대통령기록관장은 통보받은 생산 현황을 기초로 대통령기록물 생산기관의 대통령기록물 생산과 관리상태를 확인하거나 점검할 수 있다(법 제10조 제2항). 또한 대통령기록관장은 대통령기록물 생산 현황을 인터넷 홈페이지에 공고해야 한다. 시민들이 대통령기록물의 생산 현황을 알 수 있도록 하기 위한 조치이다.

---

521) 개선이 필요한 규정이다. 대통령기록물도 체계적인 관리를 위해서는 등록정보 전체를 생산 현황으로 통보하는 것이 맞다. 현행 규정은 대통령지정기록물 보호를 위해 최소한의 정보를 생산 현황으로 제출하도록 한 것으로 보인다.

■ 대통령기록물의 이관 및 수집

대통령기록물의 이관은 대통령기록물 생산기관의 장이 관할 기록관으로 이관하고, 대통령기록물 생산기관의 기록관은 대통령의 임기가 종료되기 전까지 대통령기록관으로 이관하는 절차이다(법 제11조 제1항).[522]

대통령기록물 생산기관의 장이 관할 기록관으로 기록물을 이관하는 시기는 다음과 같다. 먼저, 기본원칙은 생산 후 2년 이내에 관할 기록관으로 기록물을 이관해야 한다(시행령 제5조 제1항). 다만, 대통령기록물 생산기관의 처리과가 폐지되었으나, 해당 업무를 승계하는 처리과가 없는 경우에는 즉시 관할 대통령기록물 생산기관 기록관으로 이관해야 한다(시행령 제5조 제1항 단서).

한편 대통령기록물 생산기관에 기록관이 설치되지 아니하였거나, 업무에 수시로 참조할 필요가 있는 기록물은 대통령 임기 종료 전년도 말까지 이관을 연장할 수 있다(시행령 제5조 제3항). 이 경우에는 이관 시기를 연장하려는 기록물 철 목록을 작성하여 이관 시기까지 관할 기록관으로 제출해야 한다(시행령 제5조 제4항).

대통령 임기가 종료되는 해와 그 전년도에 생산한 기록물은 임기 종료 전까지 관할 기록관으로 이관해야 한다(시행령 제5조 제2항). 대통령기록물은 대통령의 임기 종료와 함께 모든 기록물을 대통령기록관으로 이관해야 하기 때문이다.

---

522) 「구 대통령기록물법」 제정 이전에는 대통령 관련 기록물을 임기 종료 전까지 중앙기록물관리기관으로 이관하거나 차기 대통령에게 인계하도록 하였다(「구 공공기관기록물법」 제13조 제4항). 이와 관련된 절차를 보면, 중앙기록물관리기관의 장이 대통령 당선자가 지명하는 자에게 '대통령 관련 기록'의 목록을 통보하고, 지명된 자는 차기 대통령과 대통령 보좌기관이 계속 활용할 필요가 있는 기록물의 목록을 중앙기록물관리기관의 장에게 통보하는 방식이었다. 이는 새로운 정부의 업무수행을 위해 기록물을 활용할 수 있도록 한 입법 취지였다. 그런데, 입법 취지와 달리 새로운 정권이 기록물을 열람하는 것을 이전 정권의 입장에서는 불편할 수 있고, 악용될 소지가 갖고 있었다. 이런 이유로 임기 종료시 기록물 이관을 기피하거나 멸실을 부추길 수도 있다. 따라서 「구 대통령기록물법」(2020. 12. 8. 법률 제17573호로 개정되기 전의 것)은 이러한 우려를 제거하기 위해 모든 기록물을 중앙기록물관리기관으로 이관하도록 하였다.

한편, 대통령기록물 생산기관 중 하나인 대통령직 인수기관의 기록물은 인수기관의 존속기간[523]이 종료되기 전까지 대통령 보좌기관(대통령비서실, 국가안보실) 관할 기록관으로 이관해야 한다(법 제11조 제1항 단서).[524]

대통령기록물 생산기관이 폐지되었는데, 그 사무를 승계하는 기관이 없으면 대통령생산기관의 장은 지체없이 그 기관의 기록물을 관할 기록관 또는 대통령기록관으로 이관해야 한다(시행령 제5조 제7항).[525]

대통령 당선인으로서 활동하는 과정에서 생산된 기록물은 임기 시작과 동시에 대통령비서실, 국가안보실, 대통령경호실의 기록관으로 이관하여 관리해야 한다(시행령 제5조 제5항).

대통령권한대행 기록물은 권한대행의 자격이 상실되면 즉시 대통령권한대행인으로서의 직무 수행과 관련하여 생산한 기록물을 대통령비서실, 국가안보실 및 대통령경호처의 기록관으로 이관해야 한다(시행령 제5조 제6항).

다음은 대통령기록물 생산기관의 기록관이 대통령기록관으로 기록물을 이관하는 절차이다. 대통령기록물 생산기관의 기록관은 대통령 임기가 종료되기 전까지 이관 대상 기록물을 대통령기록관으로 이관해야 한다(법 제11조 제1항). 대통령기록물 생산기관 기록관의 장은 대통령 임기 종료 1년 전부터 이관 준비

---

523) 대통령직 인수위원회의 설치와 존속 기한은 「대통령직 인수에 관한 법률」(2017. 7. 26. 법률 제14839호)로 정하고 있다. 대통령직 인수위원회는 대통령 당선인을 보좌하여 대통령직 인수와 관련된 업무를 담당하기 위하여 설치하는데, 대통령 임기 시작일 이후 30일의 범위에서 존속한다.

524) 「구 대통령기록물법」(2020. 12. 8. 법률 제17573호로 개정되기 전의 것)에는 인수위원회의 존속기간이 지나기 전까지 중앙기록물관리기관으로 이관하도록 하였다. 현행 규정으로 개정한 이유는 업무의 연속성을 위해 인수위원회의 기록물을 대통령기록물 생산기관에서 활용할 수 있도록 한 것으로 보인다.

525) 이 경우 기록관을 설치하지 않았거나, 설치 대상이 아닌 대통령기록물 생산기관은 대통령비서실 기록관으로 이관해야 한다.

해야 하는데, 이관 대상 기록물의 확인, 목록작성, 정리 등이다(법 제11조 제4항).[526] 이 경우 대통령기록관의 장은 기록물 정리 인력 등 대통령기록물 이관에 필요한 사항을 지원할 수 있다.

대통령기록물은 대통령의 임기가 종료되기 전까지 모두 이관하는 것이 원칙이지만, 대통령 자문기관과 경호기관은 업무수행에 필요하면 이관 시기를 연장할 수 있다(법 제11조 제3항). 이 경우 해당 대통령기록물 생산기관의 장은 대통령기록관의 장과 협의하여 대통령 임기 종료 후 10년 범위 안에서 이관 시기를 따로 정할 수 있다. 다만, 대통령지정기록물은 이관 연기 대상에 포함할 수 없다.

대통령 자문기관과 경호기관 기록물의 이관 시기 연장 신청은 대통령의 임기가 끝나기 6개월 전까지 대상 기록물 목록, 연장 시기 및 사유 등을 문서로 대통령기록관의 장에게 요청해야 한다(시행령 제6조 제1항). 이 경우 대통령기록관의 장은 이관 시기 연장을 위원회의 심의를 거쳐 연장 여부와 이관 시기 등을 정해야 한다(시행령 제6조 제2항).[527]

대통령 자문기관과 경호기관의 장은 대통령기록물의 이관 시기가 연장되면 해당 기간 동안 대통령기록물과 목록을 철저하게 관리해야 하고, 이관 시기가 끝나기 전까지 이관해야 한다(시행령 제6조 제3항 및 제4항).

---

526) 「구 대통령기록물법」에서는 임기 종료 6개월 전부터 이관 준비를 하도록 하였다. 충분한 이관 준비를 위해 기간을 1년 전부터로 연장하였다.

527) 경호기관의 대통령기록물은 통치행위와 관련되지 않은 기록물이고, 경호 업무의 성격상 정권 교체와 상관없이 연속적으로 업무를 수행할 필요가 있어서 이관 시기를 임기 종료 후 10년 범위 안에서 따로 정하도록 하였다.

■ 대통령 유출 기록물의 회수와 추가 이관

대통령기록물은 국가의 소유이다. 따라서 대통령기록물 생산기관의 장과 대통령기록관의 장은 「대통령기록물법」에 따라 이관되지 않은 기록물을 확인하면 필요한 조치를 취해야 한다. 이와 관련해서는 세 가지 경우가 있다(법 제12조).

첫째, 대통령기록물 생산기관이나 대통령기록관이 유출 기록물을 확인한 경우인데, 보존과 회수를 위한 조치를 시행해야 한다. 회수 방법은 유출 대통령기록물을 보유하고 있는 사람에게 기록물의 인계를 문서로 통보하고, 회수하는 과정에서는 대통령기록물이 훼손되지 않도록 보존 조치를 해야 한다(법 제12조 제1항, 시행령 제6조의 2).

둘째, 수사기관이 업무 수행 과정에서 유출된 대통령기록물을 획득한 경우이다. 이때는 수사기관이 획득한 대통령기록물 목록을 대통령기록관의 장에게 제출해야 하며, 수사가 종료되면 해당 대통령기록물을 즉시 대통령기록관에 인계해야 한다(법 제12조 제3항).[528]

셋째, 이관이 누락 된 대통령기록물의 추가 이관이다. 대통령기록물 생산기관의 장은 전직 대통령 임기 동안 생산된 기록물을 보유하고 있는 경우에는 즉시 대통령기록관으로 이관해야 한다(법 제12조 제2항).

---

528) 대표적인 사례가 영포 빌딩에서 발견된 이명박 전 대통령 기록물이다. 검찰이 압수수색 과정에서 해당 대통령기록물을 발견하였고, 대통령기록관은 해당 기록물에 대한 인계를 요청한 바 있다. 그런데 이 조문은 보완이 필요하다고 생각한다. 검찰 수사는 원본이 아니어도 가능하기 때문에 획득 즉시 대통령기록관으로 인계하고, 대통령기록관으로부터 사본을 제공받는 방식이 합리적이다.

■ 대통령기록물 평가와 폐기

대통령기록물의 평가와 폐기는 대통령기록물 생산기관의 기록관과 대통령기록관에서 보존기간이 지난 기록물을 대상으로 시행하는데,[529] 대통령기록물을 폐기하려면 위원회의 심의를 거치도록 하였다(법 제13조 제1항, 제3항). 위원회가 보존가치 여부를 다시 한번 더 판단하도록 한 것이다.

대통령기록물 생산기관의 기록관이 보존기간 경과 기록물을 폐기하려면, 폐기 대상 목록을 대통령기록관으로 송부해야 한다(시행령 제7조 제3항). 이때 목록별 주요 내용과 폐기에 관한 의견 등을 함께 보내야 한다. 대통령기록관은 목록을 받은 후 위원회의 심의를 거쳐 대통령기록물 생산기관의 기록관으로 그 결과를 통보한다.[530] 대통령기록물 생산기관의 기록관은 폐기 대상을 확정하고, 해당 목록은 관보 또는 정보통신망에 고시해야 한다(법 제13조 제3항).

한편, 대통령기록관은 보존기간이 30년 이하인 대통령기록물의 보존기간이 만료된 때에는 해당 기록물의 보존 가치를 평가하여 보존기간을 다시 책정하거나 폐기로 구분한다(시행령 제7조 제1항). 보존기간이 준영구인 대통령기록물은

---

529) 대통령기록물 폐기 규정은 「대통령기록물법」 제정 이전과 근본적인 차이가 있다. 종전에는 보존기간과 상관없이 대통령기록물 생산기관의 장은 단 한 건의 기록물도 폐기할 수 없었으며, 모든 기록물을 중앙기록물관리기관으로 이관해야 했다(「구 공공기관기록물법」제13조 제1항). 중앙기록물관리기관이 모든 대통령기록물의 보존 가치를 다시 평가하겠다는 것인데, 대통령기록물 생산기관이 중요한 기록물의 보존기간을 낮춰 설정함으로써 폐기되는 문제를 예방하려는 의도였다. 「대통령기록물법」은 업무의 효율성 측면에서 보존기간 경과 기록물을 대통령기록물 생산기관에서 폐기하도록 하였으나, 폐기를 엄격하게 통제하기 위해 폐기 대상 목록을 대통령기록관으로 송부하도록 하였고, 대통령기록관리전문위원회에서 폐기 여부를 심의하도록 하였다.

530) 법령의 보완이 필요하다. 대통령기록물관리위원회에서 심의를 거쳐 확정된 기록물만 폐기 대상으로 보는 것이 입법 취지에 부합하나, 현행 법령에서는 심의결과를 통보받은 이후 폐기 대상을 확정하는 방식이나 절차가 부재하다.

생산 후 70년이 지나면[531] 해당 기록물의 보존 가치를 평가하여 영구로 다시 책정하거나 폐기로 구분한다(시행령 제7조 제2항).

대통령기록관의 장은 보존 가치를 평가한 결과 폐기로 구분한 대통령기록물을 폐기하려면 위원회에 상정하고 심의를 거쳐야 한다. 이 경우 대통령기록관의 장은 폐기가 결정된 대통령기록물의 목록을 즉시 관보 또는 인터넷 홈페이지에 10일 이상 고시해야 한다(법 제13조 제3항, 시행령 제7조 제4항).

대통령기록물의 폐기는 해당 기록물을 녹이거나 부수는 등의 방법으로 폐기해야 하고, 전자적으로 생산된 기록물은 저장장치에서 복원할 수 없도록 삭제해야 한다(시행령 제7조 제4항).

■ 대통령기록물의 보존

대통령기록물의 보존과 관련된 사항은 공공기록물과 다르지 않아 「대통령기록물법」에서 별도로 규정하고 있지 않다. 다만, 대통령기록물 무단 반출 등의 금지와 보안 및 재난 대책 수립과 시행을 규정하고 있다.

대통령기록물은 누구든지 무단으로 대통령기록물을 손상, 은닉, 멸실 또는 유출하거나 국외로 반출해서는 아니 된다(법 제14조).

한편 대통령기록물의 안전한 관리와 보존을 위해서는 보다 엄격한 보안과 대책이 필요하다. 이와 관련하여 대통령기록물 생산기관과 대통령기록관의 장에게는 대통령기록물의 보호와 안전한 관리를 위한 보안과 재난 대책 수립과 시행의 의무를 부과하였다(법 제15조).

보안과 재난 대책은 대통령기록물의 보존과 보존시설을 대상으로 한다(시행

---

531) 공공기록물과 마찬가지로 준영구 기록의 대부분은 신분, 재산 등과 관련된 동종대량 기록물이다.

령 제8조). 따라서 대통령기록물 생산기관과 대통령기록관의 장은 대통령기록물을 보관 또는 보존하고 있는 관할 시설의 출입자 관리와 잠금장치, 전산장비 등에 대한 보안 대비책, 화재와 수해 등 재난이 발생할 때 대통령기록물의 대피 우선순위와 근무자 안전 규칙 등 재난대비책을 수립하여 시행해야 한다.

제4장 대통령기록물의 공개와 열람

「대통령기록물법」의 핵심이 되는 규정이다. 대통령기록물은 공개가 원칙(법
제16조 제1항)이지만, 일정 기간 공개하지 않고 보호가 필요한 기록물을 대통령
지정기록물로 관리한다(법 제17조).

■ 대통령기록물의 공개

대통령기록물은 공개를 원칙으로 한다. 따라서 이 법에서는 대통령기록물을
생산할 때 공개 여부를 구분하여 관리하고, 비공개 기록물은 주기적으로 재분
류하도록 하였다.

대통령기록물 생산기관의 장은 관할 기록관으로 대통령기록물을 이관하려
는 때에는 해당 대통령기록물의 공개 여부를 분류하여 이관해야 한다(법 제16
조 제2항).

대통령기록관의 장은 비공개로 분류된 기록물을 이관된 날부터 5년이 지나
면 1년 이내에 공개 여부를 다시 분류해야 한다(법 제16조 제3항). 재분류 결과
비공개로 계속 관리해야 하는 대통령기록물은 이후에는 재분류 시행 시점을 기
준으로 2년마다 위원회의 심의를 거쳐 공개 여부를 다시 분류해야 한다. 다만,
개인정보가 포함되어 재분류의 실익이 없는 대통령기록물은 위원회의 심의를
거쳐 재분류 후 30년까지 다시 분류 절차를 실시하지 않을 수 있다(법 제16조
제3항 단서).

'생산 후 30년 공개 원칙'은 대통령기록물에도 적용된다. 대통령기록물은 생
산 후 30년이 지나면 공개하는 것을 원칙으로 한다(법 제16조 제4항). 다만, 국
가안전보장에 중대한 지장을 초래할 것으로 예상되는 경우는 위원회의 심의

를 거쳐 계속 비공개로 유지할 수 있다(법 제16조 제5항). 비공개를 결정하는데 참고하기 위하여 대통령비서실, 경호실, 국가안전보장회의 등 대통령의 보좌기관·자문기관 및 경호기관장의 의견을 들을 수 있다(법 제16조 제5항 후단).

■ 대통령지정기록물의 보호

다음은 대통령지정기록물 제도[532]이다. 이 제도는 대통령기록물의 특수성을 고려하여 대통령이 특별히 지정한 대통령지정기록물을 보호할 수 있는 제도적 장치를 마련하려는 것이다. 대통령지정기록물로 지정하는 경우 「국회법」, 「국회에서의 증언·감정 등에 관한 법률」에도 불구하고 열람, 사본제작, 자료제출 요구에 응하지 않을 수 있는 제도로 미국의 대통령기록관리제도에서 차용하였다.

대통령은 아래의 사항에 해당하면 열람, 사본 제작 등을 허용하지 아니하거나 자료 제출의 요구에 응하지 아니할 수 있는 기간을 따로 정할 수 있다(법 제17조 제1항).[533]

① 법령에 따른 군사, 외교, 통일에 관한 비밀기록물로서 공개되면 국가안전보

532) 이 제도는 국민의 알 권리를 기본적으로 제약하고 있으나, 대통령기록물로 인한 정치적 논란과 국가적 손실을 방지하고 대통령기록물을 온전하게 보존한다는 가치를 우선시하여 도입되었다.

533) 대통령지정기록물의 범위와 관련하여 비밀 기록물의 포함 여부가 문제이다. 비밀기록물은 국가안보와 관련된 사항으로 제한된 사람이 업무수행을 위해 열람할 수 있어야 한다. 또한 비밀기록물은 「국가정보원법」, 「군사기밀보호법」, 「보안업무규정」 등으로 보호기간 동안 통제가 가능하다. 따라서 비밀기록물은 대통령지정기록물 범위에서 제외하는 것이 바람직하다. 이명박 정부는 대통령기록관으로 이관한 비밀이 한 건도 없어서 논란이 된 바 있다(박영환. 박근혜 정부 'MB정권 비밀기록'한 건도 볼 수 없다. 경향신문, 2013. 3. 27.). 비밀을 모두 대통령지정기록물로 지정했을 가능성이 높다.

장에 중대한 위험을 초래할 수 있는 기록물

② 대내외 경제정책이나 무역 거래 및 재정에 관한 기록물로서 공개되면 국민

경제의 안정을 저해할 수 있는 기록물

③ 정무직 공무원 등의 인사에 관한 기록물

④ 개인의 사생활에 관한 기록물로서 공개되면 개인 및 관계인의 생명, 신체,

재산 및 명예에 침해가 발생할 우려가 있는 기록물

⑤ 대통령과 대통령의 보존기관 및 자문기관 사이, 대통령의 보좌기관과 자문

기관 사이, 대통령의 보좌기관 사이 또는 대통령 자문기관 사이에 생산된

의사소통 기록물로서 공개가 부적절한 기록물

⑥ 대통령의 정치적 견해나 입장을 표현한 기록물로서 공개되면 정치적 혼란

을 불러일으킬 우려가 있는 기록물

대통령기록물 생산기관은 대통령지정기록물 보호를 위하여 「대통령기록법」
에서 열거한 사안별로 기록물별 세부 기준을 수립하여 지정해야 하고, 지정은
대통령기록관으로 이관하기 전까지 완료해야 한다(법 제17조 제2항).[534]

그 절차는 다음과 같다. 대통령기록물생산기관의 장은 대통령기록물을 관할
기록관으로 이관할 때 대통령지정기록물 지정 여부와 보호기간 지정에 대한 의
견을 첨부해야 한다(시행령 제9조 제1항).

대통령은 대통령기록관으로 대통령기록물을 이관하기 전에 대통령기록물생
산기관에서 제출한 의견을 참고하여 대통령지정기록물과 그 보호기간을 정해야
한다(시행령 제9조 제2항).

---

534) 대통령지정기록물의 지정 시점이 대통령기록관으로 이관하기 직전이다. 그런데, 대통령 임기
말에 지정을 위해 대통령기록물을 검토하는 것이 쉽지는 않다. 그 결과 지정의 필요성에 대한
검토없이 일괄해서 대통령지정기록물로 지정하는 문제가 발생한다. 제도 개선이 필요한 사항
이다.

대통령지정기록물의 보호기간은 15년 이내의 범위에서 정할 수 있고, 사생활 관련은 30년의 범위 이내로 지정할 수 있다(법 제17조 제3항) 보호기간의 기산은 대통령의 임기가 끝나는 다음 날부터 시작된다(시행령 제9조 제3항).

대통령지정기록물의 보호조치 해제는 대통령기록관장이 전직 대통령의 요구를 받거나, 대통령지정기록물의 보호 필요성이 없어진 경우 위원회의 심의를 거쳐 해제할 수 있다.

전직 대통령은 대통령지정기록물이 보호의 필요성이 없어졌다고 판단하면 대통령기록관장에게 해당 대통령지정기록물의 지정 해제를 요구할 수 있다(법 제18조의2 제1항).[535] 전직 대통령이 보호기간 지정 해제를 요구하려면 지정 해제 요구서에 해당 대통령지정기록물의 목록과 해제 사유를 적어 대통령기록관장에게 제출해야 한다(시행령 제10조의8 제1항). 대통령기록관장은 전직 대통령으로부터 지정 해제 요구서를 제출받으면 제출받은 날부터 30일 이내에 위원회의 심의를 거쳐 지정 해제 여부를 결정하고 그 결과를 전직 대통령에게 통

---

535) 「구 대통령기록물법」(2020. 12. 8. 법률 제17573호로 개정되기 전의 것)에서는 대통령지정기록물 해제 요청 권한이 대통령기록관장에게만 있었다(제17조 제3항). 현행 법률에서는 대통령지정기록물의 지정 해제 관련 논란을 해소하기 하기 위해 전직 대통령에게도 권한을 부여하였다. 대통령지정기록물은 대통령의 통치행위 등과 관련된 기록물을 일정 기간 보호하여 정치 쟁점화를 예방하여 대통령기록물의 생산을 보장하려는 제도로 도입하였다. 따라서 대통령지정기록물의 지정도 대통령의 권한이지만, 해제도 대통령의 권한이어야 한다. 대통령지정기록물 해제 논란은 2008년 쌀 직불금 부당 수령에 대한 정치적 공방 과정에서 시작되었다. 대통령지정기록물 첫 열람의 선례를 우려한 노무현 대통령이 이 문제와 관련된 회의록 등을 대통령지정기록물을 노무현대통령이 직접 해제하겠다고 하자 전직 대통령에게 권한이 있느냐는 의견 충돌이 발생했다(최혜정. 노 전 대통령 '직불금 기록물' 공개 권한 놓고 여야 공방. 한겨례, 2008. 11. 25.). 「구 대통령기록물법」제17조 제3항에 따라 전직 대통령 또는 전직 대통령이 지정한 대리인에 전직 대통령기록물을 따라 열람한 내용 중 비밀이 아닌 내용을 출판물 또는 언론매체 등을 통하여 공표하여 사실상 보호의 필요성이 없어졌다고 인정되면 전문위원회의 심의를 거쳐 보호조치를 해제할 수 있었다. 다만, 해제 요청의 주체는 대통령기록관장이다. 당시 이 문제에 대한 국가기록원과 대통령기록관은 입장을 밝히지 않았고, 국회 의결로 대통령지정기록물을 처음 열람한 나쁜 선례를 만들었다.

보해야 한다(시행령 제10조의8 제2항).

　한편 대통령기록관장이 직접 위원회에 대통령지정기록물의 지정 해제 심의를 요청할 수도 있다. 대상은 전직 대통령 혹은 그가 지정한 대리인이 열람한 내용 중에서, 출판이나 언론보도 등을 통해 공표되어 사실상 보호의 필요가 소멸되었다고 판단하는 경우이다(법 제18조의2 제2항).

　대통령지정기록물은 보호기간 중에는 법령에 명시된 경우에 한정하여 최소한의 범위 내에서 열람, 사본제작과 자료제출을 허용하며, 다른 법률에 따른 자료제출 요구 대상에 포함되지 않는다(법 제17조 제4항).[536]

　대통령지정기록물의 열람은 국회 재적의원 2/3의 찬성 의결, 관할 고등법원장 영장 발부, 대통령기록관 직원이 업무수행에 필요하여 대통령기록관장의 사전 승인을 받은 경우에만 제한적으로 허용된다. 이 경우 고등법원장은 대통령지정기록물이 중요한 증거에 해당한다고 판단되는 경우 영장을 발부할 수 있으나, 지정기록물 열람 등이 국가안전보장에 중대한 위험을 초래하거나 외교관계와 국민경제의 안정을 심대하게 저해할 우려가 있다고 판단되면 영장을 발부해서는 안된다(법 제17조 제4항 제2호의 단서).

　국회재적의원 3분의 2이상의 찬성 의결 또는 고등법원장의 영장 발부로 대통령지정기록물을 열람하고자 하는 경우에는 열람등을 하고자 하는 대통령지

---

536) 대통령지정기록물의 보호를 위해 일정 기간 공개를 제한하였지만, 후임 정부나 국회의 이용과 관련해서는 논란거리이다. 미국의 경우에도 접근을 일정기간 제한하는 규정이 있으나, 우리와 달리 현직 대통령의 직무 수행에 필요한 정보로서 달리 이용할 수 없는 정보를 포함하는 때에 현직 대통령이 사용하는 경우, 의회의 업무수행에 필요한 정보로서 달리 이용할 수 없는 정보를 포함하는 때에 해당 의회에서 사용하는 경우에는 접근이 허용된다. 우리나라의 경우에는 현직 대통령은 어떤 경우에도 대통령지정기록물을 이용할 수 없으며, 국회는 재적의원 3분의 2 이상이 찬성 의결한 경우에만 열람이 가능하다. 제도적으로 더 엄격하게 보호하고 있으나, 법원의 영장 발부, 의회의 찬성 의결로 빈번하게 대통령지정기록에 대한 접근이 이루어지고 있어 법률의 취지가 심각하게 훼손되었다.

정기록물과 열람방법(열람, 사본제작, 자료제출 중 선택)을 밝혀야 한다(시행령 제10조 제1항 및 제2항). 대통령기록관장은 국회의장의 요구나 검찰이 고등법원장이 발부한 영장을 제시하면 10일 이내에 열람등을 제공해야 한다. 이때 열람은 대통령기록관장이 정하는 별도의 장소에서 열람하게 해야 한다. 사본제작과 자료제출은 대통령기록관장이 승인한 직원이 사본을 제작하고, 송달은 대통령기록관장이 지정한 직원이 직접 전달하는 방법을 원칙으로 한다(시행령 제10조 제3항).

대통령지정기록물 사본이나 자료를 제출받은 자는 국회 의결과 영장 발부 목적에 한정하여 활용해야 하며, 목적이 달성된 후에는 즉시 대통령기록관장에게 대통령지정기록물을 반납해야 한다. 대통령기록관장은 반납받은 사본 또는 자료를 즉시 폐기해야 한다(법 제17조 제5항).

대통령기록관장은 제공된 대통령지정기록물의 사본이나 자료가 해당 목적에 한정하여 활용될 수 있도록 사본 제작 또는 자료 제출을 요구한 자와 사본 또는 자료의 보관 장소와 열람 인원 등을 미리 협의해야 한다(시행령 제10조의 2 제1항). 또한 대통령기록관장은 반납받은 사본 또는 자료의 누락 여부를 확인해야 한다.

한편, 대통령지정기록물은 대통령기록관 직원들에게도 열람이 제한된다. 대통령기록관장은 업무수행에 필요한 경우에만 소속 직원에게 열람을 승인해야 한다(시행령 제10조 제4항). 업무수행에 필요한 경우는 대통령기록물의 전자적 관리, 이관, 보안 및 재난대책의 수립과 시행, 보호기간 만료에 따른 보호조치 해제, 대통령지정기록물의 열람, 사본 제공과 자료 제출, 전직 대통령과 대리인에게 열람 편의 제공이다.

■ 전직 대통령의 대통기록물 열람 등

전직 대통령은 대통령지정기록물을 포함하여 대통령당선인, 대통령 재임 시절 대통령기록물의 열람 등을 할 수 있다(법 제18조 제1항).[537] 이때 대통령기록관장은 적극적으로 열람 등에 협조해야 하고, 편의 제공에 관한 협의 진행 상황과 편의 제공의 내용 등을 문서로 기록하여 별도로 관리해야 한다. 열람 방법은

---

537) 전직 대통령의 대통령기록물 열람은 「대통령기록물법」 제정 이후 최대의 쟁점이었다. 「구 대통령기록물법」(2010. 2. 4. 법률 제10009호로 개정되기 전의 것) 제18조에 따른 전직 대통령에 의한 열람은 "전직 대통령이 재임 시 생산한 대통령기록물에 대하여 열람하려는 경우에는 열람에 필요한 편의를 제공하는 등 이에 적극 협조하여야 한다."고 규정하였다. 포괄적인 규정인데, 전직 대통령의 열람권을 보장을 천명하고 있다. 따라서 입법 취지대로라면 대통령기록관은 이 규정에 따라 전직 대통령이 대통령기록물 열람을 요청하면 직접 열람, 사본제공, 온라인 열람 등 그 방식과 관계없이 협조하는 것이 당연하다. 그러나 실제로는 노무현 대통령이 퇴임 전 e지원 시스템을 복제하는 방식으로 사본을 제작하여 사저로 가져간 소위 '대통령기록유출논란'과 맞물려 국가기록원과 대통령기록관은 전직 대통령의 열람 편의 제공 방법에 대한 해석을 스스로 결정하지 않고 법제처에 유권 해석을 의뢰하였다. 법제처는 「구 대통령기록물법」 제18조의 열람 범위에는 '사본 제작'은 포함되지 않으며, 동법 시행령 제10조 제6항의 '시설이나 그 밖의 편의제공 등의 방법'에 전직 대통령 사저에 온라인 열람서비스를 제공하는 것은 해당되지 않는다고 해석하였다(법제처 08-0234, 2008. 9. 16. 「대통령기록물 관리에 관한 법률」 제18조 등[전직 대통령의 열람의 편의 제공 방법에 전직 대통령 사저에 온라인 열람서비스를 제공하는 것이 포함되는지 여부 등] 관련). 법제처는 '열람'을 "'책이나 문서 따위를 죽 훑어보거나 조사하면서 봄'을 의미하는 것으로, 정보제공의 하나의 방법으로서의 '열람'은 해당 정보를 일회적으로 보도록 하는 것으로서 사본 제공 등의 방법과 구분한 것"으로 해석하였다.
법률 해석은 1차적으로 법률 소관 기관의 몫이다. 법률 해석과 관련하여 대립되는 입장이 있고, 소관 기관의 해석에 불복하는 경우 법제처로 해석을 요청하는 것이 일반적이다. 따라서 이 문제는 국가기록원과 대통령기록관이 스스로 권한을 포기한 것이며, 중앙기록물관리기관으로서의 독립성과 전문성을 훼손하였다. 이 사건을 계기로 2차례 법률 개정을 통해 전직 대통령의 대통령기록물 열람제도가 정립되었다.
봉하마을 '대통령기록물유출논란'에 대한 판례는 아니지만, 대법원은 대통령기록물 유출에 "기록물 원본이나 전자파일 이외에 그 사본이나 추가 출력물까지 포함된다고 해석하는 것은 죄형법정주의 원칙상 허용되지 아니한다."고 판결한 바 있다[대통령기록물관리에관한법률위반·공무상비밀누설·무고·공용서류은닉·특정범죄가중처벌등에관한법률위반(뇌물). 대법원 2021. 1. 14. 선고 2016도7104 판결]).

열람, 정보통신망[538]을 이용한 열람(대통령지정기록물과 비밀기록물을 제외[539]), 사본 또는 복제물로 대통령기록물을 제공받거나 그 밖에 이에 준하는 방법으로 대통령기록물을 확인하는 것을 포함한다.

전직 대통령은 열람 등을 하기 위해 대리인을 지정할 수 있다(법 제18조 제2항). 그런데 대통령이 사망하거나 그 밖에 의식 불명 등의 사유로 대리인을 지정할 수 없는 경우 미리 대리인을 지정하지 못한 경우에는 대통령 가족의 추천을 받아 위원회 심의를 거쳐 대리인을 지정하거나 열람 등을 할 수 있는 사람을 지정할 수 있다(법 제18조 제3항).

전직 대통령의 가족이 유고시 대리인등을 추천하려면 대통령기록관장에게 유고 시 대리인 추천 목적, 지정기간 등을 포함한 지정 요청서를 서면으로 제출해야 한다(시행령 제10조의6 제1항). 유고시 대리인등의 추천은 전직 대통령의 가족 간 합의에 따라 1명을 추천한다. 다만, 합의가 되지 않는 경우 배우자, 직계혈족, 형제자매, 직계혈족의 배우자·배우자의 직계혈족·배우자의 형제자매 중 전직 대통령과 생계를 같이 하는 사람 순으로 추천한다. 이때 같은 순위의 사람이 여럿인 경우에는 연장자가 추천한다(시행령 제10조의6 제2항).

대통령기록관장은 유고시 대리인등 지정 요청서를 제출받으면 45일 이내에 위원회 심의를 거쳐 유고시 대리인등을 지정하고 그 결과를 전직 대통령의 가족과 지정된 유고시 대리인등에게 통보해야 한다. 다만, 심의에 필요한 경우 45일의 범위에서 한차례만 그 기간을 연장할 수 있다(시행령 제10조의6 제3항).

538) 「정보통신망 이용촉진 및 정보보호 등에 관한 법률」 제2조 제1항 제1호에 따른 정보통신망을 말한다. 정보통신망이란 전기통신설비를 이용하거나 전기통신설비와 컴퓨터 및 컴퓨터의 이용 기술을 활용하여 정보를 수집, 가공, 저장, 검색, 송신 또는 수신하는 정보통신체제를 말한다. 현재 정부가 운영하는 행정통신망이 정보통신망의 한 예이다.
539) 대통령지정기록물과 비밀기록물을 제외한 것은 보안이 목적이다. 정보통신망을 통한 열람 시 보안을 완벽하게 보장할 수 없어서 민감 정보를 담고 있는 대통령지정기록물과 비밀기록물은 제외한 것으로 보인다.

한편, 대통령기록관장은 유고시 대리인 등이 이를 추천한 전직 대통령의 가족이 추천을 철회하거나, 형사사건으로 금고 이상의 실형을 선고받고 그 형기(刑期) 중에 있거나, 심신쇠약 등으로 장기간 직무를 수행할 수 없거나, 유고 시 대리인 등이 스스로 직무를 수행하는 것이 곤란하다고 의사를 밝히거나, 그 밖에 유고시 대리인 등이 법령을 위반한 경우로서 위반행위의 종류나 위반의 내용과 정도 등을 고려할 때 지정철회가 불가피하다고 인정되면 위원회 심의를 거쳐 지정을 철회할 수 있다(시행령 제10조의6 제4항).

전직 대통령이나 그 대리인이 대통령기록관을 방문하여 열람하려는 경우 대통령기록관은 관내에 전용 열람 장소와 시설 등의 편의를 제공하도록 하였다(시행령 제10조의 3). 열람 전용 장소와 시설은 대통령기록관 내에 두거나 「공공기록물법」 제3조 제5호에 따른 영구기록물관리기관의 장과 협의하여 해당 기관 내의 장소와 시설을 활용할 수 있다.[540]

전직 대통령의 정보통신망을 이용한 열람은 전용회선과 열람 전용 개인용 컴퓨터나 그 밖의 열람 장비를 설치하여 이용하도록 하는 방식이다. 열람 장비의 설치 장소는 전직 대통령의 사저(私邸) 또는 사무실 중 대통령기록관장이 전직 대통령과 협의한 곳으로 정한다(시행령 제10조의4 제1항, 제2항).

대통령기록관장은 열람 장비를 설치하는 경우 불법 접근 차단, 서버 침해 방지, 사용자 식별 및 인증 강화 등 대통령기록물의 위조, 변조, 훼손 또는 유출 방지를 위한 보안대책을 마련하여 시행하여야 한다. 이 과정에서 대통령기록관장은 「전자정부법」 제56조 제3항에 따라 국가정보원장이 안정성을 확인한 보안조치를 해야 하고, 국가정보원장은 그 이행 여부를 확인할 수 있다(시행령 제10조의4 제3항, 제4항).

---

540) 「구 대통령기록물법」에서는 열람 장소를 대통령기록관 내로만 한정하였다. 현재는 전직 대통령의 열람 편의를 위해 영구기록물관리기관도 포함하여 열람 장소를 확대하였다.

　한편, 전직 대통령, 평시대리인 또는 유고시 대리인등은 사본 또는 복제물을 제공받아 전직 대통령의 기록물을 열람할 수 있다(시행령 제10조의 5). 사본 등의 제공 요청은 열람신청서를 대통령기록관장에게 제출해야 하고, 대통령기록관장은 열람 등이 가능한 대통령기록물을 지체없이 열람할 수 있도록 해야 한다. 전직 대통령 등에게 대통령지정기록물 또는 비밀기록물의 사본 또는 복제본을 제공하는 경우에는 제공 방법, 제공 기간과 관리 방안을 미리 협의하여 정해야 한다. 그리고 전직 대통령 등은 열람 목적을 달성하면 지체없이 대통령기록관장에게 반납하여야 하고, 대통령기록관장은 이를 즉시 폐기해야 한다.

　한편, 유고시 대리인이 사본 또는 복제물 제공 등으로 열람을 신청한 경우에도 지체없이 열람[541] 등을 할 수 있도록 해야 한다(시행령 제10조의5 제2항). 다만, 열람 대상이 대통령지정기록물이면 대통령기록관리 위원회의 심의를 거쳐 열람신청서를 제출받은 날로부터 30일 이내에 열람 등의 가능 여부를 통보해야 한다. 그리고 위원회 심의 등 필요한 경우에는 열람 등의 가능 여부 통보를 30일 범위에서 한차례만 연장할 수 있다.

---

541) 유고시대리인등도 해당 전직 대통령의 기록물(비밀기록물은 제외한다)을 열람할 수 있다. 다만, 대통령지정기록물(비밀기록물은 제외한다)은 ① 전직 대통령 및 그 가족 관련 개인정보로서 해당 대통령지정기록물이 아니면 관련 정보의 확인이 불가능하다고 인정되는 경우, ② 전직 대통령 및 그 가족의 권리구제를 위하여 열람 등을 신청한 경우로서 해당 대통령지정기록물이 아니면 관련 정보의 확인이 불가능하다고 인정되는 경우, ③ 전직 대통령의 전기(傳記) 출판을 위한 목적으로 열람 등을 신청한 경우로서 해당 대통령지정기록물이 아니면 관련 정보의 확인이 불가능하다고 인정되는 경우로 범위가 제한되어 있다(「대통령기록물법 시행령」 제10조의7)

■ 대통령기록물생산기관에 의한 열람

대통령기록관장은 대통령 직무 보좌, 경호 또는 자문을 위하여 필요하다고 판단되는 경우로서 대통령기록물의 열람 등 외에는 관련 정보를 확인할 수 없는 경우에는 대통령기록물 생산기관의 장에게 대통령지정기록물을 제외한 대통령기록물의 열람 등을 하게 할 수 있다(법 제18조의3, 시행령 제10조의9 제1항). 이 경우 방식은 전직 대통령과 마찬가지로 열람, 정보통신망에 따른 열람, 사본 또는 복제물로 제공받거나 그 밖에 이에 준하는 방법으로 대통령기록물을 확인하는 것을 말한다. 이때 대통령기록관장은 대통령기록물생산기관의 장과 열람 방법, 기간 등을 미리 협의하여 정해야 한다(시행령 제10조의 9 제2항).

■ 비밀기록물의 재분류

대통령기록관의 장은 보존 중인 비밀기록물의 해제나 보호기간 연장을 하려면 위원회의 심의를 거쳐 업무를 처리해야 한다(법 제20조). 이 경우 관계기관의 의견을 들을 수 있으며, 대통령지정기록물로 지정된 비밀기록물은 보호기간 종료 후 재분류해야 한다. 그 절차를 보면 다음과 같다(시행령 제11조).

대통령기록관장은 비밀기록물의 비밀 보호기간이 끝나면 위원회의 심의를 거쳐 보호기간이 끝나는 해의 12월 31일까지 그 비밀을 해제해야 한다(시행령 제11조 제1항). 다만, 비밀로 보호할 필요가 있는 경우에는 역시 보호기간이 끝나기 전에 위원회의 심의를 거쳐 보호기간을 연장할 수 있다. 이 경우 대통령기록관장은 보호기간이 연장되는 날부터 5년마다 위원회의 심의를 거쳐 보호기간의 연장 여부를 정해야 한다(시행령 제11조 제2항).

대통령기록물의 비밀기록물도 공공 기록물과 마찬가지로 보호기간이 30년을 넘게 책정되면, 최초로 보호기간을 지정한 날부터 30년이 되는 해의 12월 31

일까지 의무적으로 재분류해야 한다. 다만, 국가 안보, 외교, 국방 등과 관련하여 비밀을 해제할 수 없는 유효한 전시계획 또는 비상계획, 국가안전보장에 치명적인 위험을 초래할 수 있는 사항, 신원정보를 포함한 정보활동의 출처, 수단 또는 기법에 관한 사항, 국가 암호체계에 관한 사항, 비밀의 해제로 법률, 조약 또는 국제협약을 위반하게 될 수 있는 사항 등은 해제하지 않는다.

보호기간 최초 지정 후 30년이 지난 비밀기록물의 보호기간 재지정은 위원회의 심의를 거쳐야 한다(시행령 제11조 제4항). 이 경우에도 재지정한 날부터 5년마다 위원회의 심의를 거쳐 해당 비밀기록물의 비밀 해제 또는 보호기간 연장 여부를 정해야 한다.[542]

■ 누설 등의 금지

누구든지 대통령기록물에 포함된 비공개 정보를 누설해서는 아니 된다(법 제19조). 대통령기록물 관리 업무를 담당하거나 하였던 자, 대통령기록물에 접근, 열람하였던 자는 그 과정에서 알게 된 비밀, 보호기간 중인 대통령지정기록물에 포함되어 있는 내용을 누설해서는 아니 된다. 다만, 예외가 있다. 전직 대통령 또는 전직 대통령이 지정한 대리인이 대통령지정기록물을 열람한 사항 중 비밀이 아닌 사실은 제외된다. 비공개 기록물은 생산자가 공개 여부를 다시 판단할 수 있는 사안이기 때문에 대통령지정기록물 중 비밀이 아닌 사안은 전직 대통령 등이 외부에 공표할 수 있다. 이 경우가 대통령지정기록물 해제 사안에 해당한다.

---

542) 보호기간은 연장하되, 그 적절성은 5년마다 다시 검토하겠다는 의도이다.

■ 대통령궐위시 대통령기록물관리

대통령기록물 생산기관의 장은 대통령이 궐위된 때에는 즉시 대통령기록물 이관에 필요한 조치를 해야 한다(법 제20조의2 제1항). 먼저 이관 대상 대통령기록물을 확인하여 목록을 작성하고, 차기 대통령 임기가 개시되기 전까지 이관을 마쳐야 한다. 이때 대통령기록관장은 대통령기록물 이관을 위하여 인력 지원 등 필요한 사항을 지원할 수 있다.

대통령이 궐위되면 대통령기록관장은 대통령기록물의 관리와 원활한 이관을 위하여 대통령기록물 생산기관에 필요한 조치를 요구할 수 있다. 이 경우 대통령기록물 생산기관의 장은 적극 협조해야 한다(법 제20조의2 제2항). 필요한 조치는 대통령기록물의 이동 또는 금지 요구, 대통령기록물 생산기관에 대한 현장 점검, 서고, 전산실 등 기록물관리장소에 대한 접근제한과 출입통제 강화 요구, 이관 대상 대통령기록물의 목록 작성과 제출 요구이다(법 제20조의2 제2항 및 영 제11조의2).

제5장 대통령기록관의 설치·운영

■ 대통령기록관

대통령기록관은 대통령기록물의 효율적 보존, 열람 및 활용을 위하여 행정안전부장관 소속으로 설치하는 영구기록물관리기관이다(법 제21조).[543] 대통령기록관이 수행해야 하는 업무는 다음과 같다(법 제22조).

① 대통령기록물의 관리에 관한 기본계획의 수립과 시행
② 대통령기록물의 수집, 분류, 평가, 기술, 보존, 폐기 및 통계 관리
③ 비밀기록물 및 비공개 대통령기록물의 재분류
④ 대통령지정기록물의 보호조치 해제
⑤ 대통령기록물의 공개 열람·전시·교육 및 홍보
⑥ 대통령기록물 관련 연구 활동의 지원
⑦ 대통령기록물 생산기관의 대통령기록물관리에 관한 지원 및 지도·점검
⑧ 대통령 개인기록물의 수집 및 관리
⑨ 그 밖에 대통령기록물의 관리에 필요한 사항

첫째, 대통령기록물관리에 관한 기본계획의 수립과 시행이다. 대통령기록관은 대통령기록물법의 목적을 달성하기 위해 중장기 계획을 수립하여 시행해야 한다. 기본계획은 시행계획으로 구체화하여 실행될 수 있도록 해야 하며, 대통령

---

543) 「구 공공기관기록물법」에서는 '대통령관련 기록물의 효율적 관리와 전시를 위하여 필요한 경우에는 중앙기록물관리기관 소속으로 대통령기록관을 설치·운영할 수 있다'고 규정하였다(법 제8조). 「대통령기록물법」을 제정하면서 대통령기록물의 관리와 보호를 전문적 독립적으로 수행하기 위하여 강행규정으로 만들었다.

기록물생산기관과도 공유하여 대통령기록관의 기본계획에 따라 대통령기록물
이 체계적으로 생산, 관리될 수 있도록 조치해야 한다.

둘째, 대통령기록관은 대통령기록물생산기관으로부터 기록물을 이관받아 분
류, 정리와 기술 업무를 수행하고 안전하게 보존 관리해야 한다. 이 업무와 관련
하여 주목되는 것이 대통령기록물의 평가와 폐기가 해당 조문에 나열되어 있다
는 것이다. 대통령기록물은 대통령 임기 종료 전까지 대통령기록물생산기관이
보유하고 있는 모든 기록물을 이관하는 것이 원칙이다. 따라서 이관 기록물에는
한시 문서도 다량 포함되어 있기 때문에 대통령기록관은 보존기간이 경과한 한
시 기록물의 보존가치를 평가하여 보존기간을 재분류하거나 폐기하는 업무를
수행하도록 하였다.

셋째, 비밀기록물과 비공개 기록물의 재분류이다. 「공공기록물법」에 따른 영
구기록물관리기관의 기능과 달리 「대통령기록물법」에서는 기록물관리에서 분
리하여 별도로 해당 기능을 명시하였는데, 대통령기록물을 적극적으로 공개하
려는 취지가 반영된 것으로 보인다.

넷째, 대통령지정기록물 보호조치의 해제이다. 「대통령기록물법」은 대통령이
대통령지정기록물로 지정하여 이관하는 경우 일정기간 공개하지 않고 보호할
수 있도록 하였다. 따라서 대통령기록관은 대통령지정기록물을 보호기간 동안
안전하게 보호해야 하고, 보호기간이 경과하면 보호조치를 해제하여 시민들에
게 공개하는 것도 중요하다.

다섯째, 대통령기록물의 공개 열람·전시·교육 및 홍보, 대통령기록물 관련 연
구 활동의 지원 업무를 수행해야 한다. 영구기록물관리기관인 대통령기록관의
기록정보서비스인 열람·검색 서비스, 부가가치 서비스, 아웃리치 서비스와 관련
된 활동이다. 이와 관련하여 대통령기록관은 대통령기록물의 효율적 활용과 홍
보를 위해 필요한 경우 대통령기록관에 전시관, 도서관 및 연구지원센터를 둘 수

있다(법 제24조 제2항). 이 경우 대통령기록관장은 다양한 전시, 교육프로그램을 운영하고, 국내외 대통령기록물관리와 관련된 기관과의 교류를 통하여 대통령기록물을 연구, 활용하거나 지원할 수 있다(시행령 제12조 제1항). 전시관의 경우 이관, 수집 및 기증받은 전직 대통령 기록물의 수량에 따라 전시 공간 등을 달리 할 수 있다(시행령 제12조 제3항).

여섯째, 대통령기록물 생산기관의 대통령기록물관리에 관한 지원 및 지도·점검이다. 대통령기록물법, 대통령기록물관리를 위한 기본 계획에 따른 기록물관리 업무가 잘 수행되는지를 확인하고, 미비점을 보완하거나 문제 해결을 위한 업무, 자원 등을 지원하는 활동이다.

일곱째, 대통령개인기록물을 수집하고 관리하는 업무이다. 국가기록물로 관리해야 하는 대통령과 대통령기록물 생산기관에서 생산하거나 접수한 기록물 이외에 대통령의 사적(私的) 기록물, 정치 행위와 관련된 기록물을 수집하여 관리하는 활동이다.

앞에서 살펴본 것처럼 대통령기록물은 핵심적인 국가기록물로 체계적으로 생산하여 관리하고 시민들에게 공개해야 한다. 그러나 대통령제 국가에서 정치적 편견 없이 대통령기록물을 관리하는 것은 매우 어려운 일이다. 따라서 대통령기록관이 중립적이고 독립적으로 역할할 수 있도록 하는 것이 대통령기록물관리의 필요 조건이다. 이와 관련하여 「대통령기록물법」은 몇가지 장치를 마련하였다. 먼저, 대통령기록관장의 임기 보장이다. 대통령기록관장은 대통령기록물의 관리 및 대통령기록관의 운영과 관련한 제반 사무를 통할하고, 소속 직원을 지휘·감독한다(법 제23조). 대통령기록관장의 임기는 5년이다. 「대통령기록물법」으로 대통령기록관장의 임기를 규정하여 대통령기록관의 중립성과 독립성을 보장하려는 의도이다.[544] 다음으로 거버넌스 기구인 대통령기록물관리 위원회의 설치와 운영이다. 대통령기록관은 운영과 관련된 주요 사항을 결정하려는 경우에는 위원회의 심의를 거쳐야 하며, 위원회의 심의 결과를 존중하도록 하였다(법 제24조 제1항).[545] 대통령기록관장은 위원회가 개최되는 경우 대통령기록관의 주요 업무현황에 대하여 위원회에 보고해야 한다(시행령 제12조 제5항).

■ 개별 대통령기록관

개별 대통령기록관은 미국의 대통령기록관리 제도와 유사한데, 우리나라는 2가지 방식으로 개별 대통령기록관이 설립될 수 있다. 먼저, 정부 주도 방식인데, 대통령기록관장은 특정 대통령의 기록물을 관리하기 위해 필요한 경우 개별 대통령기록관을 설치할 수 있다(법 제25조 제1항). 다른 방식은 개인이나 단체가 기준에 적합한 시설을 건립하여 기부채납하고[546] 대통령기록관으로부터 승인받는 방식이다. 이 경우 해당 시설이 기록물관리기관으로 기능할 수 있는 기준에 충족하고, 대통령기록관리 위원회의 심의를 거치면 개별 대통령기록관으로

---

544) 대통령기록관장의 임기는 법률로 보장하였으나, 제대로 지켜지지 않았다. 초대 대통령기록관장은 '기록물 유출' 혐의로 검찰에 고발되자 행정안전부는 직권 해제하였고, 민간 공모로 임명된 제5대 대통령기록관장은 3년 임기를 채우지 않고 스스로 국가기록원장으로 자리를 옮겼고, 제6대 대통령기록관장은 '부당업무지시'로 1년 8개월 만에 해임되었다. 전(前) 정부가 임명했던 대통령기록관장이 모두 해임되어 정치적 의도가 개입되었다는 논란이 있다.

545) 대통령기록물관리 전문위원회는 행정위원회인데, 행정위원회의 심의 결과는 구속력이 없다. 따라서 대통령기록관 운영과 관련된 위원회의 역할을 강화하기 위해 심의 결과를 존중해야 한다는 규정을 반영한 것으로 생각한다.

546) 기부채납(寄附採納)은 행정법상 개념으로 국가 또는 지방자치단체가 기반 시설을 확충하기 위하여 사업 시행자로부터 무상으로 재산을 수용하는 것을 뜻한다. 기부는 민법 제554조의 증여이며, 채납은 승낙이다.

본다(법 제25조 제2항). 건립 기준은 총면적이 5,000㎡이내이며[547], 「공공기록물법」에 따른 영구기록물관리기관의 시설, 장비, 환경기준을 충족해야 한다. 또한 부지는 홍수로 인한 상습 침수지역이나, 화재 및 폭발 위험지역에 해당되지 않아야 한다.

한편, 개인 또는 단체가 국가에 기부채납할 목적으로 특정 대통령의 기록물을 관리할 시설을 건립하고자 하는 경우 위원회의 심의를 거쳐 필요한 경비의 일부를 예산의 범위 안에서 지원할 수 있도록 하였다(법 제25조 제3항).

개별 대통령기록관은 대통령기록관의 업무 중 기본계획의 수립과 시행, 대통령기록물 생산기관의 대통령기록물 관리에 관한 지원 및 지도·점검의 업무는 제외된다(법 제25조 제4항).[548] 개인 또는 단체가 기부채납하여 건립되는 개별 대통령기록관은 해당 전직 대통령이 그 개별 대통령기록관장을 추천할 수 있다.[549]

---

547) 대통령기록물법 제정 당시에는 개별 대통령기록관 총면적이 3,000㎡이상 5,000㎡였다. 2021년 법률 개정 시 최소 면적 기준을 삭제하였다. 개별대통령 기록관 설치를 활성화하기 위한 의도로 보이나, 최소한의 면적 기준을 삭제한 것은 부실한 기록물관리기관 설치로 이어질 수 있다. 한편, 개별 대통령기록관은 개별 대통령의 기념관, 도서관 등과 기능이 중복되어 정비가 필요하다.

548) 개별 대통령기록관은 정책 기능이나 대통령기록물 생산기관 지원 기능은 수행하지 않는다. 정확히 표현하면 수행할 수 없다. 개별 대통령기록물을 안전하게 보존하고, 정리와 기술, 공개 재분류, 기록정보 서비스 업무를 집중적으로 수행한다.

549) 우리나라의 경우 개별 대통령의 기념관, 도서관 등과 중복되어서 정비가 필요하다.

제6장 보칙

보칙에서는 개인기록물의 수집, 연구활동 지원, 벌칙 적용에서의 공무원 의제 규정이다.

■ 개인기록물의 수집

대통령기록관장은 역대 대통령의 재임 전후, 재임 당시에 생산한 개인기록물 중에서 국가적으로 보존할 가치가 있다고 판단되면 해당 대통령 또는 해당 기록물을 소유자의 동의를 받아 이를 수집하여 관리할 수 있다(법 제26조).

대통령기록관장은 개인기록물을 수집하는 때에는 대통령, 이해 관계인과 해당 기록물의 소유권, 공개 및 자료제출 여부 등 관리 조건에 관한 구체적인 사항을 협의하여 정해야 한다. 이 과정에서 대통령 또는 이해 관계인이 수집에 따른 보상을 요구하는 경우 보상을 할 수 있다(시행령 제15조).

보상을 위한 감정은 관련분야 전문 감정평가인 2명 이상에게 가격 산정을 의뢰하여 정한다. 이 경우 대통령 또는 이해 관계인이 추천하는 전문 감정평가인 1명을 선정할 수 있다. 보상액은 각 전문 감정평가인이 평가한 평가액의 산출평균치를 기준으로 산정하고, 위원회 의 심의를 거쳐서 결정한다. 만약 개인기록물 평가를 할 수 있는 관련분야 전문 감정평가 인이 없는 경우에는 위원회의 심의를 거쳐 대통령기록관장이 정한다.

■ 연구활동 등 지원

한편, 대통령기록관장은 위원회의 심의를 거쳐 연구의 활성화를 위해 대통령 기록물의 연구를 수행하는 교육연구기관 등에 연구비용의 일부를 예산의 범위 안에서 지원할 수 있다(법 제28조)

■ 벌칙 적용에서의 공무원 의제

위원회 위원 중에서 공무원이 아닌 사람, 전직 대통령 대리인 또는 열람 등을 할 수 있는 사람은 형법 제129조부터 제132조[550]까지의 규정에 따른 벌칙의 적용 에서는 공무원으로 본다(법 제30조). 위원은 위원회의 업무를 수행하면서 정치 적 중립성, 객관성 등이 요구된다. 또한 전직 대통령의 대리인 등은 전직 대통령 기록물을 열람할 수 있는데, 그 과정에서 획득한 정보를 사사로이 사용해서는 안 된다. 따라서 법에 따른 대통령기록물관리와 관련된 업무를 수행하는 위원회 의 공무원이 아닌 위원과 전직 대통령 대리인 등에게 형법에서 공무원에게 적용 하는 수뢰, 알선 수뢰 등의 벌칙을 적용한다.

---

550)「형법」제129조부터 제132조는 공무원 또는 중재인이 그 직무와 관련하여 뇌물을 수수, 요구 하거나(수뢰, 사전수뢰), 부정한 청탁을 받고 제3자에게 뇌물을 공여하거나(제삼자뇌물제공), 직무상 부정한 행위를 한 후 뇌물을 수수 또는 요구하거나(수뢰후부정처사, 사후수뢰), 공무 원이 지위를 이용하여 다른 공무원의 직무에 속한 사항의 알선에 관하여 뇌물의 수수 또는 요구 등(알선수뢰)을 한 경우에 대한 벌칙이다.

제7장 벌칙

　벌칙은 공공기록물법보다 엄하게 규정되어 있는데, 대통령기록물을 「대통령 기록물법」이 정해 놓은 심의와 절차를 준수하지 않고 폐기하거나 국외로 반출한 자는 10년 이하의 징역 또는 3천만원 이하의 벌금에 처한다(법 제30조 제1항). 대통령기록물을 손상, 은닉, 멸실 또는 유출한 자는 7년 이하의 징역 또는 2천만 원 이하의 벌금에 처하고(법 제39조 제2항), 비공개정보와 비밀 누설의 금지 등 「대통령기록물법」이 정한 규정을 위반한 사람 은 3년 이하의 징역이나 금고 또는 7년 이하의 자격정지에 처한다(법 제39조 제3항). 또 한 중대한 과실로 대통령기록물을 멸실하거나 일부 내용이 파악되지 못하도록 손상시킨 자는 1천만 원 이하의 벌금에 처한다(법 제30조 제4항).

찾아보기

제1부: 기록물관리 법령의 연대기적 검토

제2부: 공공기록물 관리에 관한 법률

제3부: 대통령기록물 관리에 관한 법률

김형국

충남대학교 사학과, 한국학중앙연구원 한국학대학원에서
역사학, 한국기록관리학교육원에서 기록학을 공부하였다.

국가기록원에서 아키비스트로 23년간 근무하였는데,
기록물관리 정책과 제도 연구, 전자기록물관리 전략 개발,
기록정보서비스 업무를 주로 담당하였다.

현재는 대학에서 기록학을 강의하고 있으며,
컨설턴트 아키비스트로 활동하고 있다.

기록물관리법의
이론과실제

지은이	김형국
발행인	박은경
발행처	생각을 나누는 나무
주소	대구광역시 남구 이천로 142
대표전화	053-765-1770
팩스	053-289-0068
발행일	2025년 2월 28일 초판 1쇄
ISBN	ISBN 979-11-86181-63-8 (93360)

'라브리움'은 '생각을 나누는 나무'의 기록학술서 전문 브랜드 입니다.